U0149340

清朝回疆伯克制度研究

（上 冊）

陳 殷 宜 著

文 史 哲 學 集 成

文史哲出版社印行

國家圖書館出版品預行編目資料

清朝回疆伯克制度研究 / 陳殷宜著. -- 初版.--
臺北市：文史哲，民 108.05
　　頁；　　公分（文史哲學集成；719）
ISBN 978-986-314-465-6（上冊，平裝）

1.中國政治制度 2.清代

573.17　　　　　　　　　　　108007894

文史哲學集成　　719

清朝回疆伯克制度研究（上冊）

著　　者：陳　　　殷　　　宜
出 版 者：文　史　哲　出　版　社
　　　　　http://www.lapen.com.tw
　　　　　e-mail：lapen@ms74.hinet.net
登記證字號：行政院新聞局版臺業字五三三七號
發 行 人：彭　　　正　　　雄
發 行 所：文　史　哲　出　版　社
印 刷 者：文　史　哲　出　版　社
　　　　　臺北市羅斯福路一段七十二巷四號
　　　　　郵政劃撥帳號：一六一八○一七五
　　　　　電話 886-2-23511028・傳真 886-2-23965656

定價新臺幣六〇〇元

二〇一九年（民一〇八）七月初版

著財權所有・侵權者必究
ISBN 978-986-314-465-6　　　01719

摘　要

　　本研究以清朝檔案為主，意圖打破過去普遍認為伯克是造成官與民的隔閡者，伯克藉官員需求，貪瀆及苛索維吾爾等各民族，是回疆弊端之源的論點。本研究也改變過去以制度為主的研究，而以伯克之人為本，希望豐富伯克制的面貌。

　　由於伯克制並非是事先預立的一套完整制度，而是高宗任命各城伯克後，依實務之事，透過駐箚大臣上奏，皇帝諭示，或交由理藩院、軍機處等機構研議奏定，或由皇帝及各部提出建議，形成慣例，或因應戰亂的變革所成，充滿了彈性及可變性。為釐清制度的變化及管理機制，以伯克制的形成、演變以及管理回疆各機構，分為三章作探索。

　　各城伯克的設置、伯克職掌、薪俸及伯克業務，各為一章探討。本文以道光年版《欽定回疆則例》為本，並以伯克種類最多的葉爾羌為基準，各城以此為基，依其所異增加，彰顯各城設置伯克的特色，以及在乾嘉道三朝的變化。伯克職掌是為伯克個別的日常工作，依各朝《欽定回疆則例》以及志書，於不同時期的記載，比較伯克職稱的增減，以及展現各城的農商物產等特色。藉由清高宗思考回疆各城駐箚大臣薪給方式，進而觀察其制定伯克養廉銀、帕特瑪地及供役者的考量。由於在檔案中發現，回疆很多事務，是倚靠伯克們共同完成，伯克職掌未足以含蓋伯克工作內容。伯克因應皇帝不同的喜好及政策，協助大臣面對內政及外交折衝，戰前物資的整備，參與作戰及善後等，包羅甚廣，以伯克實際所為之例，呈現各項執行的業務。

　　由於伯克的補放，歷朝各有偏重及改革，因此伯克補放一章，先釐清各朝的變化，再以檔案內伯克的資歷為實例，探討伯克補放

的程序、缺出補授之因、來源與升遷條件、任期、黜革、休致、殉職撫卹等議題。同時也探討乾隆朝伯克以回部王公為主，道光朝改以戰功為先的任命，至咸同兩朝以捐輸為出任標準的變化，為伯克帶來的衝擊。

　　由一件件片段的奏摺，建構成伯克年班制度一章。探索伯克入京及參加乾嘉兩朝皇帝萬壽聖節活動，往返八個月至一年的期間，有關路線、品秩、人數、分班、輪班、護送的變化之因，沿途飲食、住宿、費用支付、回部王公與伯克不同待遇，病痛與亡故的處置，行李的規定的變化，各省大臣應盡之責，年班施行的作用及實施的斷限等各項。

　　回疆弊端與伯克一章，先以伯克在準噶爾時期，所形成既有的傳統禮儀習俗，再探討各朝駐箚大臣苛索伯克的弊案，及那彥成善後調查收錄於道光年版《欽定回疆則例》的禁令，由伯克制的設計及捐輸章程切入，重新檢視伯克苛索的背後成因，而歸結駐箚大臣實為回疆弊端的真正源頭。

　　本文希望藉由檔案的發現，將伯克的付出及作為呈現出來，祈願伯克在新疆歷史的評價及貢獻，得以重新被正視。

　　關鍵字：清朝　新疆　伯克　伯克制

Study of Beg system in Huijiang in the Qing Dynasty

Abstract

This study was mainly inspected the documents of Qing dynasty. It was intended to break the generally believed Beg was the main reason causing isolated between civilians and officials, they corrupted and extorted ethnics like Uyghurs etc. by the demanded of officials, it was the source of Huijiang malpractices. This research was based on Begs' people that changed the passed study which mainly about institution, in order to enrich the different aspects of Beg.

Beg system was not a predefined system, Beg was assigned by emperor Gaozong of Tang in each region. Job content of Beg was according to different affairs reported by officials to emperor. Or discussed by institution like Lifan Yuan and Grand Council, or suggested by emperor and different departments to make it became an usual practice. Furthermore, Job content of Beg also could be formed because of the reformation for war. Therefore, Beg was a flexible system. This study was divided into three parts: Formation of Beg, transformation and different institutions that managed Huijiang, in order to clarify the changed and monitor system of Beg.

The set up, duty, salary and work of Beg in each region were divided into different chapters. This study was based on Daoguang Year Edition of 'Qin ding Hui Jiang ze li' and based on Yarkand Khanate where included the most categories of Beg, each region was refer to Yarkand Khanate to increase the category of beg according to different needs in order to show the set up feature of Beg in each region. Also, showing the transformation of Beg during Qianlong, Jiaqing and Daohuang period. The duty of Beg was daily routine according to different Begs. Compared the increased or decreased of Beg's category according to 'Qin ding Hui Jiang ze li' and chorography in each dynasty. Also, showed agricultural, commercial and military difference in each region.   Through the way to pay allowances to Huijiang's Amban in each region by Qianlong to observe the set up preference of Beg's sliver honesty system, farmland and worker for Beg. As the finding in documents showed many affairs in Huijiang were completed in collaboration with Begs, job contents of Begs were not enough to cover what they've did. According to different emperor's preferences and policies, Beg was assisted minister to deal with interior and foreign affairs, prepared supplies for war, participated and deal with the aftermath in the war, it had a wide coverage. According to what Beg had did to show their work content.

The appointment and demission of Beg were depended on different dynasty's emphasis and reformation. When it comes to the chapter of appointment and demission of Beg, it started with clarifying the transformation in each dynasty. Following, according to qualification of Beg in documents to study the process and reason of appointment and demission of Beg. Moreover, to examine topics on origin, promotion condition, term of service, demission, suspension, retired and the welfare of those who died on duty. Besides, to study the impact to Beg by different appoint requirements in different dynasties. For example, Beg in Qianlong dynasty mainly were aristocrat in Huijiang. Requirement of Beg in Daohuang dynasty were mainly depended on outstanding military service. Requirement of Beg in Xianfeng and Tongzhi dynasty were mainly depended on outstanding contribution.

The chapter of Beg's annual visits was established through studied many pieces of memorial to the throne. Studied during the period (one shuttle took around eight months to 1 year) of Beg entering Beijing and participated emperor's birthday activity in the reign of Emperor Qianlong and reign of Emperor Jiaqing, the reason why route, rank of Beg, number of people, divided into shift, shift arrangement and escorting were changed. Furthermore, meal and accommodation arrangement along the way to Beijing, payment, different treatment between aristocrat of Huijiang and beg, handling toward sickness and death, rules changing of luggage regulation, obligation of official in each region, function and suspension of annual visits etc.

In the chapter of Malpractice in Huijiang and Beg, it started with Beg's traditional ceremony and customs that were formed during Dzungar period. Then, explored the issue of Amban demanding Beg in each dynasty and prohibitions in Daoguang Year Edition of 'Qin ding Hui Jiang ze li', which included by NaYanCheng after investigated. Re-examined the reason why Beg demanding people from the prospective of Beg system and donation system to sum up with Amban was the source of Huijiang malpractice.

This study intended to show Beg's contribution and what they did by findings in documents of Qing dynasty. I wish the historic value and contribution of Beg in Xinjiang can be reassessment.

Keywords：Qing dynasty   Xinjiang   Beg   Beg system

清朝回疆伯克制度研究

目　次

表目次

序

　　清朝以伯克制度治理天山南路及北路伊犁等十三城，伯克分為三至七品，有三十多種不同的職稱，共三百多位，成為行政管理的中堅。清朝再派駐十多位的辦事大臣、領隊大臣及回疆參贊大臣加以監督，構成清朝以少數民族治理多元民族，並以當地民族菁英治理當地民族的方式，實行以少治多，以回治回的管理。

　　由於伯克制度是清朝治理新疆的基石之一，過去研究多以伯克制度架構為主，大多數研究認為伯克及駐箚大臣的貪瀆，造成伯克制的弊端，而伯克更是官與民之間的隔閡，伯克大多賄上欺下，累積自己的財物，甚至有些研究僅以貪瀆及苛索做為伯克的評價，或將伯克視為伯克制度下的一種官職而已，並未以伯克之人為本做為論述，或許是受限於當時資料及檔案尚未大量公開之故。

　　雖然本書有五十八萬多字，但撰寫此議題卻是個偶然。我原本另有撰寫的主題，而伯克也只是在尋找資料的過程中，引發了我的好奇，心想就先做篇小論文探討即可，於是撰成〈清朝回疆阿奇木伯克的職掌〉。同時，就學術研究而言，伯克制早已有了定論，佐口透、羅運治及劉義棠、林恩顯等，已做過全面性且深入的探討，他們皆是我心中敬重的學者與老師，後續也有許多學者討論，因此是否要以此為主題再撰寫論文，確實令我考量再三。儘管這並非我第一次大量地使用清朝檔案，做為研究清朝西北的資料，然而此次翻閱檔案，伯克的作為卻不斷地躍入眼簾，許多的記載令我難以忽略，且越來越難容納在我原有對伯克制的認知

構架之內。甚至有一種既然知道了，不說不作，實在有違自己的學術良知，因為我看見伯克們許多的作為和參與之事，早已超乎伯克職掌的範疇，而他們為回疆的奉獻與犧牲，實在很難用「貪瀆及苛索」，以偏概全地論斷其功過。

　　清朝派駐於回疆的大臣，其角色不過是監督者，他們並未懂得維吾爾等各族語文、宗教與文化，在任期間短則數月，多則二至三年，即調離新疆，轉任京師或各省職位，因此回疆行政系統的運作，政策的執行與落實，是必須充分仰賴伯克才可完成。而伯克的發展，僅限於回疆各城或伊犁，伯克在一個職位上任職，大多長達五、六年或十多年，六至七品伯克僅在所屬本城任職，三至五品伯克才有機會流動升調至回疆其他各城，因此真正在回疆做事的是伯克，更是構成與成就伯克制度的主角。而伯克所經營的既是自己家鄉，若伯克所為盡是苛索，如何立足？又有何政績及貢獻，調升至回疆其他各城，況且受伯克苛派的維吾爾族等各族之眾，既可上告，亦可搬遷，伯克也將因此遭受革職或降調的懲處。伯克確有苛索者，但若僅以部分伯克貪瀆的案例或善後事宜，即認定伯克為苛索者，實在有失公允。況且伯克需索回眾，背後更大的原因不僅是大臣個人的貪污所致，更是大臣挾國家所賦予的伯克補放之權及咸同兩朝捐輸章程，讓伯克在制度下不得不因應及妥協的結果。回疆的弊端是人為，也是國家制度設計的問題，這是過去研究未被深入討論的觀點，且大多數的研究也較少由乾隆朝至光緒朝，作為歷史的縱向，全面地探討伯克制度各項議題的發展及演變。

　　本文希望立基於過去學者在伯克制度架構上的研究成果，除了由制度形成、演變、管理機構，以及各城伯克實際的設置、職掌及薪給等制度層面，探討各城的差異外，更以人為本，藉清朝各項檔案資料，以伯克所為及其資歷的各種實例，用較大篇幅探討過去較

少詳細觸及的伯克補放、伯克工作內容及年班入覲等各項議題，是為本書的特色。

　　撰寫此書目的有三：一是以人為本，儘量保留伯克的作為，以豐富伯克的面貌及伯克制度的完整性；二是希望伯克的子孫，可以看見先祖作為，而我的維吾爾語能力有限，無法做到伯克名字的漢維對音，期待日後有人可以協助增補維吾爾語的部分；三是藉本文提供更多的角度及資料，期待新疆研究，正視維吾爾族伯克的作為，及其守護西北與家園的貢獻，重新給予歷史評價，這是內心始終支持我撰寫此書的真切渴望與初衷。

　　其實要釐清這些議題的過程並不輕鬆，儘管有伯克制的架構，但仍有許多議題尚未曾被提及或深入探索。然而要建立起伯克制度豐富且立體的面貌，卻只能先由一件件片段的奏摺內容整理成表格，再逐步拼湊成事務的風貌，或找尋其中運作的規則。然而這或許也僅是所見的完整，畢竟有些表格在整理後，可以成為敘述的內容，或直接以表格方式呈現，有些資料則因斷續，終未能進一步解釋，而各章所列表格，尚不及檔案整理過程，實做表格的十分之一。常見的困難是有了這省的奏報，卻未見另一省接續的奏報；有時同一事項，只能用不同年的資料拼接；有的奏摺寫「依例」，卻找不到其他的檔案，可以相互參酌，只能推想各年有此辦理方式。有的只見奏報伯克升遷，卻未必能找得到諭旨，確定結果；有的僅有諭令獎賞升調名單，卻不知其因。而伯克同名者多，有同一時期同名卻不同人，也有同一職位接任者亦是同名之人。或者同一人在不同時間及不同大臣的奏報下，出現漢譯之名相異的情形，也有不同檔案及資料，同人卻不同名的狀況。奏摺未有句逗，若是獎賞三至六位伯克，名字連續書寫，有時以我能力要將維吾爾族人名與人數相符地辨別，實在有困難，只得不做句逗地先予以完整保留，待日後有機會再解決。而清朝

檔案記錄各異，字體工整與潦草皆有，楷書尚且易辨，若是狂草整篇，要做為資料，辨識內容就很困難。有時也受限於抄錄者的識字能力及筆誤等因素，常需佐以其他資料核對，心力耗費甚多，其中的苦思及歡喜，唯有經歷其中，才識得滋味。

　　檔案等資料蒐集，相當繁浩費時，研究的資源多集中在臺北，為此於臺北租屋兩年多，學期中需在臺中教學，兩地往返奔波。感謝臺北好友張美麗，她多次以其會計專長，協助我解決志書或資料上，與數字計算有關的疑惑，並曾伸以援手到國家圖書館協助我影印論文資料，或一起在臺灣大學圖書館密集書庫，影印數量龐大的檔案，甚至曾在撰寫過程，臨時缺補資料，請她代尋，卻意外發現不同的版本，而成就了另一篇論文。謝謝我的督導賴杞豐，慷慨地讓我借宿在他家一整個寒假，每天享受穿越大安森林公園的早晨，再開始一天的工作，也透過他順利地在北京購得套書，減省了許多在圖書館查閱資料及影印的時間。

　　感謝我所敬重的莊吉發老師，在臺北國立故宮博物院圖書文獻館找資料期間，總是受到他的照拂，閉館前，若是下雨，老師還會拿把傘來善本書室問我，帶傘了嗎？他是清朝檔案的活字典和清史的寶庫，熟稔檔案及工具書，有問題找他，總是可以得到旁徵博引的解說。他也是圖書文獻館每日最早入館的讀者，至今仍孜孜不倦地持續研究與教學，國內外學者常來向他請益。感謝中研院近史所研究員魏秀梅女士慷慨地贈予《清季職官表》，成為研究不可或缺的重要工具書。謝謝圖書文獻館之館員呂玉女、田兆炎及研究員葉淑慧，他們深切地同理與了解研究者的需求及查閱時間的有限性，熱心地給予所有的協助。謝謝曹辰翊、周佩萱及施詠琳，在需要翻譯時施以援手。謝謝昱如及婧純，總是上傳兒子可愛的影片或在國外帶團旅遊的美景滋養打氣。感謝北京胡宇引見我認識王旭，他熱愛新疆與攝影，不但慷慨地答應我可

無償使用他攝影集內的作品，做為封面，更費心地為我挑選適合本書主題的照片及提供建議，也謝謝蔡聆恩耐心地聆聽，了解我想透過照片傳遞的意涵，為本書設計封面。

　　感謝我的父親陳江福教授，他最能了解研究歷程所要付出的時間與精神，給予我無盡的支持。每當我在臺北接到姐姐通知母親送急診，即刻趕回臺中，總是看見他坐在急診室的椅子上，憂心勞累，很是不忍。母親過世後，他常帶著在各地旅行的伴手禮，前來探望正在撰寫論文的我。謝謝我的母親蕭玉秀，她是個細心體貼，又深具智慧的人，擅於烹調美味的食物與點心。她在生命歷程的最後一年，多次被送醫住院，出院後我想留在臺中照顧她，她反而極力催促著我去臺北，做該作的事。我原本期待著她可以等我在臺北找完資料搬回臺中，再多陪伴她，但生命是老天爺決定的。我深刻體會到工作職涯與照顧病痛親人之間的抉擇、掙扎、痛楚與遺憾。謝謝你們的愛，成為支持我的力量。

陳 殷 宜 謹序於臺灣臺中市

2019.4.12

上　篇

伯克制沿革及行政組織

第一章　緒　論

第一節　研究動機及目的

　　清高宗在位的六十年中，軍力強盛，陸續平定了準噶爾、回部、大小金川、臺灣林爽文事件、降緬甸、安南及兩平廓爾喀，稱為十全武功。[1]而最早完成的部分即是乾隆二十年（1755）平定北疆準噶爾後，又於乾隆二十四年（1759）將回部收歸清朝版圖，高宗自詡成就皇祖、皇考以來未竟之功。[2]高宗也曾在平定兩金川告成太學碑內誇耀，以不到五年時間，即平定伊犁及回部，耗銀不及三千萬兩，完成大事。[3]乾隆二十七年(1762)至二十九年（1764）更將索倫、達斡爾、錫伯、額魯特等族，由東北、熱河等地遷來，充實了新疆的防禦。[4]「新疆」一詞對清朝而言，是指經武力平定所得的新定疆土，如奏摺中有關雲貴或大小金川等地，在剿撫及設官安置過程中，也稱新疆。而本文所指稱新疆為清朝西北天山南北二路，天山南路亦稱為回疆、回部、南疆，在文中將交互使用。高宗經營新疆，依各地所居民族文化生活之別，立定扎薩克制、郡縣制及伯克制三種不同的治理方式。

---

[1]莊吉發，《清高宗十全武功研究》（臺北：國立故宮博物院，1982 年），頁 1-3。

[2]《大清高宗純(乾隆)皇帝實錄》（臺北：臺灣華文書局，1964 年），卷 599，頁 23-26，乾隆二十四年十月庚子，諭富德將軍等奏報。

[3]此是相對於金川小寇，地不逾五百里，卻耗時超過五年，耗銀七千萬兩所發。《大清高宗純(乾隆)皇帝實錄》，卷 1007，頁 18-22，乾隆四十一年四月己巳，上親製平定兩金川告成太學之碑。

[4]林恩顯，《清朝在新疆的漢回隔離政策》（臺北：臺灣商務印書館，1988 年），頁 116-117。

　　高宗在定邊將軍兆惠等，平定回疆各城的調查中，決定採行準噶爾統治回人[5]的伯克制管理各城，依伯克原有職稱，改革成為具有三至七品品秩及有給職的職位，開啟了清朝伯克制度的施行。伯克制在新疆研究中，是屬於一個古老的議題，在筆者過去的認知中，就只是清朝管理回疆的一個制度，有不同職稱的伯克，各司其職而已。平日管理以各城辦事大臣、領隊大臣及回疆參贊大臣等駐箚大臣為主，回疆若有亂事，則由伊犁將軍前來支援，或是清廷另外派兵前來作戰。而伯克就如左宗棠所言，是阻隔官員與回眾溝通者，是造成回疆弊端的源頭，清廷因而決定改制，於是在光緒十年（1884）新疆建省。然而當 2014 年至 2016 年間，筆者原想撰寫有關清朝新疆的另一個議題，在臺北國立故宮博物院圖書文獻處翻閱多種清朝檔案時，伯克的各項作為，卻不斷地映入眼簾，顛覆筆者原來的所有認知，衝擊甚大，心中不斷地問著：「伯克的工作到底是什麼？怎麼什麼事都有他們？伯克怎麼做了那麼多的事？」甚至有好幾次，筆者忍不住地從善本書室走出來，在書架前重新閱讀現有的典籍及研究成果，期待可以找到對於伯克制度及其工作內涵的解釋，但是似乎都言簡意賅，看來具體，卻又覺得籠統，總是不能解答筆者的疑義，心想未來應該先來撰寫一篇有關伯克職掌的小論文。然而在撰寫小論文時，卻發現材料甚多，越要探究其中，就必須讓自己有更多基礎的了解，以掌握伯克制度，於是一個一個主題開始延伸發展，而逐部構成此書的所有章節，這也與我過去撰寫論文先有計畫性的章節構成，是完全不同的經驗。

　　清朝檔案內，有許多奏摺是駐箚大臣因伯克做了許多事務，

---

[5]回人、回眾，是指今維吾爾族，在清朝檔案多以回子、回眾、回人、纏回稱之，回部王公亦多稱為回子王公，雖然部分檔案或《清實錄》亦稱回民，不過回民大多用來指稱今之回族為主，又稱漢回；而新疆建省後，檔案多改稱為纏民或纏回；本文未避免混淆，多以回人、回眾，或稱回部王公，省後以纏民稱之，回民則以指稱今之回族，若為引文需要或伯克職稱，如回子王公、金頂回子等則依檔案或伯克職稱則保留原有稱呼，並無民族歧視之意。

而為其奏請獎勵的摺子。例如回部王公出任阿奇木伯克,被高宗派往中亞其他國家及部落調解紛爭,此因伯克熟悉當地語文,了解周邊各國的文化,部落紛爭的關鍵及歷史,這是派駐大臣無可匹敵的能力。戰時伯克深入對方陣營,實行反間及探查情資,清軍才可戰勝。伯克戰前墊付銀兩,蒐羅軍需糧草,提供路經的軍隊及清軍大營的餐食、馬料。戰亂之際,也曾有綠營官兵在旁觀戰,伯克卻帶著回兵與入侵者拼殺的狀況。而當白山派一次次的滋擾時,清軍大營總是需要伯克支援翻譯的工作。這讓我重新思考左宗棠所言,伯克是官與民的隔閡之意,事實上是派駐的官員不懂維吾爾語及其文化、宗教生活所致。左宗棠以漢族立場的思考,主張改採漢化教育,廣開漢語學堂,教習四書五經,實是以漢族單一觀點詮釋伯克作為,對於伯克刻板印象的形成影響甚大。在張格爾事件善後,那彥成調查所見,確實存在伯克苛索的弊端,卻也造成過去的研究,大多持伯克為苛索者的論點。但究其因駐箚大臣對伯克及維吾爾族人的苛索,才是弊端的源頭。因此若將善後檢討所見的伯克弊端,視同伯克日常全面性的作為,是否有以偏蓋全的疑慮?試問如果主要面對回眾的伯克,其所為盡是苛索,那麼伯克制度又何以能施行一百二十五年?

　　在清朝各種檔案所見,伯克的作為與貢獻,早已無法完全容納在我既有的伯克制度認知架構,因此,筆者決定不再把伯克當成一個名詞,或僅是伯克制裡的一個官名,而是以人為本,重新撰寫伯克制度。目的不只是制度,更重要的是重新認識在伯克制度下,一個個真實活在清朝回疆時空裡的伯克,在一百二十五年中,為了守護家園,建立自己及其家族功業的人。他們竭力實踐皇帝諭令,協助大臣,服務回眾,為周邊各國及部落在進行外交折衝,照顧病痛的使臣,維護貿易公平,以及在戰亂烽火中,守衛與犧牲,並與外國商民攜手奮戰。伯克們在長途跋涉的年班入觀旅程中,克盡義務。同時宥於伯克制度架構下,伯克被駐箚大臣以國家制度賦予的權力,名正言順地苛索的事實。由於檔案片段零碎,多需整併、作表,才可呈現研究內容。有時需要辨識伯

克同名卻不同人，或者同一位伯克，在同一時期或不同時期，於不同大臣奏報或不同的檔案記載中，漢字音譯卻各不相同的情況，確實很耗費心力。有時本文敘述看似資料堆疊，實因筆者期待伯克所為可以重新被看見，不致被埋沒於清朝浩繁的檔案之中，也希望維吾爾族等伯克的子孫，可以見到祖輩的各項作為。

第二節　研究文獻回顧

目前伯克制度研究相關論文，多以伯克制的組織架構為主，並檢討伯克制的利弊。現有研究伯克制最具完整性及代表性的是日本學者佐口透所撰《18-19 世紀新疆社會史研究》，該書第三章伯克制，述及伯克制的建立，伯克法之品秩、職掌、任免、入覲各項，探討不同方志下記載伯克種類、額設、職掌及養廉變化，由伯克統治權力角度，論述烏什事件、張格爾事件等善後，及庫車郡王愛瑪特之事，突顯伯克陋規及苛虐維吾爾等各族的情形，對於乾隆朝至光緒朝廢止伯克制前之運作及弊端，有全面性的探討。[6]

臺灣學者劉義棠所撰〈伯克制度研究〉，收入於《維吾爾研究》，探討「伯克」的音與義、制度的源流、特徵、組織、額設、職權、補放、俸給、年班等；烏什事件為伯克制帶來的影響與調整，以及伯克制廢除後，伯克的政治影響力仍續持至民國的情形，是一篇結合語文研究，探討伯克制組織架構與變化，用力甚深的論文。[7]羅運治撰《清高宗統治新疆政策的探討》內，探討伯克制組織內容，伯克獎懲，分析伯克制度利弊及影響，對於乾隆朝施行伯克制有詳實的探討，以左宗棠的觀點為主，認為伯克居於中，

---

[6]佐口透，凌頌純譯，《18-19 世紀新疆社會史研究》（烏魯木齊：新疆人民出版社，1983 年），上冊，頁 121-209。

[7]劉義棠，〈伯克制度研究〉，收入《維吾爾研究》（臺北：正中書局，1975 年），頁 271-319。

上賄駐箚大臣，下欺回人。[8]林恩顯《清朝在新疆的漢回隔離政策》，立於佐口透、劉義棠等研究基礎，以漢回隔離政策的角度切入，探討伯克制官吏法各項，討論伯克制的優點，並以張格爾事件後，那彥成等所奏回疆歷年補放伯克賄囑積弊擬定章程為主，列載大小衙門及伯克陋規弊端，檢討伯克制的得失及影響。[9]羅運治及林恩顯皆曾列表說明乾隆朝回部王公出任各城阿奇木伯克的資料，可以了解高宗治理回疆初期，回部王公各家族勢力的佈局。[10]上述四位研究者的成果斐然，建立了伯克制的研究架構，而佐口透、林恩顯及羅運治則多以事件善後及《回疆則例》禁止事項，呈現伯克介於官與民間苛索回人，也提及駐箚大臣及衙門差徭過重，造成貪瀆等人為因素，成為伯克制普遍性的觀點，影響後來的研究者。

　　在中國大陸學者部分，苗普生曾以伯克職稱語言的考釋，探討佐口透及劉義棠所認為伯克制形成與發展的時間，[11]苗普生也曾撰《伯克制度》一書，只可惜筆者未能見其書，由〈伯克制度綜述〉一文，可以想像其研究甚為深廣。[12]牛海楨撰《清代西北邊疆地區民族政策研究》，也引用了林恩顯在結語上看法，認為隔離雖有助於社會文化保留，卻影響中華民族的團結與統一。[13]王東平撰《清代回疆法律制度研究》，在佐口透及劉義棠研究基礎，增加檔案等資料，對於伯克職掌及補放有更清楚的闡述，並以烏什事件、玉努斯事件為例，依循左宗棠的觀點，延續伯克弊端論述。

---

[8]羅運治，《清高宗統治新疆政策的探討》（臺北：里仁書局，1983年），頁167-196。

[9]林恩顯，《清朝在新疆的漢回隔離政策》，頁68-105。

[10]羅運治，《清高宗統治新疆政策的探討》，頁184-188；林恩顯，《清朝在新疆的漢回隔離政策》，頁90-93。

[11]苗普生，〈關於伯克制度的形成和發展〉，《西北歷史研究》，1987年第2期，頁127-149。

[12]苗普生，〈伯克制度綜述〉，《中國邊疆史地研究》，2003年第2期，頁93-107。

[13]牛海楨引用林恩顯應是頁103，而非頁95，或是因版本不同所致。林恩顯，《清朝在新疆的漢回隔離政策》，頁103；牛海楨，《清代西北邊疆地區民族政策研究》（蘭州：蘭州大學出版社，2004年），頁17。

[14]美國學者約瑟夫・弗萊徹於《劍橋中國晚清史》一書，也提及官員和伯克貪污的現象。[15]

另以回部王公各家族為主之研究，有聶紅萍、王希隆〈鄂對家族與清代新疆政治〉，探討庫車郡王家族出任阿奇木伯克功過。王希隆、馬青林〈額敏和卓後裔與清代新疆〉，探討吐魯番家族在清代回疆各城、伊犁出任阿奇木伯克情形，與扎薩克制的限制。[16]維吾爾族艾西熱甫・阿布都拉則以〈祖爾東阿奇木伯克對 19 世紀維吾爾文化事業的貢獻〉為題，呈現吐魯番郡王作霍爾敦擔任喀什噶爾阿奇木伯克期間，在文學、文化、宗教及培養文士哲人的貢獻，是不同於伯克制度及政治研究的視野。[17]

第三節　資料來源及研究方法

本研究運用的新疆相關檔案資料，以乾隆二十四年（1759）至清末宣統三年（1911）為時間斷限。主要來源為臺北國立故宮博物院圖書文獻館的兩項資料庫：「清代宮中檔奏摺及軍機處檔摺件」資料庫、「史館檔傳包傳稿」資料庫，以及該館典藏之清代各項檔冊原件，包括「月摺檔」、「外紀檔」、「廷寄檔」、「奏摺檔」、「勦捕廷寄檔」、「議覆檔」、「寄信檔」、「夷務始末」、「雜檔：郵傳部第一次統計」、「史館檔：地理志、食貨志」、「起居

---

[14]王東平，《清代回疆法律制度研究》（哈爾濱：黑龍江教育出版社，2003 年），頁 105-162。

[15]第二章是哈佛大學教授約瑟夫・弗萊徹撰，見費正清編，中國社會科學院歷史研究所編譯室譯，《劍橋中國晚清史 1800-1911》（北京：中國社會科學出版社，1993 年），上卷，頁 82-85。

[16]聶紅萍、王希隆，〈鄂對家族與清代新疆政治〉，《中國邊疆史地研究》，第 13 卷第 2 期（2003 年 6 月），頁 39-47；王希隆、馬青林，〈額敏和卓後裔與清代新疆〉，《中國邊疆史地研究》，第 19 卷第 2 期（2009 年 6 月），頁 87-101。

[17]艾西熱甫・阿布都拉，〈論祖爾東阿奇木伯克對 19 世紀維吾爾文化事業的貢獻〉，《新疆社會科學》， 2001 年第 1 期，頁 71-72。

注冊」、「上諭檔」方本及長本等，翻閱研究相關檔冊原件，大約有五千冊，並查閱其他已出版的檔案文獻有《乾隆朝滿文寄信檔》、《乾隆朝上諭》、《嘉慶道光兩朝上諭檔》、《咸豐同治兩朝上諭檔》、《光緒朝硃批奏摺》、《大清起居注冊》、《大清實錄》、《平定準噶爾方略》、《欽定平定回疆剿捕逆裔方略》、《回疆則例》、《理藩部則例》、《明清史料》，及新疆的方志等，希望盡其所能掌握第一手歷史檔案資料與文獻，藉由檔案資料的整理分析及歸納，用民族學、社會學、歷史及政治等面向及方法，探索伯克制度。希望由清朝皇帝，滿、蒙等回疆各駐箚大臣的多元觀點，探索清朝如何運用以修其教不易其俗，齊其政不易其宜的政策原則，用以回治回及以少治多的伯克制度統治回疆，中央與地方，皇帝、駐箚大臣及伯克間，如何彼此合作，建立伯克制及影響伯克制的變化與施行。

第四節　研究的價值及發現

過去研究普遍認為以回治回的伯克制，形成官與民的隔閡，伯克仗勢苛索維吾爾族等各民族，造成伯克貪瀆弊端，以致左宗棠有新疆建省之見，主張廢止伯克制，並依漢族思想為主體，進行教育及文化改革。再者伯克制大多數的研究成果所用資料，以乾隆朝較多，較少提及各朝的變化歷程，有時運用的材料實為不同朝的政策變化，卻放在一起說明，或者只是簡化及片斷述及變化，而未能了解變化的原因，或許這與過去所能看到的檔案及文獻資料較少的緣故。

本研究資料以檔案為主，以伯克之人為本，立於前輩學者已建構完整的伯克制研究基礎上，補其血肉，讓伯克的面貌更為豐富。各章以主題式呈現，探索伯克制在各朝的變化，也看到伯克

在不同時期改變所採取的因應之道，使伯克制度的探索，具有歷史的縱深，也有主題的寬廣視角。

本研究發現，伯克制並非是一個在施行之初，就已預立一套完整的制度，而是高宗任命各城伯克後，陸續發生的各項實際事務，或是戰亂，透過駐箚大臣的反映或建議上奏，由皇帝直接諭示，或是交給理藩院、軍機處及各相關機構研議裁示准奏施行，或由皇帝或各部職責，提出建議，成為慣例，或是因應戰亂而作變革，伯克制充滿了彈性及可變性，因此將伯克制的形成、演變以及管理回疆各機構與回疆關係，分為四章作探索，釐清制度的變化及管理機制。

各城伯克的設置，本文以《欽定回疆則例》所列各城實際設置之伯克為主，伯克職稱因各城各時期略有變動，本文以道光年版《欽定回疆則例》為本，以伯克種類最多的葉爾羌為基準，製成表格，各城以此為基，再依各異部分增加，希望可以一目了然，再探究各城伯克的特色，以及伯克設置在乾嘉道三朝的變化。

伯克職掌、薪俸及伯克業務，各分一章探討。伯克職掌是為個別的日常工作，由《欽定回疆則例》以及各志書，因不同時期的記載，比較伯克職稱的增減，以及由各城設置伯克，展現各城的農商物產等特色。而高宗曾言伯克為有給職，然各城各職稱不同的伯克在養廉銀、帕特瑪地及供役者的燕齊數各異，藉由駐箚大臣各城之異，進而觀察清朝在制定伯克薪俸的思考。同時也在檔案中發現，回疆很多事務，實際上是必須靠伯克們群策群力共同完成，因此不能夠僅以伯克職掌，成為唯一界定伯克工作內容的依據。伯克要因應皇帝不同的喜好及政策，協助大臣面對內政及外交事務，及面對戰前整備、作戰及善後各項業務，貢獻甚多，

因此伯克執行業務，用較大的篇幅，將一件件檔案整併，呈現伯克所為，相信藉由檔案實例整理所見，再也難以用苛索二字含括伯克的作為。

高宗統治初期，伯克多由回部王公出任，但其後裔仍由基層作起，嘉慶朝定立隨同年班伯克子弟，成為七品伯克的訓練等第，為伯克及回部王公後裔開啟一條晉升伯克之道。不過，因應道光時期的戰亂，伯克挑選的條件，多以戰功為主，此舉對伯克的生態，也產生長遠的改觀及影響。咸同兩朝因捐輸制度施行，為伯克補放再添變數，由補放一章可以看到各伯克在數十年伯克職涯建立的功績，為己及家族後裔創造社會階級流動的努力，及捐輸章程帶來的政治現實與衝擊。由於伯克的補放，各朝各有偏重及改革，因此伯克補放一章，先釐清各朝的變化，再探討伯克補放的程序、缺出補授之因、來源與升遷條件、任期、黜革、休致、殉職撫卹等議題，也是本文篇幅較大的一章。

現有伯克年班研究，大概以佐口透最完整，其他研究大多述及品秩人數及貢物，入覲間隔的改變，但實際上各篇論文篇幅皆不多，也未探討改變之因。而筆者對伯克年班有太多好奇，拼湊一件件片段的奏摺，企圖建構成完整的伯克年班制度，該章也用了較大篇幅，探索伯克八個月至一年的入京歷程，包含路線、品秩、人數、分班、輪班、護送、入覲地點、沿途飲食、住宿費用的公私支付、回部王公與伯克不同待遇，病痛與亡故的處置，行李的規定的變化，各省大臣在年班的職責，年班作用，年班施行的斷限等，希望對伯克年班的議題探索更為全面與完整。

伯克弊端過去探討，多以伯克那彥成在張格爾事件善後調查所做為主。本文在伯克弊端一章，先由伯克在準噶爾時期，所形

成既有的傳統禮儀習俗，再以駐箚大臣苛索伯克的弊案，及那彥成善後調查及因而收錄在道光年版修訂的《回疆則例》，加以探討，並由伯克制的設計，造成駐箚大臣對伯克升遷掌控權，以及大臣利用捐輸章程需索，影響伯克補放的現實權益，重新檢視伯克苛索的背後成因，筆者認為駐箚大臣才是回疆弊端的始作俑者，需負起更多的政治責任。

　　清朝施行伯克制度，實踐了清廷以少治多的統治方式，僅派駐少數官員及兵力管理廣大的天山南路地區，然而回疆各城的內政、外交、國防、經貿等各項事務，若無伯克指揮與執行，國內外商民與維吾爾等各族的營生及生活如何運作。本文希望藉由檔案的發現，將伯克們的付出及其所為呈現出來，祈願伯克作為可以被真實的看見與正視，伯克在新疆歷史的評價，得以受到重新的審視。

第二章　清朝伯克制的形成與設置

第一節　清朝伯克制的建立

一、伯克的由來

「伯克」一詞，劉義棠認為是由古突厥（Turks）語 Beg 音譯而來，也就是源於古代突厥部落，再逐漸傳播到其他的阿爾泰民族，即北亞蒙古、中亞至西亞的游牧民族。在十世紀後期，喀拉汗王朝也有使用，如撒馬爾罕的官吏（Mahmud Beg），或是十一、十二世紀烏古斯及噶邏祿的首領，也曾用 Beg 的稱號，十二世紀漠北蒙古部族亦然。十五世紀帖木兒子孫所統治的區域，或是托克曼王國等，突厥貴族或是部落首領，也稱之為 Beg。此外，在信仰珊蠻教（Samanism，Shamanism 或稱為薩滿教，原是中國東北、西伯利亞民族及漸漸傳至北亞各民族的自然靈力崇拜之原始信仰[1]）的阿爾泰人（Altai）在祈禱時，對他們所信仰的神也稱為 Beg，由此可知 Beg 一字的使用已久，且相當廣泛。[2]

苗普生認為伯克制度，經過十四世紀至十六世紀的發展，在賽依德王朝（葉爾羌汗國）初期已形成，十七世紀時臻於完善；元末明初禿黑魯帖木兒汗（1343-1363）是蒙古汗王第一個皈依伊斯蘭教，使得伊斯蘭教得以迅速擴展至吐魯番等地，到了十五世

---

[1]劉義棠，〈維吾爾宗教信仰研究〉，收入《維吾爾研究》（臺北：正中書局，1975年），頁 435-441。

[2]劉義棠，〈伯克制度的研究〉，收入《維吾爾研究》，頁 282、273-278。

紀末至十六世紀初，伊斯蘭教的教職人員已成為一個獨立的階層，也包括司法部門、宗教管理與教育，並陸續設置雜布提瑪克塔普伯克、默提色布伯克等相關之伯克。由於新疆與阿拉伯、波斯等各國貿易、文化往來頻繁，因此密喇布、密爾巴雜爾等伯克名稱，亦傳入使用。阿奇木伯克一職，在十五世紀中葉，已在回疆地區設置，還有類似蒙古牧區行政組織相關的伯克，例如多博伯克、明伯克、玉資伯克、鄂爾沁伯克等，最晚也在十六世紀已設置。由此可知清廷所設伯克名稱及職掌，和伊斯蘭教有關，多為宗教與教育，而行政、稅務、工程的管理，就與蒙古語相關，如鄂爾沁伯克、伊爾哈奇伯克。以伯克職稱而觀，顯示天山南路施行伯克制由來已久，其名稱有來自阿拉伯語、突回語、波斯語、蒙古語，也表示該地區曾經歷不同的統治者與宗教的影響。[3]同樣地，在中國的文獻裡，被譯為宰闊、宰可、別吉、別乞、及帕夏（或作帕夏[4]），皆是由突厥語"Beg"一字的而來，其意涵大概可以歸納為一地區的或部落的統治者、特權階級、貴族、具有聲望地位的行政官員、統治者派遣的使節、處理訴訟案件或習俗的博學者，或是珊蠻教的領袖等。[5]

二、建立以回治回的行政管理

清乾隆二十年（1755），高宗平定準噶爾，[6]乾隆二十二年（1757），

---

[3]對於伯克職稱語言來源，學者看法不盡相同，參酌採取三者看法較近部分。苗普生，〈關於伯克制度的形成和發展〉，《西北歷史研究》，1987年第2期，頁127-141；劉義棠校註，《「欽定西域同文志」校註》（臺北：臺灣商務印書館，1984年），頁124-133；林恩顯，《清朝在新疆的漢回隔離政策》，頁73-75。

[4]劉義棠校註，《「欽定西域同文志」校註》，頁122。

[5]劉義棠，〈伯克制度的研究〉，收入《維吾爾研究》，頁273、278。

[6]平定準噶爾高宗御製勒銘碑立於伊犁格登山，光緒八年伊犁將軍金順查明碑亭無存，派員修建於光緒十年六月工竣，伊犁將軍長庚派員勘估因年久風雪漂零，磚木腐朽，重建需銀一千四百兩，光緒二十六年三月奏准在伊犁裁存兵餉項下

因大、小和卓博羅尼都（Burhan al-Din）及霍集占（Xoja Jahan）欲脫離清朝管轄，高宗再次出兵。乾隆二十三年（1758），攻下庫車、沙雅爾、阿克蘇、烏什各城。次年，再克復和闐、喀什噶爾、葉爾羌，回部（亦稱回疆、新疆天山南路）於此收歸清朝版圖。

高宗將新疆的民政制度分為扎薩克制、郡縣制及伯克制三種。北疆厄魯特蒙古遊牧區行扎薩克制，漢族較多的東部區域，如鎮西府、哈密、伊犁、闢展、奇臺等直隸廳，迪化州、昌吉、宜禾、阜康、綏來等縣，行郡縣制，設知府、同知、知州、知縣等官員，由甘肅布政使司管轄。[7]天山南路大部分地區，則以伯克制管理回人。

清朝伯克制始於乾隆二十四年（1759），終止於光緒十年（1884）新疆改設行省。高宗將回疆收歸清朝版圖後，以修其教不易其俗，齊其政不易其宜的政策原則，參考回疆原有伯克管理的方式，加以改革，高階伯克由皇帝直接任命補放，管理各城回人，再派少數駐箚大臣於回疆各城管理伯克。駐箚大臣包括喀喇沙爾辦事大臣一位，管理庫爾勒及布古爾兩城；庫車辦事大臣一位，主管庫車及沙雅爾二城；阿克蘇辦事大臣一位，管轄阿克蘇、賽里木、拜城三城；烏什辦事大臣一位；和闐辦事大臣及幫辦大臣各有一位；英吉沙爾設領隊大臣一位。另設一位回疆參贊大臣（或稱回疆總理參贊大臣）統籌管理，原設於喀什噶爾，烏什事件平定後，為加強該城的管理，於乾隆三十年（1765）至乾隆五

動撥銀兩，由額魯特領隊大臣英裕督飭，光緒二十九年伊犁將軍馬亮親登格登山，發現碑石字跡完好，亭柱傾頹，長庚雖奏修但值交卸，且連年積雪甚深，運料不易，山高風勁，亭未修砌，馬亮於光緒二十九年七月奏報以磚石嵌砌，光緒三十年夏雪化重建，於九月額魯特副總管庫克具報完工，工料較原報有減無增。《宮中檔光緒朝奏摺》，文獻編號第 408004128 號，2711 箱，光緒二十九年七月十六日，伊犁將軍馬亮奏，臺北：國立故宮博物院圖書文獻館，清代宮中檔奏摺及軍機處檔摺件資料庫；《宮中檔光緒朝奏摺》，文獻編號第 408004148 號附件一，2711 箱，光緒三十年九月二十一日，伊犁將軍馬亮奏。
[7]趙云田，《中國邊疆民族管理機構沿革史》（北京：中國社會科學出版社，1993年），頁 317-318。

十一年（1786）回疆參贊大臣移駐烏什，這也影響其他各城的設置。喀什噶爾回疆參贊大臣移駐烏什後，改設辦事大臣，但由於地理位置具有商貿、外交往來的重要性，乾隆五十一年（1786）的年底，又再移回喀什噶爾。道光十一年（1831），經歷張格爾事件，及浩罕不滿因張格爾事被清廷禁止商貿而入侵等事，回疆參贊大臣移又至葉爾羌，喀什噶爾降改為領隊大臣，咸豐八年（1858）七月，因該城事務繁雜，又改回辦事大臣，並設幫（協）辦大臣一位；葉爾羌也受此影響，原設辦事大臣，道光十一年（1831），改設葉爾羌參贊大臣，及幫（協）辦大臣一位。[8]由於檔案有時也直接以喀什噶爾參贊大臣、葉爾羌參贊大臣稱之，本文即依檔案所述，若僅以參贊大臣稱之，則一律改為回疆參贊大臣，以避免與新疆其他地方參贊大臣相混淆。清朝在天山南路及天山北路的伊犁，共計有十三城皆設伯克管理回務。伯克制實現了清廷對回疆採行以少治多和以回治回的間接治理，又收實質直接管理之效。

　　乾隆二十七年（1762），新疆已設伊犁將軍及烏魯木齊都統、回疆參贊大臣，各城分設辦事大臣、幫辦大臣，或是領隊大臣等，大多是出身滿洲八旗或蒙古。十月確立伊犁將軍職掌，十一月任命明瑞為伊犁將軍、伊犁參贊大臣以愛隆阿、伊勒圖補授，領隊大臣五岱補授，伊犁將軍職掌南北疆軍事管理，凡烏魯木齊、巴里坤及所有滿洲索倫、察哈爾、綠旗官兵，皆聽將軍調遣。回部與伊犁相通，自葉爾羌、喀什噶爾以至哈密等處駐箚軍隊，也歸於將軍兼管。地方事務由各處駐箚大臣照舊例辦理，而葉爾羌及喀什噶爾等回城，因在邊陲，如有應調伊犁官兵之處，亦准予各處大臣咨商伊犁將軍就近調撥。[9]乾隆四十七年（1782），高宗諭

---

[8] 曾問吾，《中國經營西域史》（臺北：文海出版社，1936 年），中冊，頁 264-266；
魏秀梅編，《清季職官表》（臺北：中央研究院近代史研究所，2002 年），
頁 779-782。

[9] （清）傅恒等，《平定準噶爾方略續編》，卷 19，頁 5-6，乾隆二十七年十月壬
子，諭軍機大臣奏；傅恒等，《平定準噶爾方略續編》，卷 19，頁 7，乾隆二

各回城年終匯報事務，嗣後皆由回疆參贊大臣轉報，而伊犁所屬各城辦事大臣年終申報於伊犁將軍，再行匯奏。[10]伯克、回疆各城駐箚大臣、回疆參贊大臣、伊犁將軍的分工、統合、管理規則及具權威與階級的科層組織（bureaucracy）管理體制已然建立，[11]伯克制、軍府制相互支援，以守護清朝新闢的疆土。

三、清朝伯克制的形成

1、伯克制的建立

乾隆二十三年（1758），高宗在定邊將軍兆惠等逐步底定回疆各城時，即設置頭目由回人擔任，漸次訂立管理架構。至乾隆二十八年（1763）清廷回疆伯克制，已大致成形。高宗在乾隆二十三年（1758）曾表示將來平定回部之後，就依準噶爾對回人統治般，揀選「頭目」，統治各城，總歸伊犁將軍管理，並要兆惠由歸順的回人中，選擇有功績及可信者，授以職位管理貢賦。[12]依準噶爾的舊制，分城設置頭目管理，但認為不必以鄂對做為回人總管。[13]「頭目」指的就是伯克。[14]高宗採因俗而治的政策，依回部舊有伯克制管理，但也表達回人僅限於分城管轄，而不再以回人總管各回城。這應與高宗原派大小和卓管理回疆，及防範回疆其他勢力，再次起釁有關，也是高宗後來任命滿洲大臣等，成為各城辦事大臣、回疆參贊大臣等的伏筆，展現將回疆納入版圖，

十七年十一月辛酉，上諭大學士，收入張羽新、趙曙青主編，《清朝治理新疆方略匯編》（北京：學苑出版社，2006年），冊7，頁18-19。

[10]《大清高宗純（乾隆）皇帝實錄》，卷1150，頁7，乾隆四十七年二月己巳，諭。

[11]謝高橋，《社會學》（臺北：巨流圖書公司，1988年），頁152-158。

[12]《大清高宗純（乾隆）皇帝實錄》，卷570，頁26，乾隆二十三年九月戊戌，又諭。

[13]《大清高宗純（乾隆）皇帝實錄》，卷571，頁8，乾隆二十三年九月丙午，又諭。

[14]劉義棠，〈伯克制度的研究〉，收入《維吾爾研究》，頁282-283。

進行實質管理的意圖。

定邊將軍兆惠征討大小和卓過程中,隨時依功奏報,以利各城的管理。乾隆二十四年（1759）正月,和闐伯克阿什默特、阿卜都哈里克等,將和闐等六城大小伯克職名、戶口、糧石、牲隻數量列單呈報,高宗俱賞阿什默特、阿卜都哈里克三品職銜,戴孔雀翎,其餘伯克應賞品級,則交由兆惠查明奏報。[15]頭等侍衛噶岱默特在乾隆二十四年（1759）四月被任命為拜城伯克。[16]五月時,高宗諭以各回城皆照阿克蘇及烏什例,賞阿奇木伯克三品翎頂孔雀翎,協辦事務之伯克（即伊什罕伯克）賞四品帽頂孔雀翎,鄂對授為阿克蘇阿奇木伯克,和闐阿奇木伯克為阿什默特。[17]閏六月,請欽天監繪回部地圖。[18]

乾隆二十四年（1759）七月十一日,高宗依阿克蘇辦事大臣舒赫德所奏,酌議回城官制,諭示軍機大臣等:

> 阿克蘇係回部大城,村莊甚多,舊係伯克密喇布等管理,今雖不必準以內地官制,而品級職掌宜為釐定,庶足以辨等威而昭信守等語,所奏甚是,著照所請。以阿奇木伯克為三品,伊什罕伯克為四品,噶匝納齊伯克為五品,將應陞人員奏請補授,其小伯克密喇布等為六、七品,俟缺出揀選補授,其餘各城俱一體辦理。但回部諸城,皆大兵進剿所定,非哈密、吐魯番之向化歸誠可比,從前玉素布、

---

[15] （清）傅恒等,《平定準噶爾方略正編》,卷 67,頁 12,乾隆二十四年正月丁酉,又諭,收入張羽新、趙曙青主編,《清朝治理新疆方略匯編》,冊 6,頁167。

[16] （清）傅恒等,《平定準噶爾方略正編》,卷 71,頁 21,乾隆二十四年四月庚午,諭,收入張羽新、趙曙青主編,《清朝治理新疆方略匯編》,冊 6,頁 205。

[17] （清）傅恒等,《平定準噶爾方略正編》,卷 73,頁 20-21,乾隆二十四年五月辛酉,諭軍機大臣,收入張羽新、趙曙青主編,《清朝治理新疆方略匯編》,冊 6,頁 223。

[18] （清）傅恒等,《平定準噶爾方略正編》,卷 74,頁 6-7,乾隆二十四年閏六月己卯,諭軍機大臣,收入張羽新、趙曙青主編,《清朝治理新疆方略匯編》,冊 6,頁 228-229。

額敏和卓之屬人等，本其世僕，故所設官員俱不支俸，此
等回人，雖承辦公事，有官職大小之殊，皆係朕之臣僕。
將來如阿奇木等大伯克或令其輪班入覲，酌給官俸，其小
伯克等或於所定租賦內，通融支給亦可，著傳諭舒赫德查
覈定議具奏，俟回部全定後舉行，此時不妨以籌辦大概，
曉示回人，俾共知感激奮勉。[19]

　　此段上諭，已由籠統地設頭目管理，更明確地指出以伯克為
官，品級為三至七品；阿奇木伯克、伊什罕伯克及噶匝納齊伯克
是各城重要的高階伯克，密喇布為六至七品的小伯克；給予伯克
俸給方式，有給官俸或租賦支給；伯克要輪班入覲等，為伯克制
謀畫了藍圖。高宗明白地表達對待大兵進剿得到的回部，與順治
和康熙年間已向化歸誠的吐魯番、哈密，採取伯克制與扎薩制不
同的管理方式。

　　緊接著在十日之後，即乾隆二十四年（1759）七月二十二日
定邊將軍兆惠平定喀什噶爾，即展開調查人口、城村分佈、繪圖，
並奏陳喀什噶爾設官、定職、徵糧、納賦、鑄錢、幣制，駐兵分
防等事宜，揀選未跟隨大小和卓作亂之回人，補授為伯克，其中
奏請應設官職有：

各城村辦事，應設官職，查回部頭目，曰阿奇木，總理一
城；曰伊沙罕，協辦阿奇木事；曰商伯克，管理租賦；曰
哈子，管理刑名；曰密喇布，管理水利；曰訥克布，管理
匠役；曰帕察沙布，查拏賊盜；曰茂特色布，承辦經教；
曰木特斡里，管理田宅；曰都管，管理館驛；曰巴濟格爾，
管理稅課；曰阿爾巴布，派差催課；曰市琿，協辦都管事；

[19]《大清高宗純（乾隆）皇帝實錄》，卷 592，頁 15-16，乾隆二十四年七月己未，
諭軍機大臣；（清）傅恒等，《平定準噶爾方略正編》，卷 75，頁 28-29，乾
隆二十四年七月己未，諭軍機大臣，收入張羽新、趙曙青主編，《清朝治理新
疆方略匯編》，冊 6，頁 243。

> 曰巴克邁塔爾，專管園林；曰明伯克，其職如千總。今喀
> 什噶爾阿奇木一缺，請暫委吐魯番副台吉茂薩署理。[20]

　　高宗准依其所奏請而行，並賞給三十四位新授的伯克頂戴及
緞匹，特別出力者則戴獎賞翎。[21]此段將伯克的名稱及職務內容，
描述得更為清晰，與表達信任吐魯番郡王家族之意。其中佐口透
注意到在清朝統治前原有的職稱內，只有哈子伯克及明伯克兩個
官職有加伯克，其他未有，[22]清朝後來統一都加上伯克。[23]

　　接著兆惠行抵葉爾羌、庫車、烏什等各城，也依喀什噶爾之
例，進行調查所屬之城村、人口並繪圖呈覽，參考原有的貢賦制
定應交、民生栽種、物產，或是安插回人等各項，且依該城狀況
奏請任命署理阿奇木伯克、伊什罕伯克及商伯克等，以安定地方。
例如霍（和）什克伯克為舊時葉爾羌等城之阿奇木伯克，其叔素
賚滿也久任為商伯克，經兆惠與額敏和卓公議後，奏請仍任二人
署理此職。[24]乾隆二十四年（1759）擢授阿布都里野木為葉爾羌阿
奇木伯克，克里雅喇克為伊什罕伯克，且賞其翎頂、緞疋及荷包。
[25]玉素布（富）因駐箚烏什實心報效有功，封為貝勒，該城雖設伊
什罕伯克，卻未與他城相同，作為協同阿奇木伯克辦事，也未設

---

[20]《大清高宗純（乾隆）皇帝實錄》，卷 593，頁 12，乾隆二十四年七月庚午，定
　　邊大將軍兆惠等奏。

[21]（清）傅恒等，《平定準噶爾方略正編》，卷 75，頁 38，乾隆二十四年七月庚
　　午，定邊大將軍兆惠等疏奏，收入張羽新、趙曙青主編，《清朝治理新疆方略匯
　　編》，冊 6，頁 255-256。

[22]佐口透著，凌頌純譯，《十八-十九世紀新疆社會史研究》，上冊，頁 123。

[23]（清）托津等編纂，《欽定回疆則例》，卷 1，頁 1-23，收入天龍長城文化藝術
　　公司編，《新疆史志》（北京：全國圖書館文獻縮微復制中心，2003 年），
　　第二部，冊 11，中國邊疆史志集成，頁 53-91。

[24]（清）傅恒等，《平定準噶爾方略正編》，卷 77，頁 6-10，乾隆二十四年八月
　　辛丑，諭軍機大臣，收入張羽新、趙曙青主編，《清朝治理新疆方略匯編》，
　　冊 6，頁 245。

[25]《大清高宗純（乾隆）皇帝實錄》，卷 593，頁 24，乾隆二十四年七月乙亥，諭
　　軍機大臣。

噶雜那齊伯克及商伯克等職，因此舒赫德奏請添設，高宗即俱照其所請設置，並任命摩羅和卓授為四品的伊什罕伯克，協辦阿奇木伯克，四品噶雜那齊伯克由舊時伊什罕伯克默特補授，四品商伯克由什錫野東補授，四品哈子伯克由阿爾咱默特補授，魯克察克、闢展、喀喇和卓、托克三等四村莊之伯克為六品，其餘各處二十九缺的伯克皆作七品。[26]同時，也考量未來伊犁貿易，及兼顧原有種植的習慣，奏辦給庫車回人棉子及時播種，並調查庫車產硝磺及開採，以配合臺站卡倫火藥的需求；[27]安插多倫回人四千六十多人，於玉古爾、庫爾勒、策達雅爾、洋雜爾等四處，由海里勒等分管，高宗均賞給六品頂戴，諭吐魯番公素賚滿等率同悉心辦理。[28]

　　凡此種種，皆為形成各回城設置伯克的基礎。兆惠等人依各城地理、人口、產物調查所得，分別立定伯克品級、職位及人數，這也就成為清朝在嘉慶年間，首次刊刻《欽定回疆則例》嘉慶年版卷一之首所載，乾隆二十四年（1759），平定回疆，按舊俗於各城設立阿奇木伯克等官，管理一切事務的源頭。[29]傅恒在所撰之《欽定皇輿西域圖志》亦載：

---

[26]（清）傅恒等，《平定準噶爾方略正編》，卷78，頁18-19，乾隆二十四年九月庚申，諭軍機大臣，收入張羽新、趙曙青主編，《清朝治理新疆方略彙編》，冊6，頁278。

[27]（清）傅恒等，《平定準噶爾方略正編》，卷80，頁2，乾隆二十四年十月戊寅，陝甘大臣楊應琚奏，收入張羽新、趙曙青主編，《清朝治理新疆方略彙編》，冊6，頁266-267；（清）傅恒等，《平定準噶爾方略正編》，卷82，頁1，乾隆二十四年十一月庚戌，諭軍機大臣，收入張羽新、趙曙青主編，《清朝治理新疆方略彙編》，冊6，頁296。

[28]（清）傅恒等，《平定準噶爾方略正編》，卷83，頁23，乾隆二十四年十二月戊戌，諭軍機大臣，收入張羽新、趙曙青主編，《清朝治理新疆方略彙編》，冊6，頁310。

[29]（清）托津等編纂，《欽定回疆則例》，卷1，頁1-23、卷2，頁45-46、卷4，頁2，收入天龍長城文化藝術公司編，《新疆史志》，第二部，冊11，頁53-98、193-195、271-273。

> 方今西陲大定，回部諸伯克，作我臣僕，隸我職守，頒爵
> 授綬，一秉朝常，回部之制與準部等，故能官吏清勤，民
> 人和樂，居中馭外，指臂相聯，夫豈漢書以來，徒以虛名
> 相尚者，所可以相提並論與。[30]

　　以上可說明準噶爾羈縻回部時，伯克即為回疆官職的統稱，
高宗撫定西陲，依舊名設官，改為有給職，明定品秩，表達高宗
將回疆納入版圖管理，與舊時只具虛名方式，是不可相提並論的。
[31]

2、伯克入覲與任命

　　回疆底定後，乾隆二十四年（1759）十一月，由定邊將軍兆
惠等奏，回部平定，應令各回城伯克等輪班入覲。高宗諭示藉大
軍凱旋之便，將回疆有疑慮的勢力首領霍集斯、霍（和）什克伯
克等，以入覲之名帶回京師，為了避免其心生疑慮，需有其他伯
克一起入京，其餘各城伯克再分為三班，自乾隆二十五年（1760）
起依次於每年年終到京入覲。[32]

　　有關回疆各城阿奇木伯克的補授，舒赫德及阿桂等大臣，各
自上奏建議不同人選。乾隆二十五年（1760）三月，高宗接受舒
赫德推薦，諭以哈密郡王玉素布（富）之弟阿卜都拉為烏什阿奇
木伯克；高宗則未接受阿桂以噶岱默特調補和闐阿奇木伯克之

---

[30]（清）傅恒等奉敕編纂，《欽定皇輿西域圖志》，卷30，官制2，頁32，收入
　　張羽新、趙曙青主編，《清朝治理新疆方略匯編》（北京：學苑出版社，2006
　　年），冊18，頁203。

[31]（清）傅恒等奉敕編纂，《欽定皇輿西域圖志》，卷30，官制2，頁24-25、32，
　　收入張羽新、趙曙青主編，《清朝治理新疆方略匯編》，冊18，頁200-201、
　　203。

[32]（清）傅恒等，《平定準噶爾方略正編》，卷82，頁29-30，乾隆二十四年十一
　　月癸酉，兆惠奏，收入張羽新、趙曙青主編，《清朝治理新疆方略匯編》，冊
　　6，頁303。

見，而是以乾隆二十四年（1759）九月與噶岱默特俱封為公之阿
什默特補授；[33]拜城輔國公噶岱默特則出任喀什噶爾阿奇木伯克；
葉爾羌阿奇木伯克由庫車郡王鄂對出任；阿克蘇阿奇木伯克由後
來被封為烏什輔國公之色梯巴勒氏（文獻、檔案亦稱色提布阿勒
迪、色提卜阿勒氏、色提巴爾第）補授；英吉沙爾阿奇木伯克由
索勒屯和卓補授；高宗接受阿桂建議，將拜城阿奇木伯克作為四
品，由噶岱默特之子阿卜都喇瑪補授。[34]由上可知，回城為首之阿
奇木伯克多是原有協助清廷平定回疆有功，封賞為之回部王公或
其弟、子等家族之人，再異地任命為阿奇木伯克。

　　高宗這樣的安排，改變新疆天山南路已往東四城由伯克管
理，而西四城為和卓家族掌控之慣例，以哈密、吐魯番家族成員，
與東四城之伯克鄂對、噶岱默特、色梯巴勒氏等，較受清高宗的
信任者，易城出任西四城的阿奇木伯克及伊什罕伯克。[35]高宗將阿
奇木伯克等伯克由原有的世襲，改為中央不定期簡放。[36]高宗以此
讓原有勢力的有功者，轉以爵位方式世襲，保有原來的社會地位，
再換城出任各城阿奇木伯克等伯克，擁有管理權。清廷則掌控任
命及轉換職位的實權，使得各據一方的勢力，轉而效忠於清朝。
而高宗也藉伯克首次入覲之際，諭示各城阿奇木伯克名單，表達
阿奇伯克的任命權直接來自於皇帝，皇帝才是伯克權力的主宰，
伯克與回疆各城駐箚大臣的任命同樣來自皇帝，在伯克制設置之
初，即藉此確立伯克在回疆社會的政治地位，希望伯克與大臣兩
者齊心建設及守護回疆。

---

[33] （清）傅恒等，《平定準噶爾方略正編》，卷77，頁26，乾隆二十五年九月辛
亥，諭軍機大臣，收入張羽新、趙曙青主編，《清朝治理新疆方略匯編》，冊
6，頁260。
[34] （清）傅恒等，《平定準噶爾方略續編》，卷1，頁5，乾隆二十五年三月癸丑，
諭軍機大臣，收入張羽新、趙曙青主編，《清朝治理新疆方略匯編》，冊6，
頁331。
[35] 潘志平，〈論乾隆嘉慶道光年間清在天山南路推行的民族政策〉，《民族研究》，
1986年第6期，頁38。
[36] 林恩顯，《清朝在新疆的漢回隔離政策》，頁84、90-93。

3、設伯克公署、頒給圖記

　　有鑒於回疆阿奇木伯克已由世襲，改為遇缺補放，伯克將不時更換。乾隆二十五年（1760）十月，喀什噶爾辦事都統侍郎海明為此上奏，宜設公署，以資辦公，而喀什噶爾、英吉沙爾、牌租阿巴特、阿喇古等地，俱有入官房屋，可酌定為公署，以垂久遠之計。[37]

　　乾隆二十六年（1761）八月，左都御史永貴上奏提出舊時管轄葉爾羌等回城頭人，皆有銅石小圖記，而今回部新設阿奇木等伯克，也應俱照各省官制分定品級和頂翎，鑄給印信，阿奇木伯克等自然就不再使用私刻圖記。高宗交軍機大臣議准，阿奇木伯克俱為清朝臣僕，必須一律鑄給圖記，以作為阿奇木伯克、伊什罕伯克、噶雜那齊伯克，在公事文件上署名鈐用。這表示清廷視伯克為臣，認定其具有正式官員的身份。圖記數量，依回疆設置阿奇木伯克數而定，當時共有三十一位。至於圖記尺寸原則，阿奇木伯克的圖記分寸，要比辦事大臣小一些，且依城之大小，酌分為三等，大城阿奇木伯克圖記分寸，與各省佐領相同，中小城的依次遞減。[38]半年之後，北疆伊犁阿奇木伯克也給予圖記，成為第三十二位阿奇木伯克。[39]

　　不過，乾隆三十年（1765），因烏什事件，城內人口已幾乎被清軍滅淨，乾隆三十一年（1766）由喀什噶爾、葉爾羌等各城遷入七百零八戶，人口僅為二千三百六十七人，烏什阿奇木伯克

---

[37]（清）傅恒等，《平定準噶爾方略續編》，卷6，頁25-26，乾隆二十五年十月乙亥，海明奏，收入張羽新、趙曙青主編，《清朝治理新疆方略匯編》，冊6，頁376。

[38]（清）傅恒等，《平定準噶爾方略續編》，卷13，頁5-6，乾隆二十六年八月戊寅，左都御史永貴奏，收入張羽新、趙曙青主編，《清朝治理新疆方略匯編》，冊6，頁427。

[39]《大清高宗純（乾隆）皇帝實錄》，卷653，頁1-2，乾隆二十七年正月辛亥，軍機大臣等議准。

因此由三品降為五品，原有各小城莊也廢除，伯克的圖記數量亦隨之變化。以永貴及舒赫德在乾隆三十七年（1772）撰寫完成的《新疆回部志》記載，圖記由三十一顆降為二十六顆，大城阿奇木伯克有十顆，小阿奇木伯克有十六顆，頒給圖記有：喀什噶爾、英阿雜爾（英吉沙爾）、牌素巴特（牌租阿巴特）、他什密里克（塔什巴里克）、玉思圖阿爾圖什（玉斯騰阿爾圖什）、阿思圖阿爾圖什（阿斯騰阿爾圖什）、阿爾胡（阿喇古）、葉爾羌、沙爾笏爾（沙爾呼勒）、英額奇盤、巴爾楚克、阿克蘇、拜城、賽里木、克爾品、和闐、哈拉哈什、玉隴哈什、克理雅（克勒底雅）、庫勒、墻（塔）克；烏什、庫車、沙雅爾、庫爾勒、布古爾（玉古爾）之阿奇木伯克。[40]少了闢展及烏什所屬魯克察克、托克三、喀喇和卓、洋赫等五處。

　　乾隆二十六年（1761）十一月，永貴等奏，各城阿奇木伯克已由辦事大臣轉交給印信和執照，載明職掌，造冊報明軍機處，清廷正式任命伯克成為官員，掌理回疆各城之事。[41]頒給圖記目的是用於管理倉庫、出納、文報及檔案。由禮部負責鑄造頒發，字面兼具滿文、蒙文及回文（即維吾爾文，是以阿拉伯字母拼寫維吾爾語），可免去私鑄、偽造、假冒等弊端。[42]嗣後阿奇木伯克若有新增派任或因戰亂圖記遺失等因，由葉爾羌參贊大臣上奏，皇帝硃圈後交軍機處理，由禮部完成製印，送至軍機處轉交。其程序以道光十三年（1833）葉爾羌參贊大臣奏請咨補鑄色呼庫勒阿奇木伯克圖記一顆為例，由禮部造妥，照例封固、粘貼印花後，派筆帖式扎勒杭名賚送軍機處查照，軍機處轉發給回疆參贊大

---

[40]（清）永貴、舒赫德，《新疆回部志》，官制第 29，收入張羽新、趙曙青主編，《清朝治理新疆方略匯編》（北京：學苑出版社，2006 年），冊 21，頁 451-452。

[41]（清）傅恒等，《平定準噶爾方略續編》，卷 25，頁 25，乾隆二十六年十一月丙辰，諭軍機大臣，收入張羽新、趙曙青主編，《清朝治理新疆方略匯編》，冊 6，頁 439；《大清高宗純（乾隆）皇帝實錄》，卷 649，頁 27，乾隆二十六年十一月丙辰，諭軍機大臣等。

[42]（清）永貴、舒赫德，《新疆回部志》，官制第 29，收入張羽新、趙曙青主編，《清朝治理新疆方略匯編》，冊 21，頁 451。

臣，再交給新任的伯克，伯克由回疆參贊大臣衙門領到圖記後，需咨覆軍機處備查。[43]

4、設置專責管理機關及編纂《欽定回疆則例》

高宗在乾隆二十六年（1761）十一月二十二日，以軍機處承辦事務頗多，諭令成立專管回疆的機構，認為理藩院專理蒙古事務，尚可兼辦回部，應由理藩院五司內，派出一司專辦回部事務，至於酌擬司名、應設官員數目、承辦事宜，則由理藩院詳悉議定後具奏。[44]次年，即乾隆二十七年（1762）理藩院成立了徠遠司，[45]專責承辦回疆事務。

乾隆二十八年（1763），又依各城伯克品級、城莊大小及各地特殊環境，定立補放各城大小伯克補放的原則，供駐箚大臣作參考；[46]烏什也由伊犁將軍奏准，同時跟進葉爾羌及喀什噶爾的貿易稅率，使回疆貿易稅收更為完善，豐盈當地公家庫銀。[47]至此伯

---

[43] 《軍機處・月摺包》，文獻編號第 064788 號，2760 箱，道光十三年八月，無奏者，禮部咨軍機處補鑄色呼庫勒阿奇木伯克圖記一顆事，臺北：國立故宮博物院圖書文獻館，清代宮中檔奏摺及軍機處檔摺件資料庫；中國第一歷史檔案館編，《嘉慶道光兩朝上諭檔》（桂林市：廣西師範大學出版社，2000 年），冊 35，頁 232，868 條，道光十年六月二十九日，軍機大臣字寄；曹振鏞，《欽定平定回疆剿捕逆裔方略》，卷 73，頁 14-15，道光八年十一月癸卯，那彥成奏，收入張羽新、趙曙青主編，《清朝治理新疆方略匯編》（北京：學苑出版社，2006 年），冊 10，頁 105-106。

[44] 《大清高宗純（乾隆）皇帝實錄》，卷 649，頁 27，乾隆二十六年十一月丙辰，諭軍機大臣等；（清）傅恒等，《平定準噶爾方略續編》，卷 14，頁 25，乾隆二十六年十一月丙辰，諭軍機大臣，收入張羽新、趙曙青主編，《清朝治理新疆方略匯編》，冊 6，頁 439。

[45] （清）賽尚阿等修，《欽定回疆則例》，原奏，頁 3，《蒙古律例・回疆則例》（蘭州：全國圖書館文獻縮微中心，1988 年）。

[46] （清）托津等編纂，《欽定回疆則例》，卷 1，頁 24-26，收入天龍長城文化藝術公司編，《新疆史志》，第二部，冊 11，頁 99-103。

[47] （清）托津等編纂，《欽定回疆則例》，卷 3，頁 4、7，收入天龍長城文化藝術公司編，《新疆史志》，第二部，冊 11，頁 203-204、209-210。

克制由中央到地方的行政組織，已然成形。

　　伯克制建立後，若以時間的向度作為觀察，伯克制內容及細部，是依實際執行需求而不斷修正及完善各項措施，並非固定不變。在嘉慶二十年（1815）首次編纂完成的《欽定回疆則例》各條內，是為收集清朝治理回疆五十多年相關事項之奏摺而成，成為回疆重要的民族法規，由各條列奏准的年代，即可看到伯克制逐步發展及完善的長期歷程。內載各城伯克額設、品級、數量、職掌、伯克補放因地及品級的規則，伯克遷調賞銀、新陞借糧、養廉薪支、配給耕地回人、退休、年班、入貢，回疆度量衡、貨幣、回部王公承襲等各項事務。道光朝因應情勢，亦有增改，尤其道光年間經歷張格爾等事件，經那彥成等善後考察，道光二十三年（1843），續修之《欽定回疆則例》為伯克補放、撫卹及弊端增訂及改革定立新的條列，篇幅由四卷倍增為八卷，本書分別簡稱為嘉慶年版及道光年版。[48]咸豐朝伯克的補放及因應國家財務困頓的捐輸章程等，都影響了伯克制度及內涵的改變。由此可知，伯克制實依伯克的需求及局勢，具有動態性與變化性，這將在各章節中呈現。

第二節　回疆各方勢力的整飭

一、黑山派與白山派的形成

　　儘管高宗在回疆各城底定之際，即已著手調查各項事務，從俗從宜地安排各項行政組織，對於回疆原有的各方勢力，也重新作了整飭，以期回疆的長治久安。然而新疆天山南路伊斯蘭教的

---

[48]（清）賽尚阿等修，《欽定回疆則例》，卷 1-8；托津等人編纂，《欽定回疆則例》，卷 1-4，收入天龍長城文化藝術公司編，《新疆史志》（北京：全國圖書館文獻縮微復制中心，2003 年），中國邊疆史志集成，第二部，冊 11。

信仰，是必須先提及的背景，因為教派的勢力爭奪，促成高宗將天山南路收歸清朝版圖，卻也成為日後影響新疆治亂的重要外來因素，以及內部治理的隱憂。

天山南路各民族雖是信仰伊斯蘭教，但具有宗教勢力派別之分，其中有黑山派及白山派，也稱黑山黨（Karataglïk）及白山黨（Aktaglïk），這兩派都是伊斯蘭教的神秘主義蘇非教派，屬於十四世紀的納格什板迪耶教團（al-Tariqah al-Naqshibandiyyah），也是中亞三大蘇非教團之一。大約在十六世紀中亞撒馬爾干的瑪哈圖木阿雜木（Mahdum-i Azam），前來葉爾羌汗國傳教，其幼子伊斯哈克（Ishak Vali）也在十六世紀後期來到葉爾羌，成為黑山派的始祖，自稱為伊沙基亞，也稱為喀喇塔烏林人，也就是黑山派。瑪哈圖木阿雜木的長子依禪卡朗（Išani Kalan 或稱為瑪木特額敏 Muhammad Emin）的兒子玉素普也攜其子伊達雅圖勒拉和卓（Hidayatu-l-Lah Hoca），亦稱為阿帕克（Apak）和卓，在十七世紀初來到天山南路，自稱為伊什基亞，即為阿克塔烏林，也就是白山派。而兩派各有擁護者，白山派在喀什噶爾較有影響力，這也影響嘉慶末年起，白山派多由喀什噶爾入侵的原因之一。黑山派在葉爾羌、阿克蘇及庫車的信仰者較多，這也成了後來支持清軍的主力。[49]清朝統治回疆時期，也多挑黑山派者擔任伯克。[50]

由於兩派捲入當時葉爾羌汗國的政爭，阿帕克和卓在政治衝突中，曾先後三次離開南疆，並在甘、寧、青等地傳教，對後來西北

---

[49] 納格什板迪耶教團行宗教儀式默念經文，手在胸前畫線以排雜念，主張入世修道，在巡遊於世，及時享樂並慎行，念迪克爾時，可低念也可高聲念，亦伴以音樂的薩瑪哈舞，楊克禮、吳雲貴，〈納格什板迪耶教團〉條，《中國伊斯蘭百科全書》（成都：四川辭書出版社，1996 年），頁 413；俄‧A.H.庫羅帕特金，中國社會科學院近代史研究所翻譯室譯，《喀什噶爾》（北京：商務印書館，1982 年），頁 93；趙秋蒂，〈新疆依禪研究〉，（臺北：政治大學民族所碩士論文，1994 年），頁 132-135；潘向明，《清代新疆和卓叛亂研究》（北京：中國人民大學出版社，2011 年），頁 46-58。

[50] 《大清宣宗成（道光）皇帝實錄》（臺北：臺灣華文書局，1964 年），卷 151，頁 2，道光九年二月乙丑，又諭。

門宦的影響甚巨。[51]阿帕克和卓也曾逃至西藏請求協助，由於準噶爾部噶爾丹有意要掌理回疆，於是接受達賴喇嘛之命，出兵將回疆黑山派達涅爾關在伊犁，由阿帕克和卓掌理回疆。可是當策妄阿拉布坦勢力再起時，則直接管理回疆，又將黑山派及白山派阿帕克和卓孫派瑪罕木特抓回伊犁幽禁。噶爾丹策零主政時，再讓黑山派涅爾關管理回疆。而瑪罕木特的兩個兒子大和卓博羅尼都[52]（Burhan al-Din）及小和卓霍集占（Xoja Jahan），則被噶爾丹策零拘囚，給阿巴噶斯及哈丹鄂拓克看管，當達瓦齊成為準噶爾首領後，因發生內亂，黑山派也想趁機脫離準噶爾的控制。[53]

　　高宗在平定準噶爾後，釋回被噶爾丹策零囚禁的白山派大和卓博羅尼都及小和卓霍集占，並以其為頭目，回到天山南路管理回部，未料當阿睦爾撒納再起釁端，大小和卓亦起兵對抗清軍，清廷派使臣副都統阿敏到葉爾羌及喀什噶爾招撫時，卻將阿敏及其隨從百餘人戕害。[54]高宗因而決定移師回部，並得到回部黑山派等勢力的支持，大小和卓敗逃於巴達克山。高宗當時並未了解黑山派與白山派的政權爭奪，只是將有功的霍集斯、霍（和）什克、鄂對、噶岱默特、色提巴勒氏等人封以爵位，而霍集斯及霍什克的表現，令高宗憂慮恐將影響回疆未來統治的安定，於是命兆惠藉入覲之名，將其與凱旋之師一起帶回京，高宗將霍集斯及霍什克封爵留京。[55]其餘各有功的回部王公，高宗則諭令出任回疆各城

[51]陳國光，〈中亞納合西底教團與我國新疆和卓、西北門宦〉，《世界宗教研究》，1988 年第 1 期，頁 106-109。

[52]博羅尼都，文獻上有不同漢譯波羅泥都、波羅尼都、布拉呢敦等，本文有時依不同文獻所用的漢譯。馮今源，〈大和卓〉條，余太山、陳高華、謝方主編，《新疆各族歷史文化詞典》（北京：中華書局，1996 年），頁 17。

[53]曾問吾，《中國經營西域史》，頁 242、253；莊吉發，《清高宗十全武功研究》，頁 3。

[54]莊吉發，《清高宗十全武功研究》，頁 3。

[55]《大清高宗純（乾隆）皇帝實錄》，卷 599，頁 26-27，乾隆二十四年十月庚子，諭軍機大臣等；（清）傅恒等，《平定準噶爾方略正編》，卷 82，頁 29-30，乾隆二十四年十一月癸酉，兆惠奏，收入張羽新、趙曙青主編，《清朝治理新疆方略匯編》，冊 6，頁 303；《大清高宗純（乾隆）皇帝實錄》，卷 601，頁 28，乾隆二十四年十一月癸酉，又奏。

阿奇木伯克，其家族成員也多陸續擔任各城伯克，形成乾隆朝統治回疆初期，各城伯克多由回部王公家族出任的生態。

　　乾隆二十四年（1759）十月，巴達克山素勒沙坦已獻白山派小和卓霍集占首級，乾隆二十五年（1760）正月，定邊將軍兆惠函送霍集占首級及索丕等至京。由長安右門入，進天安右門，至太廟街門外，令俘虜向北跪拜，告祭行禮，將霍集占首級懸於通衢，宣告全疆已正式底定。[56]乾隆二十五年（1760）三月，將索丕、摩羅馬哩木等，以其為霍集占之舊屬，皆是附從者，不便留於京，而將其家口發往廣東、福建、浙江、江寧等地，給駐防官兵為奴。[57]至於大和卓部分，大和卓博羅尼都帶三個兒子阿斯瑪（阿什木）、巴哈敦及阿布都哈里，前往巴達克山。[58]至於大和卓離異之妾愛什阿哈察所生的薩木薩克，高宗曾以其年幼不應緣坐，應送來京師養育，[59]就如霍集斯等留京方式，並可就近監管，但終究未如願。[60]高宗派薩里前往巴達克山，與博羅尼都之妻確認博羅尼都屍骸後，於乾隆二十八年（1763）帶回京。[61]大和卓三個兒子也由巴達克山引渡留京，至於年幼又已被乳母帶至安集延的薩木薩克，高宗則予以寬宥。而由於白山派與黑山派曾有爭奪回疆執政權的歷史，薩木薩克的子孫張格爾、玉素普、倭里汗、布素魯克、邁買

---

[56]《大清高宗純（乾隆）皇帝實錄》，卷604，頁13-14，乾隆二十五年正月丙辰，定邊大將軍兆惠等。

[57]《大清高宗純（乾隆）皇帝實錄》，卷608，頁18，乾隆二十五年三月戊午，諭軍機大臣等。

[58]《大清高宗純（乾隆）皇帝實錄》，卷637，頁20，乾隆二十六年五月丁卯，參贊大臣舒赫德奏。

[59]《大清高宗純（乾隆）皇帝實錄》，卷632，頁21，乾隆二十六年三月甲寅，諭軍機大臣。

[60]《大清高宗純（乾隆）皇帝實錄》，卷632，頁21，乾隆二十六年三月甲寅，諭軍機大臣；《大清高宗純（乾隆）皇帝實錄》，卷637，頁20，乾隆二十六年五月丁卯，參贊大臣舒赫德奏；見喀什噶爾和卓家族系譜，佐口透著，凌頌純譯，《十八-十九世紀新疆社會史研究》，上冊，頁683。

[61]（清）傅恒等，《平定準噶爾方略續編》，卷21，頁1-5，乾隆二十八年三月戊午，葉爾羌辦事尚書都統新柱等奏，收入張羽新，趙曙青主編，《清朝治理新疆方略匯編》，冊7，頁34-35。

的明等，自嘉慶末年起不斷結合布魯克及浩罕之力，意圖重返回
疆奪取執政權。[62]同治四年（1865），浩罕挾保護白山派後裔之名
入侵新疆，幾乎造成新疆全面失守，陷入十多年的混亂。[63]回疆對
於白山派及博羅尼都後裔等而言，是他們的家鄉，因為教派之爭
及清朝統治，而失去原有利益及勢力。回疆周邊同為伊斯蘭教信
仰的國家，基於信仰及政治利害，多予協助。然而影響回疆治亂，
實是反映回疆各城大臣吏治不修，苛索伯克，再加上咸同年間，
國家財政無力及時供給薪餉，駐箚大臣貪瀆更甚，伯克難承，再
轉嫁回眾，怨懟的積累所致，白山派不過是引爆回疆動亂的外來
因素而已。

二、安頓可信任的回疆勢力

　　高宗底定回疆之時，對於白山派與黑山派之爭，並不全然知
曉。高宗根據定邊將軍兆惠所奏，觀察回疆各方勢力協助作戰的
情況，考量未來統治時，各方勢力的平衡與穩定，而將回疆原有
的勢力分為三個部分處理：一是最早向清朝歸服的哈密及吐魯
番；二是協助清軍作戰，平定回疆有功的黑山派伯克，高宗論功
封爵，以示籠絡，但未避免其勢力在原居地擴大，任命其出任他
城之阿奇木伯克等伯克，這兩部分成為回疆主要管理階層；三是
對於有疑慮之霍集斯及白山派額色尹等勢力的處置，以朝覲之名
入京，將其留京封爵，以免影響清廷在回疆的治理權益。[64]
　　高宗諭兆惠、舒赫德等大臣，在霍集斯調離新疆到京後，對
於其私行征歛之項，要嚴行禁止辦理，並要大臣曉示各城回人知
道，清廷才是回疆的共主，阿奇木伯克不過辦事大員，不可以自

---

[62]潘志平，《中亞浩罕國與清代新疆》（北京：中國社會科學出版社，1991年），
　頁58-63。
[63]程溯洛，〈論大小各卓木〉，《中央民族學院學報》，1987年第1期，頁20。
[64]潘志平，《中亞浩罕國與清代新疆》，頁59。

行許諾及私收貢賦。[65]高宗依修其教不易其俗的政策原則,也為籠絡回眾及尊重其宗教信仰,乾隆二十五年（1760）六月,諭令保護喀什噶爾從前舊和卓墓,派員看守,禁止樵採及污穢;[66]該墓園原有三十帕特瑪地畝錢糧,仍由原有回人二十戶,負責祭祀及修葺管理之用,所餘錢糧作為管理養贍。[67]

　　由於定邊將軍兆惠沿回疆東部向西征討之際,得利於吐魯番額敏和卓及霍集斯等人的協助,高宗給予有功及安定地方者,封以爵位。額敏和卓得封郡王品級,霍集斯晉封貝子,後又加貝勒品級;哈密玉素布（富）給予貝勒品級;阿克蘇回城歸順之阿琿、阿卜都噶頗爾、頗拉特、巴巴克在公事上協助安定地方,賞給孔雀翎四品帽頂;阿爾雜默特賞藍翎及緞疋;鄂對招降和闐有功授內大臣,再賜公品級,其子鄂斯滿在庫車盡心效力,賞給三品頂孔雀翎。[68]

　　在回疆的各方勢力中,哈密及吐魯番是回疆最早歸順於清廷,哈密額貝都拉於康熙三十六年（1697）即被授予扎薩克一等達爾漢;吐魯番額敏和卓於雍正十一年（1733）即封為扎薩克輔

---

[65]（清）傅恒等編纂,《平定準噶爾方略正編》,卷79,頁10,乾隆二十四年九月甲戌,諭軍機大臣,收入張羽新、趙曙青主編,《清朝治理新疆方略匯編》,冊6,頁272。

[66]（清）傅恒等編纂,《平定準噶爾方略續編》,卷1,頁11,乾隆二十五年三月壬戌,諭軍機大臣,收入張羽新、趙曙青主編,《清朝治理新疆方略匯編》,冊6,頁332。

[67]《大清高宗純（乾隆）皇帝實錄》,卷614,頁2,乾隆二十五年六月癸酉,阿里袞奏。

[68]（清）傅恒等,《平定準噶爾方略正編》,卷64,頁33,乾隆二十三年十一月甲辰,上諭大學士,收入張羽新、趙曙青主編,《清朝治理新疆方略匯編》,冊6,頁146;傅恒等,《平定準噶爾方略正編》,卷65,頁9-11,乾隆二十三年十一月辛亥,諭軍機大臣,收入張羽新、趙曙青主編,《清朝治理新疆方略匯編》,冊6,頁150-151;（清）傅恒等,《平定準噶爾方略正編》,卷65,頁17,乾隆二十三年十二月乙卯,諭軍機大臣,收入張羽新、趙曙青主編,《清朝治理新疆方略匯編》,冊6,頁152;（清）傅恒等,《平定準噶爾方略正編》,卷71,頁12-13,乾隆二十四年四月辛酉,諭軍機大臣,收入張羽新、趙曙青主編,《清朝治理新疆方略匯編》,冊6,頁202-203。

國公，並多次為清廷作前峰，打探軍情等。比起平定回部過程中，前來支援的回疆各新附勢力，高宗還是較信任哈密及吐魯番舊部之人。哈密及吐魯番皆為扎薩克郡王，均照蒙古郡王例歲支俸銀一千二百兩，緞十五疋；年班入覲賜宴的座位，與清廷關係最近的蒙古王公一同坐在殿內，伯克們則是坐在殿外，都可見兩者與清廷親近的關係，及其在回疆的特殊地位。[69]這般的親疏待遇之別，是高宗所立，清代各朝也依循此原則。

回疆平定初期，高宗為經營該地，掌控最重要的喀什噶爾、葉爾羌兩城，任命足堪倚重的舊人額敏和卓管理葉爾羌，玉素布（富）管理喀什噶爾。[70]後來即使各城阿奇木伯克等伯克人事任命已完成佈署及就任，高宗仍命玉素布（富）及額敏和卓二人更替駐箚辦事。玉素布（富）曾於乾隆二十五年（1760）來京，回去哈密休息一年多，高宗命他在乾隆二十六年（1761）入覲之伯克，於次年返回哈密，即隨侍衛前往葉爾羌，換回吐魯番的額敏和卓，並授予玉素布（富）為參贊大臣，所有應得公項，仍照例支給，而額敏和卓回吐魯番休息，於乾隆二十七年（1762）年班伯克經過吐魯番時，一同與侍衛等起程來京。[71]二人輪流前往葉爾羌總理事務，甚至當滿洲駐箚大臣輪調人力不繼時，皆令其前往支援，可見其信賴之意。[72]

玉素布（富）過世後，高宗仍極力培養其子哈密郡王伊薩克，給他領隊大臣之銜，讓他跟隨歷練豐富老臣舒赫德，前往伊犂學習辦事，希望他承襲父親的能力，讓高宗在回疆仍有值得信任及

[69]（清）賽尚阿等修，《欽定回疆則例》，卷3，頁3、16-17。

[70]《大清高宗純（乾隆）皇帝實錄》，卷593，頁15-16，乾隆二十四年七月庚午，定邊大將軍兆惠等奏。

[71]《大清高宗純（乾隆）皇帝實錄》，卷649，頁31，乾隆二十六年十一月壬戌，諭軍機大臣等。

[72]《大清高宗純（乾隆）皇帝實錄》，卷805，頁32，乾隆三十三年二月丙戌，諭軍機大臣等；《大清高宗純（乾隆）皇帝實錄》，卷806，頁2，乾隆三十三年三月己丑，諭軍機大臣等。

賢能回人可以任用。[73]不過，若以喀什噶爾及葉爾羌兩個大城阿
奇木伯克作觀察，[74]未有哈密家族出任的記錄，這可能與玉素布
（富）之弟阿卜都拉擔任烏什阿奇木伯克妄行等因素，以致爆發
烏什事件，而影響日後的任用有關。

　　吐魯番額敏和卓逝世後，伊子素賚璊承襲，因向回人科斂銀
兩，以及挑選幼女等妄為之事，遭人控告查實。素賚璊本應革去
郡王，因額敏和卓之軍功，只降為貝勒，罰貝勒俸五年，留居於
京，改由其弟伊斯堪達爾承襲郡王，這都是高宗禮遇、寬容及信
任回部舊人的表現。[75]但高宗也趁勢整頓吐魯番，將原準噶爾莽
噶里克所管理的回人及土地，在其被殺後，交額敏和卓管理的部
分，重歸清廷直接管轄。同時在吐魯番新建廣安城垣駐滿州綠營
兵丁，裁闢展辦事大臣，改為領隊大臣，移駐於吐魯番，重劃吐
魯番額敏和卓家族管轄之地，並增加闢展可耕地，分為七屯，作
為兵丁屯田之用。[76]

　　清朝統治新疆期間，吐魯番有多位郡王或其家族成員，被任
命為各大城的阿木伯克。以佐口透的統計，吐魯番扎薩克郡王家
族中，就有六位任伊犁阿奇木伯克，甚至是父死子繼的情形，也
是回疆各城伯克所未有的。[77]不過，伊犁阿奇木伯克父死子繼是

---

[73] 《大清高宗純（乾隆）皇帝實錄》，卷 921，頁 28-29，乾隆三十七年十一月丁巳，諭軍機大臣等；《大清高宗純（乾隆）皇帝實錄》，卷 923，頁 35，乾隆三十七年十二月丙戌，諭軍機大臣等。

[74] 李晶，〈乾隆朝中亞政策研究〉（北京：中國社會科學院研究生院，中國近現代史博士學位論文，2012 年），頁 210-211。

[75] 《大清高宗純（乾隆）皇帝實錄》，卷 1071，頁 5，乾隆四十三年十一月癸卯，又諭；《大清高宗純（乾隆）皇帝實錄》，卷 1073，頁 21-22，乾隆四十三年十二月甲申，諭軍機大臣；《大清高宗純（乾隆）皇帝實錄》，卷 1076，頁31-32，乾隆四十四年二月戊辰，又諭。

[76] 《大清高宗純（乾隆）皇帝實錄》，卷 1080，頁 8-9，乾隆四十四年四月己未，軍機大臣等議覆；《大清高宗純（乾隆）皇帝實錄》，卷 1085，頁 25-27，乾隆四十四年六月己卯，軍機大臣等議准；《大清高宗純（乾隆）皇帝實錄》，卷 1117，頁 15，乾隆四十五年十月甲戌，定吐魯番新城名曰廣安。

[77] （日）佐口透著，朱風譯，〈清朝統治下的吐魯番〉，《世界民族》，1987 年第 4 期，頁 54。

始於仁宗嘉慶年間，[78]而非希望各家勢力均等發展的高宗。額敏和卓子茂薩曾任喀什噶爾阿奇木伯克，伊斯堪達爾等也曾任喀什噶爾、葉爾羌阿奇大伯克，及喀什噶爾幫辦大臣。[79]吐魯番額敏家族的子孫玉努斯曾任喀什噶爾、葉爾羌阿奇大伯克，邁瑪薩依特、作霍爾敦也曾擔任喀什噶爾阿奇木伯克。[80]若以乾隆至同治年間，伯克制實質統治葉爾羌及喀什噶爾一百年左右時間，吐魯番家族出任兩城阿奇木伯克累積執掌時間，分別為二十八年及五十一年，合計為七十九年，是八大家族之冠，有時甚至同時掌握葉爾羌、喀什噶爾及伊犁三個南北疆之大城，勢力相當強大，也足見清廷對其依賴與信任。

　　高宗對於未有疑慮而留在新疆的有功者，除了持續封以爵位外，也將其遷移舊居，派往他城任職伯克。但對其祖墳，仍加賞賜照料，如阿克蘇阿奇木伯克色梯巴勒氏舊居於烏什，祖父墳墓亦在此，高宗賞識他在軍營勤奮出力，加恩授他為散秩大臣，任阿奇木伯克又盡心而為，准賞派數戶守墓，原有田產等也作為賞賜，不必如駐箚大臣所奏入官有所。[81]乾隆二十八年（1763）十一月，因其隨同將軍兆惠出兵，奮勉効力，賞給公品級，以示酬庸。[82]十二月二十二日，進京入覲時，高宗即諭授為公爵，乾隆二十九年（1764）二月，即正式封台吉色提巴勒氏為輔國公。[83]

[78]《大清仁宗睿（嘉慶）皇帝實錄》（臺北：臺灣華文書局，1964年），卷145，頁6-7，嘉慶十年八月癸未，諭軍機大臣等。

[79]《大清高宗純（乾隆）皇帝實錄》，卷593，頁11-12，乾隆二十四年七月庚午，定邊大將軍兆惠等奏；曾問吾，《中國經營西域史》，下冊，頁273；〈伊斯堪達爾〉條，「清代檔案人名權威」資料庫，臺北：國立故宮博物院圖書文獻館；（清）曹振鏞，《欽定平定回疆剿捕逆裔方略》，卷72，頁18，道光八年十月癸未，諭內閣，收入張羽新、趙曙青主編，《清朝治理新疆方略匯編》，冊10，頁96。

[80]李晶，〈乾隆朝中亞政策研究〉，頁210-211。

[81]（清）傅恒等，《平定準噶爾方略續編》，卷16，頁28，乾隆二十七年四月丁亥，收入張羽新、趙曙青主編，《清朝治理新疆方略匯編》，冊6，頁455。

[82]（清）傅恒等，《平定準噶爾方略續編》，卷23，頁20，乾隆二十八年十一月庚辰，收入張羽新、趙曙青主編，《清朝治理新疆方略匯編》，冊7，頁54。

[83]《大清高宗純（乾隆）皇帝實錄》，卷725，頁13，乾隆二十九年十二月己亥，

　　薩里因巴達克山頭人素勒坦沙索取齊特喇爾地方，薩里前往諭示高宗之意，素勒坦沙遵守約束，將所掠之地歸還。高宗令賞素勒坦沙緞匹四十二匹，並賜荷包及鼻烟壺，且傳諭理藩院尚書葉爾羌駐箚大臣新柱將諭旨，由排蘇武拉將所賜物品交給他帶回巴達克山，顯示高宗為中亞宗主地位。高宗對於薩里獨自往諭勸說有功，於乾隆二十八年（1763）七月初五日賞其緞匹六匹，及烏什三等輕車都尉世職，並諭以記名升用阿奇木伯克缺。八月十六日，因阿克蘇伊什罕伯克頗拉特出缺，禮部尚書永貴將薩里等六人，記名應升伊什罕、噶匝納齊伯克者之履歷繕單具奏，高宗諭伊什罕由薩里補授，且待未來有應升的阿奇木伯克缺出，仍要記名升用薩里。[84]

　　在高宗擘劃的佈局下，回疆逐漸形成哈密郡王玉素布（富）、吐魯番郡王額敏和卓、庫車鄂對貝勒、烏什輔國公色提巴勒氏、拜城輔國公噶岱默特、烏什輕車都尉薩里等六大家族，一同治理回疆。在林恩顯所撰《清朝在新疆的漢回隔離政策》及羅運治《清高宗統治新疆政策的探討》，皆有乾隆年間部分重要伯克籍貫一覽表，即呈現各回部王公家族於各城勢力分佈的態勢。[85]而阿克蘇霍集斯郡王、和闐霍（和）什克輔國公二人雖留京，但其子孫在嘉慶、道光年回到新疆，霍集斯曾孫阿布都爾滿也曾出任葉爾羌阿奇木伯克，[86]其他家族後裔也有出任伯克職務者，[87]進而形成統

諭旨；《大清高宗純（乾隆）皇帝實錄》，卷 728，頁 2，乾隆三十年二月，封回部台吉。

[84] 中國第一歷史檔案館編，《乾隆朝滿文寄信檔譯編》（長沙市：岳麓書社，2011年），冊 4，512 條，頁 535，乾隆二十八年七月初四日，奉上諭；中國第一歷史檔案館編，《乾隆朝滿文寄信檔譯編》，冊 4，513 條，頁 535-536，乾隆二十八年七月初四日，奉上諭；中國第一歷史檔案館編，《乾隆朝滿文寄信檔譯編》，冊 4，545 條，頁 555，乾隆二十八年八月十六日，奉上諭。

[85] 林恩顯，《清朝在新疆的漢回隔離政策》，頁 90-93；羅運治，《清高宗統治新疆政策的探討》，頁 184-188。

[86]《軍機處・月摺包》，文獻編號第 067259 號，2743 箱，道光十四年二月初四日，長清奏。

[87]《奏摺檔》，文獻編號第 305000101 號，頁 241-242，道光八年二月，長齡寄，

治回疆的八個家族。

三、具有疑慮的回疆勢力整飭

　　定邊將軍兆惠等在平定回疆各城時，對於回疆原有各勢力，多有觀察及回報。霍集斯在平定新疆過程中，捉拿達瓦齊獻清廷後，曾與阿睦爾撒納同盟。當阿睦爾撒納敗走後，霍集斯又投奔大小和卓，出任和闐阿奇木伯克，其後又反叛和卓兄弟，以致清廷對其叛服態度，生心疑慮。再者，乾隆二十三年（1758）九月，當他歸降清廷，將五千戶二萬多人的烏什，獻給清廷時，兆惠見霍集斯與其他伯克一起列坐，只對位居貝勒之額敏和卓較謙恭，其他如鄂對等皆不以禮相待，更顯其回部望族身份。兆惠原本想要將他立即送京，又恐引發回部新附者的疑懼，因此先遣霍集斯之子漠咱帕爾，於乾隆二十三年（1758）十二月入覲。[88]高宗意識到烏什伯克霍集斯在回疆的聲望及地位，僅次於大小和卓，其兄弟叔姪亦分居各城，實具統領回部的野心與實力。

　　乾隆二十四年（1759）五月，高宗認為不可聽任霍集斯久留舊地，要兆惠在凱旋之日，將霍集斯及霍什克伯克偕來入覲，若有推托延緩，即相機辦理，且需加意慎密為要。[89]高宗也考量若將原任喀什噶爾阿奇木伯克之霍什克伯克，授為阿克蘇伯克，日後恐生覬覦之心。[90]乾隆二十四年（1759）十月，拔達克山呈獻霍集占之屍，高宗以辦理善後事宜，諭令定邊將軍兆惠等利用凱旋之

臺北：國立故宮博物院圖書文獻館藏。

[88]（清）傅恒等，《平定準噶爾方略正編》，卷66，頁20，乾隆二十三年十二月辛巳，入覲，收入張羽新、趙曙青主編，《清朝治理新疆方略匯編》，冊6，頁161。

[89]（清）傅恒等，《平定準噶爾方略正編》，卷73，頁21-22，乾隆二十四年五月辛酉，又諭，收入張羽新、趙曙青主編，《清朝治理新疆方略匯編》，冊6，頁223。

[90]《大清高宗純（乾隆）皇帝實錄》，卷593，頁15-17，乾隆二十四年七月庚午，定邊大將軍兆惠等奏。

師回京之由，以伯克入覲之名，將霍集斯等一同帶領入京，為了避免其疑慮，應酌派數位伯克同行。[91]於是兆惠安排伯克一行四十六人進京，也成為回疆首批入覲的伯克。[92]高宗藉此將有所疑慮的回疆勢力，包括伯克霍集斯、霍什克伯克、額色尹、瑪木特、圖爾都和卓等，封爵留京安置。[93]霍集斯起程後，也令舒赫德將霍集斯之子漠咱呬爾及其家屬儘快整裝送京，途中因病停留於沙泉子，[94]至乾隆二十五年（1760）五月才到京，高宗命其與父一同居住。[95]乾隆二十五年（1760）四月初一日，高宗諭軍機大臣給予在京安置的伯克霍集斯、霍什克伯克、額色尹、瑪木特、圖爾都和卓等，皆依他們應得之俸銀、祿米，以資養贍，自此以後，凡是回人在京安置，皆依此方式辦理。[96]

　　由於乾隆二十五年（1760）二月烏什阿琿[97]、伯克及回人普遍不滿，並控告霍集斯苦累回眾，高宗便趁勢將霍集斯留在京師，

[91]（清）傅恒等，《平定準噶爾方略正編》，卷81，頁9，乾隆二十四年十月庚子、辛丑，諭軍機大臣，收入張羽新、趙曙青主編，《清朝治理新疆方略匯編》，冊6，頁289。

[92]（清）傅恒等，《平定準噶爾方略正編》，卷85，頁25-26，乾隆二十五年二月壬寅；傅恒等，《平定準噶爾方略正編》，卷85，頁29-30，乾隆二十五年二月甲辰，御正大光明殿，收入張羽新，趙曙青主編，《清朝治理新疆方略匯編》，冊6，頁326-327。

[93]《大清高宗純（乾隆）皇帝實錄》，卷610，頁1，乾隆二十五年四月乙亥，諭軍機大臣等。

[94]（清）傅恒等，《平定準噶爾方略續編》，卷2，頁5，乾隆二十五年四月丁亥，諭軍機大臣，收入張羽新、趙曙青主編，《清朝治理新疆方略匯編》，冊6，頁339。

[95]（清）傅恒等，《平定準噶爾方略續編》，卷3，頁17，乾隆二十五年六月癸酉，收入張羽新、趙曙青主編，《清朝治理新疆方略匯編》，冊6，頁349-350。

[96]（清）傅恒等編纂，《平定準噶爾方略續編》，卷1，頁25，乾隆二十五年四月乙亥，諭軍機大臣，收入張羽新、趙曙青主編，《清朝治理新疆方略匯編》，冊6，頁336。

[97]阿訇（Akhond），亦稱阿衡、阿渾、阿洪、阿宏，為波斯語音譯，是為伊斯蘭教教師、學者之意。馮增烈，〈阿訇〉條，收入中國伊斯蘭百科全書編委會編，《中國伊斯蘭百科全書》，頁13。

霍集斯也表達懇請留京之意。[98]由於霍集斯因擒獲達瓦齊，為清朝平定回疆有很大的貢獻。高宗以優渥的禮遇將霍集斯留在京師，一路以軍功晉為貝子，再封固山貝子賜貝勒品級，乾隆二十四年（1759）封多羅貝勒賜郡王品級，高宗念其先世墳墓在遠鄉，將伊幼子托克托索丕遣回阿克蘇，烏什家產的部分，由舒赫德等變賣後，轉交伊子管理，以供祭掃。[99]乾隆三十年（1765），烏什事件發生，高宗下諭克復烏什城後，勿留活口，盡數殺戮，但若有留於烏什的霍集斯之侄及其族人，則一體免誅，但關係過於太遠者不在此例，以示顧念其親族之意。[100]高宗雖有保其親族之善意，但滅淨烏什人口，也宣示著違逆清朝者，將有軍臨盡淨的後果，霍集斯勢力的根據地也隨之消弭。

　　霍集斯留京後，高宗多邀請其參與活動。留京第一年，即乾隆二十五年（1760）十月，曾與高宗前往避暑山莊。乾隆二十七年（1762）二月起，哈薩克使臣入覲，高宗也多次邀請霍集斯參與。直至乾隆四十六年（1781）七月霍集斯病故之前，《大清實錄》在回疆伯克入覲賜宴，多有回部郡王霍集斯在場。[101]每年端

---

[98]（清）傅恒等編纂，《平定準噶爾方略正編》，卷 85，頁 11-14，乾隆二十五年二月戊子，舒赫德奏，收入張羽新、趙曙青主編，《清朝治理新疆方略匯編》，冊 6，頁 323；（清）傅恒等編纂，《平定準噶爾方略正編》，卷 85，頁 18，乾隆二十五年二月甲午，諭軍機大臣，收入張羽新、趙曙青主編，《清朝治理新疆方略匯編》，冊 6，頁 234；（清）傅恒等編纂，《平定準噶爾方略續編》，卷 1，頁 10-11，乾隆二十五年三月壬戌，諭軍機大臣，收入張羽新、趙曙青主編，《清朝治理新疆方略匯編》，冊 6，頁 332。

[99]（清）傅恒等編纂，《平定準噶爾方略續編》，卷 1，頁 11，乾隆二十五年三月壬戌，諭軍機大臣，收入張羽新、趙曙青主編，《清朝治理新疆方略匯編》，冊 6，頁 332。

[100]《大清高宗純（乾隆）皇帝實錄》，卷 736，頁 6，乾隆三十年五月己卯，諭軍機大臣等。

[101]《大清高宗純（乾隆）皇帝實錄》，卷 622，頁 3-4，乾隆二十五年十月癸酉，賜扈從王公大臣；《大清高宗純（乾隆）皇帝實錄》，卷 627，頁 12，乾隆二十五年十二月癸巳，御西場幄次；《大清高宗純（乾隆）皇帝實錄》，卷 628，頁 1、5，乾隆二十六年正月辛丑、丙午，紫光閣落成、御紫光閣；《大清高宗純（乾隆）皇帝實錄》，卷 652，頁 7、12，乾隆二十七年正月壬寅、丙午，

午及年終，在京回部王公皆有賜宴及賞麞鹿。[102]但乾隆三十年
（1765）正月起，僅寫回部郡王，而不再特別指名，不過當時在
京之郡王也只有霍集斯，其他皆為台吉或輔國公。乾隆三十二年
（1767）正月起，則未提他，八月北巡也未跟隨。乾隆三十四年
（1769）他未與回部伯克於正月一起入宴，而是與王公大臣、哈
薩克薩克左部汗阿布賚之子斡里蘇勒統，於三月二十六日在山高
水長一同接受高宗賜食。[103]若當次伯克年班，領班者未具有爵位，
正大光明殿朝正外藩賜宴之際，霍集斯仍代表回部，至御前接受
賜酒之禮；如若伯克因皇帝大壽，至熱河參加萬壽聖節活動，年
終未到京時，高宗於正月在紫光閣宴請蒙古王公等，仍請霍集斯
作為回部伯克、王公的代表，一同歡慶新年。[104]以記錄及參與方
式的改變而觀，似乎逐漸淡化霍集斯的存在，並減少霍集斯參與
回部伯克活動，而是融入在京王公大臣生活圈及參與會見新疆周
邊各國及部落的宴會等事，似乎具有回部代表性的禮遇，卻又減
少與伯克們的實際連結，而與哈薩克等同宴，可讓哈薩克汗王之
子有親切之感。

　　霍集斯在京大約二十年後，高宗垂詢是否願意編入旗佐，可
如同舊蒙古般得到錢糧，後裔也可當差作官。徵得其同意後，於

　　御紫光閣、賜麞從；《大清高宗純（乾隆）皇帝實錄》，卷654，頁17、19，
　　乾隆二十七年二月丁丑、己卯，賜麞從王公大臣；《大清高宗純（乾隆）皇帝
　　實錄》，卷678，頁9，乾隆二十八年正月丁卯，御大西門大幄次；《大清高
　　宗純（乾隆）皇帝實錄》，卷702，頁2，乾隆二十九年正月甲寅，御紫光閣；
　　《大清高宗純（乾隆）皇帝實錄》，卷726，頁3，乾隆三十年正月壬子，御
　　紫光閣；《大清高宗純（乾隆）皇帝實錄》，卷1137，頁4，乾隆四十六年七
　　月丁巳，諭。

102 （清）賽尚阿等修，《欽定回疆則例》，卷3，頁11-12。
103 《大清高宗純（乾隆）皇帝實錄》，卷831，頁15，乾隆三十四年三月己酉，
　　幸山高水長。
104 《大清高宗純（乾隆）皇帝實錄》，卷850，頁21-22，乾隆三十五年正月癸巳，
　　御正大光明殿；《大清高宗純（乾隆）皇帝實錄》，卷1122，頁4，乾隆四十
　　六年正月壬午，御紫光閣。

乾隆四十一年（1776）將其入旗為佐領，附隸鑲黃旗蒙古。[105]同年，駐京的兩金川番子等，也同樣照在京回人之例，編為佐領入旗，分別學習當差。[106]霍集斯被列為平定準噶爾及回部有功的五十位功臣之一，清廷為其繪製圖像，陳於紫光閣作為表彰。而高宗平定兩金川，也比照霍集斯之例，將隨營有功之土司，繪製圖像。以昭盛事。[107]即使在他病故後，仍令伊子哈迪（第）爾襲爵，並賞戴雙眼花翎，在乾清門學習行走。[108]乾隆五十四年（1789）九月，還任命他為鑲紅旗蒙古都統。[109]可見高宗藉其遷居至京，拔除霍集斯妄生希冀而啟釁的心頭之患，[110]但念其功，仍對其父子禮遇有加。

　　仁宗即位後，仍禮遇哈迪爾，參與每年年終保和殿的筵宴及御前賜酒之禮，嘉慶四年（1799）九月，命他在御前行走，[111]也曾命他翻譯浩罕來使文書，吐魯番郡王喀什噶爾阿奇木伯克伊斯堪達爾過世，仁宗特派哈迪爾前往致奠，賜備茶酒及銀三百兩治喪。[112]

---

[105]中國第一歷史檔案館編，《乾隆朝滿文寄信檔譯編》，冊 12，1988 條，乾隆四十一年六月初八日，奉上諭；趙爾巽等撰，《清史稿》（北京：中華書局，1977年），冊 29，卷 211，頁 8760-8762；潘志平，〈論乾隆嘉慶道光年間清在天山南路推行的民族政策〉，《民族研究》，1986 年第 6 期，頁 38；（清）賽尚阿等修，《欽定回疆則例》，卷 3，頁 5。

[106]（清）托津等編纂，《欽定回疆則例》，卷 4，頁 23-25，收入天龍長城文化藝術公司編，《新疆史志》，第二部，冊 11，頁 315-319。

[107]《大清高宗純（乾隆）皇帝實錄》，卷 1003，頁 6，乾隆四十一年二月己未，又諭。

[108]《大清高宗純（乾隆）皇帝實錄》，卷 1140，頁 19，乾隆四十六年九月丁未，又諭。

[109]《大清高宗純（乾隆）皇帝實錄》，卷 1339，頁 30，乾隆五十四年九月辛亥，調鑲紅旗蒙古都統明亮為鑲紅旗漢軍都統。

[110]《大清高宗純（乾隆）皇帝實錄》，卷 597，頁 27-28，乾隆二十四年九月甲戌，又諭。

[111]《大清仁宗睿（嘉慶）皇帝實錄》，卷 51，頁 30，嘉慶四年九月庚午，命。

[112]《大清仁宗睿（嘉慶）皇帝實錄》，卷 216，頁 2-3，嘉慶十四年七月甲戌，諭軍機大臣；《大清仁宗睿（嘉慶）皇帝實錄》，卷 241，頁 6，嘉慶十六年閏

　　而原居於葉爾羌及喀什噶爾之額爾克和卓額色尹、鄂托蘭珠和卓瑪木，曾被策妄阿喇布坦掠往吐魯番，後居伊犁，又被霍集占所掠，逃往塔什干；額色尹系霍集占一族的白山派和卓，又久居伊犁，高宗認為不便將其遣回葉爾羌，應即留京居住；圖爾都和卓及其家屬，瑪木特之子巴巴和卓，也都諭令兆惠將軍都將他們帶入北京。[113]高宗為其封爵，額爾克和卓額色尹封為輔國公，授鄂托蘭珠和卓瑪木特扎薩克頭等台吉，額色尹之弟帕爾薩授三等台吉，巴巴和卓為四等台吉。[114]由於額色尹係公品級，瑪木特、圖爾都和卓係扎薩克，因此歸於理藩院管轄，至於樂工、匠藝者，共編一佐領，佐領由白和卓補授，革職的噶雜那齊伯克副總管巴巴克及其家人，以及後續到達的回人，皆交內務府管轄安插。[115]特穆爾汗之後裔莽蘇爾及哈什木，高宗加恩授為頭等台吉，舊和卓之孫阿卜都爾滿授為二等台吉，皆歸併於額色尹等佐領下安插。[116]額色尹病故時，高宗賞銀三千兩，以作為辦理後事之用，並諭理藩院照例致祭。[117]相對於回疆的吐魯番郡王額敏和卓、輔國公噶岱默特的治喪費用，高出十倍，這也可能是考量歸葬於回疆，花費較高的緣故。

　　霍什克伯克在葉爾羌沙古則里、和闐哈喇哈什之房產與土地

　　三月丁亥，遣乾清門行走回部郡王銜貝勒哈迪爾。

[113] 《大清高宗純（乾隆）皇帝實錄》，卷597，頁26，乾隆二十四年九月甲戌，諭軍機大臣。

[114] 《大清高宗純（乾隆）皇帝實錄》，卷597，頁27-28，乾隆二十四年九月甲戌，諭；《大清高宗純（乾隆）皇帝實錄》，卷598，頁4-5，乾隆二十四年十月己卯，諭；《平定準噶爾方略正編》，卷85，頁6，乾隆二十五年二月辛巳，諭軍機大臣。

[115] （清）傅恒等編纂，《平定準噶爾方略正編》，卷84，頁21，乾隆二十五年正月壬戌，諭軍機大臣，收入張羽新、趙曙青主編，《清朝治理新疆方略匯編》，冊6，頁317。

[116] （清）傅恒等編纂，《平定準噶爾方略續編》，卷1，頁9，乾隆二十五年三月己未，諭軍機大臣，收入張羽新、趙曙青主編，《清朝治理新疆方略匯編》，冊6，頁332。

[117] 《大清高宗純（乾隆）皇帝實錄》，卷1346，頁15-16，乾隆五十五年正月戊子，諭。

等，也照霍集斯之例，留給和闐的老妻及幼孫。[118]他也曾與霍集斯受邀出席正大光明殿舉行正月外藩朝正的賜宴，至御前接受賜酒。[119]乾隆五十六年（1791）八月，高宗有鑑於額色尹及圖爾都原有皆有輔國公爵位，但他們在乾隆五十五年（1790）病故，只存喀沙和卓一人，卻有兩公爵之位，因而將其晉封為鎮國公。[120]

至於博羅尼都、霍集占大小和卓族人阿塔木和卓，乾隆二十七年（1762）居於烏什所屬之喀薩哈，回人因和卓木近族前來禮拜，阿塔木和卓將回人敬獻的糧石轉送給貧窮者，清廷以其行為是為沽名釣譽，為加防範其勢力的擴展，軍機大臣雖議送至哈密安插，遠離故眾，但高宗諭以其為大小和卓等之近族兄弟，又非安分之人，哈密未便容留滋事者，決定派幹員特別加以照看，並將阿塔木和卓及其家屬十三人解送到京。[121]

清朝平定新疆二十年後，回疆局勢穩定，留在回疆的有功勢力，也多成為各回城的阿奇木伯克。高宗對於當年有疑慮而遷京之勢力，已不再有太大的顧忌，因此放寬回部王公歸葬回疆的方式，即乾隆四十五年（1780）理藩院議定駐京回部王公病故後，任聽伊等家屬自備資斧，將靈柩扶至回疆，官方不再以驛站方式為之遞送。[122]留於京之霍什克子伊巴喇伊木，在嘉慶七年（1802）經仁宗同意，也回到和闐。[123]

---

118 （清）傅恒等編纂，《平定準噶爾方略續編》，卷 3，頁 29，乾隆二十五年六月乙酉，諭軍機大臣，收入張羽新、趙曙青主編，《清朝治理新疆方略匯編》，冊 6，頁 353。

119 《大清高宗純（乾隆）皇帝實錄》，卷 950，頁 26-27，乾隆三十九年正月己巳，御正大光明殿。

120 《大清高宗純（乾隆）皇帝實錄》，卷 1385，頁 17，乾隆五十六年八月丁卯，諭旨。

121 （清）傅恒等，《平定準噶爾方略續編》，卷 17，頁 7-8，乾隆二十七年八月丙午，收入張羽新、趙曙青主編，《清朝治理新疆方略匯編》，冊 7，頁 10。

122 （清）托津等編纂，《欽定回疆則例》，卷 4，頁 7，收入天龍長城文化藝術公司編，《新疆史志》，第二部，冊 11，頁 7。

123 趙爾巽等撰，《清史稿》，冊 29，卷 211，頁 8762-8764；（清）托津等編纂，《欽定回疆則例》，卷 3，頁 15，收入天龍長城文化藝術公司編，《新疆史志》，

第三節　回部王公的承襲與禮遇

一、爵位承襲

　　由於各城伯克改為清朝簡放，高宗為籠絡回疆原有勢力，及其協助將回部收歸版圖有功，而封以爵位，使其持續保有民族社會的地位。回部王公回疆與在京者皆同等禮遇。乾隆三十二年（1767）諭示所有回疆回部王公及遷京的霍集斯等子嗣，皆可如蒙古王公之例，豫保一子報給理藩院，視為世襲本爵，先分別給與台吉職銜，以備未來承襲世襲之缺。[124]高宗對回疆貝勒、公過世，多派員祭奠並備喪葬費用，乾隆四十三年（1778）理藩院也奏定回部貝勒病故照蒙古貝勒例祭祀。[125]

　　至於留下爵位的世襲，原是依例降等承襲，但高宗因有功的王公逐漸凋零，感其平定回疆的戰績，也逐步改變承襲之例。喀什噶爾阿奇木伯克輔國公噶岱默特因染傷寒，於乾隆四十年（1776）閏十月十三日病逝，高宗於次月中旬，得知賞給治喪銀三百兩，並諭令其子明年與年班伯克一同入覲。十五日後，又諭令鄂對與噶岱默特曾於平定回疆期間，跟隨兆惠將軍等協助伊犁、葉爾羌、喀什噶爾及和闐等各城的征戰與歸附事宜，是以軍功勞績封為貝勒及公爵，不同於恩封可比，因此兩人爵位，可直接世襲罔替，而不必降等，噶岱默特公爵之位，即由其長子阿布都爾璊承襲。[126]乾隆四十二年（1777）吐魯番郡王額敏和卓病故，

第二部，冊 11，頁 225-226。

[124]（清）賽尚阿等修，《欽定回疆則例》，卷 2，頁 9。

[125]（清）托津等編纂，《欽定回疆則例》，卷 4，頁 8，收入天龍長城文化藝術公司編，《新疆史志》，第二部，冊 11，頁 285-286；（清）賽尚阿等修，《欽定回疆則例》，卷 3，頁 9。

[126]《大清高宗純（乾隆）皇帝實錄》，卷 996，頁 42，乾隆四十年十一月戊子，諭；《大清高宗純（乾隆）皇帝實錄》，卷 997，頁 27，乾隆四十年十一月癸

高宗派闢展辦事大臣伯忠前往祭奠茶酒，賞五百兩銀作為治喪。[127]
留下的爵位，依理藩院所奏其子應降等承襲，但高宗以額敏和卓
在軍營有功，諭伊子素賚璊仍襲郡王。[128]

　　然而對於留京者承襲方式，則有個別差異，霍集斯病故，高
宗以其在京行走奮勉，不忍遽予降等，於乾隆四十六年（1781）
伊子哈迪爾仍承襲郡王品級貝勒；[129]但是在乾隆四十八年（1783）
高宗諭未來哈迪爾缺出等各封賞的貝勒品級，諭旨照內地扎薩克
例降至公爵，然至乾隆五十二年（1787）二月，高宗以霍集斯曾
拿獲準噶爾台吉達瓦達獻給清軍，完成平定北疆之功，不必降至
公爵世襲，嗣後缺出，即以哈迪爾現襲郡王品級貝勒，直接世襲
即可。[130]而同為留京居住額色尹、托克托所襲公爵，原依例降等
至三等台吉，才准世襲罔替，但念額色尹及圖爾都都是回部和卓
後裔，因圖爾都無子，由額色尹之孫托克托過繼，現襲輔國公爵
位，嗣後缺出，也不必削除，准以世襲罔替，而這些承襲的諭旨，
也被錄於《欽定回疆則例》，以作為清廷表彰及禮遇。[131]

　　有關襲爵降等或維持原爵位部分，乾隆四十六年（1781）正
月高宗處理蒙古中內扎薩克喀爾喀世襲罔替之事，也下令回部王
公扎薩克，即哈密及吐魯番等雖屬新投誠之人，也一體辦理。除
了因罪黜封者外，所有首先投誠且有軍功，及由原爵品級續有勞
績晉封者，均作為世襲罔替承襲，若是因事降等，現在已照例降

卯，諭旨。
[127]《大清高宗純（乾隆）皇帝實錄》，卷 1042，頁 10-11，乾隆四十二年十月戊
　　戌，又諭。
[128]《大清高宗純（乾隆）皇帝實錄》，卷 1043，頁 13-14，乾隆四十二年十月乙
　　卯，理藩院奏。
[129]《大清高宗純（乾隆）皇帝實錄》，卷 1137，頁 4，乾隆四十六年七月丁巳，
　　諭。
[130]《大清高宗純（乾隆）皇帝實錄》，卷 1274，頁 12-13，乾隆五十二年二月辛
　　丑，又諭。
[131]《大清高宗純（乾隆）皇帝實錄》，卷 1274，頁 12-13，乾隆五十二年二月辛
　　丑，又諭；（清）賽尚阿等修，《欽定回疆則例》，卷 2，頁 4-5；趙爾巽等
　　撰，《清史稿》，冊 29，卷 211，頁 8760-8762、8766-8767。

襲者，就依現在爵秩，給與世襲。[132]

　　至於回疆其他王公，原爵位不降等世襲，則晚了八年才施行。乾隆五十三年（1788），伯克年班入京，接連著兩位伯克過世，一位在途為庫車四品伊什罕伯克阿克伯克；一位在京，即庫車貝子喀什噶爾阿奇木伯克鄂斯璊（鄂對之子），年班入覲途中，因高宗急召，先行單獨趕到京師，於乾隆五十四年（1789）正月初四日在京臥病溘逝，高宗賞銀五百兩資辦喪禮，且見吐魯番郡王伊斯堪達爾，是為可造就之材，因此任命他為補喀什噶爾阿奇木伯克之缺，並給銀一百兩作為由吐魯番至喀什噶爾家口遷徙之需，由吐魯番官銀內撥給。[133]兩天後，即正月初六日，或許因為鄂斯璊溘逝等事，及吐魯番、哈密世僕及各城平定回疆的郡王、公、貝勒等，已效力三十多年，趁伯克年班入覲，高宗對居於回疆及遷京的回部王公，又再次加恩，諭以哈密、吐魯番，及回疆投誠作戰有功者，封以貝子、王公，以他們高祖或祖父立有軍功，或是在阿奇木伯克任內盡心辦事，且皆投誠年久，已屬世僕，且各在其位，執行其事，因此不論是居於回疆或是遷居京師者，決定一律取消出缺需減等承襲的原有規定，而是直接依原爵位世襲罔替；同時，邁哈默特鄂三（鄂斯璊之子）也補授此次年班途中病故阿克伯克庫車四品伊什罕伯克之缺，令其隨同該處大臣學習事務。[134]

　　這些都顯示高宗持續藉由年班及承襲，讓封爵的各家族成員及伯克等，直接體會皇權賦予職權的恩與威。有關高宗對回疆各家族承繼之諭，皆收錄嘉慶年首次修纂的《欽定回疆則例》內，包括額爾德錫爾、色梯巴勒氏（色提布阿勒迪）、鄂斯璊、伊巴

---

[132]《大清高宗純（乾隆）皇帝實錄》，卷1122，頁5-8，乾隆四十六年正月己卯，諭旨。
[133]《大清高宗純（乾隆）皇帝實錄》，卷1296，頁5-6，乾隆五十三年正月丁卯，又諭。
[134]《大清高宗純（乾隆）皇帝實錄》，卷1296，頁9-10，乾隆五十三年正月己巳，又諭。

喇伊木、鄂囉木咱布、巴巴、阿布拉、闊爾敦、阿布都呢咱爾、帕爾薩等十人現襲之王、貝子、公、台吉爵銜，俟缺出時，皆毋庸減等承襲，均作世襲罔替承襲，以示高宗優加撫恤，表彰他們協助清朝將回部納入版圖之功，與惠及其子孫之意。[135]

二、修回部王公世襲家譜

回部王公與內外扎薩克蒙古王公，同享修家譜之禮遇。乾隆四十四年（1779）九月，高宗在降旨為蒙古王公編纂表傳的第二天，也諭令修編回部王公表傳。高宗認為回人平定回疆的軍功，封授王、貝勒、貝子、公爵等，與自康熙朝以來的內外扎薩克之卓越貢獻相當，因此交國史館會同理藩院，將其勞績編纂成表傳。[136]

後來，無論駐京或是在回疆之回部王公，也依照蒙古王公例，每屆十年修一次王公世襲家譜的殊榮，以示清廷對回部王公的重視及禮遇。列為修世襲家譜的回部王公有：駐京附隸鑲黃旗蒙古之阿克蘇回部郡王銜貝勒一員；駐京附正白旗蒙古之回部輔國公，兼三等台吉一員；哈密回部扎薩克郡王銜多羅郡王一員，吐魯番回部扎薩克多羅郡王一員，頭等台吉一員，二等台吉一員，三等台吉一員；庫車回部郡王一員（貝子邁哈默特鄂堆獲咎，伊薩克承嗣後為封郡王）；和闐回部輔國公一員；拜城回部輔回公一員；烏什回部貝子銜輔國公一員；烏什回部三等輕車都尉一員等。以上俱係世襲罔替人員，其家譜照蒙古王公例，每十年一次，由理藩院咨行回疆各駐箚大臣等，查明回部王公等及世襲翎頂回人，造清冊譜系報理藩院，再由該院分別辦理具奏存查。[137]

---

[135] （清）賽尚阿等修，《欽定回疆則例》，卷2，頁4-8；托津等編纂，《欽定回疆則例》，卷2，頁11-17，收入天龍長城文化藝術公司編，《新疆史志》，第二部，冊11，頁125-138；趙爾巽等撰，《清史稿》，冊29，卷211，頁8738-8747、8760-8780。

[136] 《大清高宗純（乾隆）皇帝實錄》，卷1090，頁3-4，乾隆四十四年九月癸未，命輯回部王公表傳。

[137] （清）賽尚阿等修，《欽定回疆則例》，卷2，頁7-8。

三、回部王公的禮遇

　　高宗對於回部王公的禮遇，照蒙古王公之例者，尚有晉封王、貝勒、貝子、公之時，均有護衛、穿補服、坐褥；[138]貝勒病故，祭牛犢一隻、羊四隻、酒五瓶，所需費用由該處庫貯項下銀兩購辦，祭文由理藩院驛交駐箚大臣派員前去祭祀。[139]道光朝歷經張格爾事件及浩罕入侵等戰亂，為表彰回部王公及其擔任伯克之時，因邊疆不靖，所在之城陷落，遭到脅持、遇害，或為守衛疆土作戰力竭被捉遇害，因而增訂回部王公賞卹銀一千一百兩，作戰力竭陣亡者，除撫卹金再加以郡王例祭祀。[140]同為陣亡撫卹金，若僅具伯克職的身份者，只有銀二十五兩。[141]回部王公在戰事中，常配合戰事兵隊後勤等運補之需，提供車輛及捐輸，清廷也訂立議敘給予加級和賞給翎支做為獎勵。[142]由於回部王公上述的貢獻，清廷也增訂皇帝的大婚典禮，應令回部王公來京朝賀的條例。[143]

　　在伯克制中，清廷也為回部王公創造了較一般伯克及回眾的有利之機。高宗在伯克制度設立初期，任命回部王公成為各城三品阿奇木伯克或伊什罕伯克，並規定年終年班入覲的領班伯克，必需由回疆葉爾羌、喀什噶爾、和闐、阿克蘇四大城的三品阿奇木伯克兼具爵位者，帶領入覲，如果當次因公務不能前來，也可以派遣子弟或近親者帶領伯克來京。[144]由於伯克入覲，可帶子弟

---

[138]（清）托津等編纂，《欽定回疆則例》，卷3，頁2，收入天龍長城文化藝術公司編，《新疆史志》，第二部，冊11，頁199-200。

[139]（清）托津等編纂，《欽定回疆則例》，卷4，頁8，收入天龍長城文化藝術公司編，《新疆史志》，第二部，冊11，頁285-286。

[140]（清）賽尚阿等修，《欽定回疆則例》，卷3，頁22。

[141]（清）賽尚阿等修，《欽定回疆則例》，卷3，頁23。

[142]（清）賽尚阿等修，《欽定回疆則例》，卷3，頁25-26。

[143]（清）賽尚阿等修，《欽定回疆則例》，卷3，頁24。

[144]中國第一歷史檔案館編，《乾隆朝滿文寄信檔譯編》，冊4，441條，頁490，乾隆二十八年三月十六日，奉上諭；趙爾巽等撰，《清史稿》，冊29，卷211，

隨行，入京報到即可賞戴六品虛銜（伯克最低為七品），嘉慶元年（1796）及四年（1799）更制度化地訂定，六品虛銜的子弟，可以經該處駐箚大臣五年的訓練，考核通過者，即可開始出任七品伯克，回部王公家族多具出任伯克的優勢，較一般伯克更易創造家族勢力的傳承與延續，以及成就個人的社會地位。[145]嘉慶九年（1804），由喀什噶爾參贊大臣奏定，喀什噶爾、葉爾羌及阿克蘇三城，遇有阿奇木伯克缺出，各城駐箚大臣需將有資格應調者，出具考評之語，凡其祖、父輩有勞績者皆需明白開載，咨呈回疆參贊大臣。[146]這等於優先保障回部王公各家族出任三大城阿奇木伯克的權益，因為其擁有回疆收入版圖之功，與出任伯克公務之便，累積各項勞績，即便是道光年張格爾事件後，宣宗重視戰功，以保衛疆土，一般回眾可依戰功晉升為伯克，但高階伯克補放，若與具回部王公後裔背景者競爭，有時仍是難以匹敵。

四、清末回部王公的權益及貢獻

時至光緒朝新疆建省後，伯克制度已廢除。理藩院於光緒十六年（1890）至光緒十七年（1891）所修之《欽定理藩部則例》內容，儘管已將新疆建省前，舊有回疆則例及伯克部分予以刪除，但仍保留徠遠清吏司所負責管理回部王公、北疆伊犁及土爾扈特等王公權益部分，包括王公們的升降、襲替、家譜、支派冊籍、俸銀、俸米、盤費、口糧、捐輸、核獎、賦役、供稅，來京年班請安、進貢、年節入宴行禮、筵宴、行圍賞項。[147]顯見清廷仍保障回部王公的享有封賞承爵，具有世職者，仍享有世職俸銀、入

頁 8773-8779。

[145] （清）托津等編纂，《欽定回疆則例》，卷 2，頁 27，卷 2，頁 18-19，收入天龍長城文化藝術公司編，《新疆史志》，第二部，冊 11，頁 157-158、139-142。

[146] （清）托津等編纂，《欽定回疆則例》，卷 2，頁 20，收入天龍長城文化藝術公司編，《新疆史志》，第二部，冊 11，頁 143-144。

[147] 上海大學法學院、上海市政法管理幹部學院、張榮錚、金懋初、劉勇強、趙音，《欽定理藩部則例》（上海中國藏學研究中心影印聚珍版，天津：天津古籍出版社，1998 年），頁 21、27、48-52、140、142。

覯等權益。[148]如光緒二十四年（1898）十一月十二日由皇帝硃圈出木沙，襲和闐回部輔國公兼襲五品頂戴花翎，理藩院轉咨甘肅新疆巡撫饒應祺轉知木沙。[149]

　　新疆建省後，回部王公仍持續為守護新疆而盡其心力，尤其是吐魯番郡王及哈密親王二位。吐魯番因建省而裁去扎薩克制，但仍保有吐魯番郡王之銜。光緒十六年（1890）十二月，曾有洋海盜匪阿和買提及阿不都熱以木等，聚眾劫犯，仇殺漢人，燒燬房屋，吐魯番回部郡王瑪木特即督眾擊斃賊首，魏光燾向朝廷奏請獎勵其助剿出力之功，瑪木特於光緒十七（1891）七月初五日，接旨得賞穿黃馬褂。[150]光緒二十一年（1895），新疆河湟事變發生後，瑪木特即辦理團練，陝甘總督新疆巡撫陶模曾點閱參與纏勇，酌以犒賞；[151]宣統二年（1910）正月二十九日，吐魯番廳又有纏民阿木而等，聚眾滋事，焚燒搶掠，吐魯番郡王承繼者葉明和卓，即協同撲滅當場挌斃為亂者十九人，並拏獲要犯十一名，因而獲賞黃馬掛。[152]

　　哈密親王伯錫爾在道光六年（1826）及道光十年（1830）回疆不靖之際，提供牛車運送軍需差務；[153]在咸豐三年（1853）主動捐助銀五千兩，作為各省軍務費用之需，哈密辦事大臣明誼奏

---

[148]《大清德宗景（光緒）皇帝實錄》（臺北：臺灣華文書局，1964 年），卷 497，頁 14，光緒二十八年二月戊寅，甘肅新疆巡撫饒應祺奏。

[149]《宮中檔光緒朝奏摺》，文獻編號第 408006578 號，2748 箱，光緒二十五年七月二十四日，甘肅新疆巡撫饒應祺奏。

[150]《宮中檔光緒朝奏摺》，文獻編號第 408006781 號及附件，2748 箱，光緒十七年四月二十四日，頭品頂戴護理甘肅新疆巡撫新疆布政使魏光燾奏；《宮中檔光緒朝奏摺》，文獻編號第 408006806 號，2748 箱，光緒十七年七月二十日，頭品頂戴護理甘肅新疆巡撫迎疆布政使魏光燾奏。

[151]《宮中檔光緒朝奏摺》，文獻編號第 408002976 號，2711 箱，光緒二十二年正月初二日，頭品頂戴署理陝甘總督新疆巡撫陶模奏。

[152]《軍機處・月摺包》，文獻編號第 188265 號，2777 箱，宣統二年五月二十二日，頭品頂戴甘肅新疆巡撫聯魁奏；《大清宣統政紀實錄》（臺北：臺灣華文出版社，1964 年），卷 39，頁 14，宣統二年七月癸亥，獎敘。

[153]《廷寄檔》，文獻編號第 604000166 號，頁 21-22，道光七年二月初五日，軍機大臣字寄，臺北：國立故宮博物院圖書文獻館藏。

請飭交哈密廳庫留備供支，但文宗以軍營費用充足，及此銀兩是郡王度日之用，諭令毋庸賞收。[154]咸豐六年（1856），伯錫爾又有感於各省軍務未戡定，情願捐輸銀五千二百兩，並將咸豐十年（1860）起至十三年（1863）應領俸銀四千八百兩，共一萬兩銀捐輸，文宗感其報効之心，賞給伯錫爾郡王紫繮及在御前行走。[155]同治三年（1864）九月回民事變時，伯錫爾協同官兵剿亂。在同治五年（1866）年會同巴里坤官兵作戰，不但提供回人兵勇糧食，也捐輸糧石給滿漢官兵，然而哈密被攻陷時，哈密王也被殺，印信也都遺失。[156]清廷為了表彰其功，仍維持哈密扎薩克制及世襲爵位，但回眾歸地方官管轄。伯錫爾之子賣哈莫特，在同治六年（1867）襲爵，光緒八年（1882）再由賣哈莫特之侄沙木胡索特承襲哈密回部親王。[157]

　　同光年間新疆陷落，哈密因陝甘回民事變白彥虎逃至此地，與官兵作戰，造成破壞，當地糧價曾高達每石二十餘兩，光緒五年（1879）至十年（1884）才漸次由十餘兩降至六兩，當時哈密辦事大臣明春以每石六兩計算，回王所統之地，歷年積累尚欠繳糧價七萬六千兩，而當光緒十二年（1886）因湖北等地水患，庫

---

[154] 《宮中檔咸豐朝奏摺》，文獻編號第 406005484 號，2709 箱，咸豐三年十一月十九日，明誼、慶英奏，臺北：國立故宮博物院圖書文獻館，清代宮中檔奏摺及軍機處檔摺件資料庫；《大清文宗顯（咸豐）皇帝實錄》（臺北：臺灣文華書局，1964 年），卷 115，頁 22，咸豐三年十二月乙酉，又諭。

[155] 《宮中檔咸豐朝奏摺》，文獻編號第 406011481 號，2714 箱，咸豐九年十二月初一日，多慧、穆輅奏；《大清文宗顯（咸豐）皇帝實錄》，卷 306，頁 35，咸豐十年正月甲午，賞哈密扎薩克郡王伯錫爾紫繮並在御前行走。

[156] 《月摺檔》，文獻編號第 603000423 號，同治六年五月初四日，甘肅巴里坤鎮總兵何琯奏，臺北：國立故宮博物院圖書文獻館藏。

[157] （清）王樹枏、王學曾總纂，《新疆圖志》，卷 17，藩部 2，頁 3，收入張羽新、趙曙青主編，《清朝治理新疆方略匯編》（北京：學苑出版社，2006 年），冊 20，頁 97；沙木胡索接印日在《譯漢月摺檔》為光緒八年八月十八日，但在《清史稿》則記載為光緒七年，《譯漢月摺檔》，文獻編號第 603001006 號，光緒八年十月十四日，明春奏，臺北：國立故宮博物院圖書文獻館藏；趙爾巽等撰，《清史稿》，冊 29，卷 211，頁 8738-8739。

款支絀，哈密王仍盡力自捐糧價四萬兩。[158]光緒二十一年（1895），新疆河湟事變時，哈密親王沙木胡索特挑選壯丁馬勇五百名，置備鞍馬，撥給槍彈，且捐京斗糧料二千石，羊一千隻，作為纏勇食糧，按時價估計，共值庫平銀四千兩，清廷也給予獎敘，得賞穿黃馬褂。[159]光緒二十四年（1898），哈密王沙木胡索特先認繳股票庫平銀二千兩，光緒二十六年（1900）又體察國之時艱糧餉短絀，再措銀二千兩，共繳銀四千兩，並將朝廷恩賞之功，移獎其次子公銜台吉聶滋爾升為鎮國公銜加三級。[160]事實上，沙木胡索特在光緒九年（1883）他曾為修繕同光戰亂壞損的祖墳及公署，借俸十年俸銀二萬兩，而當時哈密王每年世俸銀為二千兩，直至光緒三十年（1903）他每年尚且由世俸裡扣款攤還一千兩，因此他所捐之款，是遠大於清廷所給。[161]在檔案摺件中，自光緒十六年（1890）直至宣統二年（1910），每年正月中旬左右，朝廷由軍機處奉准發出年終恩賞有荷包、銀錁、銀錢、食物等項，交兵部由驛遞送給哈密扎薩克回部親王，以示其禮遇，甘肅新疆巡撫要負責為其回奏，這是回疆其他郡王及輔國公等，未有的年終恩

[158] 《宮中檔光緒朝奏摺》，文獻編號第 408008266 號，2748 箱，光緒十二年八月二十四日，署塔爾巴哈臺參贊大臣明春奏。

[159] 《宮中檔光緒朝奏摺》，文獻編號第 408006237 號，2748 箱，光緒二十二年二月二十五日，頭品頂戴署理陝甘總督新疆巡撫陶模奏；《宮中檔光緒朝奏摺》，文獻編號第 408006474 號，2748 箱，光緒二十二年十月二十四日，署理甘肅新疆巡撫布政使饒應祺奏；《大清德宗景（光緒）皇帝實錄》，卷 387，頁 22，光緒二十二年三月戊辰，捐助軍餉。

[160] 《宮中檔光緒朝奏摺》，文獻編號第 408006322 號附件，2748 箱，光緒二十六年四月二十五日，甘肅新疆巡撫饒應祺奏；《宮中檔光緒朝奏摺》，文獻編號第 408006446 號，2748 箱，光緒二十八年八月十五日，甘肅新疆巡撫饒應祺奏。

[161] 《大清德宗景（光緒）皇帝實錄》，卷 164，頁 10，光緒九年六月辛酉，伯都訥副都統（哈密辦事大臣）明春奏。

賞及禮遇。[162]

　　綜觀高宗改革伯克制，將世襲改為補放，任命回人出任各城伯克，但不由回人總理各城，品秩為三至七品，依各城之需設置伯克職位，給官俸、立公署、頒圖記，在理藩院成立徠遠司管理回部。再派少數滿洲大臣駐箚各城，負責監督和上奏，以及挑選適任者擔任伯克，或是提名具有才能者，供皇帝選補伯克。高宗藉回部王公首次入覲之際，行使直接任命權，使各回部王公體會伯克賦權的來源是為皇帝，高宗建立伯克制，既掌握了回疆原有勢力的支持，也以伯克任命的握有政治管理實權。伯克制也隨著伯克任職後，實際發生的各項需求，及因應回疆內外情勢的變化，隨之改變與調整，是具彈性及可變性的制度。

　　對於回疆各城原有勢力的處理，高宗任命有功且可信任的六個家族成員，出任各城阿奇木伯克等伯克職，握有管理回眾的實權，及封給王公爵位。高宗認為具威脅清朝統治之霍集斯及霍什克等，先行遷居京師，拔除他們在回疆的勢力，在京封王加爵，就近監督，至仁宗才准予後裔回至新疆，也加入回疆治理的行列，形成回疆八個回部王公家族。高宗在掌控地方勢力及確定其忠誠後，再逐步依蒙古王公之例，給予祭儀、世襲、豫保一子承襲、十年修家譜等權益。各家族不但繼續擁有原來的社會聲望，在伯克制度下，以年班隨帶子弟、承襲、補放規則等，為回部王公家族創造有利機會，家族成員及後裔比一般回人易於出任伯克，也成為清朝回疆民族社會的統治階級，彼此競爭，互有消長，形成

---

[162] 《宮中檔光緒朝奏摺》，文獻編號第 408006670、408006760、408002786、408002858、408006234、408006494、408006253、408006561、408006313 號，《軍機處‧月摺包》文獻編號第 156254、160421、187596 號。

回部王公、駐箚大臣與皇帝，共同合作治理回疆的局面。時至清末，伯克制廢除，仍給予各回部王公家族應有的禮遇，繼承者也為守護家園盡其心力。

至於黑山派與白山派的爭鬥，高宗已盡力整飭，伯克也持續多挑黑山派者擔任。但因回疆內部因素影響，截至光緒初年前，仍無可避免其侵擾，引發回疆局勢的多次動盪，但也促成伯克制的改革，創造一般回眾因守衛回疆的表現，逐步晉升為高階伯克的機遇。

第三章　伯克制的變化與調整

第一節　烏什事件與影響

　　清高宗命定邊將軍兆惠等,底定各城即進行當地舊俗的調查,並決定未來回疆將採行伯克制管理,各城也依其所需設置伯克。乾隆二十五年(1760),正式任命各城阿奇木伯克,也等於宣示著伯克制全面開始施行。但伯克制並非是一個事先既定的全套規範,而是隨著回疆事務的發展,所發生的各項需求,及因應變亂,善後檢討,逐步發展、調整而成。然伯克制實行後,即有大臣不斷要求廢除及改制,直至光緒十年(1884)新疆建省。本章將呈現伯克制在這一百多年的變化及調整,顯示其具有彈性與動態的部分。

一、烏什事件

　　伯克制是高宗回疆管理的舊俗,加以改革,而回部的伯克也依舊習以對,未全然了解新統治者處事風格及意圖,彼此都在摸索,關係上也未相互信任。乾隆二十五年(1760)曾發生喀什噶爾商伯克邁喇木、牌租巴特阿奇木伯克伯克呢雅斯等襲擊庫勒塔里木臺站,原因是邁喇木受命輪值入覲,害怕自己如和什克一樣,被扣留在京,佐口透認為這是中、下品級的部分伯克,對於清朝的統治,抱持反感。[1]此事喀什噶爾伯什克勒木二十村莊回人拒

---

[1] (日)佐口透著,凌頌純譯,《十八-十九世紀新疆社會史研究》,上冊,頁 182-186;《大清高宗純(乾隆)皇帝實錄》,卷 616,頁 16-20,乾隆二十五年七月甲寅,參贊大臣阿里袞等奏、阿里袞又奏。

捕，遭剿殺為四百八十六人，擒獲一百六十七人，乞降男女有一千零九十四人，地方淨空，田產入官，原設哈子伯克、密喇布伯克及明伯克三缺，一併裁撤。[2]由於大部分伯克並未參與，也顯示伯克對於清朝的統治方式，和伯克在此地舊俗與勢力，尚在測試、觀望及適應之中。

　　而清朝統治回疆時期，第一次發生大規模的抗議，是烏什因新命駐箚大臣及阿奇木伯克統治不公，所引起的動亂，清朝也為伯克制及治理方式，首次作出調整。烏什的人口中，有一部分是因準噶爾不斷侵擾吐魯番時，阿濟斯和卓決定投靠準噶爾遷至烏什，並用吐魯番的地名作為村莊之名，如喀喇和卓、魯克沁，托克三等；而有一部吐魯番回人則是在雍正年間，隨額敏和卓遷往肅州、瓜州等地。霍集斯在歸服於清朝後，將烏什二萬多人口，獻給清朝，但烏什回人因不滿霍集斯父子苛索稅賦，由阿渾[3]、伯克等聯名控告，高宗本欲將霍集斯留京，也趁機以此理由說服，於是霍集斯決定留京。高宗任命哈密郡王玉素布（富）之弟阿卜（布）都拉，成為烏什阿奇木伯克。[4]而阿渾與其他伯克勢力的結合，表示依回部伊斯蘭教宗教之舊俗，阿渾在每年開齋節時，品論阿奇木伯克是否賢能，以決定其去留的方式仍在。[5]

　　烏什事件發生於乾隆三十年（1765）二月十四日，因辦派沙棗樹，派出回人二百四十名，夜裡烏什城內回人聚集，施放鳥鎗，打傷官兵。閏二月初十日高宗得知，認為辦送沙棗樹之事甚屬微

---

[2]《大清高宗純(乾隆)皇帝實錄》，卷 619，頁 7-8，乾隆二十五年八月甲午，參贊大臣阿里袞奏查審賊犯，分別辦理事宜。

[3] 阿渾（Akhond）又稱阿訇、阿衡、阿洪，主要是領導信仰伊斯蘭教的穆斯林進行宗教活動者，受過經學教育，可以講解教義及教法，也能誦讀通曉《古蘭經》，成為清真寺的主要負責人，為穆斯林舉行婚、喪、誦經，使穆斯林伊斯蘭教化的生活得以維持。馮增烈，〈阿訇〉條，中國伊斯蘭百科全書編委會，《中國伊斯蘭百科全書》，頁 13。

[4]（日）佐口透著，凌頌純譯，《十八-十九世紀新疆社會史研究》，上冊，頁 186-187。

[5] 七十一，《新疆輿圖風土考》，卷 4，頁 1，回疆風土記，收入張羽新、趙曙青主編，《清朝治理新疆方略匯編》，冊 19，頁 354。

細，竟激成事端，應是素誠或官兵平日擾害回人所致，即令喀什噶爾辦事副都統栢琨等在事竣後查明。[6]經調查事件起因於烏什辦事大臣素誠父子及辦事筆帖式伊哈齊將城村回婦任意姦宿，伯克之妻亦喚入公署過夜。據烏什回人巴卜敦供，哈密郡王玉素布（富）之弟烏什阿奇木伯克阿卜（布）都拉也與親隨哈密的回人，在烏什恣意苛索妄為，以疲瘦的馬、羊，散給眾人索取高價，將回人妻女喚去調戲，官兵任意姦宿婦女。[7]素誠派其子回京，苛派回眾背負行李，又以曾姦宿其妻之虛銜五品賴黑木圖拉辦送沙棗樹，因而挾嫌倡亂。喀什噶爾參贊大臣納世通及正紅旗漢軍副都統卞塔海，平日妄自尊大，帶回人行圍，以致種地回人廢時失業；對於朝廷授予職銜、品級之伯克任意作踐，其下屬烏爾袞僅身為主事，竟敢毆打布魯特散秩大臣阿奇木；納世通及卡塔海領兵至烏什，只聽所屬官兵一面之辭，不查詢起釁緣由，即輕率用鎗炮攻烏什城，卻敗走七、八十里。[8]

烏什動亂消息傳至葉爾羌、阿克蘇及庫車，皆有想呼應者，但有鄂對妻子熱依木積極處理，各地阿奇木伯克等加以抑制，未予響應。[9]賴黑木圖拉曾派烏什噶雜納齊伯克沙資雅東及安集延四人，交付元寶十九個，至浩罕額爾德尼伯克尋求外援卻未成。[10]當

---

[6]（清）傅恒等編纂，《平定準噶爾方略續編》，卷 28，頁 9-10，乾隆三十年閏二月乙卯，阿克蘇辦事副都統卞塔海等奏，收入張羽新、趙曙青主編，《清朝治理新疆方略匯編》，冊 7，頁 91。

[7]（清）傅恒等編纂，《平定準噶爾方略續編》，卷 30，頁 7，乾隆三十年四月乙卯，栢琨奏，收入張羽新、趙曙青主編，《清朝治理新疆方略匯編》，冊 7，頁 106。

[8]（清）傅恒等編纂，《平定準噶爾方略續編》，卷 29，頁 26-30，乾隆三十年三月壬寅，伊犁將軍明瑞奏，收入張羽新、趙曙青主編，《清朝治理新疆方略匯編》，冊 7，頁 103；《起居注冊》，乾隆三十年五月下，大學士傅恒、劉統勳奉諭旨，臺北：國立故宮博物院圖書文獻館藏；《起居注冊》，乾隆三十年三月下，大學士傅恒奉諭旨，臺北：國立故宮博物院圖書文獻館藏。

[9]（清）七十一撰，《西域見聞錄》，卷 6，頁 8，收入張羽新、趙曙青主編，《清朝治理新疆方略匯編》（北京：學苑出版社，2006 年），冊 19，頁 392。

[10]（清）傅恒等編纂，《平定準噶爾方略續編》，卷 28，頁 15-16，乾隆三十年閏

時阿富汗也正與錫克族作戰，同屬伊斯蘭教之國家未出兵，因而
未發生宗教聖戰[11]，哈密回人也未對遷居烏什的哈密回人伸出援
手，佐口透認為這可能是維吾爾族社會的分裂，為清廷創造有利
的條件。[12]

　　乾隆三十年（1765）四月，高宗諭令將納世通、卡塔海於軍
前正法；[13]素誠父子自戕，[14]阿桂行抵軍營即派員將納世通及卡塔
海於五月二十五日正法；[15]阿奇木伯克阿卜都拉在賴黑木圖拉聚眾
時，已被監禁，而後被人殺害。[16]烏什終究孤軍無援，被伊犁將軍
明瑞等圍攻半載後，八月十五日，清軍進入烏什城，見屍身遍地，
很多回人被餓死。城中尚存者一萬數千多人，其中男子存四千多
人，大軍入城正法六百多人，魯克沁十三歲以上男子四百多人也
正法，最後所有男丁皆俱行剿殺。其餘烏什回眾一萬多人在不得
發給口糧，以免濫費公項，需自備資斧的諭令下，分四批隨領隊
大臣觀音保等，帶領至伊犁。途中餓死、病斃及正法者有三百六

二月丁巳，阿克蘇辦事布政使德福奏；傅恒等編纂，《平定準噶爾方略續編》，
卷 28，頁 16，乾隆三十年閏二月己未，諭軍機大臣，收入張羽新、趙曙青主
編，《清朝治理新疆方略匯編》，冊 7，頁 92。

[11] 聖戰為吉哈德（al-Jihäd），是為安拉之道而奮鬥，是信仰伊斯蘭教信徒穆斯林
要發揮自己的能力，為傳播及捍衛對安拉的信仰而戰，因而殺身成仁者，安拉
將賜重大的報酬。楊宗山，〈吉哈德〉條，中國伊斯蘭百科全書編委會，《中
國伊斯蘭百科全書》，頁 246-247。

[12] （日）佐口透著，凌頌純譯，《十八-十九世紀新疆社會史研究》，上冊，頁 197。

[13] （清）傅恒等編纂，《平定準噶爾方略續編》，卷 30，頁 3-4，乾隆三十年四月
壬子，諭軍機大臣，收入張羽新、趙曙青主編，《清朝治理新疆方略匯編》，
冊 7，頁 105。

[14] （清）傅恒等編纂，《平定準噶爾方略續編》，卷 30，頁 7-8，乾隆三十年四月
乙卯，栢琨奏，收入張羽新、趙曙青主編，《清朝治理新疆方略匯編》，冊 7，
頁 106。

[15] （清）傅恒等編纂，《平定準噶爾方略續編》，卷 31，頁 11，乾隆三十年六月
壬戌，伊犁將軍明瑞，收入張羽新、趙曙青主編，《清朝治理新疆方略匯編》，
冊 7，頁 115。

[16] （清）傅恒等編纂，《平定準噶爾方略續編》，卷 32，頁 19，乾隆三十年九月
甲午，又諭，收入張羽新、趙曙青主編，《清朝治理新疆方略匯編》，冊 7，
頁 125。

十多人，二千三百五十多人，行至多摩地方俱予正法，只有九十一人查明未隨之為亂獲釋。抵達伊犁後，婦女依諭旨配給索倫、察哈爾、厄魯特兵丁未婚配者為妻，老婦、幼童男女賞給官兵為奴。[17]

　　烏什事件後，《欽定皇輿西域圖志》所列烏什原有伯克設置，分理吐魯番遷入回人之哈喇和卓、辟展、魯克察克、托克三、連木齊等地，皆予刪除，僅保留烏什本城及布干與洋海等地。[18]乾隆三十一年（1766），經回疆參贊大臣永貴奏請，由喀什噶爾及葉爾羌等各城，共七百零八戶，二千三百六十七人遷住於烏什。[19]烏什原有二萬多人口，排名回疆第五大城，因烏什事件被滅淨及遷空，雖有他城遷入，但畢竟人口數大減不如往昔，阿奇木伯克等級也由三品被調降為五品。高宗在烏什事件發生前期，已知引發動亂之因，實為該城大臣及阿奇木伯克苛索回眾所致，並以正法懲治，但入城後的處置，受苛索的回人卻也幾乎一起陪葬或發伊犁為奴。剿殺與刪除設置伯克，是與喀什噶爾伯什克勒二十村莊處置方式相同。這無疑是清朝治理回疆初期，即樹立叛亂者將遭致軍臨城下與剿殺滅盡的後果，各城回眾對於新統治者作為的觀望，至此也了然於心。

二、烏什事件善後伯克制的改革

---

[17] （清）傅恒等編纂，《平定準噶爾方略續編》，卷32，頁28-29，乾隆三十年十一月庚寅，明瑞等奏，收入張羽新、趙曙青主編，《清朝治理新疆方略匯編》，冊7，頁127-128；傅恒等編纂，《平定準噶爾方略續編》，卷31，頁31，乾隆三十年七月壬寅，諭軍機大臣，收入張羽新、趙曙青主編，《清朝治理新疆方略匯編》，冊7，頁120；（日）佐口透著，凌頌純譯，《十八-十九世紀新疆社會史研究》，上冊，頁193-197。

[18] （清）傅恒等奉敕撰，《欽定皇輿西域圖志》，冊4，卷30，頁8-9；托津等編纂，《欽定回疆則例》，卷1，頁11，收入天龍長城文化藝術公司編，《新疆史志》，第二部，冊11，頁76。

[19] （清）永貴、舒赫德，《新疆回部志》，卷3，收入張羽新、趙曙青主編，《清朝治理新疆方略匯編》，冊21，頁457。

　　高宗諭示烏什事件平息後，該處城垣不必拆毀，各城駐箚大臣以烏什為總匯之地，阿克蘇毋庸駐箚大臣及官兵，全部移至烏什，並設協辦大臣，兼轄阿克蘇；喀什噶爾辦事大臣栢琨與額敏和卓同辦事務，其餘各城大臣仍依舊制，回疆各城俱聽伊犁將軍管轄，每一、二年親往各城巡查一次，烏什地饒，增加駐兵屯田。[20]乾隆三十年（1765）十月，檢討烏什事件，議定回部善後事宜：一是阿奇木伯克之權宜分，不可自行任命自己親信之人處理事務，而侵奪小伯克等承辦之事，需與伊什罕伯克會商，若阿奇木伯克仍攬權獨辦，其他伯克可以向駐箚大臣控告；二是格訥坦[21]之私派應革除，臨時酌派，並無定額，易滋擾累侵蝕諸案，且官員皆有養廉、口糧、羊隻，不應滋擾回人，照從前吐魯番定制，預擇富戶，給與地畝，令每戶一、二年間輪辦一次；三是回人差役要平均，各城人口賦役已有造冊，應請仍循舊規，每間隔一年，同時應派員查核，若有輕重不一，凡經訪告，阿奇木伯克將受處罰；四是都管伯克之補用宜公開，該職務為總辦回人差務，最易射利居奇，且多以阿奇木伯克子弟親戚，踞為利藪，嗣後要與伊什罕伯克、噶雜那齊伯克及商伯克公共同保舉，阿奇木伯克族姻親等迴避；五是伯克之親隨要有節制，燕齊（為伯克耕作的農人及供役者）額數依品秩規定，惟取中等人戶，不可將富戶應繳之稅賦攤入他戶，再從中侵蝕其利，而燕齊不可挾制伯克，市權攬事，擾累回人，若燕齊有額外挑派，概行革除；六是賦役之定額要明確，以文榜示眾，若有不遵定額偏失擾累情況，准許回人控告；七是商民人之居處，宜與回人分開，前來貿易商民，不可與回人相雜，以避免滋生事端，所居應與官兵相近，尚可彈壓，少

---

[20]（清）傅恒等編纂，《平定準噶爾方略續編》，卷32，頁8-9，乾隆三十年八月丁卯，諭軍機大臣，收入張羽新、趙曙青主編，《清朝治理新疆方略匯編》，冊7，頁122-123。

[21]格訥坦，托忒語，為臨時之意，是原有準噶爾統治回疆在各城徵收的一種賦稅，是用來供其官員充當差使的經費。〈格訥坦〉條，高文德主編，《中國少數民族史大辭典》（長春：吉林教育出版社，1995件），頁1807。

生事端，商民皆赴駐兵處貿易，再與回人雜處即行治罪；八是伯克與駐箚大臣對待禮儀的定立例，大臣等妄自尊大，嗣後大臣見阿奇木伯克及伊什罕伯克，照總管、副總管例，其餘的伯克則照官兵例，高宗諭令伊犁將軍一、二年間要巡查回部一次，將軍應一體留心稽查上奏。[22]

　　這是伯克制度施行後，第一次針對其弊端大規模作一檢討與改革，回人有控告伯克之權；伯克任用私人親信、耕地回人數及差役等權力，給予適當的限制；商民及兵丁居住，與回人分開，以避免事端；官員或是伯克之間相互牽制；增加駐箚大臣對伯克的禮儀與尊重；加強伊犁將軍對回疆的掌控權等。乾隆三十一年（1766）將駐於喀什噶爾的回疆參贊大臣，移駐烏什，以示清廷對該地的管控決心。[23]回疆自此到嘉慶二十五年（1820）大和卓博羅尼都之子張格爾入侵喀什噶爾前，維持了五十四年的太平歲月。

　　不過，這些改革並未收入嘉慶年版的《欽定回疆則例》各條，反倒是道光八年（1828）張格爾事件後，那彥成的善後調查回疆因大臣及伯克所造成之弊端，而續修於道光年版的《欽定回疆則例》卷七及卷八之禁行的各條，與烏什事件所檢討之弊端有許多相互雷同之處，可見回疆積弊與回眾的承受年復一年。

第二節　伯克制內部的動態調整

一、《回疆則例》的編撰與修改

　　高宗將回疆納入清朝版圖過程，對當地舊俗進行調查，決定

---

[22] （清）傅恒等編纂，《平定準噶爾方略續編》，卷 32，頁 22-26，乾隆三十年九月，明瑞等奏，收入張羽新、趙曙青主編，《清朝治理新疆方略彙編》，冊 7，頁 126-127；《大清高宗純(乾隆)皇帝實錄》，卷 746，頁 12-15，乾隆三十年十甲寅，軍機大臣等議覆。

[23] 趙爾巽等撰，《清史稿》，冊 12，卷 117，頁 3401。

採行伯克制管理回疆。但伯克制並非一套預先完整制定制度，而是依實情所需，逐步發展及調整而成。清朝依各城所需設置伯克，伯克就任後，伊犁將軍、駐箚大臣以當地所見及發生各事項，或是阿奇木伯克的呈報之事等上奏及建議，經皇帝的批示或諭令轉由軍機大臣、理藩院或與該事件相關各部擬議，再經皇帝諭示，才發交施行。遇事即依例而行，若無前例，就再上奏請示或議定。

　　主管回疆務的理藩院，在清朝施行伯克制施行五十二年後，於嘉慶十六年（1811）才首次將上述各相關奏摺作系統整理，於嘉慶二十年（1815）二月二十七日完成的刊刻呈覽，[24]本書稱之為嘉慶年版。截至光緒十七年（1891）止，《欽定回疆則例》至少又經歷四次的編修，但正式完成刊刻則有二次。《欽定回疆則例》在嘉慶年後的四次編修：一是道光五年（1825）六月十八日理藩院恭呈《回疆則例》之滿洲、蒙古、漢字三體的正本黃冊，供宣宗御覽，[25]後因內容改變不多，理藩院決定不予刊刻，待張格爾事件平定後再行修撰。[26]二是道光二十三年（1843）五月初二日修改完成及刊刻，本書稱為道光年版之《欽定回疆則例》，是與回疆伯克制最有直接關係的第二個版本，與嘉慶年版相隔近三十年，其間回疆經歷張格爾、浩罕等亂事等事件，卷數也由四卷倍增為八卷。在嘉慶年版基礎上，道光年版各條例有保留嘉慶年版原例，也有刪除、增纂、續修，以及條例修併部分，表現回疆事務管理重視偏向的改變，例如將乾隆朝回部王公陸續封爵的四個

---

[24]（清）托津等編纂，《欽定回疆則例》，收入天龍長城文化藝術公司編，《新疆史志》，第二部，冊 11；（清）賽尚阿等修，《欽定回疆則例》，原奏，頁 1-2。

[25]上海大學法學院、上海市政法管理幹部學院、張榮錚、金懋初、劉勇強、趙音，《欽定理藩部則例》，頁 35-38。

[26]上海大學法學院、上海市政法管理幹部學院、張榮錚、金懋初、劉勇強、趙音，《欽定理藩部則例》，頁 39-41。

條例，合併為一條，表示回部王公的承襲已是慣例及穩定，而為
表彰回部王公在張格爾事件等的犧牲及支援，增纂四條有關撫
卹、獎敘及禮遇的條文，以表達道光朝對於回部王公守護疆土的
貢獻和肯定，與乾隆朝開疆拓土給予持續禮遇有所不同，包括回
部王爵卹賞銀兩、回部王貝勒等供辦兵差車輪給予議敘、扎薩克
回部王公等捐輸銀兩獎敘、回部王公等恭遇皇帝大婚典禮應來京
慶賀等增纂四項條例，此外伯克及回兵陣亡的撫卹也同步增加。[27]
三是咸豐年間的《回疆則例》版本，目前所見僅為清內府抄本影
印《理藩院修改回疆則例》，內容共有四卷。這應屬理藩院內部
整理《回疆則例》的記錄，編排的特色是將嘉慶年版與道光年版
條文並陳，且逐條說明修改的理由，雖僅有道光年版八卷的前四
卷，卻可用來核對兩個刊刻本差異，了解當時回疆各伯克設置改
變原由，知曉理藩院作為主管機構的的觀點，及該院依權責與大
臣進行橫向聯繫，掌握回疆的改變與現況，及向上奏報等作業歷
程，很具參考價值。[28]四是理藩院最後一次刊刻，是為光緒十六年
（1890）起至光緒十七年（1891）奏修的《理藩院則例》，當時
新疆建省，伯克制已廢除，內容也多將回疆舊例刪除。[29]但主管回
部的徠遠清吏司仍存，也保留回部王公各項的權益，還有極少數
提及伯克的條文留存，皆是回應現勢的改變。光緒三十四年（1908）
《理藩院則例》再更名為《理藩部則例》。[30]

---

[27]（清）賽尚阿等修，《欽定回疆則例》，卷3，頁22-26。

[28]《理藩院修改回疆則例》，收入姜亞沙、經莉、陳湛綺主編，《理藩院公牘則例
　三種》二（北京：全國圖書館文獻縮微復製中心，2010年），《理藩院修改
　回疆則例》，四卷。

[29]上海大學法學院、上海市政法管理幹部學院、張榮錚、金懋初、劉勇強、趙音，
　《欽定理藩部則例》，頁27。

[30]上海大學法學院、上海市政法管理幹部學院、張榮錚、金懋初、劉勇強、趙音，
　《欽定理藩部則例》，頁2。

　　《欽定回疆則例》內容包括了回疆政治、卡倫管理、經貿、稅務、度量衡、屯田、商民、外國商民居住及婚姻，伯克設置、職掌、補放、病、退休、喪、調放、伯克咨補報送、年班入覲、俸給發放及調整，回部王公各項權益，及禁止事項，同時也包括了哈薩克及四川土司入覲年班等事宜。

　　《欽定回疆則例》各次修改中，以嘉慶年版及道光年版與伯克制最有直接關係，若以道光年版為主，與嘉慶年版做比較，兩者在各卷亦有不同，請見表 3-1《欽定回疆則例》道光年版與嘉慶年版比較表。就其編纂內容而觀，可知伯克制是由經驗式而逐步構建完整的制度。參酌《欽定回疆則例》嘉慶年版及道光年版兩者條文，其奏定年代與內容來看，有四十三條是道光年增纂及續纂，剩餘九十一條的內容多依嘉慶年版原例保留，即便內容有修改之條文，也多承襲原例精神，道光年版依嘉慶年版內容略加修改的占了 48.5%，大約一半。嘉慶年版有八十九條，載明各條例奏定的年份計有七十七項，乾隆朝為制度建立的初期，新的事務需定立原則及慣例，制定五十七項，表示高宗在伯克制建立過程，決定事務的佔比為 64%，嘉慶朝有二十項，佔 25%。若以道光年版八卷一百三十四條，除了條例內未載明年代的十四條外，載明年代或確定修定時間有一二○條，乾隆年所定之條文佔則例總數近 47.5%，嘉慶朝有二十項，佔 16.7%，呈現伯克制穩定發展的狀況。道光朝歷經戰亂增加四十三項新的措施，佔則例總數35.8%，其中依那彥成在張格爾事件善後的調查成為卷七及卷八是為續纂，有三十八項。換言之，宣宗遵循乾嘉時期政策達 64%。而高宗不但是西陲開疆拓土者，亦是伯克制定立及發展的主導者。同時《回疆則例》內容，也顯見清代各朝在回疆事務及戰亂

等因應的改革，證明了伯克制及清朝管理回疆是隨事務發展及改變，彈性調整而成。

表 3-1《欽定回疆則例》道光年版與嘉慶年版比表

		卷一	卷二	卷三	卷四	卷五	卷六	卷七	卷八	合計
道光年版	乾隆年定	13	6	8	5	18	7			57
	嘉慶年定		2	2	7	1	8			20
	道光年定			5				23	15	43
	年代未明		2	1	7		4			14
	全卷條文數	13	10	16	19	19	19	23	15	134
	原例			1	7	11	7			26
	修改	13	10	10	12	8	12			65
	增纂			5						5
	續纂							23	15	38
	全卷條文數	13	10	16	19	19	19	23	15	134
嘉慶年版	道光年版修併		7		2	X	X	X	X	9
	道光年版刪除		2	3		X	X	X	X	5
	全卷條文數	3	29	29	28	X	X	X	X	89

資料來源：（清）賽尚阿等修，《欽定回疆則例》；（清）托津等編纂，《欽定回疆則例》；姜亞沙、經莉、陳湛綺主編，《理藩院公牘則例三種》（二），《理藩院修改回疆則例》，四卷，據清內府抄本影印，（北京：全國圖書館文獻縮微復製中心，2010 年）。

二、伯克制的變化

　　《欽定回疆則例》是治理回疆的民族法規，更是一部伯克制的發展史。由各條例而觀，可一窺伯克制內部的發展與變化。高宗在乾隆二十四年（1759）逐步定立伯克品級、職位，以及各城伯克的任命。[31]不適任伯克及陞遷等事件，也陸續產生。高宗要擁有伯克補授掌控權，與避免回疆大臣擅作主張，乾隆二十七年（1762）三月，高宗定立伯克補放原則，五品以上伯克由回疆各城大臣專摺具奏，六品以下伯克年終彙奏。[32]乾隆二十八年（1763）正月，高宗又諭示，六品以下小伯克需擬正陪，具奏補放，各城之阿奇木伯克等缺出，將應放之人列名具題，大城阿奇木伯克由各城調補，小伯克等即坐補本城，以別等威而示體恤之意；五月，又諭准永貴等依此定例議奏，喀什噶爾、葉爾羌、阿克蘇、和闐、烏什、庫車、沙雅爾、庫爾勒、玉古爾、英噶薩爾（英吉沙爾）、塞里木、拜、哈喇哈什、克勒底雅、塔克、玉隴哈什、齊爾拉等城之三、四品阿奇木伯克及伊什罕伯克缺出，開列應升補名單具奏，而六品以下之伯克等年終彙奏，則無庸另議。至於喀什噶爾所屬之界租阿巴特、塔什密里克、阿斯騰阿喇圖什；葉爾羌所屬之巴爾楚克；阿克蘇所屬之克勒品；烏什所屬之魯克察克、托克三、喀喇和卓、闢展、洋赫等城村之阿奇木伯克十四員，雖然都是四、五品，但俱由大城兼管，不必由各城會同調補，應即坐補本處員缺即可，惟有較特別的是沙爾呼勒奇、奇盤二城，因地處偏遠山區，其阿奇木伯克仍由本處揀補，其餘俱照各城辦理。[33]依上述可見，高宗欲以中央集權掌控伯克補放權，又要與地方大臣分權之間的拿捏，而回疆駐箚大臣對於回疆各城及其所屬城莊的規模，已有確切的掌握，也因應各地的特殊性，採取因地治宜的

[31]（清）托津等編纂，《欽定回疆則例》，卷 1，頁 1-20，收入天龍長城文化藝術公司編，《新疆史志》，第二部，冊 11，頁 53-91。

[32]《大清高宗純（乾隆）皇帝實錄》，卷 657，頁 22，乾隆二十七年二月癸亥，又諭。

[33]（清）傅恒等，《平定準噶爾方略續編》，卷 21，頁 28-30，乾隆二十八年五月壬申，軍機大臣奏，收入張羽新、趙曙青主編，《清朝治理新疆方略匯編》，冊 7，頁 40-41。

安排。

　　伯克制度實行十多年後，部分施行的狀況也作了些調整，有
關伯克的養廉銀及為伯克供役之燕齊等事，在乾隆三十一年
（1766）及乾隆三十三年（1768）分別調整和闐之阿奇木伯克等
養廉銀，較其他各城伯克太過懸殊的狀況，勻出給沙琥爾八名伯
克養廉錢騰格；因烏什事件給予烏什伯克屯田耕種的洋起（燕齊）
戶數，將原佔阿克蘇伯克等缺之燕齊撤歸阿克蘇。[34]乾隆三十五年
（1770），有伯克因年老、患病要退休了，於是喀什噶爾辦事大
臣常鈞為此上奏，高宗准予伯克退休、患病者俱准留戴其為官的
翎頂，作為榮耀。[35]

　　由於滿洲大臣不懂回疆維吾爾等民族語言，平日及戰時皆倚
賴回人通事作翻譯。戰時若不敷委用，軍營內也直接調請明白熟
悉一切事務的伯克前往支援。[36]最初回疆駐箚大臣們原是選擇高宗
較為信任居於哈密、吐魯番回人作通事，卻常有任意妄譯之事，
倚仗大臣向回眾索取物件。後來改由各大臣揀選當地人擔任，但
妄行擾累回眾情況仍依舊。於是高宗諭示由各城阿奇木伯克負責
選派，並要求務必選擇淳樸可信之人，充作通事，若有藉大臣之
勢，妄行私弊的通事，皆從重治罪，不得姑息，此項規定後來也
收入《回疆則例》。在道光年間經歷張格爾事件，再次全面檢討
回疆弊端之際，更明令回人通事及回人因案在京為奴遇赦釋放
者，不准陞用為伯克，以避免各城回人工匠及阿奇木伯克家人，
因為通曉漢語，藉與大臣親近之便，成為小伯克，倚勢苛索擾累
回眾。[37]

---

[34]（清）托津等編纂，《欽定回疆則例》，卷 3，頁 25-27，收入天龍長城文化藝
　　術公司編，《新疆史志》，第二部，冊 11，頁 245-250。

[35]（清）托津等編纂，《欽定回疆則例》，卷 2，頁 3-4，收入天龍長城文化藝術
　　公司編，《新疆史志》，第二部，冊 11，頁 245-248。

[36]《外紀檔》，文獻編號第 303000192 號，頁 77-78，道光二十七年九月十六日，
　　舒精阿奏。臺北：國立故宮博物院圖書文獻館藏。

[37]中國第一歷史檔案館編，《乾隆朝滿文寄信檔譯編》，冊 9，1532 條，寄諭駐各
　　回城辦事大臣等著揀選老實可信回人用為通事，乾隆三十六年十一月二十九

　　乾隆四十年（1775），軍機處議覆奏定，改變伯克等養贍支給方式。[38]到了乾隆四十一年（1776）及乾隆四十二年（1777）兩年，阿奇木伯克陸續開始有升任調轉他城需求，產生遷移費用等情況發生，於是又制定費用賞給的規則。[39]乾隆四十三年（1778）及乾隆四十四年（1779）由理藩院議定，針對喀什噶爾等三城五品及六品伯克的揀放、呈報方式作出調整。[40]至此乾隆時期伯克補放等事項，已即達到一個穩定狀態。

　　於此同時，清廷在四川大小金川的戰役已取得勝利，高宗要他們與蒙古及回疆伯克一起年班朝觀，希望藉年班令其見識清朝軍事的壯盛與各方歸服之勢，以加強其向心，而所有的朝觀賞給、入旗方式，多照伯克例辦理。[41]這表示伯克制是高宗建立一套不同於蒙藏的管理制度，歷經將近二十年的施行及賞例的摸索期，已可複製成為清廷治理其他民族的典範。[42]

　　年班入觀的伯克品級和行李的事項，也隨時間而有調整。最初是分為四班，三品至七品伯克皆入京，於乾隆二十五年（1660）二月入京；[43]其後呈報同年年終入觀的名單，高宗決定六品以上之伯克

日，奉上諭；（清）托津等編纂，《欽定回疆則例》，卷4，頁3，收入天龍長城文化藝術公司編，《新疆史志》，第二部，冊11，頁275-276；（清）賽尚阿等修，《欽定回疆則例》，卷7，頁9。

[38] （清）托津等編纂，《欽定回疆則例》，卷3，頁25-26、28，收入天龍長城文化藝術公司編，《新疆史志》，第二部，冊11，頁245-248、251-253。

[39] （清）托津等編纂，《欽定回疆則例》，卷3，頁20-24，收入天龍長城文化藝術公司編，《新疆史志》，第二部，冊11，頁235-243；（清）賽尚阿等修，《欽定回疆則例》，卷5，頁20-22。

[40] （清）托津等編纂，《欽定回疆則例》，卷2，頁8-9，收入天龍長城文化藝術公司編，《新疆史志》，第二部，冊11，頁119-122。

[41] （清）托津等編纂，《欽定回疆則例》，卷4，頁23-25、29-30，收入天龍長城文化藝術公司編，《新疆史志》，第二部，冊11，頁315-319、327-329。

[42] （清）崑岡等修，劉啟瑞等纂，《欽定大清會典事例》，卷985，收入續修四庫全書編纂委員會編，《續修四庫全書》（上海：古籍出版社，1999年），冊811，史部政書類，頁759。

[43] （清）傅恒等，《平定準噶爾方略正編》，卷82，頁29-30，乾隆二十四年十一月癸酉，兆惠奏，收入張羽新、趙曙青主編，《清朝治理新疆方略匯編》，冊

入覲即可。[44]到了乾隆二十八年（1663）高宗諭日後年班分為四班輪流，入覲伯克需四品以上，或是新授五品伯克才可前來。[45]乾隆三十九年（1771），改為六班，入覲人數再下降成十多人。[46]在嘉慶十六年（1811）至嘉慶十七年（1812）間，除改為九班一輪方式，以配合阿奇木伯克數外，也對於不幸在年班時過世的伯克，明定撫卹方式；[47]宣宗為體諒伯克遠行勞頓，自道光十九年（1839）起維持九班，每班改為間隔二年。[48]但此後伯克因戰亂、善後、國喪等因素，多依例彈性調整延班，或中途折返，僅於道光二十四年（1844）及咸豐六年（1856）兩次到京入覲，時至伯克制廢除前，伯克都未再入京。[49]

　　年班伯克等行李規定及地點，也有變動。乾隆五十四年（1789）及乾隆五十六年（1791）有關回疆伯克朝覲日期及行李重量，有更明確的訂定；嘉慶元年（1796）及嘉慶十四年（1809）間，又以此為基準，將行李再減兩千斤不等，同時對於伯克隨帶子弟給予虛銜與訓練，有較明確規定；為解決哈薩克朝覲因出痘等狀況，仁宗決定改至熱河朝覲，定立賞給衣服、頂戴等宜事，另派伯克擔任陪伴者同行。[50]

6，頁 260。

[44]（清）傅恒等，《平定準噶爾方略續編》，卷 4，頁 13-14，乾隆二十五年七月戊申，諭軍機大臣，收入張羽新、趙曙青主編，《清朝治理新疆方略匯編》，冊 6，頁 357。

[45]（清）傅恒等，《平定準噶爾方略續編》，卷 20，頁 6-9，乾隆二十八年正月己巳，收入張羽新、趙曙青主編，《清朝治理新疆方略匯編》，冊 7，頁 27-28。

[46]（清）托津，《欽定大清會典事例（嘉慶朝）》（臺北：文海出版社，1991 年），卷 747，頁 13，伯克年班條。

[47]（清）托津等人編纂，《欽定回疆則例》，卷 2，頁 43-44，收入天龍長城文化藝術公司編，《新疆史志》，第二部，冊 11，頁 189-192。

[48]（清）賽尚阿等修，《欽定回疆則例》，卷 7，頁 2-3。

[49]《大清宣宗成（道光）皇帝實錄》，卷 412，頁 26-28，道光二十四年十二月乙卯，科爾沁、御重華宮；《大清文宗顯（咸豐）皇帝實錄》，卷 216，頁 22，咸豐六年十二月壬子，和闐三品阿奇木伯克阿里。

[50]（清）托津等編纂，《欽定回疆則例》，卷 2，頁 18-19、39-42、卷 4，頁 16-18，收入天龍長城文化藝術公司編，《新疆史志》，第二部，冊 11，頁 139-142、

　　《欽定回疆則例》嘉慶年版及道光年版的差異，大多僅於文字上的修改、整併，使文意更為明確。若有新立，則多偏重在亂事後檢討及禁令。在張格爾事件的檢討下，除增加伯克及回部王公的撫卹外，那彥成提出回疆補放大小伯克章程及各項有關回疆衙門、伯克、官兵、商民等侵擾回人弊端，同時為了減少伯克因地緣熟悉，造成苛索之便，因而強調各城管理回眾職任較重的最高階之三品阿奇木伯克及四品伊什罕伯克，出缺均需迴避本城，其餘四品或五品伯克缺出，則由回疆參贊大臣先咨各城辦事大臣等提供合例人員名單，公同揀選，以利伯克人選的把關，但因應戰後，伯克陣亡或被脅遷移，伯克大量缺出，一時乏人補缺，也准以人地相需之例，由本城的回人中揀選，以利戰後各項善後事務的推動，均成為道光年修訂《欽定回疆則例》的續纂條文，即卷七、卷八的主要內容。[51]請見　附錄表一　奏年與奏請機構《欽定回疆則例》嘉慶年修與道光年修目次內容表。

　　咸豐及同治年間，內憂外患頻仍，新疆經費捉襟見肘，清廷定立了回部王公及伯克捐輸銀兩獎敘章程等，[52]以捐款作為伯克升調的誘因及條件，卻也製造官員多重苛索伯克的機會。

　　另一項則是統一伯克名稱，由於伯克名稱是民族用語譯音而來，在奏摺使用之漢字名稱常莫衷一是，因此在道光年版《欽定回疆則例》也提出更正。請見表 3-2 伯克名稱改變表：

　　181-188、301-306。

[51]（清）曹振鏞，《欽定平定回疆剿捕逆裔方略》，卷 67，頁 5-10，道光八年七月辛丑，那彥成等奏，收入張羽新、趙曙青主編，《清朝治理新疆方略匯編》，冊 10，頁 32-34；（清）賽尚阿等修，《欽定回疆則例》，卷 7、卷 8。

[52]陳炳光/蒙藏委員會編譯室校訂，《清代邊政通考》（臺北：蒙藏委員會，1981年），頁 276-277。

表 3-2 伯克名稱改變表

嘉慶年版原稱	道光年版改稱
鄂爾沁伯克	鄂勒沁伯克
巴匝爾伯克	巴咱爾伯克
哈子伯克	哈資伯克
斯帕哈子伯克	斯帕哈資伯克
喇雅哈子伯克	喇雅哈資伯克
巴克瑪塔爾伯克	巴克瑪塔勒伯克
默提色布伯克	摩提色布伯克
洋起	燕齊

資料來源：《理藩院修改回疆則例》，卷 2，頁 6-9，收入姜亞沙、
　　　　　經莉、陳湛綺主編，《理藩院公牘則例三種》（二），
　　　　　《理藩院修改回疆則例》，頁 117-124。

　　以上皆是道光年版卷二的伯克職稱之改變，還有嘉慶年版卷
三，有關賞配給伊犁小伯克及烏什屯田伯克之種地者「洋起」一
詞，道光年版也改為「燕齊」。[53]其目的是有助回疆各民族語言譯
音，在官方奏摺等漢語用字的參考與統一性。

　　時直至光緒十七年（1891）奏修之則例，雖然伯克制大多已
廢除，伯克也未再年班入覲，但《欽定理藩部則例》仍列載伯克
照例不參加中正殿藏傳佛教跳金鋼驅魔舞布扎克，[54]伯克入宴原於
殿外西邊蒙古等之後列坐飲宴，而改列坐於北，與外國來使同坐
於露臺上等事宜，[55]雖然理藩院在修改時，僅存回部王公入覲，伯

---

[53]（清）托津等編纂，《欽定回疆則例》，卷 3，頁 18-19、27，收入天龍長城文
　　化藝術公司編，《新疆史志》，第二部，冊 11，頁 231-234、249-250；（清）
　　賽尚阿等修，《欽定回疆則例》，卷 5，頁 16-17、23。
[54]上海大學法學院等，《欽定理藩部則例》，卷 18，增纂二百八十二之 591 條，
　　頁 183。
[55]（清）賽尚阿等修，《欽定回疆則例》，卷 3，頁 16-17；上海大學法學院等，

克已不再入京，但因極少部分伯克職位仍在，而未將伯克部分全然刪除，卻也看到清朝伯克制具備因時改變的彈性，與尊重宗教文化傳統的不變價值。

第三節　伯克制存廢的議論

自高宗採取伯克制統治回疆，直到光緒十年（1884）新疆建省前，清代各朝大臣曾多次提出不同的制度之建議，尤其是每當新疆動亂後，伯克的存廢及治理制度，不時地被提出檢討。

乾隆二十四年（1759）十一月，楊應琚等曾奉旨前往新疆考察，進行籌備郡縣制。乾隆二十五年（1760）二月，向高宗提出回疆各城郡縣制的規劃藍圖，楊應琚等所提多以改土歸流為行政架構。高宗認為回疆原有伯克掌管，又是以武力取得，而非如哈密、吐魯番是自行臣歸服，因此分封制是不能施行。同時，回眾新附，驟然派漢族官員及大量軍隊駐箚，勢必引起不安，徒增諸多不協與滋擾，為此採取因地制宜的伯克制治理是較佳的選擇，郡縣制或土司制度的建議，未被採納。[56]

乾隆二十六年（1761）六月，回疆參贊大臣舒赫德以葉爾羌為回疆大城，共有二十七個城村，兼之有安集延、布魯特、敖漢（浩罕或霍罕）、瑪爾噶朗、巴達克山、博羅爾等部落之伯克，遇事即遣人來商議，土伯特及安集延商賈雲集往來，行旅者及居民夾雜，擔心奸宄者藏匿，因此提出各回城改如各省編設保甲，即十家設一甲長，巡查緝匪，高宗要舒赫德與葉爾羌辦事大臣新柱及吐魯番郡王額敏和卓商議。[57]經討論結果認為，哈密及吐魯番從前曾設保甲，卻無案可稽，而此二處行扎薩克制，設官分職皆

《欽定理藩部則例》，卷 19，391 條，頁 194-195、卷 19，389 條，頁 189。
[56]李晶，〈乾隆朝中亞政策研究〉，頁 78-80。
[57]《大清高宗純(乾隆)皇帝實錄》，卷 632，頁 6-7，乾隆二十六年三月癸卯，軍機大臣等議覆。

與旗民相似，回城也已設置伯克專管各項事務，尚屬嚴密。若改編為保甲，勢必要裁汰舊缺，驟然轉變徒增更迭與紛擾，如若伯克等不得納入其中，也不利管理，屆時保甲又形同具文，因此仍請照舊制管理。而當務之急，反倒是責成阿奇木伯克遴選補授各莊頭目，如各村莊之噶雜納伯克等缺，才是管轄地方緊要之事。各莊伯克補授者，若是有疏於防範及故縱等情況，即行革職查處。有部分地方太過遼闊，應另設大臣管理，阿奇木伯克也不時巡察，必可保護地方的安全及足緝奸宄。高宗同意此見，仍依回疆舊俗施行伯克制，而不將行於各省的保甲制，推行於回疆。[58]

　　高宗也曾為大臣上奏，擔憂新疆廣大的疆土，所有移駐的大臣及官兵，每年需要的養廉經費較以往大增，且未來治理鞭長莫及，不無多耗各省物力等質疑，因而要舒赫德等駐疆大臣及軍機大臣等查覈。結果是葉爾羌、喀什噶爾等城的駐防所需各項，與陝甘合計節省下來的費用，與未用兵征討新疆前，不但未增加費用，反而還減少三分之二，高宗認為新疆未來屯墾開闢，生產必呈倍數增長，經費可以自足充裕。[59]高宗也致力於懲治不法與人口買賣者，訂立各項商稅，以利豐盈稅收，使新疆自有充足的經費，並創造回疆西部各城與各國商貿往來，公平及安全的貿易環境。[60]而新疆後來需要各省協餉之因，先是仁宗作風保守，未積極發展新疆各項產業，中亞霸主之位也漸失，宣宗取消商稅，道咸兩朝回疆及各省戰亂頻仍，道路不靖，進而影響商貿往來，再加國力衰弱，中亞各國形勢轉變等多項因素所成，實非武功全盛期的高宗所能預見的。

　　乾隆三十年（1765），烏什事件期間，也有大臣建議未來只

---

[58]（清）傅恒等編纂，《平定準噶爾方略續編》，卷12，頁3-4，乾隆二十六年六月丙子，參贊大臣舒赫德等奏，收入張羽新、趙曙青主編，《清朝治理新疆方略匯編》，冊6，頁419。

[59]大清高宗純（乾隆）皇帝實錄》，卷649，頁33-34，乾隆二十六年十一月甲子，諭。

[60]（清）托津等編纂，《欽定回疆則例》，卷3，頁4、7、31-32，收入天龍長城文化藝術公司編，《新疆史志》，第二部，冊11，頁203-204、209-210、257-259。

要伊犁駐軍，撤除回疆各城駐箚大臣，依回疆舊俗，由阿奇木伯克統治。高宗以為不可，各城有駐兵及大臣已成定制，若因烏什事件而裁撤，豈不示弱於回人，未來各城阿奇木伯克補授要由誰揀選保舉？阿奇木伯克若妄自尊大，不奉行伊犁將軍的約束，又將如何處理呢？因而否決此建議。但諭以永貴及阿桂等所議各城駐兵尚少部分，未來倒是可以酌量增加。[61]

　　張格爾自嘉慶二十四年（1819）至道光七年（1827）間，多次入侵回疆，清廷國庫吃緊，且不勝其擾，土司治理西四城之論紛起，以署陝甘總督鄂山為代表。宣宗也曾密令伊犁將軍及回疆參贊大臣籌議，西四城仿土司分封之例的可行性。長齡曾上奏分封伯克，令其自守，赦回博羅尼都之子，乾隆朝羈於京師者，令其回疆，管理西四城；武隆阿亦奏善後之策，留兵少不敷戰守，留兵多則軍費難繼度支，西四城外夷環伺，不如將有用兵餉歸併於東四城，可為陝甘等地保障。然玉麟上書反對，認為南疆八城是西陲的保障，前後藏及西北邊緣、蒙古、番子部落皆仰賴其保護，若西四城不設兵，則喀什噶爾、葉爾羌、和闐三處回疆的殷實之地，將成為外夷所有，等於是放棄肥沃之地，而守貧瘠之土，並希望可以用固原提督楊芳的建議，添置兵力、招墾、通商經營。宣宗同意其見解，亦斥長齡老悖昏繆，認為釋其後裔回到舊部，豈不助長其勢，於是將長齡與武隆阿均革職留任。曾問吾也認為捐棄西四城之弊害是顯而易見的，畢竟東四城膏腴不及西四城，即便是伊犁也不及，若是各城如土司自理，必定相互吞併，日後挾強攻打，東四城亦將不保，或是遭到布魯特等侵擾。[62]

　　宣宗命那彥成考察回疆，發現引起變亂之因，主要的弊端是衙門需索伯克，伯克再苛斂回人的狀況嚴重，於是在修訂道光年

[61] （清）傅恒等編纂，《平定準噶爾方略續編》，卷30，頁5-7，乾隆三十年四月壬子，諭軍機大臣，收入張羽新、趙曙青主編，《清朝治理新疆方略匯編》，冊7，頁106。

[62] 曾問吾，《中國經營西域史》，頁306；趙爾巽等撰，《清史稿》，冊37，卷367，頁11467-11468。

版《回疆則例》內，增加了七、八兩卷，卷七除了伯克朝覲及補放，以及哈密、吐魯番、回王等俸銀與回疆錢法等相關規範外，主要在明令禁止於衙門與阿奇木伯克等弊端，如回人通事不可陞用伯克；禁止回疆各城大小衙門及阿奇木伯克藉端苛斂回人；禁止大小衙門令阿奇木伯克代買衣物，也不可自雇工人，私索供給麵糧；衙門司員不可買馬，卻要伯克供支料草，司員自有俸餉，卻要求阿奇木伯克供給月費而予以禁止；官員不可藉巡視各城機會苛索伯克；伯克私折馬匹之價，攤派牛具、把持糧價情形，俱行禁止。卷八則針對一般回人、官兵、商民、漢回等弊端檢討後，所頒之禁令，如禁止兵丁入回莊、強占回人園子地畝，或營馬踐踏食用禾稼等，也不准商民重利盤剝回人，以期繼續維護回疆的發展與和平；為了不讓伯克因熟悉地方及勢力盤根錯節，以致攤派苛索之事日益嚴重，強調本城阿奇木伯克、伊什罕伯克及各城莊阿奇木伯克等高階伯克，要迴避本處的原則。[63]

　　同治三年（1864），受陝甘回亂影響，新疆漢回在各地起事，妥明、黃和卓、思的克、金相印等各踞一方，後來金相印迎入白山派張格爾子孫布素魯克及浩罕阿古柏勢力。引發回疆內部也跟進之因：一是伊斯蘭教不同教團勢力的角力及不平，如庫車郡王家族屬納格什板迪耶，而起事的是同屬伊斯蘭教的蘇非主義，卻有不同修行主張及儀式的庫布忍耶[64]；二是高宗以來主張政教分離，限制阿訇參政，限制白山派者居地，將清真寺瓦合甫地歸公，以致原來掌有政經資源的白山派信眾勢力，累積了長久的不滿，受清朝封爵以黑山派為主的各城王公家族，在戰亂中，多成了被

---

[63]（清）賽尚阿等修，《欽定回疆則例》，卷 2，頁 3、卷 7，頁 1-34、卷 8，頁 1-15。

[64]庫布忍（林）耶(al-Kubrawiyyah)也是蘇非主義學派之一，源於十三世紀波斯蘇非哲學家納吉丁‧庫布拉維所創的庫布拉維教團，靜修默念迪克爾，平日則高聲誦念古蘭經等經典，殯禮不脫鞋，康熙年間傳入。見馬通，〈庫布林耶〉條，《中國伊斯蘭教百科全書》編委會，《中國伊斯蘭教百科全書》，（成都：四川辭書出版社，1996 年），頁 296-297；馬通，《中國西北伊斯蘭教基本特徵》（銀川：寧夏人民出版社，2000 年），頁 20-21。

殺伐、脅持的目標；三是新疆官兵薪餉歲支短絀與不繼，清朝面
對太平天國及各省亂事，經費拮据，時常未能及時供給新疆應支
薪餉及各項歲支費用；四是回疆駐箚文武官員的貪瀆，官官相護，
如阿克蘇辦事大臣綿性私自向伯克、回眾及安集延等外國商人課
徵鹽稅，烏什亦然，事發後烏魯木齊都統及回疆參贊大臣等，又
刻意迴避與相護。[65]咸同兩朝捐輸制度更讓伯克飽受官員多重苛
索，轉嫁回眾，不堪負荷。以致光緒初年之前，清朝失去了新疆
大部分地方的治理權。

　　清廷及新疆駐箚大臣也都了解，要再次平定新疆，必定要先
平定陝甘。[66]同治末年左宗棠平定陝甘回民事變，當時新疆情勢有
阿古柏踞有南疆八城及吐魯番，伊犁被俄國占領，而白彥虎等自
陝甘前去占領烏魯木齊。然而左宗棠要匡復新疆第一個要面對的
挑戰，卻是長久以來，朝中大臣有許多人認為新疆荒僻無用，年
年耗費甚大的觀點，認為不如與俄、英簽訂通商條約，招撫各城
頭目，將他們如西南土司一般地管理等論述，更何況清朝東部沿
海各省也正承受外國勢力侵擾。左宗棠的塞防論與直隸總督李鴻
章及山西巡撫鮑源深的海防論，遂產生激烈論戰，於是左宗棠提
出：

> 重新疆者，所以保蒙古，保蒙古者，所以衛京師，西北指
> 臂相連，形勢完整，外患自無隙可乘。若新疆不固，則蒙
> 古不安，匪特各邊防不勝防，即直北關山，亦將無宴眠之
> 日。[67]

---

[65]《月摺檔》，文獻編號第 603000268 號，咸豐十一年二月初三日，英蘊奏；中國
　　第一歷史檔案館編，《咸豐同治兩朝上諭檔》（桂林市：廣西師範大學出版社，
　　1998 年），冊 12，頁 269-270，同治元年六月初三日，內閣奉上諭；桂清揚等
　　奉敕撰，《清代起居注冊同治朝》（臺北：聯合報文化基金會國學文獻館印行，
　　1983 年），冊 55，頁 033383，咸豐十一年八月初一日，奉諭旨。
[66]《月摺檔》，文獻編號第 603000419 號，同治六年二月十九日，李雲麟奏。
[67]楊書霖編，《左文襄公（宗棠）全集》（臺北：文海出版社，1979 年），近代
　　中國史料叢刊續編第 65 輯，冊 641，國史本傳，頁 26。

　　同時也得到極力主張收復新疆的湖南巡撫王文韶，及軍機大臣文祥的支持，說服朝廷，進而展開籌餉、借款、籌糧以及運輸之事。[68]

　　左宗棠及劉錦棠在光緒三年（1877）十一月肅清回疆各城，並展開新疆修渠、開墾、設學校、整理稅務，使新疆逐漸由戰亂中復甦，回疆的行政各項事務，仍委由各城伯克執行。光緒四年（1878），左宗棠以新疆底定不久，仍主張新疆南路東、西八城大小伯克各有專責，未便遽爾裁減，即應照舊章選派伯克，分署其職，因為回眾信任他們，於是在喀什噶爾設六十名，英吉沙爾設十二名（原有九名），葉爾羌五十三名（原有五十五名），和闐五十三名（原有四十九名），分別給予頂戴，委屬各職專屬事務，以其伯克設置數量而言，幾乎已回復道光年版《欽定回疆則例》相同或更多的情形。[69]

　　兩年之後，所任命的大小伯克中，因病請假，或是病故，或是因疲頓而更換，或是因貪污革究之員共有四十七名，於光緒六年（1880）四月奏請另選喀什噶爾二十六名，英吉沙爾三名，葉爾羌十三名，以及和闐所屬之伊里齊城等處五名，並給頂戴。[70]

　　光緒九年（1883）四月，伊犁將軍金順及伊犁參贊大臣升泰接獲上諭，在俄國撤軍伊犁之日，即展開伊犁所有善後措施，也決定依伊犁舊設伯克制方式管理回眾。包括阿奇木伯克管轄回眾，伊什罕伯克幫同辦理，噶雜納齊伯克、商伯克、密喇布伯克、明伯克、玉資伯克等官均係經理各回莊的屯墾，由都管伯克、海

[68] 趙春晨，〈清季關於新疆問題的爭論〉，《西北史地》1983年第4期，頁40-41；李恩涵，〈左宗棠收復新疆的幾次重要戰役〉，《近代中國史事研究論集》（臺北：臺灣商務印書館，1987年），冊2，頁22。

[69] 各城伯克數後括號內即原有道光年版《欽定回疆則例》數額。《宮中檔光緒朝奏摺》，文獻編號第408006181號，2748箱，光緒四年九月二十四日，左宗棠奏；（清）賽尚阿等修，《欽定回疆則例》，卷1，頁1-21。

[70] 中國第一歷史檔案館，《光緒朝硃批奏摺》（北京：中華書局，1995年-1996年），第113輯，212條，頁280-281，光緒六年四月十八日，欽差大臣大學士督辦新疆軍務陝甘總督二等恪靖侯加一等輕車督尉左宗棠奏。

子（哈資）伯克、巴吉格爾伯克、帕提沙布伯克、扈爾（什琥勒）伯克等，管理稽查街市，專管緝捕或是充當通事。金順等人派理事同知前往查各回莊查回人戶口造冊，並選出辦事勤快的回人擔任伯克，上奏擬補三品阿奇木伯克為纏回伊里雅斯，為人樸誠，耐勞勤勉，且出力倡收回眾，四品伊什罕伯克以纏回木薩爾，當差勤勉，幫同查戶口出力甚多，五品噶雜納齊伯克選纏回拜雜特，五品商伯克有三名，選得纏回嗳索費、阿伐爾、伊斯拉木雅爾，並將六品以下伯克名單照舊例送軍機處及理藩院，且將纏回戶口清冊送理藩院查核。[71]

　　光緒九年（1883）六月，依旨補放伊犁阿奇木伯克等伯克，但伊犁阿奇木伯克的銅鈐記，因戰亂後已遺失多年，光緒十年（1884）正月，伊犁將軍金順奏准奉旨由禮部照例鑄造阿奇木伯克的印信，經驛站送到頒發給阿奇木伯克祗領啟用，以昭信守於各方。[72]光緒二十二年（1896），三品阿奇木伯克伊里雅斯病故，鄉約等呈繳原領圖記，並懇請再揀放伯克，伊犁將軍長庚因伊犁已改設郡縣，所以先將伊犁阿奇木伯克銅質圖記一顆存庫，再咨新疆巡撫嚳辦。[73]由此可知，光緒年收復新疆時，甚至新疆建省後，仍有部分伯克職位存在，並協助新疆推動政務及各項善後工作，持續發揮其作用。

---

[71]《譯漢月摺檔》，文獻編號第 603001041 號，頁 27-29（後人打印檔冊頁次編號頁 22 後跳編頁碼為 27，實應是頁 23-25），光緒九年七月二十八日，幫辦軍務大臣革職留任伊犁將軍金順、革職留任伊犁參贊大臣升泰，臺北：國立故宮博物院圖書文獻館藏；中國第一歷史檔案館，《光緒朝硃批奏摺》，第 113 輯，271 條，頁 339-340，光緒九年六月十六日，幫辦軍務大臣革職留任伊犁將軍金順、革職留任伊犁參贊大臣升泰。

[72]《軍機處・月摺包》，文獻編號第 124932 號，2722 箱，光緒十年正月二十五日，金順等片。

[73]中國第一歷史檔案館，《光緒朝硃批奏摺》，第 115 輯，569 條，頁 549，光緒二十二年七月二十四日，伊犁將軍長庚等奏。

第四節　新疆建省與伯克制的廢除

一、新疆建省之議

　　左宗棠認為建省及漢化教育等措施，才是經營新疆的久長之計。光緒四年（1878）正月，左宗棠奏請新疆建省，與其他各省同樣設州縣，派任官員直接治理回眾。[74]光緒四年（1878）十一月，再次奏請不可放棄新疆，並針對新疆情勢、土地經營、經費、伯克制度、文教提出見解。主張伊犁情勢和從前不同，以往伊犁與俄國不相毗連，中間尚有哈薩克、布魯特，以及浩罕的安集延和布噶爾所屬之地相隔閡，如今北疆伊犁及南路喀什噶爾皆與俄屬之地相接，因此左宗棠認為此時更不可放棄新疆，切莫以豐腴之地，捐資成為入寇者之糧倉，更不可將伊犁借予他國，助長俄國勢力。然而部分不了解新疆的大臣，甚至認為新疆即使建省，也無可治之民，於是左宗棠提出新疆光緒四年（1878）戶口普查數字，加以駁斥。在新疆光緒四年（1878）戶口表內各縣，原是新疆在乾隆朝定為州縣制管理地區，戶數約由同治三年（1864）以前二萬四千戶，降為六千四百多戶，相差一萬柒千多戶，少了近四之一，[75]認為戰後人口雖有下降，但仍有民可治。

---

[74]《大清德宗景(光緒) 皇帝實錄》，卷 66，頁 6-7，光緒四年正月辛未，諭軍機大臣等。

[75]《月摺檔》，文獻編號第 603000854 號，頁 46-47，光緒四年十一月初九日，欽差大臣大學士督辦新疆軍務陝甘總督二等恪靖侯左宗棠奏。

表 3-3 新疆光緒四年（1878）戶口表

地　　名	舊 有 戶 口	現報承墾戶	減損戶數 ＼ 畝
迪 化 州	4200 多	3600 多	
昌 吉 縣	3900 多	400 多	
阜 康 縣	3090 多	210 多	
綏 來 縣	3700 多	850 多	
奇 臺 縣	4360 多	570 多	
濟 木 薩	2800 多	350 多	
呼圖壁巡檢所屬	1730 多	280 多	
庫爾喀喇烏蘇	80 多	數十多	
精 河 縣	40 多	100 多	
合　　計	23900	6410	17490 戶
鎮 西 廳	60000 畝	36000 餘畝	24000 畝

資料來源：《月摺檔》，文獻編號第 603000854 號，頁 41-61，光
緒四年十一月初九日，欽差大臣大學士督辦新疆軍務
陝甘總督二等恪靖侯左宗棠奏。

　　左宗棠在同一奏摺內，也說明新疆天山南路各城，應改為行
省的兩項論點：其一為土地，南路八城除了英吉沙爾，土地偏小，
烏什土壤性質貧瘠外，其餘各城都較吐魯番富饒，尤其是喀什噶
爾、葉爾羌、阿克蘇三城皆富庶，且物產豐富，在劉錦棠及張曜
等經營下，開河引渠、清查及丈量地畝、修築城堡、塘站，鑄造
錢幣及徵稅等，建設起來比北疆容易，因此南北疆一起設省，是
天賜良機；[76]其二可再分兩個部分，一是官員設置問題，高宗時
設官考量因俗施治，而回部各地設官，[77]經一百一十多年的變化，

---

[76]《月摺檔》，文獻編號第 603000854 號，頁 48-49，光緒四年十一月初九日，欽
　　差大臣大學士督辦新疆軍務陝甘總督二等恪靖侯左宗棠奏。
[77]趙爾巽等撰，《清史稿》，冊 12，卷 117，頁 3387、3400-3402。

未能夠與各省劃一，以光緒四年（1878）當時新疆所設各地官員，彼此不相統攝，無法監督及歷練，治理士兵之官多，而真正治民之官少，不能體察民情，其述內容為：

> 伊犁設將軍又設參贊大臣一員，烏魯木齊設都統，塔爾巴哈臺、葉爾羌均設參贊大臣，喀什噶爾、阿克蘇、庫車、和闐、喀喇沙爾、均設辦事大臣，伊犁等處設領隊大臣五員，塔爾巴哈臺、烏魯木齊，庫爾喀喇烏蘇古城、巴里坤、吐魯番、烏什、英吉沙爾，均設領隊大臣，哈密設辦事大臣一員，協辦大臣一員，葉爾羌設兼管和闐事務協辦大臣一員，烏什設幫辦大臣一員，喀什噶爾設換防總兵一員，邊地腹地皆一律視之，無甚區別，與經野邊之義不符，將軍、都統與參贊大臣、辦事大臣、協辦大臣與領隊大臣職分等，或皆出自禁闥，或久握兵符，民隱未能周知，吏事素少歷練，一旦恃節臨邊，各不相下稽察，督責有所難行，地周二萬里，治兵之官多，治民之官少，而望政教旁敷，遠民被澤不亦難哉。[78]

　　二是伯克隔絕官民，可以倚勢作威，致使民只知怨官，不知怨伯克，賦稅不公，官民語言文字不同，不易溝通的情形，應置義塾，以漢族文化思想為教育之本，教回童漢文，與大眾相關告示、票券，需漢回文併列，改革幣制等，建省才是長治久安之計，其奏內容：

> 南路徵收均由回目阿奇木伯克等交官，官民隔絕，民之畏官，不如其畏所管頭目，官之不肖者，狎玩其民輒之，犬羊視之，凡有徵索頭人等，輒以官意傳取，倚勢作威，民

---

[78] 《月摺檔》，文獻編號第603000854號，頁49-50，光緒四年十一月初九日，欽差大臣大學士督辦新疆軍務陝甘總督二等恪靖侯左宗棠奏。

知怨官，不知怨所管頭目也，內地徵收，常制地丁合而為
一，按畝出賦，故無無賦之地，亦無無地之賦，新疆則按
丁索賦，富戶丁少賦役或輕，貧戶丁多，則賦役反重，事
理失乎，莫甚於此。貨幣之制，子母不能相權，爭訟之事，
曲宜不能徑達，官與民語言不通，文字不曉，全恃通事居
間傳述，顛倒混淆，時所不免，此非官與民親漸通其性情。
寔去壅蔽，廣置義塾，先教以漢文，俾其略識字義，征收
所用，粲票其戶名數目，漢文居中，旁行兼注回字，令戶
民易曉，遇有舛誤，即予隨時更正，責成各廳州縣而道府
查之，則綱目具而事易。頭目人等之權，殺官司之令行，
民之情偽，易知政事之修發，易見長治久安之效，實基於
此，新疆之應改行省者二也。[79]

左宗棠也深知，朝廷考量的是未來經營新疆的費用支出。他
以高宗乾隆朝的開拓新疆的軍餉及養廉銀經費為例，將涼州陝甘
各地軍隊，駐守南北兩路軍餉、口糧、草料，可為各省軍費節省
一百二十九萬多兩，可抵新疆養廉銀經費一百零七萬八千四百餘
兩，還可剩餘銀二十一萬一千五百餘兩。若以今承平時日，將甘
肅及新疆經費一體看待，預估約需五百萬兩，即每歲新疆及甘肅
各需餉銀二百多萬兩，經營三年之後，每年甘肅、新疆共撥款三
百多萬兩即可。新疆各地也要加強丈量地畝、收稅作為軍食餉、
修渠、改鑄制錢、設義塾，各地亦有皮張及藥材等物產，或如吐
魯番生產棉花、和闐有玉石，庫車蘊藏礦產，皆可積極開源節流。
[80]

左宗棠著手改變滿族多元民族文化，從俗從宜的政策，期待
直接以漢族的思想及漢族的教育方式，改變新疆各族文化、語文，

---

[79] 《月摺檔》，文獻編號第 603000854 號，頁 50-51，光緒四年十一月初九日，欽
差大臣大學士督辦新疆軍務陝甘總督二等恪靖侯左宗棠奏。
[80] 《月摺檔》，文獻編號第 603000854 號，頁 52-60，光緒四年十一月初九日，欽
差大臣大學士督辦新疆軍務陝甘總督二等恪靖侯左宗棠奏。

盡歸統於漢族，以打破語文的隔閡。於光緒六年（1880）左宗棠奏已設義塾三十七處，回童學習漢文經典包括千字文、三字經、百家姓、四字韻語及裸字各本，以及孝經、小學課之誦讀，學習楷書，學畢後再頒行六經，了解經義。一年多來，回童已開始學習詩經、論語、孟子，可以讀書識字，能看誦告示。張曜將聖訓十六條附律易解一卷加注回字印刷，讓纏民[81]及大小伯克可以學習律法，改變阿古柏佔領新疆時期，社會命盜不法懲戒方式，持續改鑄銀錢及各項興業建設，如養蠶、織造及藥材之生產與貿易。[82]

二、廢除伯克制及伯克改任

　　光緒八年（1882），回疆開始設置道、廳、州、縣，劉錦棠等上奏建置郡縣擬設丞倅、牧令，各員官階既不高，若回官（伯克）仍循舊章的三至七品，難免有枝大於本的情形，需要因應適當的考量與變通，故而奏請在郡縣設定之後，對於伯克制進行處理，共分為三部分：

　　一是裁去伯克名目，改設頭目，薪資依舊以撥給地畝支付：將阿奇木伯克等伯克名目，一概裁除，各廳州縣另外酌設頭目，額數大約如各省辦公紳士一般，不可作為官職，如遇有缺額，即行就地選舉，出具切實考語，詳情由該管道府，轉請邊疆大員發給委牌，惟須照伯克舊例，撥給地畝，以為辦公薪資，免生滋擾與需索。

　　二是未來新頭目的培養：劉錦棠等認為南路纏回作亂，多是

---

[81]光緒年及新疆建省後檔案奏摺多由回子、回人、纏回之稱，改稱纏民，皆指今日之維吾爾族。

[82]中國第一歷史檔案館，《光緒朝硃批奏摺》，第 113 輯，211 條，頁 267-280，光緒六年四月十七日，欽差大臣大學士督辦新疆軍務陝甘總督二等恪靖侯加一等輕車督尉左宗棠奏；中國第一歷史檔案館，《光緒朝硃批奏摺》，第 113 輯，241 條，頁 305-307，光緒七年四月初十日，欽差大臣大學士督辦新疆軍務陝甘總督二等恪靖侯加一等輕車督尉左宗棠奏。

被伊斯蘭教內的阿渾邪說誘脅，易生動搖而起禍事，纏回語文本與滿漢不同，遇有爭訟，阿奇木伯克及通事等從中舞弊，這些需由文教拔除錮習，未來要由全疆各城的義塾令回童讀習華語，包括教導回童學習小學、孝經、論語、孟子、大學、中庸、詩、書、易、禮、春秋等典籍，擬於每歲由各廳州縣考試一次，凡能誦一經，並熟諳華語者，不限人數多寡，即送該管衙門覆試，詳由邊疆大員，援用保舉武弁之例，給予生監頂戴。待其年長，准其充當頭目，如有勤學不倦，能多習一經，或數經者，無論是否已充當頭目，皆准予各廳州縣考送，再由各道覆試請獎，再行遞補授為五品以下頂戴，頭目的頂戴仍以不逾六品為限。[83]

　　此雖未得准奏，也可看見劉錦棠承襲左宗棠對回童徹底實施漢化教育的方式及思考，學習文字、聲韻、訓詁等小學及四書、五經，仿傳統科舉模式，以頭目作為獎勵及誘因，背後有份良善的意圖，希望打破漢族及維吾爾族的隔閡。但左宗棠、劉錦棠等立於漢族文化教育為主導，以政治優勢，試圖由新一代年幼回童作起，阻斷伊斯蘭教化、民族語文及思考，逐步全面漢化。這對於使用阿爾泰語系突厥語族維吾爾語[84]的回童，及以伊斯蘭教化生活為主的民族及家庭而言，帶來相當大的挑戰及阻礙，家庭生活、成員、不同世代間帶來文化、語言、思想上的撕裂與衝突。再者以授五品以下，不得逾六品的原則，等於是伯克的職級，只能位居原有最低階的七品及六品，即便如《欽定平定陝甘新疆回匪方略》改為「再行遞換五品以下，各項頂戴仍不得逾五品以不限制」[85]，最高仍至五品而已。這將造成維吾爾族在建省後的政治、文化

---

[83] 中國第一歷史檔案館，《光緒朝硃批奏摺》，第 113 輯，556 條，頁 575，光緒八年六月，欽差大臣督辦新疆軍務通政使司通政使劉錦棠奏；《軍機處・月摺包》，文獻編號第 124516 號，2735 箱，光緒八年七月二十二日，劉錦棠等片。

[84] 谷苞，〈維吾爾族〉條，中國大百科全書總編委員會《民族》編輯委員會，《中國大百科全書》(北京：中國大百科全書出版社，1986 年)，民族卷，頁 448-453。

[85] (清) 奕訢等編纂，《平定陝甘新疆回匪方略》(朱絲欄寫本)，卷 315，頁 16，光緒八年七月二十二日，譚鍾麟、劉錦棠又奏，臺北：國立故宮博物院圖書文獻館藏。

及經濟等的民族社會地位，更形低落。四年後，劉錦棠調整其內容，於光緒十二年（1886）九月奏准回部義塾學童，酌予獎勵備取為佾生，以繼續支持回童漢化教育。[86]

三是保留高階伯克的頂戴：劉錦棠等在郡縣設定之後，涉及現任三、四、五品阿奇木伯克等高階伯克，則採保留頂戴方式處理。凡曾任三、四、五品阿奇木伯克者，伯克裁缺後，仍應准其戴用舊有翎頂，充當頭目。其他各品頂戴頭人，如果承辦差使，異常出力，仍可隨時酌量保奏，賞給三、四、五品頂戴，做為鼓勵。[87]由於朝廷考量高階伯克原本多由回部王公出任，未來年班、入貢等事務，因應較為繁雜，並憂慮將三、四品阿奇木伯克及伊什罕伯克裁撤銜額，只留頂戴部分，回人是否能相安？因而要求大臣需妥為研議，再提出可行章程。[88]

光緒十年（1884），新疆完成建省，改為郡縣制。建省官制分為兩大體系，一是甘肅新疆巡撫所屬文武官員，文官部分設甘肅新疆巡撫、布政使、提學使各一員，設鎮迪道、阿克蘇道、喀什噶爾道，分府、廳、州、縣，設知府、同知、通判、知縣、縣丞；二是伊犁將軍仍存，但不再是統領全疆，其所轄限於伊犁各營及伊塔道，及辦理中俄交涉事務而已。[89]由於阿奇木伯克及伊什罕伯克的品秩高，職責也較重，因此朝廷仍留原銜，以利安民。[90]施行一百二十五年的伯克制，清廷尚在做最後權衡之策。

為此劉錦棠於光緒十一年（1885）又再上奏，述及阿奇木伯克承充伯克多為三四品，比建省後所設州縣官員位階高，實與現行體制不相宜，施行日久，必有積難重返之勢，因此希望規勸各

---

[86]《大清德宗成(光緒）皇帝實錄》，卷 232，頁 138，光緒十二年九月壬子，甘肅新疆巡撫劉錦棠奏。

[87]中國第一歷史檔案館，《光緒朝硃批奏摺》，第 113 輯，556 條，頁 575，光緒八年六月，欽差大臣督辦新疆軍務通政使司通政使劉錦棠奏；《軍機處‧月摺包》，文獻編號第 124516 號，2735 箱，光緒八年七月二十二日，劉錦棠等片。

[88]《大清德宗景(光緒)皇帝實錄》，卷 149，頁 17，光緒八年七月丁未，諭內閣。

[89]曾問吾，《中國經營西域史》，頁 361-363。

[90]趙爾巽等撰，《清史稿》，冊 12，卷 117，頁 3406。

城阿奇木伯克，了解需要裁去伯克的原故，並安排充任其他職位。劉錦棠建議視各城事務繁簡，分設鄉約，專司稽查，由裁缺的阿奇木伯克中，選擇充任；並視品級的高低，分送道廳州縣衙門，充當書吏、鄉約，鄉約酌給租糧，書吏酌給口糧，以資養贍。不願接受安排者，或其所在的鄉莊地處偏遠，一時難以了解制度的改變，舊有的伯克則暫時不予裁撤，只是遇缺不補，以期漸次變化，終能全部改設鄉約。劉錦棠為了讓朝廷可以安心，又加述現據所屬官員稟報，自從試裁城關各伯克職位後，這一年以來，都相安無事，纏民也與官員日親近。[91]

　　阿奇木伯克可依品級充為各城關之鄉約或書吏，且用遇缺不補方式，讓伯克名目逐步走入歷史，這是劉錦棠進一步安排及解決高階伯克的方式。奏摺內以「相安無觖望」，表達新疆南路纏民人心安定，也未有不滿及怨言，以降低朝廷的憂慮。同時，為了讓左宗棠平定新疆時，參與善後工作勞瘁有功的各伯克，劉錦棠繕具清單呈請恩賞回目翎頂，准其保留原品頂戴等處理方式，於光緒十一年（1885）十一月二十七日，軍機大臣奉旨著照所請，得到朝廷支持，自此各城阿奇木伯克多改為鄉約或書吏。[92]鄉約原在新疆東部實施州縣制地區已存在，負責事務包括戶籍管理、救助、處理爭執，召人伐木、採礦、修路，催繳稅賦、稽查商貿，為民眾領牛隻、籽種，充當保人等。[93]這似乎與阿奇木伯克職掌總理一城村事務是一樣的，或是綜合各職稱伯克的職掌於一身般，但權力及品秩已被大量限縮和下降了。例如以前阿奇木伯克若遇回人間故殺命案，是由阿奇木伯克呈報地方大臣，會同回務章京

---

[91]中國第一歷史檔案館，《光緒朝硃批奏摺》，第 115 輯，562 條，頁 584-585，光緒十一年十月二十七日，欽差大臣督辦新疆事宜尚書降一級留任甘肅新疆巡撫二等男劉錦棠奏。

[92]中國第一歷史檔案館，《光緒朝硃批奏摺》，第 115 輯，562 條，頁 584-585，光緒十一年十月二十七日，欽差大臣督辦新疆事宜尚書降一級留任甘肅新疆巡撫二等男劉錦棠奏。

[93]趙麗君，〈清代新疆鄉約制度研究三題〉，《新疆師範大學學報》(哲學社會科學)，第 27 卷第 4 期（2006 年 12 月），頁 32-33。

驗屍，再由該城大臣審理，或與阿奇木伯克共同會審人犯，再由大臣查律擬以適當懲處上奏，而改任鄉約後，職權則僅止於通報驗屍。[94]

這是滿清為回部王公在建省後，爭取權益及最終妥協的結果，也顯示滿、維、漢三族在新疆權力的競逐，維吾爾族王公首先失勢，滿族的伊犁將權限也大量縮減，漢族自此取得新疆政治優勢。

伊犁伯克部分，在光緒十三年（1887）四月十一日由譚鍾麟及劉錦棠奏准，新疆暨改為行省，所有伯克名目全行裁汰。[95]不過，以光緒二十二年（1896）伊犁將軍長庚奏報三品阿奇木伯克伊里雅斯病故，鄉約等呈繳原領圖記，並懇請再揀放伯克而觀，阿奇木伯克的伯克職銜，截至光緒二十二年（1896）仍然存在。[96]

光緒二十五年（1899），甘肅新疆巡撫饒應祺為因應皇太后的懿旨，奏請新疆實行保甲團練，依纏民舊俗已有的溫巴什充為牌長，玉孜巴什充當甲長，阿奇木伯克仍為鄉約兼當保正，使得組織間可以層層鈐束，互相查察監督與保護。[97]光緒二十八年（1902）開始進行查戶口及編保甲的工作。[98]距乾隆二十六年（1761）舒赫德等曾建議實行保甲制，已相隔一百四十一年。

---

[94] 《宮中檔嘉慶朝奏摺》，文獻編號第 404013299 號，2724 箱，嘉慶十四年二月初九日，積拉堪、伊斯堪達爾、成林奏；此為莎車（即建省前回疆葉爾羌）州纏民以敏殺妻阿以比比身死案，見《宮中檔光緒朝奏摺》，文獻編號第 408006791 號，2748 箱，光緒十七年五月十二日，頭品頂戴護理甘肅迎疆巡撫新疆布政使魏光燾奏。

[95]（清）奕訢等編纂，《平定陝甘新疆回匪方略》，卷 320，頁 8-13，光緒十三年四月十一日，譚鍾麟、劉錦棠，收入張羽新、趙曙青主編，《清朝治理新疆方略匯編》（北京：學苑出版社，2006 年），冊 15，頁 214-216。

[96] 中國第一歷史檔案館，《光緒朝硃批奏摺》，第 115 輯，569 條，頁 549，光緒二十二年七月二十四日，伊犁將軍長庚等奏。

[97] 《宮中檔光緒朝奏摺》，文獻編號第 408006594 號，2748 箱，光緒二十五年十二月十四日，甘肅新疆巡撫饒應祺奏。

[98]（清）王樹枏、王學曾總纂，《新疆圖志》，卷 40，頁 1，收入張羽新、趙曙青主編，《清朝治理新疆方略匯編》，冊 20，頁 189。

　　新疆巡撫聯魁認為官員不通回人語文，所有的政令無法直接宣達，又必須倚仗頭人（鄉約）發號施令，以至伯克雖無伯克之名，仍有伯克之實，原有的弊端更加嚴重，有鑒於此，聯魁要求官吏必須學習回人語文。[99]這實與建省前，派駐的滿洲大臣一樣，官與民語文有隔閡，左宗棠要回童學漢語，欲以漢化，改變溝通的困境是相同。而建省後各層級官員幾乎都是外來各省派駐的，其中以左宗棠及劉錦棠等湖南同鄉佔大多數，[100]聯魁要身處新疆相對少數的漢族官員學習多數民族語言，是創造雙向溝通較為有利的方式，較左宗棠以政治優勢，意圖進行民族同化的手段較為溫和。

　　宣統二年（1910），聯魁於也建議，新疆建省後，雖把阿奇木伯克改任為鄉約，統歸地方官管轄，然各省村莊的正、副鄉約、保甲諸職，又為終身職，由於沿用已久，遽難移易。纏民對他們的信任與服從，仍與其具阿奇木伯克之銜時無異。因此建議鼓勵纏民就讀師範學堂，酌定給予七至九品頂戴，以三年為限的義務職，義務年滿，由地方官再加以查核，派充為鄉約或各項頭目，將來畢業生日增，頭目均以畢業生選充。[101]

　　聯魁希望借阿奇木伯克、頭目，在回疆社會原有的受信服的地位及名銜，吸引維吾爾族學生就讀意願，也期盼假以時日，促成阿奇木伯克的質變，卻也顯示伯克制大部分廢除的二十六年後，阿奇木伯克的勢力以及在纏民社會地位，仍有很大的影響。光緒三十四年（1908）新疆全境已設有漢語學堂八十多處，其中原有天山南路各城之包括阿克蘇道屬及喀什噶爾道屬，在光緒三

[99]（清）王樹枬、王學曾總纂，《新疆圖志》，卷48，頁7-8，收入張羽新、趙曙青主編，《清朝治理新疆方略匯編》，冊20，頁222。

[100]片岡一忠，《清朝新疆統治研究》（東京：雄山閣出版株式會社，1991年），頁245-263。

[101]《軍機處・月摺包》，文獻編號第187598號，2777箱，宣統二年三月初七日，聯魁奏。

十三年（1907）已設有三十五處。[102]可是纏民仍將就讀漢語學堂，視為當差，時至宣統二年（1910），新疆實施漢化教育已二十多年，甘肅新疆巡撫奏其成效仍屬不彰。[103]這是強加漢族文化於維吾爾族，而其內容未考量民族文化及伊斯蘭教化生活的差異，而遭致扞格的結果。

民國成立以後，蒙藏委員會也重視伯克的潛在力量，曾仿清朝年班朝覲，於民國二十三年（1934）一月初八日公佈「新疆回部領袖分班來京展覲辦法」等；[104]這些都在顯示伯克制度的廢除與改變，並未能抹滅伯克在回疆百年多以來建立的社會地位以及貢獻。

誠然伯克制是隨實際所需，及因應戰亂的變化，加以彈性的調整，成為具有經驗性與逐步完善的變動性制度，這樣的變化歷程，在《欽定回疆則例》被記錄下來，既是一部回疆的民族法規，也是伯克制的發展史。清廷經在驗中摸索二十年後，成為有別於治理蒙藏的另一個制度，並作為管理大小金川循例而行的制度。

經營新疆實屬不易，高宗將新疆收入清朝版圖，正當國力強盛，清朝成為中亞各國宗主。但隨著清朝國力日衰，國庫財力不豐，又有俄國及西方列強環伺，再加上新疆官員經營未善，清朝大臣常以和卓後裔侵擾，不如以土司制度管理的主張，始終存在，伯克制幸賴於有識之士及朝廷堅持。儘管新疆在同治及光緒年間，因簽訂多項條約，失落西北疆土達五十多萬平方公里，[105]但清朝終能保有新疆。

---

[102] 《軍機處・月摺包》，文獻編號第 165000 號附件，2730 箱，光緒三十四年七月十二日，頭品頂戴甘肅新疆巡撫聯魁奏。

[103] 《軍機處・月摺包》，文獻編號第 178045 號，2746 箱，宣統元年四月二十四日，聯魁奏；《軍機處・月摺包》，文獻編號第 188266 號，2777 箱，宣統二年五月二十二日，聯魁奏。

[104] 劉義棠，〈伯克制度的研究〉，收入《維吾爾研究》，頁 292、316-318。

[105] 陳維新，《失落的疆域：清季西北邊界變遷條約輿圖特展》（臺北：國立故宮博物院，2010 年），頁 vi。

　　新疆建省，伯克制大多終止，也象徵高宗將回疆收歸清朝版圖，調查舊習，秉持依俗而治，從俗從宜的政策，及滿族以少數民族入主中原，採取眾建分勢少其力的治理策略，改以漢族慣用的大一統文化思維，卻也造成滿族、維吾爾族在新疆勢消，與漢族勢長的局面。阿奇木伯克的職稱直至光緒二十二年（1896）才走入歷史，儘管伯克隱為鄉約之稱，但在社會地位仍深具影響力，或許這更顯現了高宗當年的睿智與洞見。

第四章　伯克制的管理結構

第一節　回疆事務的決策

一、回疆事務管理的形成

回疆伯克等事務的管理，以伯克最有關的嘉慶年版及道光年版《欽定回疆則例》各項條文而觀，負責回疆事務之管理及議奏，在中央包括皇帝、理藩院、軍機處、內務府、吏部、兵部、禮部、工部等不同的行政機關，在地方有伊犁將軍、回疆參贊大臣、各城大臣、阿奇木伯克、欽差大臣、負責平定亂事的將軍等。

各城辦事大臣、領隊大臣及回疆參贊大等駐箚大臣上奏，以其在回疆當地實際駐地經驗或所見，提出整體改善事宜，或是針對各城事務的請示，以及轉呈阿奇木伯克等需求，皇帝依其建議諭准，或是發交軍機處等負責相關事務之機關研議，商議結果再上奏，經皇帝諭示依議或修改，轉發上奏的駐箚大臣等執行，這是由下而上所形成政策方式。由上而下的政策執行，則是各朝皇帝對於回疆有所籌謀，或發生事務的調查，可直接諭令各城駐箚大臣、回疆參贊大臣、伊犁將軍、阿奇木伯克等執行，或由理藩院等各中央機構，受諭承辦各項回疆相關事務，依其職掌給予皇帝建議，理藩院再定期收集相關事務奏摺、諭旨及駐箚大臣意見，纂修《回疆則例》，這即是清朝中央與回疆大臣共同形成決策、立法與執行的結構。[1]

---

[1]林恩顯，〈清朝在新疆的政策制度分析〉收入《新疆論叢》（臺北：唐山出版社，

　　文武駐劄大臣皆可直接上奏皇帝，皇帝可諭令駐劄大臣監督及協助考核其他官員，官員對伯克亦負有監督、考核之職，同時也可以自發地參劾其他官員，回疆伯克亦可向他城官員或是回疆參贊大臣，呈送參劾所屬官員，若回疆參贊大臣故意容隱，亦可由伊犁將軍查參，形成皇帝直接掌控及官員、伯克相互監督的機制。[2]本章依《欽定回疆則例》各條為主，探索皇帝、大臣及機構在回疆政策管理的角色及職責。

二、清朝統治前回疆伯克的補放權

　　回疆是個信仰伊斯蘭教的地區，清朝統治回疆之前，由伯克、和卓統治，教內的阿訇有很大的影響力。阿訇在伊斯蘭教社會及生活中，具有較崇高地位，阿訇是奉教傳法者，回人作為穆斯林，由出生、禮拜、行割禮、結婚、齋月、喪禮，皆需阿訇唸經祈福，甚至清軍底定喀什噶爾時，也由阿訇及和濟默爾等帶領眾人投誠。[3]以《新疆輿圖風土考》所記載，清朝統治回疆前，阿訇有權在清真寺議論阿奇木伯克是否賢能，也能決定留或殺。[4]伯克是除了準噶爾之外，回疆各城最直接且最高統治階層，阿訇憑藉在伊斯蘭教社會裡的優勢，成為可以制衡伯克權力的人。[5]

　　清朝統治回疆初期，回疆仍保有舊俗，如伯克聯名或由阿訇為首聯合罷黜現任阿奇木伯克的情形。乾隆二十五年（1760）正月，阿克蘇伊什罕伯克頗拉特密呈聯名書給舒赫德，訐阿奇木伯克鄂對的過失，要求以頗拉特代之，遭舒赫德擲還，高宗認為這

　　2014 年），頁 141。

[2]（清）賽尚阿等修，《欽定回疆則例》，卷 7，頁 12。

[3]（清）不著纂修人名氏，《回疆誌》（臺北：成文出版社，1968 年），清乾隆間抄本，卷之 2，回教，卷之 3，頁 46、73-85；《起居注冊》，乾隆二十四年閏六月二十九日丁未，奉諭旨，臺北：國立故宮博物院圖書文獻館藏。

[4]（清）七十一，《新疆輿圖風土考》，卷 4，頁 1，收入張羽新、趙曙青主編，《清朝治理新疆方略匯編》，冊 19，頁 354。

[5]劉義棠，〈伯克制度研究〉，收入《維吾爾研究》，頁 289。

是回人猜忌排擠之舊習，藉端慫眾取而代之，阿奇木伯克等之任命，豈可因而授予之理。[6]乾隆二十五年（1760）六月，發生葉爾羌以阿訇為首，加上伊什罕伯克、噶匝納齊伯克等聯名，以新任之鄂對不宜為阿奇木伯克為由，懇請以額敏和卓補授。高宗以阿訇為回人內誦經識字者，就如原有準噶爾信奉喇嘛相似，從前厄魯特人，不知事體，聽信喇嘛之言，導致變亂發生，因此要駐箚大臣曉示回人，需聽阿奇木伯克辦理事務，阿訇不得干政。[7]不僅再次維護了任命鄂對的權益，樹立阿奇木伯克的職權高於阿訇，高宗也以實際行動宣示，回疆伯克的任命權，不再任由各城伯克密呈排擠自定，而是由皇帝及駐箚大臣決定，更不准回疆伊斯蘭教的阿訇，以宗教之位干預政治。此後，清朝伯克的任命，阿訇至多是建議，已無評斷權，但清朝對於阿訇在伊斯蘭教內的事務，則未加干預，伯克職位內也有與宗教事務及教育相關者，如管理回教經典，整飭教務的默提色布伯克，專管教習念經館務的雜布提瑪克塔普伯克。這是高宗從俗從宜及恩威並濟政策的展現，將宗教權力摒除於政權之外，又將其納入規範與應用，是為具有自信及尊重多元的統治者風範。

　　高宗統治回疆，確立阿奇木伯克在回疆政治及社會地位，諭令阿訇不得干政後，也影響伯克及阿訇雙方勢力的消長。據七十一在乾隆四十二年（1777）寫成的《新疆輿圖風土考》，經過清朝統治十多年後，觀察回疆伊斯蘭教開齋節的狀況，阿奇木伯克穿著華服進入清真寺，伯克等及阿訇隨其左右而入，阿奇木伯克的心腹們控弦被甲帶刀保護，眾人瞻望阿奇木伯克的威儀。禮拜完成後，眾人前往阿奇木伯克家慶賀，阿訇也成了簇擁者之一，已無阿訇議論阿奇木伯克的情形。[8]

---

[6]《大清高宗純（乾隆）皇帝實錄》，卷 604，頁 17，乾隆二十五年正月庚申，又諭。

[7]《大清高宗純（乾隆）皇帝實錄》，卷 615，頁 15-16，乾隆二十五年六月辛丑，諭軍機大臣。

[8]（清）七十一，《新疆輿圖風土考》，卷 4，頁 1，收入張羽新、趙曙青主編，

三、確立皇帝為回疆事務最高決策者

　　高宗改變了回疆阿訇對阿奇木伯克評議的地位，也確立皇帝成為回疆最高管理者，擁有伯克及駐劄大臣的任命權，與回疆事務的決策權。伯克制及各相關事務的原則定立，以開拓新疆納入版圖的高宗為最多，並諭令辦理回眾事務，應採適宜當地風俗及回人性情方式利導，不能盡以各省之法治理。[9]仁宗對於高宗的定立事項，也有部分巧妙的變化。宣宗面對新疆前所未有的長期戰亂，則致力於善後重新檢討，頒布各項禁令因應為主。

　　高宗在乾隆二十四年（1759）平定回疆後，決定依兆惠等大臣的調查，按回疆舊俗在各回城設置伯克，定其品秩及數額。伯克出任產生陞調、缺出補放之事，即參考各城駐劄大臣及回疆參贊大臣依實際情況奏報人選，高宗以其整體認知，考量各城的特殊性，平衡回部王公各家族勢力，及理藩院建議等作考量，選擇適合人員。隨時間及實際發生情況，逐步釐訂皇帝、回疆參贊大臣、各城駐劄大臣、理藩院等應有的權責，並隨時提出修正及因應，使伯克制更臻完善及順利執行。

　　有關伯克任免補放權利，皇帝、駐劄大臣間，於統治回疆初期曾有一番角力，高宗也在此間創造新的慣例及規則。高宗在底定回疆的過程，依定邊將軍兆惠及舒赫德等大臣之奏，逐城設置伯克。乾隆二十五年（1760）三月，首批入覲伯克及回部王公在京入覲，當時回疆參贊大臣舒赫德奏請烏什阿奇木伯克之缺以哈密郡王玉素布（富）之弟阿布（卜）都拉補授，而阿桂則奏請以拜城阿奇木伯克噶岱默特補授和闐阿奇木伯克，拜城之缺則由伊子阿布都喇瑪補授，照英吉沙爾等城之例，作為四品。高宗考量大臣的建議後，決定以烏什阿奇木伯克著阿布都拉補授，和闐阿

　　《清朝治理新疆方略匯編》，冊 19，頁 354。

[9]《大清高宗純（乾隆）皇帝實錄》，卷 648，頁 17-18，乾隆二十六年十一月丁未，諭軍機大臣。

奇木伯克著阿什默特補授，喀什噶爾阿奇木伯克著噶岱默特補授，葉爾羌阿奇木伯克著鄂對調補，阿克蘇阿奇木伯克著色梯（提）巴勒氏調補，英噶薩爾（英吉沙爾）阿奇木伯克著索勒屯（素勒坦）和卓補授，拜城阿奇木伯克作為四品，即由阿布都喇瑪補授。[10]其中有依大臣之見，亦有高宗的主張，任命者阿布都拉為哈密郡王玉素布（富）之弟，阿什默特因剿賊有功封為公，噶岱默特為拜城輔國公，鄂對為庫車固山貝子，貝勒品級，色梯巴勒氏當時為散秩大臣，後為烏什輔國公，阿布都喇瑪為噶岱默特之子。[11]

　由於北疆伊犁需要屯田者，高宗見吐魯番郡王額敏和卓之子茂薩奔走於英吉沙爾等地，勸導回人前往，決定依哈密王玉素布（富）之弟阿布都拉補授烏什阿奇木伯克等之例，諭令回疆參贊大臣舒赫德為茂薩安排阿奇木伯克之位。一個月後，以伊犁需設三品阿奇木伯克管理，高宗即諭茂薩以公品級管事，出任首位伊犁阿奇木伯克之職。[12]乾隆二十五年（1760）十二月，茂薩成為輔國公，並頒給封誥；[13]乾隆二十七年（1762）正月，經伊犁參贊大臣阿桂奏請茂薩承辦伊犁屯墾事務，准依各城阿奇木伯克之例，鑄給圖記。[14]這也奠定吐魯番額敏和卓家族勢力，在北疆的擴展與傳承。

---

[10] （清）傅恒等，《平定準噶爾方略續編》，卷 1，頁 5-6，乾隆二十五年三月癸丑，諭軍機大臣，收入張羽新、趙曙青主編，《清朝治理新疆方略匯編》，冊 6，頁 331。

[11] （清）傅恒等，《平定準噶爾方略正編》，卷 77，頁 26，乾隆二十四年九月辛亥，諭軍機大臣；（清）傅恒等，《平定準噶爾方略續編》，卷 1，頁 5-6，乾隆二十五年三月癸丑，諭軍機大臣，收入張羽新、趙曙青主編，《清朝治理新疆方略匯編》，冊 6，頁 260、331；趙爾巽等撰，《清史稿》，冊 29，卷 211，頁 8773-8779。

[12] 《大清高宗純（乾隆）皇帝實錄》，卷 609，頁 22，乾隆二十五年三月壬申，諭軍機大臣；《大清高宗純（乾隆）皇帝實錄》，卷 610，頁 14-15，乾隆二十五年四月戊子，又諭。

[13] 《大清高宗純（乾隆）皇帝實錄》，卷 627，頁 9，乾隆二十五年十二月己丑，以吐魯番伯克茂薩為輔國公。

[14] 《大清高宗純（乾隆）皇帝實錄》，卷 653，頁 1-2，乾隆二十七年正月辛亥，軍機大臣等議准。

　　高宗在伯克首次年班入覲時，任命各城阿奇木伯克，彰顯伯克賦權與駐箚新疆的大臣，同樣來自於皇帝，以提高伯克在回疆社會政治地位，期待大臣及伯克共同為治理回疆，相互合作。高宗同時也考慮各回部各王公家族的勢力的均衡發展，以鞏固清朝在回疆統治的權力，因此極力掌握各城為首的阿奇木伯克的任命權。回部王公多為黑山派或各城原有勢力者，高宗論功封爵，讓他們擁有世襲之位，又將他們移開原有勢力之地，易城執掌，出任阿奇木伯克之職，既可穩定清朝統領回疆的權益，免於各城勢力坐大，也可以使回疆各王公擁有社會名聲與政治地位，但權力主導權則歸於清朝皇帝，日後各城阿奇木伯克任命，也多依此為慣例。

　　高宗在回疆統治初期，對高階三、四品阿奇木伯克及伊什罕伯克，已展現的主導權，對於其他各品伯克也欲掌控。乾隆二十七年（1762），高宗對於阿克蘇大臣上奏僅提到革退瀆職阿奇木伯克帕塔沙布，高宗即諭示新柱：「伯克之任免，豈能不奏」。[15] 乾隆二十八年（1763），高宗更對喀什噶爾大臣永貴擅自作主，補授伯克之事，加以斥諭：

　　　凡回部補授六品以下小伯克，伊等可擬定正陪具奏。各城阿奇木伯克，皆總辦一城事務之員，即似內地之總督、巡撫，如若開缺，宜將應補之人開列具奏，候朕簡用，伊等豈可擅專，此乃大錯矣！[16]

　　在《大清實錄》此段用語，稍微和緩些，認為阿奇木伯克補授「何得與小伯克視同一例，永貴、新柱等諒不敢專擅，然此實

---

[15]中國第一歷史檔案館編，《乾隆朝滿文寄信檔譯編》，冊 3，261 條，頁 475，乾隆二十七年三月十八日，奉上諭。

[16]中國第一歷史檔案館編，《乾隆朝滿文寄信檔譯編》，冊 4，413 條，頁 472-473，乾隆二十八年正月十二日，奉上諭。

謬誤之大者，俱著傳令申飭」。[17]表示在統治回疆初期，高宗對於伯克任免權，具有最後的決定權，駐箚大臣只具上奏建議之權，沒有定奪之權，不僅是高階的伯克，而是所有的伯克，皆由皇帝直接掌控。

直到乾隆四十四年（1779）伯克任命的權責，才有改觀，理藩院議定五品以上伯克缺出，回疆參贊需擬正陪名單上奏，由皇帝決定補放人選；六品以下伯克的揀選該城大臣提名，回疆參贊大臣有權驗看、駁回，並負責四季造冊給理藩院備查，年終再一次彙報之權責，中央與地方的權限就此劃分清楚。[18]

高宗設計伯克制統治回疆統治，是間接管理的以回治回，再派少數大臣駐箚於各大城直接管理，高宗掌控高階伯克的直接任命權，也間接監督六品以下伯克的名單，似乎伯克任命權，最終是由皇帝掌握。但實際上，最直接掌握伯克人事權的仍是回疆參贊大臣及各城辦事大臣等，因而造就了官員勒索伯克的弊端根源，道光年雖曾對伯克補放做過善後檢討與限制，但弊端卻更形惡化。

而高宗也曾多次坦言若是各省道府，尚知賢能否，但回部伯克賢否，他是不得而知的，因此需要倚靠派駐各回城大臣及回疆參贊大臣，在眾伯克中挑選，其中開註誰優，即選誰補授，因此要求大臣當擇好保奏，不可瞻徇，否則予以嚴懲。[19]高宗言明伯克缺出，大臣要負責擇優擬定人員名單，奏請補授，這是以回治回事實的無奈，皇帝只能倚靠及信任派駐大臣的眼光。

---

[17]《大清高宗純（乾隆）皇帝實錄》，卷 678，頁 22-23，乾隆二十八年正月辛未，諭軍機大臣等。

[18]（清）托津等編纂，《欽定回疆則例》，卷 2，頁 9，收入天龍長城文化藝術公司編，《新疆史志》，第二部，冊 11，頁 121-122。

[19]《大清高宗純（乾隆）皇帝實錄》，卷 1110，頁 25-26，乾隆四十五年七月己丑，諭旨；《大清高宗純（乾隆）皇帝實錄》，卷 1111，頁 21，乾隆四十五年七月乙巳，諭。

四、皇帝與回疆事務管理的機制

回疆事務的政策形成，可分為皇帝主導、中央機構商議，皇帝諭示決定，以及地方大臣上奏建議，皇帝裁示，形成中央與地方共同治理，與皇帝擁有最終裁量及掌控的集權機制，各朝皇帝也有權調整前朝之策，以利彈性因應時勢變化。

以烏什事件的善後事宜為例，由上而下的政策形成，高宗諭伊犁將軍明瑞等熟悉新疆的大臣等，共同會商回部善後事宜，再行上奏，因而議定有關調整阿奇木伯克侵奪小伯克之權等六點弊端及改革方式，高宗諭以所議各項通行各城駐劄大臣辦理，也諭令伊犁將軍需一或二年之內，應巡查回部一次，留心稽察，並諭軍機大臣烏什事件已事竣兩個月，伊犁將軍應回至伊犁辦事。[20]反之，由下而上的是伊犁將軍明瑞上奏，回疆參贊大臣及阿克蘇官兵俱移駐烏什，所有舊頒印信，應繳回銷毀另鑄，於是高宗諭軍機大臣要禮部鑄給總理各城事務的回疆參贊大臣印一顆，需兼具清（滿文）、漢文及回部字體頒給。[21]

同樣的，在道光年平定張格爾事件後，回疆參贊大臣移駐葉爾羌，各城大臣的職稱亦隨之變動，負責平定張格爾事件的揚威將軍大學士長齡上奏，有關回疆大臣移改及伯克補發圖記之事，宣宗即諭內閣辦理回疆參贊大臣移駐葉爾羌，葉爾羌辦事大臣改為幫辦臣，喀什噶爾幫辦大臣改為喀什噶爾辦事領隊大臣，和闐領隊大臣改為和闐辦事大臣，都應頒給印信；喀什噶爾阿奇木伯克、伯什克勒木伯克、阿爾琥阿奇木伯克、烏帕爾阿奇木伯克等，皆因經歷十年張格爾等戰亂圖記遺失，要禮部一併鑄造補行頒

---

[20]（清）傅恒等編纂，《平定準噶爾方略續編》，卷32，頁22-27，乾隆三十年十月甲寅，明瑞等奏，收入張羽新、趙曙青主編，《清朝治理新疆方略匯編》，冊7，頁126-127。

[21]（清）傅恒等編纂，《平定準噶爾方略續編》，卷32，頁27，乾隆三十年十月丙辰，諭軍機大臣，收入張羽新、趙曙青主編，《清朝治理新疆方略匯編》，冊7，頁126-127。

給，且主動交禮部辦理，省去奏者再咨該部。[22]

　　至於前朝之令，新任的皇帝也具有改換之權，向來遵循高宗慣例處理回疆事務的仁宗，對於高宗所定的政策原則，亦也有許多巧妙的變通之處。乾隆三十九年（1774），高宗諭令各回城所用錢文（騰格、普爾）[23]，永行令鑄乾隆年號。[24]仁宗在高宗駕崩的第二年，嘉慶五年（1800），諭令新疆各回城所用錢文，以乾隆通寶二成，嘉慶通寶八成鑄造，既保留其永行鑄乾隆年號，又可增加新朝的貨幣鑄造及流通，也成為後來新任皇帝依循慣例。[25]

　　高宗認為伯克不可父子同城相繼，以避免形成藩鎮割據的情形，但仁宗即位後，仍重用乾隆朝較為信任吐魯番額敏和卓家族，在喀什噶爾阿奇木伯克伊斯堪達爾病故後，將其子玉努斯由葉爾羌阿奇木伯克之職，調為喀什噶爾阿奇木伯克，使得吐魯番家族在喀什噶爾連續擔任二十六年的阿奇木伯克。[26]伊犁阿奇木伯克部分，父死子繼的方式，也是在仁宗任內發生，為了避免造成吐魯番額敏和卓之子鄂羅木札布的子孫認為，伊犁阿奇木伯克是屬於他們世襲之位，仁宗諭令伊犁將軍松筠擬定阿奇木伯克清單時，先將另一位熟悉屯田事務的密哩克咱特果素列為正選上奏，再由仁宗諭由鄂羅木札布之子密里克咱特出任，令其以為是仁宗特別施恩。[27]以利皇帝行恩威之治，掌握任命之權，但該家族長期獨占

---

[22] 《大清仁宗睿（嘉慶）皇帝實錄》，卷 145，頁 6-7，嘉慶十年八月癸未，諭軍機大臣等。

[23] 是為回疆使用的幣制，是高宗依回疆原有舊俗使用的幣制習慣略做調整，普爾為錢一文，是銀一分，百文為一貫，一百普爾（pul）換一騰格（tängä），值銀一兩。

[24] （清）托津等編纂，《欽定回疆則例》，卷 3，頁 8，收入天龍長城文化藝術公司編，《新疆史志》，第二部，冊 11，頁 211-212。

[25] （清）托津等編纂，《欽定回疆則例》，卷 3，頁 9，收入天龍長城文化藝術公司編，《新疆史志》，第二部，冊 11，頁 213-214。

[26] 《大清宣宗成（道光）皇帝實錄》，卷 204，頁 4-5，道光十二年正月甲寅，諭內閣。

[27] 《大清仁宗睿（嘉慶）皇帝實錄》，卷 145，頁 6-7，嘉慶十年八月癸未，諭軍機大臣等；（日）佐口透，〈清朝統治下的吐魯番〉，《世界民族》1987-4，頁 50-51、54。

伊犁的權勢，日後貪瀆之弊，也確實發生。[28]

高宗平定回疆初期，將可能威脅清朝治理回疆的勢力，留置於京封爵及入旗管理。嘉慶七年（1802），清廷在回疆統治局勢，早已穩定掌控，仁宗據戶部所奏，諭准戶部對當年入旗無依的回人，賞給孤子錢糧，也准由其母帶回喀什噶爾，鬆綁了對回疆有疑慮的回人後裔的居住限制。[29]

仁宗對於來京朝觀卻病故的伯克，給予賞銀，以利隨行子弟扶棺歸去，使得伯克的保障，較乾隆朝更為明確。伯克年班病故，分為在途中病故及在京病故的後事處理，依伯克品級，事涉奏報、撥款機構的權責之別。在途中病故，《欽定回疆則例》以嘉慶十六年（1811）奉旨年班朝觀之四品伊什罕伯克在肅州病故為例，賞給銀二百兩，由甘肅藩庫動支，該地督撫報軍機處，再咨報理藩院備查；而在京病故的處置則相反，以嘉慶十七年（1812）年班入觀之六品伯克霍卓木呢雅斯在京病故為例，由廣儲司動支，交銀一百兩給伯克之子辦理後事，然後由理藩院負責報軍機處具奏請旨。[30]

嘉慶十六年（1811），據喀什噶爾參贊大臣鐵保所奏，為體卹遠來的伯克旅費拮据，仁宗諭以各城伯克等入觀之六班改為九班；宣宗依此精神諭內閣，於道光十九年（1839）起，各城伯克年班改為間二年朝觀，但仍舊維持九班，卻也改變了伯克每年年班入觀的慣例。[31]

宣宗經歷乾隆朝以來，回疆時間最長及範圍較大的張格爾等

---

[28] 《大清文宗顯（咸豐）皇帝實錄》（臺北：臺灣華文書局，1964 年），卷 141，頁 32，咸豐四年八月甲辰，又諭。

[29] （清）托津等編纂，《欽定回疆則例》，卷 3，頁 15，收入天龍長城文化藝術公司編，《新疆史志》，第二部，冊 11，頁 225-226。

[30] （清）托津等編纂，《欽定回疆則例》，卷 4，頁 9-10，收入天龍長城文化藝術公司編，《新疆史志》，第二部，冊 11，頁 287-289。

[31] （清）托津等編纂，《欽定回疆則例》，卷 2，頁 43-44 收入天龍長城文化藝術公司編，《新疆史志》，第二部，冊 11，頁 189-193；（清）賽尚阿等修，《欽定回疆則例》，卷 7，頁 2。

戰亂，進而著重在改革回疆弊端，《欽定回疆則例》卷七及卷八，即是張格爾等事件後，針對回疆弊端所列的改革禁令。宣宗准許回人可以到本管大臣衙門，控告私役的伯克，若有強占果園的兵丁及漢民，回人也可向阿奇木伯克衙門控告轉呈大臣。[32]伯克受官員侵削，准赴回疆參贊大臣或伊犁將軍衙門控告，若不究辦，亦可於來京年班向衙門控告違法苛索的駐箚大臣，諭令通諭各方知曉，[33]儘管此諭後來並未收錄於《欽定回疆則例》，卻也顯現宣宗當時維護回人與改革的心意。

高宗為保障外藩，在乾隆四十七年（1782）理藩院議覆奏定各城回人等遇有赴外藩置買人口者，分別以枷號或罰款辦理，這原是乾隆四十七年（1782）駐箚葉爾羌辦事大臣復興等奏定，由外藩置買人口之商回等給予重懲等二件相關事務，那彥成於張格爾事件調查回疆弊端事項，也被列入，可見近五十年間，回疆此類買賣外藩人口狀況，並未改善，而宣宗在那彥成的奏摺以此事「**非備邊急務，著毋庸置議**」，道光年版《欽定回疆則例》亦將此二條刪除。[34]

咸豐朝文宗為了因應太平天國等各地亂事及外患的各項軍備費用，一反嘉慶朝以來的保守作風，在回疆開採礦源及定立捐輸章程，以豐國庫。[35]然而，伯克也因此遭受駐箚大臣多重的苛索。這些改變可看見各朝皇帝依其觀點及局勢變化之需，而做的自主

---

[32]（清）賽尚阿等修，《欽定回疆則例》，卷7，頁11-12、20、22，卷8，頁11。

[33]《大清高宗成（道光）皇帝實錄》，卷140，頁9-10，道光八年八月甲戌，諭內閣。

[34]（清）托津等編纂，《欽定回疆則例》，卷3，頁31-32，收入天龍長城文化藝術公司編，《新疆史志》，第二部，冊11，頁257-259；（清）容慕安輯，《那文毅公籌畫回疆善後事宜奏議》，卷77，頁39，道光九年三月初五日，那彥成、武隆阿奏，收入張羽新、趙曙青主編，《清朝治理新疆方略匯編》，冊10，頁312，北京：學苑出版社；（清）曹振鏞，《欽定平定回疆剿捕逆裔方略》，卷80，頁20，道光九年夏四月己巳，覆議禁約回戶商民條款，收入張羽新、趙曙青主編，《清朝治理新疆方略匯編》，冊10，頁186。

[35]《宮中檔咸豐朝奏摺》，文獻編號第40609031號，2779箱，咸豐六年十月十八日，常清、法福禮奏；陳炳光/蒙藏委員會編譯室校訂，《清代邊政通考》，頁276-277。

性變化。

第二節　管理回疆事務機關

一、理藩院

　　乾隆二十六年（1761），永貴等奏請回疆各城阿奇木伯克俱由辦事大臣負責給予印信、執照，載明職掌及造冊，報給軍機處，高宗也有感於軍機處承辦事務太多，理藩院既是專管蒙古事務，應該也可以兼辦回部，因此要軍機大臣酌擬司名，及行政組織應設的官員數目與承辦事宜，詳細議定再行具奏，[36]於是乾隆二十七年（1762）理藩院成立了徠遠司。[37]徠遠司職掌為駐京和回疆各回王公、台吉、伯克、陞遷、襲替、譜系；哈密及吐魯番回王、台吉的俸銀、俸緞、俸米、盤費、口糧；回疆各城賦役官稅；各回城伯克進京入觀、進貢；浩罕伯克、貿易；哈薩克、巴達克山、塔什干、愛烏罕各部落朝觀及進貢。[38]就《欽定回疆則例》條文及檔案奏摺載為理藩院議定或奏定，以及明文理藩院需負責事項，可分類為下列各項：

1、喪禮及撫卹：道光年間因張格爾等事件後，伯克回兵等陣亡，給予子嗣卹賞頂戴、銀兩；駐京回部王公病故扶柩至回疆聽其自便，但家屬需呈報理藩院，經上奏奉旨才可起程；回部王公等病故，應備羊、酒、祭文由內閣撰擬，送理藩院交驛遞給駐劄大臣，再行派員致祭。[39]

2、捐輸：道光年間因張格爾等事件，哈密回部郡王衙貝勒伯錫爾等，

---

[36]《大清高宗純（乾隆）皇帝實錄》，卷649，頁27，乾隆二十六年十一月丙辰，諭軍機大臣。

[37]（清）賽尚阿等修，《欽定回疆則例・原奏》，頁3。

[38]劉義棠，〈伯克制度的研究〉，收入《維吾爾研究》，頁292。

[39]（清）賽尚阿等修，《欽定回疆則例》，卷3，頁23、7、9。

因備辦軍　務出力甚多，提供軍需的便利，因此在道光年版《欽定回疆則例》增纂回部王貝勒等供辦兵差車輛給予議敘，凡交理藩院議敘加一級，從優議卹加二級。[40]咸豐七年（1857）、同治二年（1862），為了增加國庫收入以應太平天國等軍需，捐輸銀兩獎敘章程，包括回部王公及伯克捐輸加級或賞換花翎等晉升事宜。[41]

3、年班、貢物：駐京及年班哈密、吐魯番、回部王公、伯克及各藩屬布魯特、哈薩克、浩罕等，朝覲期間所有的安排，如筵宴入座應得賞項，哈密、吐魯番，每年例貢辦理折賞等，皆屬於年班事宜，因回部王公伯克等在京停留時間較長，需要帶領朝覲、宴會、賞賜，安排住宿、收貢物等事務較多，涉及單位包括了理藩院之徠遠司、柔遠司、王會司等，以及軍機處、內務府、哈密館、四譯館、營造司等，但仍以理藩院為主導，再轉會各機關一同協助完成。[42]

4、回部王公世襲：舉凡郡王銜貝勒額爾德錫爾等十人，所襲王、貝子、公、台吉爵位，皆予世襲罔替；阿奇木伯克鄂斯滿晉封為貝子、回部色梯巴勒氏（色提布阿勒迪）為輔國公、薩里賞給世襲三等輕車都尉、回部世襲王公家譜，十年修辦一次；回部王公等豫保一子授予台吉職銜，以備將來襲爵，[43]回人因軍功賞給世職等，皆由理藩院奏請，並咨吏部辦理。[44]

5、晉封、誥命：如回部色梯巴勒氏（色提布阿勒迪）台吉等晉封為輔國公給予誥命，回部王公世襲比照駐京回部台吉給與誥封，以

---

[40] （清）賽尚阿等修，《欽定回疆則例》，卷3，頁25；《大清宣宗成（道光）皇帝實錄》，卷114，頁9，道光七年二月辛亥，又諭。

[41] 陳炳光/蒙藏委員會編譯室校訂，《清代邊政通考》，頁276-277。

[42] （清）賽尚阿等修，《欽定回疆則例》，卷3，頁11-21、卷4，頁3、12；李鵬年、朱先華、劉子揚、秦國經、陳鏘儀，《清代中央國家機關概述》（北京：紫禁城出版社，1989年），頁242。

[43] （清）托津等編纂，《欽定回疆則例》，卷2，頁12-17，收入天龍長城文化藝術公司編，《新疆史志》，第二部，冊11，頁127-138；（清）賽尚阿等修，《欽定回疆則例》，卷2，頁2-9。

[44] （清）賽尚阿等修，《欽定回疆則例》，卷2，頁10。

及回部王公等服飾、坐褥、護衛，皆屬理藩院管轄事務。[45]

6、伯克補放、給俸：包括哈密、吐魯番揀補協理旗務伯克；喀什噶爾所屬各莊六品阿奇木伯克缺出的揀員調補；六品以下伯克的咨補作業及名單，駐劄大臣需按季報理藩院；各城五品伯克年班隨帶子弟，賞六品虛銜等事宜；留京當差回部王公支食俸祿等，皆是由理藩院具奏而定。[46]

7、各項禁令：乾隆三十五年（1770），理藩院會同兵部奏定禁止各回城換防綠營弁及發遣為奴人犯，擅娶回婦；[47]道光年版《欽定回疆則例》卷八，亦有禁止回婦私入滿城，或是禁止兵丁任意進入回莊，以保護回人的權益；[48]嘉慶年定立五項禁令：一阿奇木伯克不得私交外藩，二阿奇木伯克不得私理刑訊重犯，三巴雜爾（市集）禁止私設牙行，四禁止大小伯克侵占渠水，五禁止莫洛回人習念黑經[49]等，皆由理藩院議定後執行。[50]

---

[45]（清）托津等編纂，《欽定回疆則例》，卷 2，頁 16、卷 3，頁 2-3，收入天龍長城文化藝術公司編，《新疆史志》，第二部，冊 11，頁 135-136、199-202。

[46]（清）賽尚阿等修，《欽定回疆則例》，卷 3，頁 4、10；卷 2，頁 21、1；卷 4，頁 1-2。

[47]（清）托津等編纂，《欽定回疆則例》，卷 3，頁 30，收入天龍長城文化藝術公司編，《新疆史志》，第二部，冊 11，頁 255。

[48]（清）賽尚阿等修，《欽定回疆則例》，卷 8，頁 8-9。

[49]目的是為杜絕巫蠱惑眾，此與清朝宗教政策，扶持正教，消滅邪教等有關，但此事尚涉及回疆白山派大和卓後裔的調查，事後證明吐魯番郡王喀什噶爾阿奇木伯克玉努斯所查無誤，而是伊犁將軍松筠之失。《欽定新疆識略》記載，嘉慶十八年（1813）伊犁將軍查辦喀什噶爾阿奇木伯克玉努斯捏造大和卓後裔薩木薩克尚有子嗣案，奏有回疆事宜規條十則，其中一則以玉努斯之妻邀請莫洛念黑經而作為禁令，黑經係指抄錄自從前外來貿易之克什米爾人所習巫蠱的哈喇爾術，以帕爾西字抄寫共八頁，莫洛（Mawlā）是回疆習俗凡婚嫁送老等事邀請念經者，回人稱為莫洛，為避免此經再流轉，要求阿奇木伯克及阿渾留心查訪，以禁巫蠱魔魅之術，以安良善。（清）松筠、徐松編纂，《欽定新疆識略》，卷 3，頁 21、26-27，收入張羽新、趙曙青主編，《清朝治理新疆方略匯編》（北京：學苑出版社，2006 年），冊 19，頁 126、128-129。莫洛或稱毛拉，有指稱為清真寺的阿訇（阿渾）、教長，德高望眾者稱為大毛拉，或指在清真寺學習經典的學生滿拉，也有指為識字回人，可粗譯文意者等多種解釋，遇婚喪等事，請阿訇念經為伊斯蘭教之習俗。馬維漢，〈毛拉〉條，中國伊斯蘭百

8、有功伯克的賞賜、議敘：皇帝對於有功的伯克獎賞，即諭理藩院辦理，例如乾隆朝為充實伊犁人口及屯田人力，大量地由各回城分年撥出回人遷往，各城阿奇木伯克及伯克等，為協助回人遷移，常以捐助各項物資作為贊助。乾隆二十八年（1763），阿克蘇阿奇木伯克色梯巴勒氏及眾伯克，捐助撥往伊犁之回人有乾糧、驢隻、鞍、鍋、皮襖等物，每戶一份，高宗為此傳諭理藩院侍郎海明，依例賞給緞匹作為獎勵。[51]咸豐二年（1852），伊犁將軍奕山接准理藩院咨行，飭將入卡滋擾喀什噶爾案內出力伯克查明開具清單，奕山上奏請文宗飭下，計開有功伯克為：三品阿奇木伯克邁瑪特、回城五品哈資伯克霍加什、塔什密里克莊五品阿奇木伯克入則、烏帕爾莊六品阿奇木伯克胡達巴爾底、玉斯圖阿爾圖什莊六品哈資伯克達烏特、霍爾罕莊六品密喇布伯克入斯塔木、阿斯圖阿爾圖什莊七品明伯克烏舒爾、回城七品明伯克阿布都拉、賽里滿莊七品明伯克帕爾吐，理藩院依清單查照議敘。[52]

二、軍機處

軍機處在《欽定回疆則例》條文內，為其奏定或負責事務有：

1、伯克年班行李數：軍機處於乾隆五十六年（1791）議定，各城年班朝覲之伯克及王公等攜帶行李斤數，回部王公行李重量，為伯克一倍。嘉慶二年（1797），為節省開支，以乾隆年所定

科全書編委會，《中國伊斯蘭百科全書》，頁 362-363。

[50] （清）賽尚阿等修，《欽定回疆則例》，卷 6，頁 16-21；（清）托津等編纂，《欽定回疆則例》，卷 3，頁 33-37，收入天龍長城文化藝術公司編，《新疆史志》，第二部，冊 11，頁 261-269。

[51] 中國第一歷史檔案館編，《乾隆朝滿文寄信檔譯編》，冊 4，頁 478，421 條，乾隆二十八年二月初七日，奉上諭。

[52] 《軍機處・月摺包》，文獻編號第 087449 號，2780 箱，咸豐二年十月十一日，奕山等奏；《軍機處・月摺包》，文獻編號第 087450 號，2780 箱，清單，此為文獻編號第 087449 號附件清單。

為準，依品秩調降行李重量兩千斤至五百斤左右。[53]嘉慶十四年（1809），軍機處在議定朝覲之番子、哈薩克等依回部伯克之例賞給官銜什物等件，或是哈薩克等到熱河朝覲賞給翎頂、衣服等項，派伯克隨行照看。[54]

2、年班伯克病故：年班伯克來京朝覲，不管是在京或往返途中病故，皆由軍機處負責奏報。[55]年班各城伯克到京，首先需向軍機處報到，經軍機處奏報才前往恭遇聖駕。[56]

3、伯克養贍：烏什事件後，人口數下降，伯克數及其燕齊皆有變動，三年後回疆各城人口遷入較穩定後，乾隆三十三年（1767），由軍機處議覆奏定，重定給予烏什伯克燕齊數，烏什五品阿奇木伯克屯田，給燕齊（嘉慶年版稱洋起）三十戶，六品哈子伯克六戶，七品明伯克及巴濟格爾伯克各五戶，原佔烏什佔阿克蘇之燕齊數撤歸；[57]喀什噶爾阿奇木伯克等所得，改以按季由庫支給；伊犁小伯克等繳糧數高於回疆各城，但陞途較少，均由軍機處議定加賞緞疋做為鼓勵。[58]

4、在京回部王公入旗：在京回部王公原由內務府管理，高宗為了其在京子弟發展及生計管理，在乾隆四十一年（1776）詢問意願後，由軍機處負責議定將回部郡王銜貝勒和濟斯等八戶三十

---

[53]（清）賽尚阿等修，《欽定回疆則例》，卷4，頁7-8；（清）托津等編纂，《欽定回疆則例》，卷2，頁40-41，收入天龍長城文化藝術公司編，《新疆史志》，第二部，冊11，頁183-185。

[54]（清）托津等編纂，《欽定回疆則例》，卷4，頁18、19、30-31，收入天龍長城文化藝術公司編，《新疆史志》，第二部，冊11，頁305-307、329-332。

[55]（清）托津等編纂，《欽定回疆則例》，卷4，頁9-11，收入天龍長城文化藝術公司編，《新疆史志》，第二部，冊11，頁287-291；（清）賽尚阿等修，《欽定回疆則例》，卷5，頁5。

[56]（清）托津等編纂，《欽定回疆則例》，卷2，頁26-27，收入天龍長城文化藝術公司編，《新疆史志》，第二部，冊11，頁156-157。

[57]（清）托津等編纂，《欽定回疆則例》，卷3，頁27-28，收入天龍長城文化藝術公司編，《新疆史志》，第二部，冊11，頁249-250。

[58]（清）托津等編纂，《欽定回疆則例》，卷3，頁18-19、27-28，收入天龍長城文化藝術公司編，《新疆史志》，第二部，冊11，頁231-234、249-253。

五口，編入上三旗蒙古公中佐領內，酌查閑散餘丁較少的鑲黃、正白蒙古旗，分入二佐領，這三十五口人的俸銀、俸米、錢糧、馬乾、出城照票、隨圍人等的官馬路費，都由該旗辦理；至於行禮、入宴等事，仍由理藩院安排辦理。[59]道光年版修定時，理藩院修纂時建議，因行禮、入宴等事，已列入與年班相關專條，即「駐京及年班回子王公伯克等分別筵宴入座應得賞項」條，因此將末段刪除，僅保留入旗部分。[60]

5、管理軍餉調撥與臺站金頂等事項：乾隆四十七年（1782），喀什噶爾、葉爾羌每年餘剩錢文，分撥各城搭支軍餉；金頂回子在乾隆二十四年（1759）初定各城伯克數額內，皆載明其中，以表達清廷重視有功的回人之意，亦可世襲，嘉慶十一年（1806），軍機處議定巴里坤等五臺站當差回人十名內，揀選戴虛銜金頂回子各一名，作為管理回人的頭目，以半年一換方式施行，並照坐臺外委例支給鹽菜口糧，以作為獎勵等事，也皆是軍機處議覆奏定。[61]

三、內務府及兵部

　　內務府負責部分，主要多與年班朝覲有關各項，兵部則配合負責提供年班伯克騎乘馬匹的支援：

1、收貢品與折賞：哈密、吐魯番、回部伯克等年班朝覲入貢物品的折賞，如哈密、吐魯番每年貢葡萄乾、瓜乾、綢子、布疋、小刀、磨刀石，回部伯克朝覲所貢為綢緞，先由理藩院將所進

[59]（清）托津等編纂，《欽定回疆則例》，卷 2，頁 10，收入天龍長城文化藝術公司編，《新疆史志》，第二部，冊 11，頁 215-216。

[60]（清）賽尚阿等修，《欽定回疆則例》，卷 3，頁 5；《理藩院修改回疆則例》，卷 3，頁 9-10、21-39，收入姜亞沙、經莉、陳湛綺主編，《理藩院公牘則例三種》（二），頁 210-212、233-270。

[61]（清）托津等編纂，《欽定回疆則例》，卷 1，頁 1-21，卷 3，頁 12、卷 2，頁 21-23，收入天龍長城文化藝術公司編，《新疆史志》，第二部，冊 11，頁 53-94、219-220、145-150。

貢物寫成清單,再咨內務府照例折賞。[62]

2、年班來京吃食、盤費的供給:對於哈密、吐魯番二處回部王公差人來京請安等,按其品級照蒙古例,各供給四十天的吃食及盤費,是由理藩院銀庫支領,在京所需馬匹及沿途驛站馬匹及支領食物之執照,則由兵部照例辦給;乾隆二十六年(1761),高宗下令理藩院成立徠遠司,理藩院即議定,哈密、吐魯番二處回部扎薩克事宜,及進貢、補放官員等,由俱歸新設徠遠司辦理外,但是對於當時分四班前來朝觀的回部伯克及哈薩克、布魯特,供應在京期間的應得吃食、盤費等,高宗考慮到他們是新附者,依慣例皆由內務府以豐裕的方式辦給,避免他們初次來京,不善購物,一下就花光了盤費,因此不依理藩院給久附的蒙古例一體辦理。道光年間,回部伯克等雖已久附,但宣宗在《欽定回疆則例》修改時,仍保留高宗惠愛遠人之心,回部伯克及布魯特、哈薩克、浩罕來使到京及行在地方所需應得食物等項,均由內務府辦給。[63]

3、在京回部王公給賞:在京回部王公在每年端陽節由理藩院徠遠司繕寫其名銜綠頭牌移付給王會司,由大內領賞,年終賞給麈鹿是由柔遠司彙總咨行內務府辦給。[64]

4、年班朝觀騎乘馬匹:各城伯克至哈密集合後,不論是騎乘或運送行李的馬匹,皆是由肅州標鎮、沙州、哈密二協營等,各栓餵的一百匹馬,提供伯克所需。[65]而回疆參贊大臣需先將伯克人數等咨戶部、兵部及理藩院查核;回程所需車馬,亦由理藩院

---

[62]（清）托津等編纂,《欽定回疆則例》,卷2,頁34-35,收入天龍長城文化藝術公司編,《新疆史志》,第二部,冊11,頁171-174。

[63]（清）托津等編纂,《欽定回疆則例》,卷2,頁36-37,收入天龍長城文化藝術公司編,《新疆史志》,第二部,冊11,頁175-178;（清）賽尚阿等修,《欽定回疆則例》,卷4,頁12。

[64]（清）托津等編纂,《欽定回疆則例》,卷2,頁25,收入天龍長城文化藝術公司編,《新疆史志》,第二部,冊11,頁153-154。

[65]《大清高宗純(乾隆)皇帝實錄》,卷788,頁2-3,乾隆三十二年七月癸亥,又議覆。

移交給兵部，負責協助及提供伯克之需。[66]

5、熱河朝覲事項辦理：嘉慶十四年（1809），軍機處奏定內務府在哈薩克朝覲期間，需給予食物、住處、蒙古包、籬柵、賞給翎頂、衣服等事項，回部伯克跟隨照看之需，也要一應安排，所有事務皆由武備院、熱河總管熱河道、茶膳房、內務府等負責備辦，兵部仍負責提供馬匹。[67]

四、戶部、工部

高宗曾諭令戶部、工部，回疆各城所用錢文，皆永行令鑄乾隆年號時，要求戶部、工部要一體登記此事入檔，作為定制，並載入《欽定回疆則例》之中。[68]

戶部管理八旗戶籍、俸餉、賞卹相關事宜，為入旗卻孤苦無依的回人後裔者上奏，由於在京入旗回人，向無賞給孤子錢糧之例，年僅五歲艾莫忒錢糧，其為在京入旗已故喀舍霍卓之子，其母已先回喀什噶爾，無所依靠，仁宗准以八旗之例賞孤子錢糧，並可聽任其依親或由母親領回喀什噶爾。[69]

五、吏　　部

---

[66]《奏摺檔》，文獻編號第 305000013 號，頁 4-8，乾隆五十六年二月，軍機大臣奏。臺北：國立故宮博物院圖書文獻館。

[67]武備院、茶膳房屬內務府，李鵬年、朱先華、劉子揚、秦國經、陳鏘儀，《清代中央國家機關概述》，頁 124-125 間夾之內務府機構一覽表；（清）托津等編纂，《欽定回疆則例》，卷 4，頁 18-19，收入天龍長城文化藝術公司編，《新疆史志》，第二部，冊 11，頁 211-212。

[68]（清）托津等編纂，《欽定回疆則例》，卷 3，頁 8，收入天龍長城文化藝術公司編，《新疆史志》，第二部，冊 11，頁 305-310。

[69]戶部之屬八旗俸餉處專管八旗官兵俸餉、賞卹及八旗戶籍等事，應是與其主管之事有關才上奏。李鵬年、朱先華、劉子揚、秦國經、陳鏘儀，《清代中央國家機關概述》，頁 150；（清）托津等編纂，《欽定回疆則例》，卷 4，頁 15，收入天龍長城文化藝術公司編，《新疆史志》，第二部，冊 11，頁 225-226。

　　平定回疆有功之回人或伯克，晉封為貝子、公，並賞給世襲，理藩院奏定其晉封之位，給予誥命時，吏部皆需照例添寫，如乾隆二十八年（1763）遵旨賞給薩里世襲三等輕車都尉，乾隆四十九年（1784），阿奇木伯克鄂斯滿晉封貝子；乾隆二十九年（1764），奉旨台吉色梯巴勒氏晉封為輔國公給予誥命勅書等，皆交吏部填寫發給。[70]

第三節　管理回疆的駐劄大臣

一、伊犁將軍

　　伊犁將軍具有全疆最高統領之責。但基本上，伊犁將軍主要負責北疆及周邊各國、部落民族入覲及軍事相關事務等，如負責奏報哈薩克游牧及入覲出痘事宜，因屬理藩院管轄，也列入《欽定回疆則例》內。[71]而回疆之事雖以總理回疆參贊大臣為各回城駐劄大臣之首，但回疆若有動亂、入侵事件，或是回疆官員有爭端、情弊等，皇帝多諭令伊犁將軍前往處理，因此伊犁將軍所奏報事務也包括回疆事務。

　　《欽定回疆則例》收錄伊犁將軍奏報回疆事務成例之事，包括乾隆二十八年（1763）伊犁將軍等奏定依照葉爾羌及喀什噶爾之例，作為烏什貿易商稅的徵收標準。[72]伊犁將軍也曾議定伯克的補缺事宜，如嘉慶十九年（1814）伊犁將軍議定病痊回部伯克令其坐補原缺，並認為若呈請情願在本城効力等待後補者，准予後

---

[70]（清）托津等編纂，《欽定回疆則例》，卷 2，頁 15-17，收入天龍長城文化藝術公司編，《新疆史志》，第二部，冊 11，頁 209-210。

[71]（清）托津等編纂，《欽定回疆則例》，卷 4，頁 14、16-17，收入天龍長城文化藝術公司編，《新疆史志》，第二部，冊 11，頁 297-298、301-304。

[72]（清）托津等編纂，《欽定回疆則例》，卷 3，頁 7，收入天龍長城文化藝術公司編，《新疆史志》，第二部，冊 11，頁 133-138。

補。[73]

　　回疆發生重大案件，事涉官員、阿奇木伯克等事，伊犁將軍亦奉諭前往調查。伊犁將軍松筠曾調查喀什噶爾阿奇木伯克玉努斯案捏造子嗣案，其結果被列入《欽定回疆則例》，做為伯克的禁令及規範。由於白山派大和卓後裔被帶往中亞，高宗持續關注中亞情勢的變化，因此喀什噶爾阿奇木伯克向來負責收集相關情報，再由大臣匯報中央。嘉慶十六年（1811），吐魯番郡王喀什噶爾阿奇木伯克玉努斯查獲薩木薩克之子玉素普寄信欲財之事，持續查訪收集白山派大和卓薩木薩克後裔，因其了解自祖父額敏和卓及父伊斯堪達爾以來，白山派對新疆局勢的影響力。然而仁宗不滿浩罕伯克愛瑪爾提出添設哈資伯克抽稅之事，因而怪罪於玉努斯查訪白山派後裔事，卑躬屈膝送禮，及擅自與外藩通信所致。松筠因屢次不依旨事遭處降職，貶至新疆，為自己仕途考量，力求表現。於是迎合仁宗保守治邊，唯恐邊城啟釁，再加上白山派長期受打壓，趁松筠調查反控玉努斯妄殺四命，以及部分阿訇錯將薩木薩克當作小和卓霍集占之子等因，以致松筠誤判，造成的冤案，喀什噶爾阿奇木伯克及大臣也進而因噎廢食，不再持續追蹤白山派後裔情報，或刻意掩藏與輕忽。[74]嘉慶末年薩木薩克之子張格爾入侵回疆，證實玉努斯當時並未捏造，而清朝自此到光緒初年，不斷遭受薩木薩克後裔的入侵，以致新疆陷落，影響至為深遠。

　　儘管如此，伊犁將軍松筠在嘉慶十八年（1813）以吐魯番郡王喀什噶爾阿奇木伯克玉努斯收集捏造白山派大和卓薩木薩克尚有子嗣案內，提及多項事務，認為玉努授意通事（翻譯者）矇蔽回疆參贊大臣鐵保、協辦大臣哈豐阿；刑逼毛拉素皮，以致妄殺四命；任由伊妻色奇納雇克什米爾回人念黑經，以巫蠱惑眾；縱

---

[73]（清）托津等編纂，《欽定回疆則例》，卷2，頁5，收入天龍長城文化藝術公司編，《新疆史志》，第二部，冊11，頁113。

[74]王希隆，〈乾隆、嘉慶兩朝對白山派和卓後裔招撫政策得失評述〉，《蘭州大學學報》（社會科學版），第42卷第2期（2014年3月），頁42-46。

容家人屯積糧食，苦累回眾；私自遣人與浩罕伯克愛瑪爾送禮，以致愛瑪爾欲在喀什噶爾添設哈資伯克抽收安集延回眾貿易銀兩，侵犯了清朝統治權益等事，因而在事件調查完成後，歸結羅列十項建議上奏，即為回疆事宜十條。[75]但其建議的十條中，與伯克有關之項，經理藩院議定，嘉慶年版及道光年版皆收列《欽定回疆則例》，五條禁令：一阿奇木伯克不得私交外藩；二阿奇木伯克不得私理刑訊重犯；三巴雜爾（市集）禁止私設牙行；四禁止大小伯克侵占渠水；五禁止莫洛回人習念黑經。[76]松筠於十條回疆事宜，尚建議喀什噶爾、葉爾羌、阿克蘇及庫車阿奇木伯克缺出，回疆參贊大臣應商同伊犁將軍，在應調應陞的伯克內選擇勝任者，但仁宗認為將伯克調赴伊犁驗看，長途跋涉，非體恤之道，也造成伊犁將軍事權過重，因而決定仍照舊章，由回疆參贊大臣驗看，擬正陪名單上奏。[77]此即為地方駐箚大臣依當地調查所見上奏，經皇帝及中央機構議定，成為回疆管理條例的典型。

二、回疆參贊大臣、駐箚大臣及阿奇木伯克

回疆事務主要是由伯克直接管轄，阿奇木伯克作為各城事務的總指揮及監督各級伯克，依其職責管理該城。阿奇木伯克熟悉回城事務，亦可作為各城辦事大臣及領隊大臣等駐箚大臣的諮詢，阿奇木伯克負責向該管回城駐箚大臣呈報現狀，各城駐箚大臣及回疆參贊大臣皆可自行上奏，包括各項例行事務，或是依其觀察當地應行裁改之事，或是伯克完成的修築工事等。各城駐箚

[75]（清）松筠、徐松編纂，《欽定新疆識略》，卷 3，頁 21-29，收入張羽新、趙曙青主編，《清朝治理新疆方略匯編》（北京：學苑出版社，2006 年），冊 19，頁 126-130。

[76]（清）托津等編纂，《欽定回疆則例》，卷 3，頁 33-37，收入天龍長城文化藝術公司編，《新疆史志》，第二部，冊 11，頁 261-269；（清）賽尚阿等修，《欽定回疆則例》，卷 6，頁 17-21。

[77]（清）松筠、徐松編纂，《欽定新疆識略》，卷 3，頁 25-26，收入張羽新、趙曙青主編，《清朝治理新疆方略匯編》，冊 19，頁 128、130。

大臣也有需要向回疆參贊大臣奏報之事，回疆參贊大臣再將各城事務匯報上奏皇帝，如伯克各城缺出補放、年班入覲各城人員名單等。各城駐劄大臣及回疆參贊大臣若見他城有違法之事，也可以逕行參奏，發揮相互監督作用，是清朝吏治上慣用，在《欽定回疆則例》卷七中，為防止回疆弊端，杜絕大小衙門及伯克需索，也有明文規定准各城大臣可據實揭參。[78]

　　阿奇木伯克可以依其實務所需，向該城駐劄大臣提出需求。如庫車辦事大臣常喜曾在乾隆四十一年（1776）奏，據庫車阿奇木伯克鄂斯滿呈稱，因新陞任他城的阿奇木伯克，舉家移眷遷移，需要向駐劄大臣借糧石，高宗為此定立了借糧三年繳還規定，讓未來陞遷者及所屬大臣可以依例辦理。[79]

　　不過，在伯克制度設計，伯克補放的提名及決定補放權，是為回疆參贊大臣及各城駐劄之辦事大臣等。尤其乾隆四十四年（1779）回疆各駐劄大臣對於六品以下伯克缺出時，要陞調的人員必須前往回疆參贊大臣處，由回疆參贊大臣驗看當事者，若人品平庸即可駁回，再選其他人前來。這等於六品以下伯克以及有功的金頂回子，是由該城大臣及回疆參贊大臣雙重驗看通過，回疆參贊大臣再負責按四季造冊，於年終彙題於理藩院即可。若是五品以上伯克，駐劄大臣依應補人員及當地適合人選，提交回疆參贊大臣，再由其選擇二人擬為一正一陪上奏，經皇帝審查挑選，等於要通過三關審核。同時高宗仍保留幾處特別地方的六品伯克，以其屬於大城及從宜從俗等考量下，需開列名單上奏定奪。到了道光年回疆伯克的挑選，六品以下簡化由各城駐劄大臣決定，回疆參贊大臣只按季造冊咨報理藩院，由院年終彙題。[80]換言之，道光年間，六品以下伯克的揀選，已由各城駐劄大臣及回疆參贊大臣驗看兩個層次，簡化為各城駐劄大臣一人決定。伯克五

---

[78] （清）賽尚阿等修，《欽定回疆則例》，卷7，頁11。

[79] （清）托津等編纂，《欽定回疆則例》，卷3，頁20-21，收入天龍長城文化藝術公司編，《新疆史志》，第二部，冊11，頁235-237。

[80] （清）賽尚阿等修，《欽定回疆則例》，卷2，頁13。

品以上雖要奏請，但名單是由各城駐箚大臣提擬，回疆參贊大臣匯整後，從中挑選列出正陪，因此伯克人事權，實握於此二人之手。

在實務上，回疆參贊大臣不但可以直接決定五品以上伯克的正陪二員之選，若是同品級伯克，換城及職位調動，回疆參贊大臣即可直接決定人選，再將調動後缺出職位，選正陪上奏。[81]就伯克而言，各城大臣及回疆參贊大臣的權力，是超乎遠在京師的皇帝。尤其是道光朝起，連年戰亂，戰亂後又需善後，伯克可以上京年班與皇帝直接面對面的機會，早已不如乾嘉時期的每年入覲，因此影響伯克陞官的途徑，最直接的關係人，實為各城駐箚大臣及回疆參贊大臣。咸豐朝因應太平天國等內憂外患，以捐輸豐盈國庫並設有捐輸章程，負責募款為駐箚大臣。伯克為了可以順利升遷，多願意配合捐輸，回疆參贊大臣在擬定正陪清單時，多將捐款者其列為正，官方為了把關伯克捐輸者的能力，又增加伯克在任的考核，伯克因而遭受多次多重需索。

三、欽差大臣及平定亂事的將軍

因戰亂派往回疆平定亂事的將軍或是欽差大臣，亦可提出建言。如那彥成在張格爾等事件後，回疆考察，因而提出各項弊端。從此每年大約十一月時，回疆參贊大臣等即需屆於年終之際，要彙奏喀什噶爾、英吉沙爾、和闐、烏什、阿克蘇、庫車、喀喇沙爾等城，按季咨報大小衙門及伯克等，均無干犯陋規，並據各該城阿奇木伯克加具印結，呈請彙奏。回疆參贊大臣也需復行密加查訪，是否與所報無異，再行上奏。[82]而道光年版之《欽定回疆則

---

[81]《外紀檔》，文獻編號第 303000114 號，頁 133，道光十五年八月二十七日，興德奏。

[82]《宮中檔道光朝奏摺》，文獻編號第 405002111 號，2726 箱，道光十八年十一月十二日，恩特亨額奏。

例》卷七及卷八,即為那彥成善後調查建議各項而成。[83]同樣是為避免弊端的延續,揚威將軍大學士長齡在道光十一年(1831)及道光十二年(1832)奏定相關事項,認為伯克在熟悉之城,將加重苛派情勢,因而建議即嗣後三品阿奇木伯克九缺,及各城伊什罕伯克,仍令迴避本處,三至五品伯克缺出,均由回疆參贊大臣擬定正陪,奏請補放,成為日後伯克補放的主要原則。[84]

　　若遇戰亂,伯克在皇帝指派前來弭平亂事的將軍大營,協助前來支援軍隊與回兵間的翻譯溝通,指揮回兵與軍隊協同作戰,進行各城守衛、戰鬥、後勤、反間、協調外國商民共同出戰、善後等工作,將軍負責奏報戰事,並將協助軍營各項事務有功的伯克列名上奏賞勵。[85]伯克在戰事上立功,有益於未來陞遷,許多非回部王公家族之伯克,即因此受到賞識,尤其是經歷張格爾事件後,清廷重視伯克勇敢奮戰,忠於職守的資歷,一般回眾平民若在擁有戰功,多可晉升為伯克,並有助日後升級的機會,或是蔭佑子孫。[86]

　　綜合本章的探索可知,伯克制是由清朝皇帝及駐箚大臣任命阿奇木伯克等伯克,直接管理回疆的多元民族,採取以回治回方式治理。朝廷派駐各城大臣,由回疆參贊大臣總管各城,並有伊犁將軍支援、調查及管理,若有戰亂則由協助弭平戰亂之將軍及

[83]（清）容慕安輯,《那文毅公籌畫回疆善後事宜奏議》,卷77,頁23-43,道光八年七月初三日,那彥成、楊芳、武隆阿奏,收入張羽新、趙曙青主編,《清朝治理新疆方略匯編》（北京:學苑出版社,2006年）,冊10,頁302-314。

[84]聯合報文化基金會國學文獻館,《清代起居注冊-道光朝》（臺北:聯經出版社,1985年）,冊22,頁013275-013283,道光十一年十月二十四日壬寅,內閣奉諭旨軍機大臣會同禮部都察院議奏;《軍機處‧月摺包》,文獻編號第073121號,2752箱,道光二十五年二月初一日,奕經奏;《軍機處‧月摺包》,文獻編號第065992號,2743箱,伯克履歷清單。

[85]《軍機處‧月摺包》,文獻編號第057098號,2747箱,隨營出力大小伯克清單;《軍機處‧月摺包》,文獻編號第058359號,2747箱,道光七年閏五月二十三日,長清奏。

[86]（清）賽尚阿等修,《欽定回疆則例》,卷7,頁8。

欽差大臣等提出建言。中央由皇帝及理藩院、軍機處、戶部、吏部、禮部、工部、內務府及兵部等議定事宜,或是承辦、處理相關業務,形成中央與地方的合作與支持,及促進伯克制的完善與改革。

皇帝雖有最終的任命權及監督權,但伯克人才的選擇及回疆實際變化的情況,卻是要倚靠各城駐箚大臣及回疆參贊大臣的提供。而駐箚大臣要了解民情,行政事務的執行,卻是必須仰賴伯克系統才能推動。然而伯克與駐箚大臣雖同為清廷正式任命的官員,但制度結構上,駐箚大臣既掌握伯克的任命或提名權,頤指氣使之勢,及上下不對等的關係中,伯克送禮,盡其所能地滿足及服務大臣、衙門各方人員的需索,在官場和人情世故上,是很難拒絕,而期待伯克與大臣平起平坐,平等相待,也確實很難實現。更何況咸豐朝捐輸成為影響伯克升遷的關鍵,伯克遭受需索,更甚往昔,難以負荷而轉嫁回眾,民眾怨懟,邊城受挑釁及入侵的動盪之機亦增,終致同光年間,清朝在新疆的統治權大失。伯克或有貪瀆者,但邊疆駐箚大臣的苛索,才是足以招致戰亂顛沛,國土受蝕之禍的源頭。

第五章　回疆伯克的設置

第一節　回疆各城阿奇木伯克設置

一、欽命阿奇木伯克

　　清高宗在乾隆二十三年（1758）曾表示未來平定回部，即依準噶爾對回人統治舊俗，挑選伯克統治各城，總歸伊犁將軍管理。[1]高宗於乾隆二十四年（1759）底定各城過程，即陸續依回疆舊俗設置伯克管理。乾隆二十五年（1760）三月，新附回疆伯克至京年班入覲時，宣布各回城阿奇木伯克名單：烏什阿奇木伯克為阿卜都拉，和闐阿奇木伯克由阿什默特出任，喀什噶爾阿奇木伯克為噶岱默特，葉爾羌阿奇木伯克為鄂對，阿克蘇阿奇木伯克是色梯巴勒氏，英噶薩爾（英吉沙爾）阿奇木伯克為索勒屯和卓，拜城四品阿奇木伯克為阿卜都喇瑪。[2]

　　由於阿奇木是總理城村諸務者，[3]即為管理一城事務者，因此高宗在新附的伯克入覲之際，任命在各城阿奇木伯克，有助於各城行政的推動及管理，並可實現三個目的，一是籠絡新附者，各城阿奇木伯克多為回疆原有勢力，更是協助清廷將回疆收歸版圖

---

[1]劉義棠，〈伯克制度的研究〉，收入《維吾爾研究》，臺北：正中書局，頁282-283。

[2]（清）傅恒等，《平定準噶爾方略續編》，卷1，頁5-6，乾隆二十五年三月癸丑，諭軍機大臣，收入張羽新、趙曙青主編，《清朝治理新疆方略匯編》，冊6，頁331。

[3]（清）紀昀、陸錫熊、孫士毅 等纂，《西域同文志》，六，卷12，頁6，收入王雲五主持，《四庫全書珍本三集》（臺北：臺灣商務印書館，1993年）。

有功的封爵者，被任命為阿奇木伯克，即表示被新的統治勢力認可，也藉此維護他們在回疆民族社會及政治上的地位；二是穩定回疆，高宗以從俗從宜的政策理念，依回疆舊俗採伯克制治理，以期順利推展政策及管理新附的回疆之民；三伯克任命歸於皇權，以欽命方式提高伯克政治地位，讓伯克與駐箚回疆的滿洲大臣知曉，兩者權力同樣來自皇帝賦權，以期共同管理回疆事務。

　　阿奇木伯克任命後，各城伯克的設置仍持續在進行，至乾隆二十五年（1761）十二月，回疆參贊大臣舒赫德奏請，葉爾羌等城伯克的品級，並完備伊犁、賽里木、拜城各品級伯克及職稱。同時，為了因應阿克蘇內多倫回人的管理與採銅的需求，因地治宜地設置新的伯克職位，並撥給伯克耕種的地畝及為其供役及耕作的回人，即為洋起或後來改稱為燕齊，做為支給伯克養廉銀及租賦所得。[4]以實踐高宗給付伯克官俸，或以所定租賦，成為伯克薪資與福利的承諾。[5]

　　伯克既為清廷任命之行政官員，執行公務及傳遞公文，需有圖記，以徵公信。新疆左都御史永貴為此於乾隆二十六年（1761）六月奏請，回部設置的各城阿奇木伯克請照各省土司之例，給予印記，軍機處查覆回部各城辦事大臣俱已鑄給圖記，阿奇木伯克也自應一律鑄給圖記。而當時回部共有大小三十一城設置阿奇木伯克，軍機處將其分為大、中、小三等，列為大城有四處，分別為喀什噶爾、葉爾羌、阿克蘇、和闐；屬於中城也有四座，有烏什、英吉沙爾、庫車、闢展；小城則有二十三處，沙雅爾、賽里木、拜、庫爾勒、玉古爾、牌租阿巴特、塔什巴里克、哈喇哈什、克勒底雅、玉瓏哈什、齊爾拉、塔克、阿斯騰阿喇圖什、阿喇古、

---

[4]（清）傅恒等，《平定準噶爾方略續編》，卷8，頁16-17，乾隆二十五年十二月癸巳，參贊大臣舒赫德等奏，收入張羽新、趙曙青主編，《清朝治理新疆方略匯編》，冊6，頁390-391。

[5]《大清高宗純（乾隆）皇帝實錄》，卷593，頁15-16，乾隆二十四年七月己未，諭軍機大臣；（清）傅恒等，《平定準噶爾方略正編》，卷75，頁28-29，乾隆二十四年七月己未，諭軍機大臣，收入張羽新、趙曙青主編，《清朝治理新疆方略匯編》，冊6，頁243。

玉斯騰阿喇圖什、英額奇盤、巴爾楚克、沙爾呼勒、魯克察克、托克三、喀喇和卓、洋赫、克勒品。為別差等，大城圖記的分寸，視同各省佐領般，中小之城的圖記，即依次遞減。[6]而北疆伊犁三品阿奇木伯克的圖記，在乾隆二十七年（1762）正月伊犁參贊大臣阿桂奏茂薩承辦伊犁屯墾事務，也需要鑄給圖記，兼鑄了滿洲、托忒[7]、回文三體字樣。[8]這也表示截至乾隆二十七年（1762），清朝在新疆南北兩路各城，於大小三十二城，設有阿奇木伯克管理，各城伯克已就定位，為清廷執行各項管理回眾之公務。乾隆三十年（1765），發生烏什事件，城內人口餓死殺戮甚多，存活者再發往伊犁，烏什於乾隆三十一年（1766）由其他各城遷入，原有兩萬人口驟降僅二千三百多人，烏什各小城莊廢除，烏什阿奇木伯克降為五品，以永貴及舒赫德在乾隆三十七年（1772）撰寫完成的《新疆回部志》記載，回疆圖記由三十一顆降為二十六顆。[9]即取消闢展及烏什所屬魯克察克、托克三、喀喇和卓、洋赫等五處阿奇木伯克的設置。

二、回疆各城阿奇木、伊什罕伯克的設置

《欽定回疆則例》是清朝統治回疆最重要的民族法規，清朝理藩院曾經有四次修改，[10]但與回疆最有直接關係是初次編纂於嘉慶二

---

[6]《大清高宗純（乾隆）皇帝實錄》，卷642，頁31，乾隆二十六年八月戊寅，軍機大臣等議覆。

[7]托忒蒙文，為新疆北路蒙古族所使用，是17世紀根據衛拉特方言的特點，以原有蒙古文稍加改變而來，圖記篆托忒蒙文，應是考量公文往來時，也有利於北路衛拉特蒙古族的辨識。石龍，〈托忒蒙文〉條，雪犁主編，《中國絲綢之路辭典》（烏魯木齊：新疆人民出版社，1994年），頁473。

[8]《大清高宗純（乾隆）皇帝實錄》，卷653，頁1-2，乾隆二十七年正月辛亥，軍機大臣等議准。

[9]（清）永貴、舒赫德，《新疆回部志》，官制第29，收入張羽新、趙曙青主編，《清朝治理新疆方略匯編》（北京：學苑出版社，2006年），冊21，頁451-452。

[10]上海大學法學院、上海市政法管理幹部學院、張榮錚、金懋初、劉勇強、趙音，《欽定理藩部則例》，頁23。

十年（1815）二月二十七日完成刊刻版本，本文稱為嘉慶年版，以及第二次於道光十三年（1833）三月初五日奏行修改續纂，於道光二十三年（1843）五月初二日完成刊刻的版本，本文稱為道光年版。由於嘉慶年版《欽定回疆則例》，各城僅按伯克品秩大小，依次開列，未按照本城及所屬各莊地名之別，列出所設伯克，容易混淆，尤其是喀什噶爾、葉爾羌、和闐等城，最容易發生錯誤。為利於探討回疆各城伯克，在不同時期的狀況與變化，及減少統計上的錯誤，本文有關回疆各城設置伯克職稱、品級及數量統計各表，皆以賽尚阿等所修，由中國社會科學院中國邊疆史地研究中心主編之道光年版《欽定回疆則例》卷一，十三城所列設阿奇木伯克等官各頁為準。[11]再與乾隆朝之《欽定皇輿西域圖志》、嘉慶年版《欽定回疆則例》，咸豐朝《理藩院修改回疆則例》前四卷等相互參酌和說明，以顯示伯克設置在乾隆、嘉慶、道光及咸豐各朝的變化。[12]不過，中國社會科學院中國邊疆史地研究中心主編之道光年版《欽定回疆則例》內，烏什城缺頁，本文則改以咸豐年間內務府所用《理藩院修改回疆則例》抄本卷一內容補上，因為其內容與道光年所修其他各城核對是相同的，因此推斷烏什的內容也應與道光所修相同，故而以此補其缺漏。[13]

---

[11] （清）賽尚阿等修，《欽定回疆則例》，收入中國社會科學院中國邊疆史地研究中心主編，《蒙古律例・回疆則例》（蘭州：全國圖書館文獻縮微中心，1988年）。

[12] （清）托津等編纂，《欽定回疆則例》，卷 1，頁 1-21，收入天龍長城文化藝術公司編，《新疆史志》，第二部，冊 11，頁 53-94；（清）傅恒等奉敕撰，《欽定皇輿西域圖志》，冊 4，卷 30，官制 2，頁 8-11；（清）賽尚阿等修，《欽定回疆則例》，卷 1，頁 1-22；《理藩院修改回疆則例》，卷 1，頁 25-27，收入姜亞沙、經莉、陳湛綺主編，《理藩院公牘則例三種》（二），頁 55-59。

[13] 由於中國社會科學院中國邊疆史地研究中心主編，《欽定回疆則例》，卷 1，於該版本缺卷一頁十二烏什城額設阿奇木伯克等官，另外查閱（清）賽尚阿等編纂，《欽定回疆則例》，收入張羽新主編，《清朝治理新疆方略彙編》（北京：學苑出版社，2006 年），冊 17，亦缺此頁；《清代各部院則例》（香港：蝠池書院，2004 年），冊 9，也是缺此頁，可能是印自同版本，或原版缺頁。故另以下列二書參考補缺：一是嘉慶年版（清）托津等編纂，《欽定回疆則例》，

　　乾隆二十六年（1761），回疆依大、中、小城之別，共設三十一位阿奇木伯克。而回疆各城大小之分，若以各城回人人口為準，在乾隆四十七年（1782）以前，除了英吉沙爾、布古爾、庫爾勒、吐魯番人口未計外，烏什人口三千一百五十八人，排名倒數第四，拜城人口排名倒數第二，阿奇木伯克四品，但倒數第三的沙雅爾一千八百九十八人，及各城人口最少的賽哩木有一千六百二十七人，卻有三品伯克。[14]由此可知伯克品級設定，不僅是考量各城人口多寡的因素而已。請見表 5-1 回疆各城人口數表。

表 5-1 回疆各城人口數表

城　名	伯克缺數-種類-城村	乾隆 26 年戶數	乾隆 26 年人數	乾隆 37 年戶數	乾隆 37 年前人數	乾隆 47 年戶數	乾隆 47 年人數	家戶平均人數
喀什噶爾	60-12-18	15506	50540	8696	50199	14056	66413	4.7
葉爾羌	55-25-21	15025	60450	15180	54340	15574	65495	4.2
和　闐	49-15-18	13838	43510	13800	43500	13642	44603	3.3
阿克蘇	46-19-3	5753	18600	5590 賽拜	18190 賽拜	7506	24607	3.3
伊　犁	26-12	X	X	X	X	6406	20356	3.2
庫　車	19-14	815	2610	1274 沙	3987 沙	1112	4260	3.8
烏什乾隆 2 6 年	*38-11-12*	2967	12630	X	X	X	X	X
烏什乾隆 33 年	*8-5*	X	X	*708*	*2367*	*708*	*未*	X
烏　什	12-8	X	X	X	X	822	3158	3.8
沙雅爾	11-9	420	1210	庫車	庫車	673	1898	2.8
拜　城	6-6	483	1270	阿克蘇	阿克蘇	563	1735	3.1

卷 1，頁 11，收入天龍長城文化藝術公司編，《新疆史志》，第二部，冊 11，頁 73-74，此書亦為本文指稱為嘉慶年版之用書；二是咸豐年部分，《理藩院修改回疆則例》，卷 1，頁 25-27，收入姜亞沙、經莉、陳湛綺主編，《理藩院公牘則例三種》（二），頁 55-59。
[14] （清）傅恒等奉敕撰，《欽定皇輿西域圖志》，冊 4，卷 33，屯政 2，頁 19-21。

城　　名	伯克缺數-種類-城村	乾隆26年戶數	乾隆26年人數	乾隆37年戶數	乾隆37年前人數	乾隆47年戶數	乾隆47年人數	家戶平均人數
賽喇(哩)木	6-6	549	1670	阿克蘇	阿克蘇	500	1627	3.3
英吉沙爾	9-4-4	X	X	喀什	喀什	未	未	未
庫　爾　勒	7-10	X	X	3283	15263	未	未	未
布　古　爾	9-10	X	X	庫爾勒	庫爾勒	未	未	未
哈喇沙爾	無伯克人口不列合計	1030	4520	X	X	1130	5390	X
闢　　展	無伯克人口不列合計	186　X	8240 X	X	X	2937 X	10373 X	X
吐　魯　番	?-10	X	X	X	X	未	未	未
總　　　　計		55356	192490	36100/**48531**	175900/**187846**	61562	234152	

註釋：

1. 《欽定皇輿西域圖志》一書完成並上呈奏摺時間是乾隆四十七年（1782），因此人口統計應是高宗平定回疆至此年之前的數字。烏什在乾隆三十年（1765）發生烏什事件後，戮殺徙淨，乾隆三十二年（1767），遷入七百零八戶，因而至乾隆四十七年（1782）統計為三千多人，阿奇木伯克下降至五品（嘉慶年版）。

2. 乾隆三十七年（1772）統計，布古爾及庫爾勒是與羅布淖爾三地併計於闢展，阿克蘇與所屬賽里木、拜城併計，喀什噶爾與所屬英吉沙爾併計，庫車與所屬沙雅爾併計。不過戶數及人口總計，在《新疆回部志》記載為三萬六千一百多戶，一十七萬五千九百餘口，但實際以各城數字加總卻有出入，表內以粗斜字體併列。

資料來源：

1. （清）傅恒等奉敕撰，《欽定皇輿西域圖志》，冊4，卷33，屯政2，頁13-14、19-21。

2. 永貴、舒赫德，《新疆回部志》養贍，收入張羽新、趙曙青主編，《清朝治理新疆方略匯編》，冊21，頁456-457。

3. 中央研究院歷史語言研究所編，《明清史料》（臺北：國立中央研究院歷史語言研究所，1972年），庚編，第十本，頁950-951。

4. 佐口透著，凌頌純譯，《十八-十九世紀新疆社會史研究》，

頁 187。

5.（清）托津等編纂，《欽定回疆則例》，頁 11，收入天龍長城文化藝術公司編，《新疆史志》，第二部，冊 11，頁 73-74。

6.（清）慕暲撰，《新疆回部紀略》，收入張羽新、趙曙青主編，《清朝治理新疆方略匯編》（北京：學苑出版社，2006年），冊 22，頁 133。

7.乾隆二十六年資料：《四庫全書史部大清會典》，卷 80，諸子百家中國哲學書電子化計劃，http://ctext.org/library.pl?if=gb&res=5542

　　若由嘉慶年版《欽定回疆則例》而觀，乾隆二十八年（1763），所定伯克品級高低的考量，是以地方大小勝於人口數量，如葉爾羌所屬巴爾楚克，喀什噶爾所屬派蘇巴特、塔什密里克、阿斯圖阿爾圖什、伯什克呀木、阿爾琥、烏帕勒、玉斯圖阿爾圖什，烏什所屬魯克沁、托克遜、哈喇和卓，闢展、洋海，阿克蘇所屬柯勒品等城村之阿奇木伯克，雖是四、五品，但經軍機大臣議奏認為俱屬大城，與三、四品的阿奇木伯克及四五品的伊什罕伯克、噶雜那齊、商伯克等所管轄體制相同，其地位相當於小伯克頭目，如遇出缺，要將該地應陞伯克名單奏補，五品以上則由各城駐箚大臣擬正陪，奏請補放，高宗也認同此觀點。直到道光年間，張格爾事件善後檢討，為降低伯克因同城熟悉關係的連結，增加苛索回人之利，而改為注重伯克迴避，才有變化。該項條文在道光年版之《欽定回疆則例》被大幅修改，伯克的陞補，則不再考量得如此細緻。[15]但仍保留乾隆四十三年（1778）有關喀什噶爾所屬之玉斯圖阿爾圖什、阿爾琥、烏帕勒等三處之六品阿奇木伯克缺出，不得直接由七品伯克內陞補，而仍需由現任六品的哈資伯克及密喇布伯克內開單，以利較有管理經驗資歷的伯克補授，讓特殊地方仍可因地治宜，亦可確保行

---

[15]（清）托津等編纂，《欽定回疆則例》，卷 1，頁 24-26，收入天龍長城文化藝術公司編，《新疆史志》，第二部，冊 11，頁 99-103；（清）賽尚阿等修，《欽定回疆則例》，卷 2，頁 3；（清）傅恒等，《平定準噶爾方略續編》，卷 21，頁 28-30，乾隆二十八年五月壬申，軍機大臣奏，收入張羽新、趙曙青主編，《清朝治理新疆方略匯編》，冊 7，頁 40-41。

政的執行力。[16]

　　喀什噶爾、葉爾羌、和闐、英吉沙爾向來被稱為回疆西四城，其中前三城被列為大城，阿奇木伯克也是伯克品級最高的三品，而英吉沙爾則列為中城，設四品阿奇木伯克。在嘉慶年版《欽定回疆則例》英吉沙爾伯克是與喀什噶爾伯克是合併計算，道光年版《欽定回疆則例》雖分開計算，但仍附列於喀什噶爾之後，在目錄上也未獨立列為一城。就清廷的管理而言，英吉沙爾雖具有獨立之城的地位，但與喀什噶爾地理位置相近，唇齒相依，依慣例將英吉沙爾視為喀什噶爾屬城，就如和闐是為葉爾羌的屬城般，屬城與本城伯克補放是需迴避的。[17]烏什、阿克蘇、庫車、闢展則謂東四城，其中僅阿克蘇被列為大城，是因位處西四城交通樞紐之故。雖然阿克蘇、烏什、庫車皆設三品阿奇木伯克，但烏什、庫車及闢展的規模，僅被列為中城。由此可知回疆的重要大城都是在西邊，為清朝國土極西之地，與外藩各國接壤，商業貿易、國內外行旅往來頻繁，較為富庶。

　　《清史稿》記錄乾隆二十四年（1759）設建吐魯番廣安城、魯克沁、色更木、哈喇和卓、托克遜與闢展共六城，於闢展置設有四品阿奇木伯克管理回務。[18]不過在《欽定回疆則例》、《欽定皇輿西域圖志》皆未見闢展設有四品阿奇木伯克的記載。乾隆四十五年（1780），裁撤辦事大臣，歸屬於吐魯番廳，《欽定回疆則例》列載吐魯番為十三城之一，但所設伯克最高僅為五品，也未設阿奇木伯克。[19]

---

[16]（清）托津等編纂，《欽定回疆則例》，卷2，頁8，收入天龍長城文化藝術公司編，《新疆史志》，第二部，冊11，頁119-120；（清）賽尚阿等修，《欽定回疆則例》，卷2，頁12。

[17]《大清宣宗成（道光）皇帝實錄》，卷138，頁11-12，道光八年七月辛丑，又諭。

[18]趙爾巽等撰，《清史稿》，冊9，卷76，頁2378；《大清高宗純（乾隆）皇帝實錄》，卷646，頁5-6，乾隆二十六年十月丁卯，參贊大臣舒赫德等奏。

[19]（清）托津等編纂，《欽定回疆則例》，卷1，頁20，收入天龍長城文化藝術公司編，《新疆史志》，第二部，冊11，頁91；劉義棠，〈伯克制度的研究〉，

在二十三小城中，沙雅爾、賽里木、拜、庫爾勒、玉古爾（布古爾）為獨立之城，皆設三品阿奇木伯克總管一城，拜城則設四品阿奇木伯克。這五城人口數較少，多則一千餘人，少則數百人不等，故被列為小城。其餘各小城的阿奇木伯克，皆為四大城喀什噶爾、葉爾羌、阿克蘇、和闐及中城烏什等，所屬的各城村地方的四至六品伯克阿奇木伯克。其中四品小城的阿奇木伯克共有六位：喀什噶爾所屬派蘇巴特（牌租巴特）[20]一位，和闐所屬哈喇哈什、克里雅城（克勒底雅）、玉瓏哈什城、徹呼城（齊拉爾）、塔克城等有五位阿奇木伯克，和闐是四大城所屬城村佔最多的，這顯示是和闐人口及地方的富庶，為各大城之冠。五品有三位，喀什噶爾所屬阿斯圖阿爾圖什阿奇木伯克一位，葉爾羌所屬有二位，是為色呼庫勒（沙爾呼勒）、葉爾羌所屬英額奇盤。而葉爾羌所屬英額奇盤，在《欽定回疆則例》並未列有阿奇木伯克，但在《欽定皇輿西域圖志》與軍機處議覆奏摺內，皆列該地設有阿奇木伯克。六品有九位，喀什噶爾有三位，喀什噶爾所屬塔什密里克、阿爾琥（阿喇古、阿爾瑚）、玉斯圖阿爾圖什，葉爾羌所屬巴爾楚克一位，阿克蘇所屬柯勒品（克勒品）一位，烏什所屬設阿奇木伯克有魯克察克、托克三、哈喇和卓、洋赫等四地。永貴所列二十三小城有魯克察克、托克三、喀喇和卓、洋赫，應指的是烏什所屬，而非闢展六城之托克三、哈喇和卓。但與《欽定皇輿西域圖志》所列作比較，烏什城所屬共設六位六品阿奇木伯克，為魯克察克、托克三、哈喇和卓、洋赫、闢展等，以及連木里七品阿奇木伯克一位，多了後面兩位。但烏什事件後，附屬各城阿奇木伯克皆撤置，阿奇木伯克降級僅設五品一名。[21]請見表

收入《維吾爾研究》，頁 293。

[20] 各地阿奇木伯克名稱以《欽定回疆則例》為準，（　）括號內為《大清高宗純（乾隆）皇帝實錄》，卷 642，頁 31，乾隆二十六年八月戊寅，軍機大臣等議覆，該城的漢音譯稱。

[21] （清）托津等編纂，《欽定回疆則例》，卷 1，頁 1-21，收入天龍長城文化藝術公司編，《新疆史志》，第二部，冊 11，頁 53-94；（清）傅恒等奉敕撰，《欽

5-2 回疆大中小三等城與阿奇木伯克品級表。

綜合乾隆朝的各項資料而觀，乾隆二十六年（1761），依軍機處議覆永貴所奏回疆各城及伊犁共有三十二位阿奇木伯克，與嘉慶年版《欽定回疆則例》卷一〈乾隆二十四年（1759）平定回疆按回人舊俗各城所設阿奇木伯克等官管理一切事務〉條所列十三城，以及乾隆四十七年（1782）完成編纂的《欽定皇輿西域圖志》等，伯克數量及品級作比對，是有所差異的。烏什事件未發生之前，回疆各城有三十八位，再加上北疆伊犁阿奇木伯克為三十九名，其中《欽定回疆則例》、《欽定皇輿西域圖志》已列，但三十二位內，未列入五品阿奇木伯克有喀什噶爾所屬伯什克呼木、葉爾羌所屬舒克舒、葉爾羌所屬霍什喇布、葉爾羌所屬哈爾噶里克、葉爾羌所屬托果斯牽、葉爾羌所屬桑珠等六位阿奇木伯克，六品的喀什噶爾所屬烏帕勒、烏什所屬闢展阿奇木伯克二名，及烏什所屬連木里七品阿奇木伯克一名，共九名。見表 5-2 回疆大中小三等城與阿奇木伯克品級表。

表 5-2　回疆大中小三等城與阿奇木伯克品級表

	三品 10	四品 9	五品 3/＋6	六品 9/＋5；＋七品 1
大城 4	葉爾羌、喀什噶爾、和闐、阿克蘇			
中城 4	烏什、庫車	英吉沙爾、闢展		
小城 23	沙雅爾、賽里木、庫爾勒、布古爾（玉古爾）	拜、喀什噶爾所屬派蘇巴特（牌租阿巴特）、和闐所屬哈喇哈什、	喀什噶爾所屬阿斯圖阿爾圖什（阿斯騰阿喇圖什）、葉爾羌所屬色呼庫勒（沙爾呼勒）、	喀什噶爾所屬塔什密里克（塔什巴里克）、喀什噶爾所屬阿爾琥（阿喇古）、喀什噶爾所屬玉斯圖阿爾圖什（玉斯騰阿喇圖什）、

	三品 10	四品 9	五品 3/＋6	六品 9/＋5；＋七品 1
		和闐所屬克里雅城（克勒底雅）、和闐所屬玉瓏哈什城、和闐所屬徹呼城（齊拉爾）、和闐所屬塔克城	葉爾羌所屬英額奇盤	葉爾羌所屬巴爾楚克、烏什所屬魯克察克、烏什所屬托克三、烏什所屬哈喇和卓、烏什所屬洋赫、阿克蘇所屬柯勒品（克勒品）
未列			喀什噶爾所屬伯什克呼木、葉爾羌所屬舒克舒、葉爾羌所屬霍什喇布、葉爾羌所屬哈爾噶里克、葉爾羌所屬托果斯牽、葉爾羌所屬桑珠	喀什噶爾所屬烏帕勒、烏什所屬闢展、葉爾羌所屬裕勒阿里克、葉爾羌所屬塔克布伊、阿克蘇所屬托來 烏什所屬連木里七品阿奇木伯克

說　　明：本表各地阿奇木伯克名稱以《欽定回疆則例》為準，（）括號內為《大清高宗純（乾隆）皇帝實錄》，卷 642，頁 31，乾隆二十六年八月戊寅，軍機大臣等議覆，該城的漢音譯稱。標楷體為《欽定回疆則例》未列，但《欽定皇輿西域圖志》列；未列欄為嘉慶年版《欽定回疆則例》、《欽定皇輿西域圖志》內已列之阿奇木伯克，卻是軍機大臣等議覆內未列之阿奇木伯克。

資料來源：

1. （清）托津等編纂，《欽定回疆則例》，頁 1-21，收入天龍長城文化藝術公司編，《新疆史志》，第二部，冊

11，頁 53-94。

2.（清）傅恒等奉敕撰，《欽定皇輿西域圖志》，冊 4，卷
30，官制 2，頁 1-24。

3.《大清高宗純（乾隆）皇帝實錄》，卷 642，頁 31，乾隆
二十六年八月戊寅，軍機大臣等議覆；《大清高宗純（乾
隆）皇帝實錄》，卷 646，頁 5-6，乾隆二十六年十月丁
卯，參贊大臣舒赫德等奏。

若與《欽定皇輿西域圖志》作比較，烏什事件未發生之前，
回疆及伊犁各城設置的阿奇木伯克共有四十一位。差異最大的是
葉爾羌城，《欽定回疆則例》列有葉爾羌所屬舒克舒五品阿奇木
伯克、葉爾羌所屬托果斯牽五品阿奇木伯克兩位，《欽定皇輿西
域圖志》卻未列此伯克，而《欽定皇輿西域圖志》葉爾羌所屬英
額齊盤五品阿奇木伯克、葉爾羌所屬裕勒阿里克六品阿奇木伯
克、葉爾羌所屬塔克布伊六品阿奇木伯克，阿克蘇所屬托來六品
阿奇木伯克四位，則是《欽定回疆則例》未列的。[22]

由以上各書統計而觀，嘉慶年版《欽定回疆則例》卷一，〈乾
隆二十四年（1759）平定回疆按回人舊俗各城所設阿奇木伯克等
官管理一切事務〉條內，標題雖是乾隆二十四年（1759），即表
示各城伯克人數，應於該年所定。但以烏什城的伯克數而言，該
條所列伯克設置數，實為烏什事件善後的配置，已非乾隆二十四
年（1759）設置的規模，但《欽定回疆則例》仍將烏什伯克額設，
與其他各城併列同一時間，對於阿奇木伯克降級及撤減伯克改置
規模時間，隻字未提。而《欽定皇輿西域圖志》內，則說明乾隆

---

[22]（清）托津等編纂，《欽定回疆則例》，卷 1，頁 1-21，收入天龍長城文化藝術
公司編，《新疆史志》，第二部，冊 11，頁 53-94；（清）傅恒等奉敕撰，《欽
定皇輿西域圖志》，冊 4，卷 30，官制 2，頁 8-11。

三十年（1765）事件平定後，復設如今伯克之數額。[23]這應與嘉慶
二十年（1815）初次纂修《欽定回疆則例》，已時隔五十六年，
且編纂《欽定回疆則例》的目的，是提供各城辦事大臣公務使用，
在實務上，沒有必要再列載原有設置數量，《欽定回疆則例》卷
一各城伯克額設的標題，也意味著仁宗依循高宗治理回疆的政策
而行。各地回城伯克，實際也是在乾隆二十四年（1759）至二十
五年（1760）間陸續設置而成，因此，與其說嘉慶年版《欽定回
疆則例》內伯克的額設數量，是為乾隆二十四年（1759）所定，
不如說其刊載的伯克數，是清朝統治回疆五十六年間，即乾隆二
十四年（1759）至嘉慶二十年（1815）以來，伯克制因應各項變
化裁改後，所呈現的額設結果與現況。而由各書伯克的設置數量
的差異，也可知影響伯克數量變化，不應僅有烏什事件，也顯現
回疆伯克的設置及管理，具有各城因地治宜的特性，隨時其所需
做調整，充滿著彈性及可變性。

　　道光年版《欽定回疆則例》內載，回疆及伊犁共十三城，三
十六位阿奇木伯克，除了吐魯番之外，各城皆設阿奇木伯克，為
三至六品。以各城或其本城為主，最高品級三品，有葉爾羌、喀
什噶爾、和闐、阿克蘇、賽哩木、庫車、沙雅爾、庫爾勒、布古
爾及伊犁；但英吉沙爾、拜城、烏什三城最高阿奇木伯克，卻與
喀什噶爾所屬派蘇巴特地方，及和闐所屬之哈喇哈什城、克里雅
勒城、玉瓏哈什城、策呼城、塔克努拉城五城之阿奇木伯克，同
為四品伯克。其中與嘉慶年版相較而有變動的部分有二：一是烏
什阿奇木伯克由五品升為四品；二是喀什噶爾增加四位五品阿奇
木伯克，即罕愛哩克地方、和色勒布依地方、察拉根地方，塔什
密哩克由六品改設為五品，六品阿奇木伯克因而減少一位。

　　五品及六品阿奇木伯克主要配置在葉爾羌、喀什噶爾、和闐

---

[23]（清）傅恒等奉敕撰，《欽定皇輿西域圖志》，冊4，卷30，官制2，頁8-9。

及阿克蘇等四大城所屬地方或所屬各城村。葉爾羌的哈爾里克地方、舒克舒地方、托果斯牽地方、色哷庫勒地方、霍什拉木地方、桑珠地方等六地方設五品阿奇木伯克，巴爾楚克地方設六品伯克，而霍什拉木地方、桑珠地方兩個地方就只有阿奇木伯克總管地方大小事務，未設其他職稱伯克；喀什噶爾有派蘇巴特地方設四品阿奇木伯克，罕愛里克地方、伯什克哷木地方、阿斯圖阿爾圖什地方、和色勒布依地方、察拉根地方、塔什密哩克地方等六個地方設五品阿奇木伯克，玉斯圖阿爾圖什地方、阿爾琥地方、烏帕勒地方等三地方設六品阿奇木伯克；阿克蘇柯勒坪設六品阿奇木伯克。

在葉爾羌所屬玉拉里克地方六品伯克一缺，塔克六品伯克一缺，這兩個六品伯克缺，未列職稱，查對咸豐年修改的《理藩院修改回疆則例》亦然。[24]在嘉慶年版《欽定回疆則例》原載為拉哩伯克一員，塔克伯克一員，皆列於六品伯克之缺，若參考《欽定皇輿西域圖志》卷三十，於乾隆二十八年（1763）葉爾羌所設伯克，玉拉里克可能即裕勒阿里克，當時設六品阿奇木伯克一員，塔克可能是塔克布伊，亦是設六品阿奇木伯克一員，推論是可能該地設置過伯克，並直接以該地名稱列缺，以維持職稱的彈性。[25]

至於各城另一位高階伯克則為伊什罕伯克，又稱伊沙噶伯克，是為理協理城村諸務者。[26]伊什罕伯克多設於各城或其本城，較阿奇木伯克品級低一品，主要職掌在協同阿奇木伯克處理事務，而葉爾羌轄下所屬城莊色哷庫勒地方因設於卡外，情勢較為

---

[24] 《理藩院修改回疆則例》，卷1，頁7，收入姜亞沙、經莉、陳湛綺主編，《理藩院公牘則例三種》（二），頁19-20。

[25] （清）傅恒等奉敕撰，《欽定皇輿西域圖志》，冊4，卷30，頁21；（清）托津等編纂，《欽定回疆則例》，卷1，頁6，收入天龍長城文化藝術公司編，《新疆史志》，第二部，冊11，頁63。

[26] （清）紀昀、陸錫熊、孫士毅 等纂，《西域同文志》，六，卷12，頁6-7。

多變，除設五品阿奇木，又多設一位六品伊什罕伯克一位，是與
其他各城不同之處，也是品級最低的伊什罕伯克。[27]而位處清朝極
西邊城，又與多國接壤，貿易往來頻繁的喀什噶爾，四品伊什罕
伯克也兼任回兵總管。[28]

　　回疆各城阿奇木伯克的人數，若以《欽定回疆則例》作統計，
各時期都控制在三十多人，且以乾隆三十年（1765）烏什事件發
生前，阿奇木伯克人數最多為三十九人，品級有三至七品。但烏
什事件後，回疆自此設置阿奇木伯克品級最低僅至六品，再無七
品。[29]以乾隆二十六年（1762）永貴奏摺、乾隆三十年（1765）烏
什事件發生前、烏什事件至嘉慶年間及道光道光年間張格爾事件
後，以《回疆則例》回疆伯克設置為準，統計四個不同時段回疆
伯克人數，確實是持續在變動的，也可說明嘉慶年版《欽定回疆
則例》，與《欽定皇輿西域圖志》與軍機處議覆永貴奏摺所設阿
奇木伯克數量間的差異。這表示回疆阿奇木伯克及伯克等的設
置，並非一成不變，而是隨事實所需加以調改，因此回疆伯克的
設置是具彈性的，且呈現動態與變化，確實貫徹高宗因地治宜的
主張。如表 5-3 嘉慶年版、道光年版《欽定回疆則例》各城伯克
品級數量表所見。

---

[27]（清）托津等編纂，《欽定回疆則例》，卷 1，頁 6，收入天龍長城文化藝術公
　　司編，《新疆史志》，第二部，冊 11，頁 64；（清）賽尚阿等修，《欽定回
　　疆則例》，卷 1，頁 2。
[28]（清）松筠、徐松編纂，《欽定新疆識略》，卷 3，頁 17，收入張羽新、趙曙青
　　主編，《清朝治理新疆方略匯編》，冊 19，頁 124。
[29]（清）托津等編纂，《欽定回疆則例》，卷 1，頁 1-21，收入天龍長城文化藝術
　　公司編，《新疆史志》，第二部，冊 11，頁 53-94；（清）傅恒等奉敕撰，《欽
　　定皇輿西域圖志》，冊 4，卷 30，官制 2，頁 1-24。

表 5-3 嘉慶年版、道光年版《欽定回疆則例》各城伯克品級數量表

	三品		四品		五品		六品		七品		合計	
	嘉慶	道光	嘉慶	道光	嘉慶	道光	嘉慶	道光	嘉慶	道光	嘉慶	道光
葉爾羌	1一奇	1一奇	4	4	15六奇	16六奇	27一奇	27一奇	7	7	54八奇	55八奇
喀什噶爾	1一奇	1一奇	5一奇	5一奇	7二奇	8六奇	24四奇	23三奇	21	23	58八奇	60十一奇
英吉沙爾			1一奇	1一奇		1	3	1	8	6	12一奇	9一奇
和闐	1一奇	1一奇	6五奇	6五奇	5	5	6	6	31	31	49六奇	49六奇
烏什乾隆30前	1一奇		1		2		6五奇		27一奇		37七奇	
烏什				1一奇	1一奇		1	2	6	8	8一奇	12一奇
阿克蘇	1一奇	1一奇	1	1	2	2	6一奇	6一奇	36	36	46二奇	46二奇
賽哩木	1一奇	1一奇	1	1	1	1	1	1	2	2	6一奇	6一奇
拜城			1一奇	1一奇	1	1	1	1	3	3	6一奇	6一奇
庫車	1一奇	1一奇	1	1	2	2	1	1	14	14	19一奇	19一奇

	三品		四品		五品		六品		七品		合計	
	嘉慶	道光	嘉慶	道光	嘉慶	道光	嘉慶	道光	嘉慶	道光	嘉慶	道光
沙雅爾	1 一奇	1 一奇	1	1	2	2	1	1	6	6	11 一奇	11 一奇
庫爾勒	1 一奇	1 一奇	1	1	1	1	1	1	6	6	10 一奇	10 一奇
布古爾	1 一奇	1 一奇	1	1	1	1	1	1	6	6	10 一奇	10 一奇
吐魯番					3	3	7	7			10	10
伊犁	1 一奇	1 一奇	1	1	4	4	10	10	10	10	26 一奇	30/26 一奇
乾隆26年	十奇		九奇		三奇		九奇				末含伊犁三十一奇	
乾隆27年	十一奇		九奇		三奇		九奇				含伊犁三十一奇	
乾隆30年	11 十一奇		25 八奇		46 八奇		95 十一奇		177 一奇		354 三十九奇	
嘉慶	10 九奇		24 八奇		45 九奇		90 六奇		156		325 三十二奇	
道光		10 十奇		25 九奇		48 十二奇		88 五奇		158		329/333 三十六奇

		三品		四品		五品		六品		七品		合計	
		嘉慶	道光	嘉慶	道光	嘉慶	道光	嘉慶	道光	嘉慶	道光	嘉慶	道光
總	乾隆30年之前	中央掌控伯克82 二十七奇				26.5%		屬地方大臣六-七品伯克272 十二奇		73.4%		354 三十九奇	
	嘉慶	中央掌控伯克82 二十九奇				25.2%		屬地方大臣六-七品伯克243 三奇		74.8%		325 三十二奇	
計	道光	中央掌控伯克86、五品三十一奇 喀什噶爾六品三奇				26.1%		屬地方大臣六-七品伯克243 二奇		73.9%			329 /333 三十六奇

註釋:

1. 奇:阿奇木伯克,1代表一名伯克,表示該城設伯克及阿奇木伯克總數,一奇表示該地及品級設一名阿奇木伯克。
2. 葉爾羌所屬玉拉里克地方:原文「六品伯克一缺塔克六品伯克一缺」,六品伯克缺未指名,可能是校對上缺漏伯克職稱,另一個是六品塔克伯克一缺,則例最後統計也將此二缺列入,查對咸豐年修改的《理藩院修改回疆則例》亦然。
3. 伊犁伯克數,依各品級及職稱所列總數實為二十六人,但《欽定回疆則例》則寫共三十缺。
4. 烏什額設阿奇木伯克等官在(清)賽尚阿等修,《欽定回疆則例》,卷1,收入中國社會科學院中國邊疆史地研究中心主編,《蒙古律例·回疆則例》,以及《清代各部院則例》(香港:蝠池書院,2004年),卷1,以及(清)賽尚阿等編纂,《欽定回疆則例》,卷1,收入張羽新,趙曙青主編,《清朝治理新疆方略匯編》(北京:學苑出版社,2006年),冊17,三書可能是影印自同一刊刻本道光二十二年(1842)所修,烏什皆缺頁十二而未列,因此另外參考咸豐年間所修《理藩院修改回疆則例》,卷1,頁25-27,收入姜亞沙、經莉、陳湛綺主編,《理藩院公牘則例三種》(二),頁55-59。

資料來源：

1. （清）賽尚阿等修，《欽定回疆則例》，卷 1，頁 1-22，收入中國社會科學院中國邊疆史地研究中心主編，《蒙古律例・回疆則例》。
2. （清）托津等編纂，《欽定回疆則例》頁 1-21，收入天龍長城文化藝術公司編，《新疆史志》，第二部，冊 11，頁 53-94。
3. （清）傅恒等奉敕撰，《欽定皇輿西域圖志》，冊 4，卷 30，官制 2，頁 8-11。
4. 《理藩院修改回疆則例》，卷 1，頁 25-27，收入姜亞沙、經莉、陳湛綺主編，《理藩院公牘則例三種》（二），頁 55-59。

第二節　回疆各城伯克設置種類與數量

一、伯克設置種類

　　回疆是由阿奇木伯克等各職位之伯克負責，直接管理內政、經濟、外藩管理等各項事務，再由清廷派遣的駐箚大臣直接管理伯克。各城伯克除了吐魯番只設五品及六品伯克之外，其他各城伯克皆有三、四品至七品伯克的設置。各城設置伯克的種類多寡，雖各有異，但基本上，大多設有阿奇木伯克、伊什罕伯克、噶雜那齊伯克，商伯克、密喇布伯克、密圖瓦里伯克、哈資伯克、訥布克伯克，以及明伯克。

　　回疆伯克職稱、品級及數量，本非定數，是隨各城需要調整變動，因此在文獻上，仍保留伯克職稱，卻無該伯克之職位，如哈什伯克職掌與承辦採玉事務有關，《欽定回疆則例》在嘉慶年初次修撰時，列為和闐城額設伯克，但因道光元年（1821）暫停貢玉，道光年修改的《欽定回疆則例》版本卷二伯克職掌仍照列，

然而和闐額設之伯克，則不再有哈什伯克缺。[30]

　　清朝在回疆設置伯克職稱統計，各文獻也都有所差異，參考佐口透的統計是以乾隆朝為主，有乾隆三十七年（1772）編纂《回疆志》（《新疆回部志》）列有二十七種，乾隆四十二年（1777）之《西域聞見錄》有十九種，乾隆四十七年（1782）編纂的《欽定皇輿西域圖志》有三十一種，《西域同文志》則為有二十六種，以嘉慶十九年（1814）原修之《欽定回疆則例》滿文本列為三十一種。[31]林恩顯的研究以嘉慶朝為主的志書，嘉慶年版《回疆則例》列三十二種、《回疆通志》列二十六種、《嘉慶重修一統志》列二十九種，共計列出三十五種伯克。[32]

　　以乾隆朝所列各書，以《欽定皇輿西域圖志》所列保留較多準噶爾統治時期的伯克名稱。《欽定回疆則例》數量雖與《欽定皇輿西域圖志》相同，但都管伯克、多博伯克、克圖瓦爾伯克、鄂克他克奇伯克是《欽定皇輿西域圖志》列，而《欽定回疆則例》未列，依爾哈齊伯克、阿爾屯伯克、密斯伯克、喀魯爾伯克等，則是《欽定回疆則例》、《回疆志》列，但《欽定皇輿西域圖志》未列。若以林恩顯所列嘉慶年版《欽定回疆則例》有三十二種[33]，與乾隆朝各志書相較，數量上雖比《欽定皇輿西域圖志》多一，但伯克職稱相同為二十八種，相異為七種；與《回疆志》數量多五，伯克職稱種類相同有二十六種，相異也是七種；與《嘉慶重修一統志》數量多三，但有二十八種相同，相差為五種，因此就

伯克職掌設置種類而言，嘉慶年版《欽定回疆則例》與完成於道光朝的《嘉慶重修一統志》較為接近。換言之，《回疆則例》的伯克內容整體上，雖仍保有乾隆朝初設至嘉慶朝的大部分樣貌，但已接近於道光初年的設置，也顯現伯克曾有的發展與變化。

若比對各城實際所設伯克，在道光年版《欽定回疆則例》卷一各城列有三十三種不同職位的伯克，嘉慶年版列有三十五種，較道光年版多哈什伯克及都貝伯克兩種。但道光年版三十三種伯克職稱，在卷二伯克職掌所列三十一種伯克，僅有二十六項相同，嘉慶年版三十五種，在伯克分任管理事務的三十一項，也僅有二十八項相同。而都爾噶伯克、巴咱爾伯克、伊爾哈齊、喀魯爾四種伯克，嘉慶年版及道光年版《欽定回疆則例》皆列於伯克職掌內，但在各城卻未實際設置。然而，就乾隆朝永貴及舒赫德所接續撰寫完成於乾隆三十七年（1772）之《回疆志》（《新疆回部志》），除了巴咱爾伯克未列外，其他三種伯克皆有，對照二人在新疆的資歷，永貴在烏什事件後，於乾隆三十年（1765）至三十三年（1768）出任烏什參贊大臣，乾隆三十三年（1768）至三十五年（1770）出任伊犁將軍，舒赫德則接續其工作，於乾隆三十三年（1768）至三十六年（1771）間，出任烏什參贊大臣，再於乾隆三十六年（1771）至三十八年（1773）出任伊犁將軍，呈現這段時間作為回疆及新疆最高官員，對回疆伯克設置所作的第一手觀察資料，推測回疆應有某些城曾設置過這三種伯克的職位，後因事務裁改不再設置，但就如同哈什伯克般，被保留於伯克職掌部分。綜合嘉慶年版及道光年版《欽定回疆則例》各城實設之伯克職位，及列有職掌的伯克職稱，共有三十九種伯克。

二、伯克數量及變化

各時期伯克總數，以乾隆三十年（1765）之前最多，有三百

五十四位。乾隆三十一年（1766）至道光十年（1830）之前，為三百二十五位，少了二十九位伯克，道光年間增為三百二十九人。在《欽定回疆則例》內，對於葉爾羌、喀什噶爾、英吉沙爾、和闐、烏什五城皆有「額設」二字，文末皆列說明「以上各缺如有因時制宜，隨時於例外添裁移設者，與年終該城大臣報院源流冊籍參看」[34]，表示這五城伯克的職缺數量或職稱，可依當地實際需求，隨時添加、裁撤與移設，即便設置一段時間後發現無應辦事項，地方大臣也可以再奏請裁撤，只要在年終由該城大臣報至理藩院在源流冊籍中參看即可，顯現清朝給予回疆西部各城較多的彈性調整與因應空間。

實務上，這樣的彈性在其他各城也可適用，如在乾隆二十九年（1764）六月，庫車辦事大臣鄂寶奏稱，新疆甫定時，設有總管臺站六品伯克，令其管束臺站官兵回人，而今官兵回人言語已漸可相通，若有鬥毆小事等，直接由各臺站筆帖式處理，伯克已無應辦之事，因此建議裁撤，高宗准予所請，並要各回城總管臺站伯克配置重新檢視，若無事則一體裁撤，若需有人辦事，仍准存留，不必拘泥，各回城駐劄大臣查明後再行具奏。[35]這是清朝對於伯克設置的因應變化機動調整的彈性，各朝亦秉此原則，依實際需求可隨時上奏增減。

回疆伯克最高為三品，最低為七品，其中六至七品伯克，在乾隆至道光年《回疆則例》修定前，需經回疆參贊大臣驗看，修

---

[34] （清）賽尚阿等修，《欽定回疆則例》，卷 1，頁 1-22；中國第一歷史檔案館編，《乾隆朝滿文寄信檔譯編》，冊 5，646 條，乾隆二十九年六月十四日，奉上諭；《理藩院修改回疆則例》，卷 1，頁 25-27，收入姜亞沙、經莉、陳湛綺主編，《理藩院公牘則例三種》（二），頁 55-59。

[35] （清）傅恒等，《平定準噶爾方略續編》，卷 25，頁 25，乾隆二十九年六月壬辰，諭軍機大臣，收入張羽新、趙曙青主編，《清朝治理新疆方略匯編》，冊 7，頁 71；中國第一歷史檔案館編，《乾隆朝滿文寄信檔譯編》，冊 5，646 條，乾隆二十九年六月十二日，奉上諭。

定後的道光年版，則由駐箚大臣決定。三至五品阿奇木伯克等伯克，則由各城駐箚大臣提報具應選資格者，再由回疆參贊大臣擬正、陪名單上奏。不過較為特別有兩個部分，仍維持與嘉慶年版相同，凡為葉爾羌、喀什噶爾、阿克蘇三城阿奇木伯克出缺，各城駐箚大臣需為應調者出具考語，列出該伯克之祖輩、父親等家族，曾有的勞績及世襲爵秩，奏請補放；喀什噶爾所屬玉斯圖阿爾圖什莊、阿爾琥莊、烏帕勒莊之六品阿奇木伯克仍要請旨調放。[36]

　　換言之，三至五品伯克及所有阿奇木伯克的補放權，直屬於中央掌控。伯克的掌控數量，中央直接任命的大約佔百分之二十六左右，等於握有回疆四分之一多的補放權，皆屬於各城高階伯克。至於六至七品伯克的任命，則由各城駐箚大臣自行決定，年終再由回疆參贊大臣集中造冊報備給理藩院，其掌控伯克任命權佔回疆伯克總數的百分之七十三左右，大約占伯克總數的四分之三。儘管品秩較高的三至五品伯克及阿奇木伯克，表面上雖由中央直接掌控，但上奏補放正、陪名單的提名權，皆由回疆地方大臣即各城辦事大臣或領隊大臣，及回疆參贊大臣所掌握。皇帝雖有權不選擇駐箚大臣提供的人選，也可以直接任命屬意之人選，但實務上，這樣的情形畢竟較少。伯克升遷實則集中掌握於極少的回疆地方大臣之手，且越是高階的伯克，名額越有限的情況下，想要晉升為回疆社會統治階級者，伯克對於駐箚大臣的禮遇與駐箚大臣對伯克的需索，似乎很難避免，也成了伯克制度弊端的重要根源。請見表 5-3 嘉慶年版、道光年版《欽定回疆則例》各城伯克品級數量表。

　　由於道光年張格爾事件後，回疆參贊大臣移駐葉爾羌。道光年版《欽定回疆則例》也由喀什噶爾改以葉爾羌城及所屬各城莊

---

[36] （清）賽尚阿等修，《欽定回疆則例》，卷 2，頁 11-13。

額設之伯克為首，因此本文以葉爾羌伯克職稱二十五種作為基準，即表 5-4 回疆各城設置伯克名稱及數量表列前二十五項，各城所設伯克職稱，皆由該表作增減。以此基準而觀，各城增加的伯克名稱有：喀什噶爾本城、烏什、阿克蘇柯勒坪、伊犁設有巴濟格爾伯克一種；和闐所屬克里雅勒城有採金伯克一種；阿克蘇、庫車、沙雅爾、庫爾勒、布古爾有採銅伯克一種；阿克蘇柯勒坪有道蘭伯克、管修理穆蘇爾嶺回子伯克、管驛伯克三種；庫爾勒、布古爾設玉資伯克一種；伊犁設色特爾伯克一種。因此各城伯克職稱，總共有三十三種，即 26-33 項的斜體字部分，請見表 5-4 回疆各城設置伯克名稱及數量表，至於道光年版各城伯克額設各表請目 5-7 至 5-19 各表，全部列於本章最後，各城皆以葉爾羌的二十五種為基本表列，再增加斜體字則代表該城不同於他城的部分，如此將有一個基準的比較，了解各城伯克設置的差異。

表 5-4 回疆各城設置伯克名稱及數量表

伯克 城莊	1 阿奇木	2 伊什罕	3 噶雜那齊	4 商	5 密喇布	6 密圖瓦里	7 呼克雅拉克	8 帕提沙布	9 拉雅哈資	10 斯帕哈資	11 哈資	12 明	13 阿爾巴布	14 鄂爾沁	15 喀喇都管	16 都管	17 什琥勒	18 哲博	19 訥克布	20 密爾巴雜爾	21 塔噶喇木	22 默提色布	23 巴克瑪塔爾（勒）	24 雜布提瑪克塔普	25 色依特爾	26 巴濟格爾	27 採金	28 採銅	29 道蘭	30 管修理穆蘇爾嶺回子	31 管驛	32 玉資	33 色特爾
葉爾羌 合計 25-55 三-1 四-4 五-16 六-27 七-7	三-1 五-6 六-3	四-1 六-1	五-1	四-2 六-1	五-2 六-4	五-1 六-1	五-1	五-1 六-1	五-1	五-2	六-3 七-1	六-4 七-1	六-1 七-2	六-1 七-1	五-1 六-1	六-1	六-1	六-1	五-1 六-1			七-1	六-1	六-1	六-1 七-1								

伯克／城莊	1	2	3	4	5	6	7	8	9	10	11	12	13	14	15	16	17	18	19	20	21	22	23	24	25	26	27	28	29	30	31	32	33
	阿奇木	伊什罕	噶雜那齊	商	密喇布	密圖瓦里	呼克雅拉克	帕提沙布	拉雅哈資	斯帕哈資	哈資	明	阿爾巴布	鄂爾沁	喀喇都管	都管	什琥勒	哲博	訥克布	密爾巴雜爾	塔噶喇木	默提色布	巴克瑪塔爾（勒）	雜布提瑪克塔普	色依特爾	巴濟格爾	採銅	採金	道闐	管修理櫃蘇爾嶺回子	管驛	玉資	色特爾
喀什噶爾 合計12-60	三-1 四-1 五-6 六-3	四-1	四-1	四-2	五-1 六-7 七-1		六-1				五-1 六-1	六-4 七-22				六-1	六-1					六-1				六-1							
英吉沙爾 合計4-9	四-1		五-1		六-1 七-1							七-5																					
和闐 合計15-49	三-1 四-1	四-5	五-1	五-2	七-9	七-1		七-2			五-1 六-6	七-13			七-1	七-2	七-1		七-1							五-1							
烏什 合計																																	

城莊＼伯克	1 阿奇木	2 伊什罕	3 噶雜那齊	4 商	5 密喇布	6 密圖瓦里	7 呼克雅拉克	8 帕提沙布	9 拉雅哈資	10 斯帕哈資	11 哈資	12 明	13 阿爾巴布	14 鄂爾沁	15 喀喇都管	16 都管	17 什琥勒	18 哲博	19 訥克布	20 密爾巴雜爾	21 塔噶喇木	22 默提色布	23 巴克瑪塔爾提色	24 雜布提瑪克塔普（勒）	25 色依特爾	26 巴濟格爾	27 採銅	28 採金	29 道闌	30 管修理穩蘇爾嶺回子	31 管驛	32 玉資	33 色特爾
8-12																																	
四-1	四1																																
五-1			五-1																														
六-2				六-1							六-1																						
七-8					七-2							七-4				七-1										七-1							
烏什事件前原設合計 11-38																																	
三-1	三-1																																
四-1		四-1																															
五-2			五1	五-1																													
六-6	六-5										六-1																						
七-23;5	七-1				七-7						七-5				七-1	七-6	七-1		七-1							七-1							
七未5	七未5																																
阿克蘇合計 19-46																																	
三-1	三-1																																
四-1			四-1																														
五-2				五-1	五-1																												
六-6	六-1										六-1															六-1				六-1	六-1	六-1	
七-36					七-7	七-1		七-1			七-1	七-15	七-1			七-3	七-2		七-1		七-1					七-3							

伯克＼城莊	1	2	3	4	5	6	7	8	9	10	11	12	13	14	15	16	17	18	19	20	21	22	23	24	25	26	27	28	29	30	31	32	33
	阿奇木	伊什罕	噶雜那齊	商	密喇布	密圖瓦里	呼克雅拉克	帕提沙布	拉雅哈資	斯帕哈資	哈資	明	阿爾巴布	鄂爾沁	喀喇都管	都管	什琥勒	哲博	訥克布	密爾巴雜爾	塔噶喇木	默提色布	巴克瑪塔爾（勒）	雜布提瑪克塔普	色依特爾	巴濟格爾	採銅	採金	道爾	管修理櫃蘇爾嶺回子	管驛	玉資	色特爾
賽哩木　合計6-6																																	
三-1	三-1																																
四-1		四-1																															
五-1			五-1																														
六-1											六-1																						
七-2					七-1							七-1																					
拜城　合計6-6																																	
四-1	四-1																																
五-1		五-1																															
六-1			六-1																														
七-3					七1						七-1	七-1																					
庫車　合計14-19																																	
三-1	三-1																																
四-1		四-1																															
五-2			五-1	五-1																													
六-1											六-1																						
七-14					七-2	七-1		七-1					七-3	七-1			七-3			七-1			七-1					七-1					

伯克＼城莊	1 阿奇木	2 伊什罕	3 噶雜那齊	4 商	5 密喇布	6 密圖瓦里	7 呼克雅拉克	8 帕提沙布	9 拉雅哈資	10 斯帕哈資	11 哈資	12 明	13 阿爾巴布	14 鄂爾沁	15 喀喇都管	16 都管	17 什琥勒	18 哲博	19 訥克布	20 密爾巴雜爾	21 塔噶喇木	22 默提色布	23 巴克瑪塔爾（勒）	24 雜布提瑪克塔普	25 色依特爾	26 巴濟格爾	27 採銅	28 採金	29 道闌	30 管修理穗蘇爾嶺回子	31 管驛	32 玉資	33 色特爾
沙雅爾 合計 9-11 三-1 四-1 五-2 六-1 七-6	三-1	四-1	五-1	五-1	七-2						六-1	七-2				七-2												七-1					
庫爾勒 合計 7-10 三-1 四-1 五-1 六-1 七-6	三-1	四-1	五-1	五-1	七-1						六-1																	七-1				七-4	
布古爾 合計 9-10 三-1 四-1 五-1 六-1 七-6	三-1	四-1		五-1	七-1						六-1	七-1							七-1									七-1				七-2	
吐魯番 合計 ?-10 五-3 六-7																																	

伯克 城 莊	1 阿奇木	2 伊什罕	3 噶雜那齊	4 商	5 密喇布	6 密圖瓦里	7 呼克雅拉克	8 帕提沙布	9 拉雅哈資	10 斯帕哈資	11 哈資	12 明	13 阿爾巴布	14 鄂爾沁	15 喀喇都管	16 都管	17 什琥勒	18 哲博	19 訥克布	20 密克喇木	21 塔爾巴雜爾	22 默提色布	23 巴克瑪塔爾（勒）	24 雜布提瑪克塔普	25 色依特爾	26 巴濟格爾	27 採銅	28 採金	29 道闐	30 管修理穆蘇爾嶺回子	31 管驛	32 玉資	33 色特爾
伊犁 合計 12-26-30																																	
三-1	三-1																																
四-1			四-1																														
五-4				五-2	五-2																												
六-10						六-7					六-1						六-1									六-1							
七-10								七-1				七-7						七-1															七-7

註　釋：

1. 各城伯克數主要依道光 22 年 4 月 30 日版本為準，即據（清）賽尚阿等修，《欽定回疆則例》卷一為準。

2. 伊犁伯克數，依各品級及職稱所列總數應為二十六人，但《欽定回疆則例》則寫共三十缺。

3. 烏什城額設阿奇木伯克等官在中國社會科學院中國邊疆史地研究中心主編，《欽定回疆則例》，卷 1，以及《欽定回疆則例》，收入《清代各部院則例》（香港：蝠池書院，2004 年），冊 9，以及《欽定回疆則例》，卷 1，收入張羽新，趙曙青主編，《清朝治理新疆方略匯編》（北京：學苑出版社，2006 年），冊 17，三書可能是影印自同一版本，或是原刊刻本有缺漏，皆缺頁十二烏什城部分，因此另外參考咸豐年間所修《理藩院修改回疆則例》，卷 1，頁 25-27，收入姜亞沙、經莉、陳湛綺主編，《理藩院公牘則例三種》（二），頁 55-59。

資料來源：

1. （清）賽尚阿等修，《欽定回疆則例》，卷 1，頁 1-22。

2. （清）托津等編纂，《欽定回疆則例》，卷1，頁1-21，收入天龍長城文化藝術公司編，《新疆史志》，第二部，冊11，頁53-94。

3.《理藩院修改回疆則例》，卷1，頁1-47，收入姜亞沙、經莉、陳湛綺主編，《理藩院公牘則例三種》（二），頁55-59。

4. （清）傅恒等奉敕撰，《欽定皇輿西域圖志》，冊4，卷30，官制2，頁8-9。

　　道光年版《欽定回疆則例》各城伯克種類，以數量多寡之排列序為：葉爾羌二十五種最多，其次為阿克蘇十九種、和闐十五種、庫車十四種、喀什噶爾及伊犁皆為十二種、沙雅爾及布古爾皆為九種、烏什八種、庫爾勒七種、賽哩木及拜城各有六種、英吉沙爾四種為最少，吐魯番因扎薩克制較為特殊，只列駐箚吐魯番、哈喇庫勒、哈喇霍碩三地所需五品及六品伯克缺額，未列伯克職稱。

　　各城所列伯克職缺，依其數額高至低排列為：喀什噶爾六十缺、葉爾羌五十五缺、[37]和闐四十九缺、阿克蘇四十六缺、庫車十九缺、烏什十二缺、沙雅爾十一缺、庫爾勒十缺、布古爾十缺、英吉沙爾九缺、賽哩木六缺、拜城六缺、吐魯番十缺；其中要說明的，伊犁伯克實為二十六位伯克缺，《欽定回疆則例》伊犁則在總數計三十缺，但筆者合計所列各缺實為二十六缺，因此伯克數總計，《欽定回疆則例》所列缺共三百三十三缺，但實際為三百二十九缺，原則上本文仍以三百二十九位為計。請見表5-5道光年版《欽定回疆則例》各城伯克品級數量簡表。

---

[37] 葉爾羌所屬玉拉里克地方六品伯克一缺塔克六品伯克一缺，六品伯克缺未指名，另一個是塔克六品伯克一缺，這兩缺在則例統計皆列入六品二缺，查對咸豐年修改的《理藩院修改回疆則例》亦然；《欽定皇輿西域圖志》，卷30，乾隆二十八年（1763）葉爾羌所設伯克內，玉拉里克可能即裕勒阿里克，當時設六品阿奇木伯克一員，塔克可能是塔克布伊，亦是設六品阿奇木伯克一員，因此這二缺列入阿奇木伯克計算。

表 5-5 道光年版《欽定回疆則例》各城伯克品級數量簡表

	三　　品	四　　品	五　　品	六　　品	七品	合　　　　計
葉爾羌	1 一奇	4	16 六奇	27 一奇	7	55　　八奇
喀什噶爾	1 一奇	5 一奇	8 六奇	23 三奇	23	60 十一奇
英吉沙爾		1 一奇	1	1	6	9　　一奇
和闐	1 一奇	6 五奇	5	6	31	49　　六奇
烏什		1 一奇	1	2	8	12　　一奇
阿克蘇	1 一奇	1	2	6 一奇	36	46　　二奇
賽哩木	1 一奇	1	1	1	2	6　　一奇
拜城		1 一奇	1	1	3	6　　一奇
庫車	1 一奇	1	2	1	14	19　　一奇
沙雅爾	1 一奇	1	2	1	6	11　　一奇
庫爾勒	1 一奇	1	1	1	6	10　　一奇
布古爾	1 一奇	1	1	1	6	10　　一奇
吐魯番			3	7		10
伊犁	1 一奇	1	4	10	10	30/26 一奇
合計	10 十奇	25 九奇	48 十二奇	88 五奇	158	333/329 三十六奇
總計	中央掌控 三-五品伯克計 83 三十一奇			屬地方大臣 六-七品伯克246五奇		333/329 三十六奇

註　釋：

1. 奇：阿奇木伯克，1 代表一名，表示該城設伯克及阿奇木伯克總數，一奇表示該地及品級設一名阿奇木伯克。
2. 葉爾羌所屬玉拉里克地方:原文「六品伯克一缺塔克六品伯克一缺」，六品伯克缺未指名，可能是校對時缺漏伯克職稱，另一個是六品塔克伯克一缺，則例最後統計也將此二缺列入，查對咸豐年修改的《理藩院修改回疆則例》亦然。
3. 伊犁伯克數，依各品級及職稱所列總數應為二十六人，但《欽定回疆則例》則寫共三十缺。
4. 烏什城額設阿奇木伯克等官在中國社會科學院中國邊疆史

地研究中心主編，《欽定回疆則例》，卷 1，以及《欽定回疆則例》，收入《清代各部院則例》（香港：蝠池書院，2004 年），冊 9，以及《欽定回疆則例》，卷 1，收入張羽新，趙曙青主編，《清朝治理新疆方略匯編》，冊 17，三書可能是影印自同一版本，或是原刊刻本有缺漏，皆缺頁十二烏什城部分，因此另外參考咸豐年間所修《理藩院修改回疆則例》，卷 1，頁 25-27，收入姜亞沙、經莉、陳湛綺主編，《理藩院公牘則例三種》（二），頁 55-59。

資料來源：

1. （清）賽尚阿等修，《欽定回疆則例》，卷 1，頁 1-22。
2. 《理藩院修改回疆則例》，卷 1，頁 1-47，收入姜亞沙、經莉、陳湛綺主編，《理藩院公牘則例三種》（二），頁 55-59。

　　伯克額設數量，若與各城人口數一起觀察，回疆各城回民人口統計，見表 5-1 回疆各城人口數表，除了英吉沙爾、布古爾、庫爾勒、吐魯番人口未計外，人數最高是喀什噶爾及葉爾羌，人口皆有六萬六千至六萬五千人多人，家戶平均人口數為四點七人及四點二人，是回疆各城最高。這二城伯克缺額也最多，分別為六十名及五十五名，但伯克的種類卻未與人口數成正比，如葉爾羌種類最多，而阿克蘇人口排第四名有二萬四千六百零七人，伯克缺額也是第四高，但其種類卻為十九項，是排名第二多。同樣是二萬多人的伊犁，只有十二種，而人口最多的喀什噶爾，也是十二種。這可能與阿克蘇有採銅及三個獨特的伯克名稱道蘭伯克、管修理穆蘇爾嶺回子、管驛外，又與其物產、礦產較豐，農、商多方發展有關，以致貢賦類別，也較其他各城多些，共計為九項有：額徵糧、額賦普爾、額徵布、額徵紅銅、額徵硫磺、額徵鉛、民蓋舖房、商稅、土貢梨等，伯克種類也因應而增。[38]

　　儘管喀什噶爾兩次人口統計，戶數減少一千四百五十戶，但

---

[38] （清）傅恒等奉敕撰，《欽定皇輿西域圖志》，冊 4，卷 33，屯政 2，頁 19-21，以及卷 34，貢賦，頁 18-20。

人口反而是增加一萬五千八百七十三人，和闐減少一百九十六戶，人口卻也增加一千九十三人，賽里木減了四十九戶，人口相對減少五十三人，三城減少的戶數，與烏什事件後，烏什人口幾乎滅淨，乾隆三十二年（1767），由各城遷入七百零八戶有關，這也顯示回疆在事年後的二十年間，各城人口也自然成長四萬一千多人。[39]

　　以十三城編制大小而言，從《欽定回疆則例》卷一稱呼各城，就有所差別，如葉爾羌、喀什噶爾、英吉沙爾、和闐稱為城，又有所屬城村。《欽定回疆則例》載「**葉爾羌本城及所屬各城莊額設阿奇木伯克等官**」，伯克設本城及所屬各城莊，即以地方稱之，如葉爾羌本城之外，尚有所屬二十個地方，哈爾噶里克地方、舒克舒地方、鄂坡爾地方、托果斯牽地方、坡斯坎木地方、色呼庫勒地方、霍什拉木地方、派斯牽地方、桑珠地方、伊墾蘇拉斯地方、密沙爾地方、巴爾楚克地方、玉拉里克地方、喇布齊地方、鄂通楚魯克地方、塔哈爾齊地方、奎里鐵木地方、卡拉木地方、塔哈爾莫克里特地方、察特西林地方。[40]

　　「**喀什噶爾、英吉沙爾城及所屬各城莊額設阿奇木伯克等官**」，喀什噶爾包括本城及其所屬地方有十七處，即派蘇巴特地方、罕愛里克地方、伯什克呼木地方、阿斯圖阿爾圖什地方、和勒布依地方、察拉根地方、塔斯渾地方、塔什密哩克地方、玉斯圖阿爾圖什地方、霍爾罕地方、阿爾琥地方、賽哩滿地方、托古薩克地方、烏帕勒地方、阿爾瓦特地方、穆什蘇魯克地方、岳普爾琥地方；英吉沙爾本城及其所屬地方有特比斯地方、賽哩克地

---

[39]（清）傅恒等奉敕撰，《欽定皇輿西域圖志》，冊 4，卷 34，頁 17；（清）慕璋撰，《新疆回部紀略》，收入張羽新、趙曙青主編，《清朝治理新疆方略匯編》，冊 22，頁 133。
[40]（清）賽尚阿等修，《欽定回疆則例》，卷 1，頁 1-4。

方二處。[41]

「和闐城及所屬各城村額設阿奇木伯克等官」，和闐城及所屬各城村，和闐設有六城即哈喇哈什城、克里雅勒城、玉瓏哈什城、塔克伊犁齊城等四城，各下設四至二村，另外策呼城、塔克努拉城二城之下，則未再設村。[42]

「烏什、阿克蘇城設阿奇木伯克等官」，亦明載具有城級。其餘賽哩木、拜城、庫車、沙雅爾、庫爾勒、布古爾、吐魯番、伊犁等各城，僅寫如「賽哩木設阿奇木伯克等官」，代表其規模較小。

以表 5-1 回疆各城人口數表相對照，以乾隆四十七年（1782）之前的人口統計，回疆十三城回民人口統計，除了英吉沙爾、布古爾、庫爾勒、吐魯番人口未計外，共計二十六萬二千零七十八人。其中葉爾羌、喀什噶爾、和闐的人口佔回疆總人口數的百分之六十七，又位居回疆的最西邊，皆是邊境大城。[43]為因應戰亂及人口變化，調整伯克品級及設置，保有伯克設置及職掌內容的彈性，以符合因時制宜的變化。賽哩木、拜城、庫車、沙雅爾的人口數僅四千多至一千多人，僅佔回疆百分之三點六的人口數。

伊犁雖在北疆，但乾隆年間自回疆遷移回眾前往耕種，在乾隆二十五年（1760）四月，伊犁屯田回人有一千戶，且陸續發往，因此高宗依回疆參贊大臣舒赫德所奏，設三品阿奇木伯克一員，由吐魯番郡王額敏和卓之子茂薩補授，仍以公品級管事，至於其他四品以下伯克由阿桂所帶之回人中選補，共設四品伊什罕伯克至六品六品密喇布伯克十五員，五品以上伯克令戴孔雀翎，六品

---

[41] （清）賽尚阿等修，《欽定回疆則例》，卷 1，頁 5-8。

[42] （清）賽尚阿等修，《欽定回疆則例》，卷 1，頁 9-12。

[43] （清）傅恒等奉敕撰，《欽定皇輿西域圖志》，冊 4，卷 33，屯政 2，頁 13-14、19-21。

伯克令戴藍翎。[44]乾隆二十九年（1764）四月，已有三千二十戶回人遷往伊犁，皆由阿奇木伯克茂薩管理，至於伊犁亦有來自陝甘乾旱被災的回民，及涼州、莊浪等地官兵移駐，高宗有鑒於兵民雜處案牘繁雜，決定另設理事同知，揀選通曉蒙古語者擔任，薪俸以烏魯木齊同知之例支給。[45]顯現清廷依俗管理多元民族，採取其適合方式的一貫政策。

第三節　伯克設置數量的變化

一、吐魯番安置回眾設伯克管理

　　高宗平定回疆後，也陸續安置吐魯番回人由肅州遷回，羅卜淖爾回眾及莽噶里克等所管回人於闢展等處，並設有伯克加以管理。但《欽定回疆則例》卷一回疆十三城伯克，僅有吐魯番，只列各處需要的伯克品級及缺額，未如其他各城具有伯克職稱。吐魯番、羅卜淖爾回眾及莽噶里克僅設伯克管理，計有五品伯克三缺及六品伯克七缺，共計十缺，但是在《欽定皇輿西域圖志》闢展部分，也僅列分駐羅布淖爾五品伯克三名，六品伯克七名，同

---

[44]（清）托津等編纂，《欽定回疆則例》，卷3，頁18，收入天龍長城文化藝術公司編，《新疆史志》，第二部，冊11，頁231；（清）傅恒等，《平定準噶爾方略續編》，卷2，頁5-6，乾隆二十五年四月戊子，諭軍機大臣，收入張羽新、趙曙青主編，《清朝治理新疆方略匯編》，冊6，頁339。

[45]（清）傅恒等，《平定準噶爾方略續編》，卷25，頁4-5，乾隆二十九年四月庚子，伊犁將軍明瑞等奏。張羽新、趙曙青主編，《清朝治理新疆方略匯編》，冊7，頁66；（清）傅恒等，《平定準噶爾方略續編》，卷26，頁11-12，乾隆二十九年八月辛巳，上諭大學士、軍機大臣，收入張羽新、趙曙青主編，《清朝治理新疆方略匯編》，冊7，頁76；（清）傅恒等，《平定準噶爾方略續編》，卷26，頁14-15，乾隆二十九年八月丙戌，陝甘總督楊應琚奏、軍機大臣議奏，收入張羽新、趙曙青主編，《清朝治理新疆方略匯編》，冊7，頁76。

樣是十名。這應與吐魯番因扎薩克制，只設伯克而不設阿奇木伯克總管該城，是較為特別的。由於涉及回人安置及伯克管理，亦列入本文討論。

　　乾隆二十六年（1761）二月，高宗同意，原於雍正四年（1726）因準噶爾侵擾，遷至肅州威魯堡安插的吐魯番回人，已有二百五十戶，共一千五十多人，承種熟地有一萬五千三百六十多畝，因新疆已入清廷版圖，老者思歸於吐魯番，陝甘總督楊應琚因而會晤額敏和卓，決定於當年秋收，由千戶長珈如拉及百戶長額明和卓二人率領回至吐魯番，由二人中擇一授為伯克，另一為副，安置於闢展、吐魯番可耕地。高宗在乾隆二十六年（1761）四月諭示，闢展係官為開墾，不便無故賞給，因此將闢展、托克三及喀喇和卓等地，遷移兵丁閒曠之地畝，賞給肅州遷回者耕種，嗣後官穀四千石要如數交納，不可如前虧缺。[46]

　　到了乾二十六年（1761）七月，已近搬移之際，高宗同意軍機大臣奏議，將八月要遷居吐魯番的回人，咖如拉帶領魯克察克有千戶，安置於闢展之連木齊裁墾的熟地六千畝；闢展、洋赫二處有熟地一千多畝等地，則由伊明和卓率領的百戶安置於此。而咖如拉及額明和卓俱授為五品伯克，將回眾們公推的瑪瑪古爾班、呼岱巴爾氏授為六品副伯克，管轄回眾及糧租收稅事宜。[47]乾

---

[46] （清）賽尚阿等修，《欽定回疆則例》，卷1，頁1-22；（清）托津等編纂，《欽定回疆則例》，卷1，頁1-21，收入天龍長城文化藝術公司編，《新疆史志》，第二部，冊11，頁53-94；（清）傅恒等，《平定準噶爾方略續編》，卷10，頁7-9，乾隆二十六年正月甲午，陝甘總督楊應琚奏，收入張羽新、趙曙青主編，《清朝治理新疆方略匯編》，冊6，頁404-405；（清）傅恒等，《平定準噶爾方略續編》，卷11，頁5-6，乾隆二十六年四月辛巳，諭軍機大臣，收入張羽新、趙曙青主編，《清朝治理新疆方略匯編》，冊6，頁412。

[47] 額明和卓，因音譯又稱為伊明或義明和卓，（清）傅恒等，《平定準噶爾方略續編》，卷12，頁20-21，乾隆二十六年七月辛亥，軍機大臣奏，收入張羽新、趙曙青主編，《清朝治理新疆方略匯編》，冊6，頁423。

隆二十六年（1761）八月，高宗因吐魯番額敏和卓第三子鄂羅木咱卜辦理游牧，約束屬人有功，而賞其二品頂戴孔雀翎，以示鼓勵。[48]

　　乾隆二十七年（1762）三月，闢展辦事郎中德爾格為遷居的回人管理歸屬作出安排，先將屯田兵由五百人裁汰二百四十名遣回本營，所遺的地畝由吐魯番額敏和卓所屬一百五十三戶全歸闢展，咖如拉所屬八十七戶歸連木齊，以利管理，每戶給田五十畝。[49]同年，九月收成時，闢展伯克額明和卓，連木齊安插伯克咖如拉，以及吐魯番回眾三處共穀石一萬四千一百七十五石，以屯田回人承佃十分取一，應交官糧為一千四百十七可五斗五升，再加上額敏和卓及威魯堡遷移回人，應交官糧每年可得四千四百五十餘石，而當地駐箚官兵及往來人等所需，僅一千四百石即可，糧食供應是相當充足，反而是需要良好的存貯和及時出糶。[50]

　　另有羅卜淖爾回眾安置事宜，亦增設伯克管理。清廷在乾隆二十四年（1759）平定回疆的過程，由尚書公阿里袞收服了羅卜淖爾回人兩個部落，一為喀喇庫勒，一為喀喇和卓，又分為五處。喀喇庫勒只一個伯克管理，難以約束周全，喀喇和卓五處各一位和卓，彼此不相統屬，二部落共有一百八十三戶，一千七十一人，當時回疆未定，暫交額敏和卓管轄，他們每年交納哈什翎百枝，海倫九張。乾隆二十六年（1761）八月，回疆參贊大臣舒赫德奏

[48]（清）傅恒等，《平定準噶爾方略續編》，卷 13，頁 3-4，乾隆二十六年八月癸酉，諭軍機大臣，收入張羽新、趙曙青主編，《清朝治理新疆方略匯編》，冊 6，頁 426。

[49]（清）傅恒等，《平定準噶爾方略續編》，卷 16，頁 1-2，乾隆二十七年三月甲午，闢展辦事郎中德爾格奏，收入張羽新、趙曙青主編，《清朝治理新疆方略匯編》，冊 6，頁 449。

[50]（清）傅恒等，《平定準噶爾方略續編》，卷 18，頁 27-28，乾隆二十七年九月丁丑，闢展辦事郎中德爾格奏，收入張羽新、趙曙青主編，《清朝治理新疆方略匯編》，冊 7，頁 15。

請安插，經軍機大臣奏准，應與回部各城俱設伯克方式一體辦理。以喀喇庫勒伯克哈什哈為總管伯克，喀喇和卓的五伯克內，則以率先歸附清廷的呢雅斯呼里，以及為人明白的伊帕勒為喀喇和卓總管伯克，皆授為五品伯克；舊有伯克三人沙特璊、呢雅斯什克、阿子納，以及眾人公舉新補協辦伯克三人，克什呼里、阿爾蘇、霍雅木巴勒氏，還有承辦賦役，熟悉道路的素布爾格，四人俱授為六品伯克，嗣後五品伯克出缺，由闢展大臣奏請補授，六品伯克缺出即行補授具奏即可。[51]

莽噶里克所管回人五百戶及額林哈畢爾噶沙之沙呼里烏默特所管回人七十四戶，皆是清廷平定回疆所收服，當時因無所統束，也暫時交由額敏和卓管理。回疆底定後，高宗在乾隆二十六年（1761）三月曾諭令由這五百戶內擇賢能者擔任伯克。[52]九月十三日參與大臣舒赫德前往闢展與闢展辦事大臣德爾格查辦安插回人之事，吐魯番公素賚璊呈稱，其父額敏和卓因不敷差遣管轄莽噶里克回人等，只能將一官報供其支給，舒赫德詢問莽噶里克等回人意願，皆不願歸原處，因此決定將莽噶里克回人五百多戶設四品伯克一員總管，五品伯克二員協辦，並有六品伯克五員作為分管，沙呼里所管回人七十四戶，則以沙呼里為五品總管，烏默特為六品伯克協辦，俱歸闢展大臣統轄。[53]乾隆二十七年（1762）三

---

[51] （清）傅恒等，《平定準噶爾方略續編》，卷13，頁18-20，乾隆二十六年八月辛丑，舒赫德奏，收入張羽新、趙曙青主編，《清朝治理新疆方略匯編》，冊6，頁430。

[52] （清）傅恒等編纂，《平定準噶爾方略續編》，卷10，頁12，乾隆二十六年三月丙午，參贊大臣舒赫德奏。見張羽新、趙曙青主編，《清朝治理新疆方略匯編》，冊6，頁406。

[53] （清）傅恒等編纂，《平定準噶爾方略續編》，卷14，頁1-2，乾隆二十六年十月丁卯，參贊大臣舒赫德奏，收入張羽新、趙曙青主編，《清朝治理新疆方略匯編》，冊6，頁433；〈德爾格〉條，清代檔案人名權威資料庫，臺北：國立故宮博物院圖書文獻處資料庫。

月，隨著額敏和卓及咖如拉所屬於肅州遷回安置於闢展及連木齊時，一起考量安插地，因而安排將闢展及連木齊兩地，尚餘的三千畝地，由素賚滿派給莽噶里克及沙呼里回人墾種。[54]闢展辦事郎中德爾格奉令額敏和卓所屬闢展、珈如拉所屬居連木沁，以及羅布淖爾回部二包括喀喇庫勒及喀喇和卓，皆歸額敏和卓管轄。[55]

　　儘管《清史稿》雖言吐魯番設阿奇木伯克管理回務，但在《欽定回疆則例》無論是嘉慶年版或是道光年版，皆未載於吐魯番設阿奇木伯克。[56]而同為扎薩克制的哈密也未設伯克，僅與吐魯番同樣各設旗務伯克協理旗務伯克二缺，出缺時由該扎薩克郡王於親丁子弟內揀選，保送該管大臣處，覆覈開具職名，咨報理藩院奏請簡放。[57]由於珈如拉所屬居連木沁，及羅布淖爾各伯克額數，皆計入吐魯番，仍依循慣例，只設品級伯克管理，不列伯克職稱。吐魯番所設伯克為吐魯番設六品伯克一員，吐魯番所屬之哈喇庫勒（喀喇庫勒）設五品及六品伯克各一缺，吐魯番所屬哈喇霍碩（喀喇和卓）設五品伯克二缺，六品伯克五缺，共計十缺。[58]吐魯番所屬二地即為羅卜淖爾回眾安置處，與《欽定皇輿西域圖志》所言相同，但有差異的是六品伯克其中一名，是屬於莽噶里克、沙呼里、自肅州遷回的吐魯番回人及咖如拉等，所設吐魯番六品伯克，而所有吐魯番伯克，則由扎薩克吐魯番郡王家族負責總管

---

[54]（清）傅恒等，《平定準噶爾方略續編》，卷16，頁1-2，乾隆二十七年三月甲午，闢展辦事郎中德爾格奏，收入張羽新、趙曙青主編，《清朝治理新疆方略匯編》，冊6，頁449。

[55]（清）松筠、徐松編纂，《欽定新疆識略》，卷3，頁79，收入張羽新、趙曙青主編，《清朝治理新疆方略匯編》，冊19，頁160。

[56]《清史稿》則言哈密設協辦旗務伯克，吐魯番設阿奇木伯克理回務，趙爾巽等撰，《清史稿》，冊9，卷76，頁2379。

[57]（清）賽尚阿等修，《欽定回疆則例》，卷3，頁4。

[58]（清）賽尚阿等修，《欽定回疆則例》，卷1，頁21；（清）托津等編纂，《欽定回疆則例》，卷1，頁20，收入天龍長城文化藝術公司編，《新疆史志》，第二部，冊11，頁91。

理。在檔案中,回疆各城伯克升遷流動,並未包括吐魯番各缺,但年班入覲,吐魯番伯克則與各城伯克一同前往。

二、烏什伯克設置的變化

　　根據《欽定皇輿西域圖志》所載,乾隆二十四年(1759),烏什原有伯克額設有十一種,三十八個職缺,[59]依據伯克設置數量與表 5-1 回疆各城人口數表各城比較,推估該城人口應有兩萬二千至兩萬人左右。與定邊將軍兆惠於乾隆二十三年(1758)九月所奏,霍集斯歸降清廷,當時招降烏什有五千戶,有二萬多人的人口數相當;[60]但以《大清會典》乾隆二十六年(1761)人口統計,烏什卻僅有二千九百六十七戶,一萬二千六百二十人,少了二千戶約七千多人,其中應包括被遷至伊犁開墾者。請見表 5-1 回疆各城人口數表。

　　乾隆二十四年(1759),烏什本城設有阿奇木伯克三品一位,及六品阿奇木伯克五位,七品阿奇木伯克一位,包含本城及分理的地方有十一處:哈喇和卓、闢展、魯克察克、托克三、連木齊、布干、洋赫、雅木什、森尼木、雅爾、罕都;分理之地的地名,有許多是吐魯番之地名,是源於康熙五十九年(1720)年間吐魯番頭目阿濟斯,在清廷勢力進入吐魯番時,歸順準噶爾,並將吐魯番之眾遷至喀喇沙爾,再遷至烏什,回眾們依其遷出之地作為其村名,以示不忘其本。烏什因而有哈喇和卓、闢展、魯克察克、托克三、連木齊、布干、洋赫、森尼木、雅木什等地名。阿濟斯

---

[59] (清)傅恒等奉敕撰,《欽定皇輿西域圖志》,冊 4,卷 30,頁 8-9;遷移烏什留吐魯番舊名,見《欽定皇輿西域圖志》,冊 5,卷 48,頁 14。

[60] (清)傅恒等編纂,《平定準噶爾方略正編》,卷 62,頁 11-13,乾隆二十三年九月庚戌,兆惠奏,收入張羽新、趙曙青主編,《清朝治理新疆方略匯編》,冊 6,頁 123-124。

死後，葬於阿克蘇，其子即為霍集斯，也是自稱圖爾璊阿奇木伯克，居於烏什，其兄阿卜都，其弟阿不都里木則居阿克蘇；霍集斯捉達瓦齊獻清廷有功。高宗顧忌霍集斯在回疆的勢力，藉入覲之機，於乾隆二十五年（1760）將霍集斯留在京師。[61]

　　就伯克的數量及種類而言，據《欽定皇輿西域圖志》記載，烏什額設的伯克種類有十一種，共計三十八個職缺，若以同時期所撰之《欽定西域同文志》內載，烏什官屬有人名及伯克名稱名統計，由於未如《欽定皇輿西域圖志》分本城及村莊，只作伯克種類及人數統計，同為三十八個職缺，但伯克職稱則少一種，計為十種。差別在於《欽定西域同文志》設七品都爾噶伯克七名，七品巴匝（咱）爾伯克一名，是《欽定皇輿西域圖志》未列，而《欽定皇輿西域圖志》則有七品喀喇都管伯克一名，都管伯克七品六名，七品巴濟格爾伯克一名，這三項《欽定西域同文志》卻無；但巧合的是喀喇都管伯克、都管伯克職務皆與臺站、驛館有關，且二者相加為七名，正好與《欽定西域同文志》七品都爾噶伯克七名相同，都爾噶為阿奇木伯克首領官，可能是與入覲照料侍衛一起在各臺站及驛館，協助年班入覲的伯克。在烏什事件後，喀喇都管伯克、都管伯克、都爾噶伯克這三項職位的伯克全部被裁撤。至於二書差別的巴匝爾伯克與巴濟格爾伯克，皆為七品一名，但以《欽定西域同文志》連同擔任巴匝爾伯克的人名，及職掌解釋同在一起的方式，可信度較高，表示確有人出任此伯克職位，也代表有此職稱。

---

[61]佐口透著，凌頌純譯，《十八-十九世紀新疆社會史研究》，上冊，頁 19-22、186-188；（清）傅恒等編纂，平定準噶爾方略正編》，卷 85，頁 11-14，乾隆二十五年二月戊子，舒赫德奏，收入張羽新、趙曙青主編，《清朝治理新疆方略匯編》，冊 6，頁 323；（清）傅恒等編纂，《平定準噶爾方略續編》，卷 1，頁 11，乾隆二十五年三月壬戌，諭軍機大臣，收入張羽新、趙曙青主編，《清朝治理新疆方略匯編》，冊 6，頁 332。

由烏什所設伯克職稱觀察，管理水利灌溉密喇布伯克占七名，各分理之地管刑名哈資伯克有五名，管兵馬冊籍遞送公文管驛站都管伯克占了六名，此已有十八名，且有布干、雅木什、森尼木、雅爾、罕都五地，各設七品伯克一名，但未明其伯克職稱，可見烏什伯克設置較有彈性，人口也以事農業生產者較多，並廣設驛站，是該城伯克設置特色。

乾隆三十年（1765），烏什事件發生後，清軍圍烏什城半載，高宗諭令任其餓死、剿殺，存者遷至伊犁，烏什兩萬多名回眾幾乎被誅戮淨盡，雖然高宗曾諭令霍集斯在烏什的侄子及親族一體免死，卻也可以說霍集斯家族在烏什的影響力，已被徹底剷除。[62] 全城人口既然幾乎誅盡，伯克也無人可管，因此烏什原有伯克設置本城及分理十一處之伯克職位，全部被撤除，但嘉慶年版《欽定回疆則例》對於烏什伯克設置因動亂事件，作大幅修改變情況，並未提及。

儘管烏什城原有人口已幾乎淨盡，良田地畝仍在。乾隆三十一年（1766）三月，由伊犁將軍明瑞及烏什辦事大臣永貴奏稱，清查烏什地畝足供六千戶人耕種，高宗指示各回城大臣調查若有無業回人，也願意前去烏什者，由伯克交給耕具、牲口、籽種等，以茲鼓勵。[63] 於是乾隆三十一年（1766）起，陸續由賽哩木及喀什噶爾等城遷回人移居烏什，[64]乾隆三十二年（1767），也有阿克蘇、葉爾羌、喀什噶爾、和闐各城回人遷入。以《新疆回部志》所載，在乾隆三十七年（1772）之前，有七百零八戶，人口為二千三百六十七人。[65]以《新疆回部紀略》記錄，至乾隆四十一年（1776），

---

[62] 《大清高宗純（乾隆）皇帝實錄》，卷736，頁6，乾隆三十年五月己卯，諭軍機大臣等。
[63] 《大清高宗純（乾隆）皇帝實錄》，卷757，頁2-3，乾隆三十一年三月丙戌，又諭。
[64] （清）傅恒等奉敕撰，《欽定皇輿西域圖志》，冊4，卷34，頁17。
[65] 永貴、舒赫德，《新疆回部志》養贍，收錄張羽新、趙曙青主編，《清朝治理

增加了一百一十四戶，乾隆四十五年（1780）又增加二十六戶，共八百四十八戶，其中三十八戶撥給伯克作燕齊。[66]不過這與《欽定回疆則例》卷三，乾隆三十三年（1768），軍機處議覆的三十六戶數量，相差二戶[67]。截至乾隆四十七年（1782）前，烏什遷入及成長家戶有八百二十二戶，三千一百五十八人。烏什人的田地，多被他城移入之回戶耕種，但仍有部分是為烏什原有居民，於乾隆四十七年（1782）六月，由布古爾阿奇木伯克瑪瑪達布拉及拜城阿奇木伯克阿拉瑚里等，向烏什辦事大臣綽克托呈稱，他們原為烏什所屬托克遜人，他們的祖墳及祖產田地在烏什東，經烏什阿奇木伯克邁瑪特阿普詳查確實，奏准賞還後，至於乾隆三十一年（1766）以來，已在其地耕種的阿克蘇回人兩戶，則另行擇地耕種。[68]

　　就烏什伯克數量及品級的變化而言，乾隆四十七年（1782）刊刻之《欽定皇輿西域圖志》內載，烏什伯克依人口配置，由原先十一種或是十種降為四種，僅設五品阿奇木伯克、六品哈子（資）伯克、七品明伯克及七品密喇布伯克各一員，應是烏什事件後所設的情形，種類不及原有的一半，伯克員額僅存四位，不到原有的九分之一。[69]嘉慶年版《欽定回疆則例》所載，阿奇木伯克品級，由原來的三品調降為五品，伯克的數量，也減降為事件前的一半，只存五種職稱，額數由三十八名大幅下降至八名，但已較事件結束十多年後，《欽定皇輿西域圖志》當時所載，又增設了稽查稅

新疆方略匯編》，冊 21，頁 457。

[66] （清）慕暲撰，《新疆回部紀略》，收入張羽新、趙曙青主編，《清朝治理新疆方略匯編》，冊 22，頁 133。

[67] 三十八戶作為伯克的燕齊，與《欽定回疆則例》，卷 3，乾隆三十二年軍機處議覆的三十六戶數量相差二戶。（清）慕暲撰，《新疆回部紀略》，收入張羽新、趙曙青主編，《清朝治理新疆方略匯編》，冊 22，頁 133；（清）托津等編纂，《欽定回疆則例》，卷 3，頁 27，收入天龍長城文化藝術公司編，《新疆史志》，第二部，冊 11，頁 249-250。

[68] 《大清高宗純（乾隆）皇帝實錄》，卷 1159，頁 17-18，乾隆四十七年六月辛卯，烏什辦事大臣綽克托奏。

[69] （清）傅恒等奉敕撰，《欽定皇輿西域圖志》，冊 4，卷 30，頁 8。

務之巴濟格爾伯克一位，也為伯克職稱種類多增一項，七品伯克則增加三名員額，共計明伯克為三位，喇密喇布伯克為兩位。[70]這也呈現 1782 年至 1815 年間，八十七年來的變化，包括烏什人口增長，耕地面積擴大，農產收入增加，需要加增管理回眾及水利灌溉的伯克，及增設農產收益賦稅的稽查伯克等。

烏什伯克數量及品級的再次改變，已至道光十一年（1831），揚威將軍長齡以烏什回務日增，奏准將烏什阿奇木伯克調升為四品，並增設五品伊什罕伯克、六品噶雜納齊伯克、七品都管伯克各一位，及明伯克一位，共計十二缺。[71] 請見表 5-6 烏什額設伯克變化表。

表 5-6 烏什額設伯克變化表

伯克／城莊	阿奇木	伊什罕	噶雜那齊	商	密喇布	密圖瓦里	克呼克雅拉克	帕提沙布	拉雅哈資	斯帕哈資	哈資	明	阿爾巴布	鄂爾沁	喀喇都管	都管	什琥勒	哲博	訥克布	密爾巴雜爾	塔噶喇木	默提色布	巴克瑪塔爾	雜布提瑪克塔普	色依特爾	巴濟格爾	都爾噶	巴匝爾
乾隆24年本城	三-1	四-1	五-1	五-1	七-1						六-1			七-1			七-1			七-1				*七-1*				
1 哈喇和卓	六-1				七-1									七-1		七-1												
2 闢展	六-1				七-1									七-1			七-1											

[70] （清）托津等編纂，《欽定回疆則例》，卷 1，頁 11，收入天龍長城文化藝術公司編，《新疆史志》，第二部，冊 11，頁 73-74。

[71] （清）傅恒等奉敕撰，《欽定皇輿西域圖志》，冊 4，卷 30，頁 8-9；（清）托津等編纂，《欽定回疆則例》，卷 1，頁 11，收入天龍長城文化藝術公司編，《新疆史志》，第二部，冊 11，頁 73；《理藩院修改回疆則例》，卷 1，頁 25-26，收入姜亞沙、經莉、陳湛綺主編，《理藩院公牘則例三種》（二），頁 56-57；（清）慕暲撰，《新疆回部紀略·回務》伯克養廉，收入張羽新、趙曙青主編，《清朝治理新疆方略匯編》，冊 22，頁 133。

伯克／城莊	阿奇木	伊什罕	噶雜那齊	商	密喇布	密圖瓦里	克呼克雅拉克	帕提沙布	拉雅哈資	斯帕哈資	哈資	明	阿爾巴布	鄂爾沁	喀喇都管	都管	什琥勒	哲博	訥克布	密爾巴雜爾	塔噶喇木	默提色布	巴克瑪塔爾	雜布提瑪克塔普	色依特爾	巴濟格爾	都爾噶	巴匝爾
3 魯克察克	六-1				七-1						七-1					七-1												
4 托克三	六-1				七-1						七-1					七-1												
5 洋赫	六-1				七-1											七-1												
6 連木齊	七-1				七-1						七-1					七-1												
7 雅木什	七-1未																											
8 雅爾	七-1未																											
9 森尼木	七-1未																											
10 罕都	七-1未																											
11 布干	七-1未																											
原烏什合計 10-38 三-1 四-1	三-1 四-1	三-1	四-1																									

伯克／城莊	阿奇木	伊什罕	噶雜那齊	商	密喇布	密圖瓦里	克呼克雅拉克	帕提沙布	拉雅哈資	斯帕哈資	哈資	明	阿爾巴布	鄂爾沁	喀喇都管	都管	什琥勒	哲博	訥克布	密爾巴雜爾	塔噶喇木	默提色布	巴克瑪塔爾	雜布提瑪克塔普	色依特爾	*巴濟格爾*	*都爾噶*	*巴匝爾*
五-2 六-6 七-22;6村《同文》	六-5 七-6村	五-1	五-1		七-7						六-1 七-5						七-1		七-1								*七-7*	*七-1*
原烏什合計 11-38 三-1 四-1 五-2 六-6 七-23;5村《西圖》	三-1 六-5 七-1 七村5	四-1	五-1	五-1	七-7						六-1 七-5				七-1	七-6	七-1		七-1							*七-1*		
烏什事件後 五-1 六-2 七-2《西圖》	五-1				七-1						六-1	七-1																
烏什事件後 5-8 五-1 六-1 七-6	五-1				七-2						六-1	七-3														*七-1*		

伯克／城莊	阿奇木	伊什罕	噶雜那齊	商	密喇布	密圖瓦里	克呼克雅拉克	帕提沙布	拉雅哈資	斯帕哈資	哈資	明	阿爾巴布	鄂爾沁	喀喇都管	都管	什琥勒	哲博	訥克布	密爾巴雜爾	塔噶喇木	默提色布	巴克瑪塔爾	雜布提瑪克塔普	色依特爾	*巴濟格爾*	*都爾噶爾*	*巴匝爾*
道光烏什合計 8-12 四-1 五-1 六-2 七-8	四-1	五-1	六-1		七-2						六-1	七-4				七-1										*七-1*		

註　釋：

烏什在《西域同文志》的伯克總數與《欽定皇輿西域圖志》（《西圖》）乾隆三十年（1765）以前相當，其中列有七位七品都爾噶伯克，職掌為阿奇木伯克之首領官，但未列明地方，因此無法上表統計，見（清）紀昀、陸錫熊、孫士毅 等纂，《西域同文志》，六，卷 12，頁 34-35，收入王雲五主持，《四庫全書珍本》（臺北：臺灣商務印書館，1993 年），三集。

資料來源：

1. 《理藩院修改回疆則例》，卷 1，頁 25-27，收入姜亞沙、經莉、陳湛綺主編，《理藩院公牘則例三種》（二），頁 55-59。
2. (清)傅恒等奉敕撰，《欽定皇輿西域圖志》，冊 4，卷 30，官制 2，頁 8-9。
3. (清)托津等人編纂，《欽定回疆則例》，卷 1，頁 11，收入天龍長城文化藝術公司編，《新疆史志》，第二部，冊 11，頁 73-74。

三、道光年間伯克移改配置

　　回疆在乾隆朝發生烏什事件後，經歷最長且規模較大的戰亂，是為嘉慶末年（1820）至道光七年（1827）間的張格爾事件，也促使清廷重新審視回疆的管理及改革，並依人口及城村發展的需求，調整與改設伯克，以利採取適合的管理配置。

　　張格爾事件後，經欽差大臣那彥成的考察，檢視回疆各城伯克，若原有職務不多，但其他地方事務繁重，需移改及增設之伯克則進行調整。道光八年（1828）九月，奏准喀什噶爾設有五品訥可布伯克、密圖瓦利伯克、莫提色布伯克三名，各管工匠、田產及地契，均無重任，而愛罕里克及色爾布依二莊，回戶較多，原設之六品與七品伯克的職責，已難照料周全回人生活所需業務，再者察拉根地方新墾回地又無伯克管理，因此將原有五品的三位伯克，移至這三處設五品阿奇木伯克。阿爾琥原設六品阿奇木伯克及六品哈資伯克，二者品級相等，不能統屬，因此將六品哈資伯克移駐察拉根地方管理農田，阿爾琥裁缺部分，由阿斯圖阿爾圖什莊七品明伯克原有五員中，裁撤二名，一名移駐至阿爾琥，抵補哈資伯克之缺，另一名移駐察拉根，以協助農田事務。英吉沙爾公務繁忙，原僅設阿奇木伯克一名，今將原有六品哈資伯克照拜城之例，改設為五品伊什罕伯克。[72]

　　葉爾羌參贊大臣武隆阿也發現新增的回莊，與原有的回莊相距一百至二百多里，伯克勢必難以兼顧，因此也需要調整其他原有伯克，移管他莊。於是在道光九年（1829）奏准將葉爾羌額設五品斯帕哈資伯克二缺內，以一缺移駐伊墾蘇阿拉斯莊，原管回人烏拉馬匹之五品喀喇都管伯克一缺，移管密沙爾莊回戶；[73]管理禮拜寺之六品莫提色布伯克一缺，移管塔哈爾齊莊；管理官園之

---

[72] 《大清宣宗成（道光）皇帝實錄》，卷143，頁19-20，道光八年九月己未，欽差大臣那彥成等奏。

[73] 《理藩院修改回疆則例》，卷1，頁25-27，收入姜亞沙、經莉、陳湛綺主編，《理藩院公牘則例三種》（二），頁55-59。

六品巴克瑪塔爾伯克一缺，移管奎里鐵木莊回戶，管理官園之事，交由明巴什（明伯克）接管；經管幼童讀書之六品雜布提瑪克塔普伯克一缺，移管卡木拉莊回戶；管理街道之六品色依得爾伯克一缺，移管塔塔爾莫克里特莊回戶；坡斯坎木舊回莊，由經管工匠之五品訥可普伯克一缺移往，與原有設置的六品哈子伯克一位分管。[74]伯克原有職稱未變，原有業務工作，則移交其他伯克或由伊斯蘭教內阿訇等接手。

若與嘉慶年版及道光年版之《欽定回疆則例》比對，嘉慶年版葉爾羌額設五品斯帕哈資伯克及喇雅哈資伯克各一位，道光年版這二位仍保留，伊墾蘇阿拉斯莊則增加五品哈資伯克一名，也就是道光九年（1829）之前該地斯帕哈資伯克已增為二缺。[75]在新增回莊，但不增加伯克數的原則下，也就不必增加國庫在新疆行政管理費用，伯克名稱未變，但職稱與實際職掌，可依實務所需而行，不必拘泥。[76]

道光年版修撰《欽定回疆則例》後，在道光二十九年（1849）檔案中，即可看到葉爾羌鄂坡爾莊（地方）奏補五品密拉普伯克之缺；[77]又如咸豐八年（1858）因倭里罕事件致喀什噶爾城失守，善後為了加強喀什噶爾防禦，也將所屬阿斯阿爾圖什莊的五品伯克提升為四品伯克，在回城設回兵七百名。[78]不過，這應是增加回

---

[74]《大清宣宗成（道光）皇帝實錄》，卷 153，頁 19-21，道光九年三月丙午，又諭。

[75]（清）托津等編纂，《欽定回疆則例》，卷 1，頁 5，收入天龍長城文化藝術公司編，《新疆史志》，第二部，冊 11，頁 61；（清）賽尚阿等修，《欽定回疆則例》，卷 1，頁 1。

[76]（日）佐口透著，凌頌純譯，《十八-十九世紀新疆社會史研究》，上冊，頁 157。

[77]中國第一歷史檔案館編，《嘉慶道光兩朝上諭檔》，冊 54，頁 70，204 條，道光二十九年二月二十六日內閣奉上諭。

[78]《大清文宗顯（咸豐）皇帝實錄》，卷 258，頁 6-7，咸豐八年七月丁丑，諭內閣。

兵數及增加所屬城莊管理回兵的伯克，而非新設回兵，因為早在道光元年（18211）伊犁將軍松筠奏呈徐松所撰之《欽定回疆識略》已載，喀什噶爾四品伊什罕伯克兼任回兵總管，四品噶雜納齊伯克一名，及商伯克二名中的其中一位，皆為兼任回兵的副總管，本城及所屬城莊六品伯克二十一名，需兼管回兵及具藍翎玉子巴什三名，各莊六品阿奇木伯克包括玉斯圖阿爾圖什、阿爾琥、烏帕爾等三人，亦需兼管回兵及具藍翎玉子巴什二名。[79]回兵在作戰、反間及守備都有很好的戰鬥力，有時執行的任務，是前來支援的綠營官兵所不能的。

四、伯克名額控管及刪除虛銜金頂明定額數

清朝回疆伯克自乾隆二十四年（1759）設置，至道光年版道光二十三年（1843）五月初二日完成，已歷八十四載。設置伯克數量乾嘉道三朝人數相差不多，可知其控管甚嚴，因為增加官員，即是增加行政費用的支應，見表 5-7 道光與嘉慶各城額設伯克、金頂比較表。

嘉慶年版原將喀什噶爾與英吉沙爾伯克合併計算，伯克總數與道光相較，道光年少了一位，葉爾羌則多一位，和闐總數相同，各城伯克品級，雖在各城間略作調整，但數量也維持相同；烏什阿奇木伯克最高品級在嘉慶年間為五品，至道光年調高為四品，伯克數由八名增至十二名，阿克蘇在道光年比嘉慶年少一位；賽哩木、拜城、庫車、沙雅爾、庫爾勒、布古爾、吐魯番、伊犁各地伯克品級、官銜、總數皆相同，而伊犁在道光年版總計其數為三十名，但核對各品秩及伯克數皆與嘉慶年數相同，所以仍應為

---

[79] （清）松筠、徐松編纂，《欽定新疆識略》，卷3，頁17，收入張羽新、趙曙青主編，《清朝治理新疆方略匯編》，冊19，頁124。

二十六人。

　　乾隆二十四年（1759），設置各城伯克之初，除了吐魯番以外，喀什噶爾、葉爾羌、喀什噶爾與英吉沙爾、和闐、烏什、阿克蘇、賽哩木、拜城、庫車、沙雅爾、庫爾勒、布古爾、伊犁各城，皆列金頂回子額數。喀什噶爾及英吉沙爾、阿克蘇皆設戴虛銜金頂臺站阿哈拉克齊溫巴什，戴虛銜翎頂之布魯特比二品至六品花翎、藍翎，以及戴虛銜金頂的布魯特等名額，烏什設有後二項，葉爾羌設虛街金頂之四十長等數額。參酌王東平《清代回疆法律制度研究》及其在牛津大學德萊安圖書館（Bofleian Library）藏抄本《庫車、沙雅爾二城回眾歷年應交納糧石銅觔硝礦火藥等項賦役暨大小伯克品級銜任承辦事件應得燕齊各項目細冊》，解釋金頂回子的職守，是為「輪流看守各處卡倫及聽遣遠近差事」，金頂回子，是不入伯克品級，但勤奮辦事者，可由駐箚大臣決定成為七品伯克。金頂回子是供官府派遣，准用銅質頂戴者，分為額設金頂及虛銜金頂，虛銜由駐箚大臣委派。[80]

　　高宗平定準噶爾及回部，周邊各藩屬國紛紛前來稱臣朝貢，高宗也致力於維護中亞各國間的權益，公正地解決爭端。東、西布魯特先後於乾隆二十三年（1758）及二十四年（1759）內附，高宗對於回人守邊，以及布魯特作為西北藩籬，甚為重視，因而設置虛銜金頂、虛銜翎頂，以表彰其貢獻及籠絡之意。

　　乾隆二十五年（1760），高宗更同意回疆參贊大臣舒赫德之奏，補授布魯特人散秩大臣阿奇木為喀什噶爾阿喇古的阿奇木伯克，因該地靠近布魯特，又有回人三百戶，是為人地相宜的任命。

---

[80]王東平，《清代回疆法律制度研究》（1759-1884）（哈爾濱：黑龍江教育出版社，2003年），頁134。

[81]對於有貢獻的布魯特比（頭目），也賞給緞匹或頂戴作為功賞，例如乾隆二十六年（1761）布魯特沖噶巴什五品頂戴阿瓦勒比先遣額希布等八名布魯特，隨後又遣卜錄特等十一名布魯特，與阿奇木伯克阿卜敦阿吉斯等伯克一起拿獲逃犯烏朗噶，高宗賞阿瓦勒比緞三匹，藍翎布魯特蒙固勒，前後遣派的十九名布魯特各賞緞一匹。[82]乾隆二十八年（1763）九月，儘管回疆水草不宜游牧，西部布魯特阿瓦勒比卻情願移於回疆游牧，并親身悉心地經營牧群各項事宜，喀什噶爾辦事大臣永貴給予阿瓦勒比所屬之人羊隻及茶封，高宗對他也甚為嘉許，賜給四品頂帶。[83]而當高宗以兩金川欺鄰，又意圖窺伺清朝版圖之由，討伐兩金川之舉，哈薩克及布魯特深恐一併被剿滅，故而產生疑懼，高宗降旨其首阿布賚及阿布勒比斯，表達對外藩內附撫恤之意，只要恭順豈有摒逐之理。[84]高宗同時也肯定有貢獻於回疆的回人，給予虛銜金頂之榮，有機會可以晉升伯克之位。

　　然而，嘉慶十九年（1814）至道光八年（1828）之前，孜牙敦事件伊犁將軍松筠誤判情勢，且未奉旨即將布魯特比圖爾第邁莫特以凌遲處死，造成冤死。仁宗雖因此革去松筠太子太保名銜，

---

[81]（清）傅恒等，《平定準噶爾方略續編》，卷 6，頁 5-6，乾隆二十五年九月壬子，參贊大臣舒赫德等奏，收入張羽新、趙曙青主編，《清朝治理新疆方略匯編》，冊 6，頁 371。

[82]中國第一歷史檔案館編，《乾隆朝滿文寄信檔譯編》，冊 2，頁 551，34 條，乾隆二十六年正月初六日，奉上諭；中國第一歷史檔案館編，《乾隆朝滿文寄信檔譯編》，冊 2，頁 557，41 條，乾隆二十六年正月十七日，奉上諭。

[83]（清）傅恒等奉敕撰，《欽定皇輿西域圖志》，冊 5，卷 44，頁 1、卷 45，頁 10；（清）傅恒等，《平定準噶爾方略續編》，卷 22，頁 24，乾隆二十八年九月丁巳，諭軍機大臣，收入張羽新、趙曙青主編，《清朝治理新疆方略匯編》，冊 7，頁 47。

[84]《大清高宗純（乾隆）皇帝實錄》，卷 1023，頁 4，乾隆四十一年十二月乙卯，又諭。

部議應革任，卻又得仁宗革職留任，不但破壞回疆黑山派的信任，也造成布魯特的離心之始。[85]布魯特頭人蘇蘭奇祖父及父親曾在烏什事件建功，其父博碩輝得高宗賞給二品翎頂，由蘇蘭奇承襲，嘉慶二十五年（1820）張格爾入侵，蘇蘭奇向清廷報信預警，卻遭回務章京綏善叱逐，憤而加入張格爾陣營。[86]喀什噶爾參贊大臣永芹令巴彥巴圖帶二百名官兵出卡追張格爾，將布魯特汰劣克及其屬下的家口男女大小百餘口人殺害，而以此謊報邀功，以致法劣克布魯特等在張格爾入侵時，助其劫掠。[87]清廷派駐回疆位階最高的駐箚大臣，又為宗室，卻成了布魯特叛勢的最大推手。

　　道光年修訂《欽定回疆則例》時，理藩院在喀什噶爾及葉爾羌城後列出其建議上奏，認為虛銜金頂、花翎之布魯特比等設置「**本無定額，未便仍舊開載，嗣後每年年終，由該城大臣按名造具現在確有數清冊，報院存查，以昭覈實，應請修改**」，於是決議各城一律照喀什噶爾及葉爾羌方式辦理，將各城的虛銜金頂及布魯特比等項設置全部刪除。[88]這是道光年版卷一與高宗最初設置各城伯克內容最大的差異之處。

---

[85] 馮家昇、程溯洛、穆廣文，《維吾爾史料簡編》（北京：中央民族學院研究部，1956 年），下冊，頁 151；《起居注冊》，嘉慶二十一年二月初十日，內閣奉上諭，臺北：國立故宮博物院圖書文獻館藏；（清）奕訢，《欽定平定回疆剿擒逆裔方略》（朱絲欄本），卷 62，頁 9-10，道光八年四月辛卯，敕諭應辦回疆善後事宜，臺北：國立故宮博物院圖書文獻館藏。

[86] 《上諭檔》，方本，秋季檔，嘉慶二十五年九月十二日，軍機大臣字寄，臺北：國立故宮博物院圖書文獻館藏；（清）魏源，《聖武記》（一），卷 4，頁 34，收錄於《四部備要—史部》（臺北：臺灣中華書局，1962 年）。

[87] 《大清宣宗成（道光）皇帝實錄》，卷 92，頁 23-25，道光五年十二月乙丑，諭內閣；（清）魏源（1962），《聖武記》（一），卷 4，頁 35。

[88] 《理藩院修改回疆則例》，卷 1，頁 4-5、13-14、21、26、29、31、33、36、38-39、40、42-43、46，收入姜亞沙、經莉、陳湛綺主編，《理藩院公牘則例三種》（二），頁 14-15、32-34、47-48、57、63-64、68、72、77、82-83、85-86、90-91、98。

　　儘管對於有功的布魯特，清廷仍然依功而賞，如道光二十五年（1845）七和卓之亂入侵之眾竄至卡外，布魯特提拉拜爾底先拏獲為首者布孜爾罕，奏賞戴五品頂花翎，斯底克、蟒拉克二人也幫同捉獲布孜爾罕，又屢次打仗出力，奏賞戴五品頂花翎，阿底爾打仗出力，又以矛刺傷賊首博巴什，奏賞六品頂藍翎，六品頂翎愛孜孜在哈拉塔什與回兵帶路，隨同作戰，賞換五品頂戴。[89]但是宣宗修纂《欽定回疆則例》，刪除明載布魯特比等之金頂名額，似乎將高宗以布魯特為清廷西北藩籬深謀遠見，棄如敝屣，再加上嘉慶朝仁宗及宗室的輕忽及累積的誤解，宣宗的不信任，清廷與布魯特的關係越漸淡化，又有浩罕、沙俄勢力崛起及角力的影響，以致清朝在西北的藩籬盡失，對新疆治亂衝擊甚大。

表 5-7 道光與嘉慶各城額設伯克、金頂比較表

	道光		嘉	慶		
	品級	伯克	伯克	金		頂
喀什噶爾與英吉沙爾	三	1	1	戴虛銜金頂回子	戴虛銜金頂臺站阿哈拉克齊	戴虛銜翎頂之布魯特二品至六品花翎、藍翎	戴虛銜金頂之布魯特
	四	6	6				
				34	26	46	16
						二品虛銜花翎布魯特比 1 員	
	五	9	7			三品虛銜花翎比 1 員	

---

[89] 《軍機處‧月摺包》，文獻編號第 074329 號，2752 箱，道光二十五年五月初一日，奕經、賽什雅勒泰奏；《軍機處‧月摺包》，文獻編號第 074330 號，2749 箱，清單，此件是《軍機處‧月摺包》，文獻編號第 074329 號打仗追捕賊匪尤為出力之伯克回子清單。

	道　光		嘉		慶	
	品級	伯　克	伯克	金		頂
	六	24	27		三品虛翎花翎布魯特 3 員	
					四品虛銜花翎布魯特比 6 員	
					五品虛銜花翎布魯特 4 員	
					五品 虛銜花翎比 1 員	
					六品虛銜藍翎布魯特 15 員此內: 阿哈拉克齊 1 員	
	七	29	29		六品虛銜藍翎比 9 員	
					六品虛銜布魯特 5 員	
					虛銜金頂藍翎布魯特 1 員	
	計	69	70			
葉爾羌	三	1	1	戴虛銜金頂回子	虛街金頂之四十長	
	四	4	4			
				28	10	
	五	16	15			
	六	27	27			
	七	7	7			
	計	55	54			
和闐	三	1	1	戴虛銜金頂回	戴虛銜金頂臺站阿	戴虛銜翎頂之布魯特二品至	戴虛銜金頂之布魯特
	四	6	6				

	道光		嘉		慶	
品級	伯克	伯克	金			頂
			子	哈拉克齊	六品花翎、藍翎	
			24	0	0	0
五	5	5				
六	6	6				
七	31	31				
計	49	49				
烏什 三	0	0	戴虛銜金頂回子	戴虛銜金頂臺站阿哈拉克齊	戴虛銜翎頂之布魯五品至六品花翎、藍翎	戴虛銜金頂之布魯特
四	1	0				
			7	0	11	2
五	1	1			五品虛銜花翎布魯特6員；	
六	2	1			六品虛銜布魯特5員；	
七	8	6			虛銜金頂布魯特2員	
計	12	8				
阿克蘇 三	1	1	戴虛銜金頂回子	戴虛銜金頂阿哈拉克齊布魯特	戴虛銜翎頂之布魯特二品至六品花翎、藍翎	戴虛銜金頂之布魯特
四	1	1				
			22	1	1	5
五	2	2			四品虛銜布魯特比1員	
六	6	7				
七	36	36				
計	46	47				
賽哩木 三	1	1	戴虛銜金頂回子	戴虛銜金頂臺站阿哈拉克齊	戴虛銜翎頂之布魯特二品至六品花翎、藍翎	戴虛銜金頂之布魯特
四	1	1				

		道　光	嘉		慶	
	品級	伯　克	伯克	金			頂
				3	0	0	0
	五	1	1				
	六	1	1				
	七	2	2				
	計	6	6				
拜城	三	0	0	戴虛銜金頂回子	戴虛銜金頂台站阿哈拉克齊	戴虛銜翎頂之布魯特二品至六品花翎、藍翎	戴虛銜金頂之布魯特
	四	1	1	3	0	0	0
		1	1				
		1	1				
		3	3				
	計	6	6				
庫車	三	1	1	戴虛銜金頂回子	戴虛銜金頂臺站阿哈拉克齊	戴虛銜翎頂之布魯特二品至六品花翎、藍翎	戴虛銜金頂之布魯特
	四	1	1	21	0	0	0
	五	2	2				
	六	1	1				
	七	14	14				
	計	19	19				
沙雅爾	三	1	1	戴虛銜金頂回子	戴虛銜金頂臺站阿哈拉克齊	戴虛銜翎頂之布魯特二品至六品花翎、藍翎	戴虛銜金頂之布魯特
	四	1	1	12	0	0	0
	五	2	2				
	五	1	1				

	品級	道光 伯克	嘉慶 伯克	金			頂
	六	6	6				
	七	11	11				
庫爾勒	三	1	1	戴虛銜金頂回子	戴虛銜金頂臺站阿哈拉克齊	戴虛銜翎頂之布魯特二品至六品花翎、藍翎	戴虛銜金頂之布魯特
	四	1	1	9	0	0	0
	五	1	1				
	六	1	1				
	七	6	6				
	計	10	10				
布古爾	三	1	1	戴虛銜金頂回子	戴虛銜金頂臺站阿哈拉克齊	戴虛銜翎頂之布魯特二品至六品花翎、藍翎	戴虛銜金頂之布魯特
	四	1	1	12	0	0	0
	五	1	1				
	六	1	1				
	七	6	6				
	計	10	10				
吐魯番	三	0	0	戴虛銜金頂回子	戴虛銜金頂臺站阿哈拉克齊	戴虛銜翎頂之布魯特二品至六品花翎、藍翎	戴虛銜金頂之布魯特
	四	0	0				
	五	3	3	0	0	0	0
	六	7	7				
	計	10	10				
伊犁	三	1	1	戴虛銜金頂回子	戴虛銜金頂臺站阿哈拉克齊	戴虛銜翎頂之布魯特二品至六品花翎、藍翎	戴虛銜金頂之布魯特
	四	1	1				

	道　　光		嘉		慶	
品級	伯　克	伯克	金			頂
五	4	4				
六	10	10				
			12	0	0	0
七	10	10				
計	26	26/30				

資料來源：

1. （清）賽尚阿等修，《欽定回疆則例》，卷 1，頁 1-22。
2. （清）托津等編纂，《欽定回疆則例》，頁 1-21，收入天龍長城文化藝術公司編，《新疆史志》，第二部，冊 11，頁 53-94。
3. 《理藩院修改回疆則例》，卷 1，頁 1-47，收入姜亞沙、經莉、陳湛綺主編，《理藩院公牘則例三種》（二），頁 3-100。

　　綜觀回疆伯克的設置時間，主要在乾隆二十四年（1759）至二十五年（1760）。乾隆二十六年（1761）據新疆左都御史永貴所奏，回疆有三十一位阿奇木伯克，再加上北疆為開墾伊犁，由回疆各城回人移居管理之需，亦設阿奇木伯克一位，共三十二位阿奇木伯克。高宗為了提高伯克地位，也讓伯克及大臣了解，雙方職權、任命直屬皇帝，於乾隆二十五年（1760）三月，回疆新附成員來京入覲之際，宣佈各城阿奇木伯克名單，以利各城伯克管理回人事務。

　　各城阿奇木伯克數由三十二人，增加至乾隆三十年（1765）烏什事件前的三十九位，再下降為三十二位，至道光年間張格爾事件後，因各城屯墾新村莊、人口數增加，共設有三十六位阿奇木伯克。回疆大小各城及其所屬城村之阿奇木伯克，品級原是三

至七品皆有，但烏什事件後，縮減為三至六品，已無七品阿奇木伯克。伊什罕伯克各城多為四品至五品，僅在葉爾羌設於卡外的色呼庫勒，為協助五品阿奇木伯克防衛等需要，設六品伊什罕伯克一位。為了邊防的需要喀什噶爾伊什罕伯克也兼任回兵的總管。

伯克數初期為三百五十四位，烏什事件後至嘉慶年間為三百二十八位，張格爾事件善後檢討及調整後，道光年版的《欽定回疆則例》所載，伯克為三百二十九人。至於嘉慶年版卷一所載乾隆二十四年（1759）所設阿奇木伯克等官員管理所載的伯克數，實為伯克制歷經清朝統治回疆五十多年變化後，呈現的嘉慶朝現況。而清朝為控制行政支出，也採取伯克設置的數量的管控，有部分伯克以原職稱移至他處任職，職掌內容已與原有職稱不相符，這也顯示清廷對於伯克行政管理的彈性。道光年版《欽定回疆則例》取消布魯特等明文額設金頂虛銜，也意味著嘉道兩朝，未深諳高宗以布魯特為回疆藩籬的深謀遠慮，吏治的敗壞及故步自封的守成，為道光年以下各朝的回疆政局，投下動盪的變數。

伯克的種類，在《欽定皇輿西域圖志》等無論是官方或私人所撰志書，記載有十九種至三十一種。各書依時間及地方所見而有不同，即使記載伯克種類數量相同，職稱內容也各有異，可視為伯克制度的發展過程。以各城駐箚大臣對伯克缺補，主要依據《欽定回疆則例》卷一為主，統計算各城所設伯克共計三十三種，但各城依經貿、人口、農墾、產業、防衛等實務所需，設置伯克種類也各有不同，並未含括所有各項，其中以葉爾羌所設伯克稱類有二十五種最高，以英吉沙爾四種最少，而阿克蘇伯克種類雖僅十九種，卻與各城相異有五項為最多。而吐魯番因施行扎薩克制，伯克僅以地方設伯克品級及員額作為管理，未如回疆其他各

城設不同種類職稱之伯克，且吐魯番本地僅設六品低階伯克，也未加入回疆各城伯克缺出升遷流動之列，皆是為了配合扎薩克郡王的管轄所致，而有別於其他各城。

　　由各節探討，顯見伯克設置的數量，主要受到烏什事件及張格爾事件的影響最大。而清朝亦給予喀什噶爾、葉爾羌、烏什、和闐等城，明文規定在額設數外，可因時制宜地隨時添裁移設，其他各城依實際所需，亦可上奏調整，因此回疆伯克制及伯克數量的設置，是依實務為依歸，具彈性與浮動性。

表 5-8 葉爾羌城及所屬各城莊額設阿奇木伯克等官表

城莊\伯克	阿奇木	伊什罕	噶雜那齊	商	密喇布	密圖瓦里	克呼克雅拉克	帕提沙布	拉雅哈資	斯帕哈資	哈資	明	阿爾巴布	鄂爾沁	喀喇都管	都管	什琥勒	哲博	訥克布	密爾巴雜爾	塔噶喇木[90]	默提色布	巴克瑪塔爾	雜布提瑪克塔普	色依特爾
葉爾羌本城	三-1	四-1	四-1	四-2	五-1	五-1	五-1	五-1	五-1	五-1		六-1													
葉-哈爾噶里克地方	五-1				六-1				六-1			六-1	六-1	六-1											
葉-舒克舒地方	五-1				六-1							六-1													

[90] 塔噶喇木伯克，目前查伯克管理事務職掌相關資料皆未見解釋，塔噶喇木查乾隆朝內府抄本理藩院則例是葉爾羌所屬十六村之一，在嘉慶朝所修《欽定回疆則例》則歸於色呼庫勒七品伯克之一，推估可能直接以地名作為伯克名管理該地，但確切情形未知，故先存列。見乾隆朝內府抄本理藩院則例第十八章柔遠清吏司之徠遠司葉爾羌城領段。

城莊＼伯克	阿奇木	伊什罕	噶雜那齊	商	密喇布	密圖瓦里	呼克雅拉克	帕提沙布	拉雅哈資	斯帕哈資	哈資	明	阿爾巴布	鄂爾沁	喀喇都管	都管	什琥勒	哲博	訥克布	密爾巴雜爾	塔噶喇	默提色布	巴克瑪塔爾	雜布提瑪克塔普	色依特爾
葉-鄂坡爾地方												六-1		六-1	六-1	六-1	六-1								
葉-托果斯牽地方	五-1										六-1							六-1							
葉-坡斯坎木地方											六-1								五-1						
葉-色呼庫勒地方	五-1	六-1		六-1							七-1		七-1				七-1			七-1	七-1				
葉-霍什拉木地方	五-1																								
葉-派斯牽地方					五-1																				
葉-桑珠地方	五-1																								
葉-密沙爾地方															五-1										
葉-巴爾楚克地方	六-1												七-1												
葉-玉拉里克地方	六-2																								
葉-喇布齊地方					六-1																				
葉-鄂通楚魯克地方					六-1																				
葉-塔哈爾齊地方																						六-1			
葉-奎里鐵木地方																							六-1		
葉-卡拉木地方																								六-1	

城莊＼伯克	阿奇木	伊什罕	噶雜那齊	商	密喇布	密圖瓦里	呼克雅拉克	帕提沙布	拉雅哈資	斯帕哈資	哈資	明	阿爾巴布	鄂爾沁	喀喇都管	都管	什琥勒	哲博	訥克布	密爾巴雜爾	塔噶喇	默提色布	巴克瑪塔爾	雜布提瑪克塔普	色依特爾
葉-察特西林地方												七-1													
葉爾羌合計 26-55 三- 1 四- 4 五- 16 六- 27 七- 7	三-1 五-6 六-3	四-1 六-1	四-1 六-1	四-2 六-1	五-2 六-4	五-1 六-1	五-1 六-1	五-1	五-1 六-1	五-2	六-3 七-1	六-4 七-2	六-1 七-1	五-1 六-1	六-1	六-1	六-1 七-1	六-1	五-1 六-1	七-1	七-1	六-1	六-1	六-1	六-1 七-1

註　釋：

1. 葉爾羌所屬玉拉里克地方六品伯克一缺塔克六品伯克一缺，此六品伯克二缺並未列出伯克職稱，可能是校對時缺漏伯克職稱，則例最後統計也將此二缺列入，查對咸豐年修改的《理藩院修改回疆則例》亦然，若追溯乾隆二十八年(1763)最初葉爾羌設伯克為準的《欽定皇輿西域圖志》，卷三十所列，玉拉里克可能即裕勒阿里克，當時設六品阿奇木伯克一員，塔克可能是塔克布伊，亦是設六品阿奇木伯克一員，因此這二缺列入阿奇木伯克計算。[91]

2. 塔噶喇木伯克，目前查伯克管理事務職掌相關資料皆未見解釋，塔噶喇木查乾隆朝內府抄本理藩院則例是葉爾羌所屬十六村之一，在嘉慶朝所修《欽定回疆則例》則歸於色呼庫勒七品伯克之一，推估可能直接以地名作為伯克名管理該地，但確切情形未知，故先存列。見乾隆朝內府抄本理藩院則例第十八章柔遠清吏司之徠遠司葉爾羌城領段。

資料來源：

1. （清）賽尚阿等修，《欽定回疆則例》，卷1，頁1-4。
2. （清）托津等編纂，《欽定回疆則例》，頁 5-7，收入天

---

[91] （清）傅恒等　奉敕撰，《欽定皇輿西域圖志》，冊4，卷30，頁21。

龍長城文化藝術公司編，《新疆史志》，頁 61-65。

3. 《理藩院修改回疆則例》，卷 1，頁 1-8，收入姜亞沙、經莉、陳湛綺主編，《理藩院公牘則例三種》（二），頁 7-21。

4. （清）傅恒等奉敕撰，《欽定皇輿西域圖志》，冊 4，卷 30，頁 21。

表 5-9 喀什噶爾、英吉沙爾城及所屬各城莊額設阿奇木伯克等官表

城莊 ＼ 伯克	阿奇木	伊什罕	噶雜那齊	商喇布	密圖瓦里	克呼克雅拉克	帕提沙布	拉雅哈資	斯帕哈資	哈資	明	阿爾巴布	鄂爾沁	喀喇都管	都管	什琥勒	哲博	訥克布	密爾巴雜爾	塔噶喇木	默提色布	巴克瑪塔爾	雜布提瑪克塔普	色依特爾	*巴濟格爾*
喀什噶爾本城	三-1	四-1	四-1	四-2			六-1			五-1	六-1 七-2	六-1		六-1		六-1							六-1		*六-1*
喀-派蘇巴特地方	四-1										七-2														
喀-罕愛里克地方	五-1			六-1							六-1	七-1													
喀-伯什克呼木地方	五-1			六-1								六-1													
喀-阿斯圖阿爾圖什地方	五-1										六-1	七-3													
喀-和色勒布依地方	五-1			六-1								七-2													
喀-察拉根地方	五-1										六-1	七-1													
喀-塔斯渾地方				五-1								七-2													

伯克＼城莊	阿奇木	伊什罕	噶雜那齊	商	密喇布	密圖瓦里	克咛克雅拉克	帕提沙布	拉雅哈資	斯帕哈資	哈資	明	阿爾巴布	鄂爾沁	喀喇都管	都管	什琥勒	哲博	訥克布	密爾巴雜爾	塔噶喇木	默提色布	巴克瑪塔爾	雜布提瑪克塔普	色依特爾	巴濟格爾
喀 -塔什密哩克地方	五-1											七-1														
喀- 玉斯圖阿爾圖什地方	六-1										六-1	七-1														
喀-霍爾罕地方					六-1							六-1														
喀 -阿爾琥地方	六-1											七-1														
喀-賽哩滿地方					六-1							七-1														
喀-托古薩克地方					六-1							七-1														
喀-烏帕勒地方	六-1											七-1														
喀-阿爾瓦特地方					六-1							七-1														
喀-穆什蘇魯克地方					七-1							七-1														
喀-岳普爾琥地方												七-1														
喀什噶爾合計 12-60 三-1	三-1																									

城莊＼伯克	阿奇木	伊什罕	噶雜那齊	商	密喇布	密圖瓦里	克呼克雅拉克	帕提沙布	拉雅哈資	斯帕哈資	哈資	明	阿爾巴布	鄂爾沁	喀喇都管	都管	什琥勒	哲博	訥克布	密爾巴雜爾	塔噶喇木	默提色布	巴克瑪塔爾	雜布提瑪克塔普	色依特爾	巴濟格爾
四-5 五-8 六-23 七-23	四-1 五-7 六-2	四-1	四-1	四-2	五-1 六-7 七-1				六-1		五-1 六-4	六-4 七-22			六-1	六-1							六-1			六-1
英吉沙爾本城	四-1	五-1										七-4														
英-特比斯地方				六-1																						
英-賽哩克地方				七-1																						
管五臺站												七-1														
英吉沙爾合計 4-9 四-1 五-1 六-1 七-6	四-1	五-1		六-1 七-1								七-5														X

資料來源：（清）賽尚阿等修，《欽定回疆則例》，卷1，頁5-8。

表 5-10 和闐城及所屬各城村額設阿奇木伯克等官表

城莊＼伯克	阿奇木	伊什罕	噶雜那齊	商	密喇布	密圖瓦里	克呼克雅拉克	帕提沙布	拉雅哈資	斯帕哈資	哈資	明	阿爾巴布	鄂爾沁	喀喇都管	都管	什琥勒	哲博	訥克布	密爾巴雜爾	塔噶喇木	默提色布	巴克瑪塔爾	雜布提瑪克塔普	色依特爾	*採金*
和闐本城	三-1	四-1	五-1	五-2		七-1					五-1				七-1	七-1			七-1							
和-哈喇哈什城	四-1							七-2			六-1				七-1	七-1										
和-哈喇哈什城-密爾瑚雅村					七-1							七-1														
和-哈喇哈什城-固野匝瓦村					七-1							七-1														
和-哈喇哈什城-巴爾瑪斯雅村					七-1							七-1														
和-哈喇哈什城-烏哈什村												七-1														
和-克里雅勒城	四-1										六-1										七-1					*五-1*
和-克里雅勒城-哈喇陌克村					七-1							七-1														
和-克里雅勒城-鄂和賚里村												七-1														

伯克\城莊	阿奇木	伊什罕	噶雜那齊	商	密喇布	密圖瓦里	克呼克雅拉克	帕提沙布	拉雅哈資	斯帕哈資	哈資	明	阿爾巴布	鄂爾沁	喀喇都管	都管	什琥勒	哲博	訥克布	密爾巴雜爾	塔噶喇木	默提色布	巴克瑪克塔普	雜布提瑪克塔爾	色依特爾	採金
和-玉隴哈什城	四-1										六-1															
和-玉隴哈什城-散坡拉村					七-1							七-1														
和-玉隴哈什城-包衣村					七-1							七-1														
和-策呼城	四-1				-七-1						六-1	-七-1														
和-塔克努拉城	四-1										六-1															
和-伊犁齊城											六-1	七-1														
和-伊犁齊城-加爾布斯噶遜村												七-1														
和-伊犁齊城-博勒藏布爾匝克村					七-1							七-1														
和-伊犁齊城-托蘇拉固野村					七-1							七-1														
和闐合計 15-49																										

伯克 / 城莊	阿奇木	伊什罕	噶雜那齊	商	密喇布	密圖瓦里	克呼克雅拉克	帕提沙布	拉雅哈資	斯帕哈資	哈資	明	阿爾巴布	鄂爾沁	喀喇都管	都管	什琥勒	哲博	訥克布	密爾巴雜爾	塔噶喇木	默提色布	巴克瑪克塔爾	雜布提瑪克塔普	色依特爾	*採金*
三-1 四-6 五-5 六-6 七-31	三-1 四-5	四-1		五-1	五-2			七-9	七-1	七-2	五-1 六-6	七-13			七-1	七-2	七-1		七-1			七-1				*五-1*

資料來源：（清）賽尚阿等修，《欽定回疆則例》，卷1，頁9-11。

表5-11 烏什額設阿奇木伯克等官表（道光年版）

伯克 / 城	阿奇木	伊什罕	噶雜那齊	商	密喇布	密圖瓦里	克呼克雅拉克	帕提沙布	拉雅哈資	斯帕哈資	哈資	明	阿爾巴布	鄂爾沁	喀喇都管	都管	什琥勒	哲博	訥克布	密爾巴雜爾	塔噶喇木	默提色布	巴克瑪克塔爾	雜布提瑪克塔普	色依特爾	*巴濟格爾*
烏什	四-1	五-1	六-1	七-2							六-1	七-4					七-1									*七-1*
烏什 計 8-12 四-1 五-1 六-2 七-8	四-1	五-1	六-1	七-2							六-1	七-4					七-1									*七-1*

資料來源：《理藩院修改回疆則例》，卷1，頁25-27，收入姜亞沙、經莉、陳湛綺主編，《理藩院公牘則例三種》（二），頁55-59。

表 5-12 阿克蘇城阿奇木伯克等官表

城莊＼伯克	阿奇木	伊什罕	噶雜那齊	商	密喇布	密圖瓦里	克呼克雅拉克	帕提沙布	拉雅哈資	斯帕哈資	哈資	明	阿爾巴布	鄂爾沁	喀喇都管	都管	什琥勒	哲博	訥克布	密爾雜爾	塔噶喇木	默提色布	巴克瑪塔爾	雜布提瑪克塔普	色依特爾	巴濟格爾	採銅爾	道爾	管理穆蘇爾嶺回子	管驛
阿克蘇	三-1	四-1	五-1	五-1	七-7			七-1			六-1	七-14	七-1		七-3	七-2	七-1					七-1				七-3				
阿-柯勒坪	六-1																									六-1	六-1	六-1	六-1	
阿-雅喇賽哩木						七-1					七-1	七-1																		
阿克蘇合計 19-46 三-1 四-1 五-2 六-6 七-36	三-1 六-1	四-1	五-1	五-1	七-7	七-1		七-1			六-1 七-1	七-15	七-1		七-3	七-2	七-1					七-1				六-1 七-3	六-1	六-1	六-1	

資料來源：（清）賽尚阿等修，《欽定回疆則例》，卷 1，頁 13-14。

表 5-13 賽哩木設阿奇木伯克等官表

城＼伯克	阿奇木	伊什罕	噶雜那齊	商	密喇布	密圖瓦里	克哷克雅拉克呼提沙布	帕提沙布	拉雅哈資	斯帕哈資	哈資	明	阿爾巴布	鄂爾沁	喀喇都管	都管	什琥勒	哲博	訥克布	密爾雜爾巴雜爾	塔噶喇木	默提色布	巴克瑪塔爾	雜布提瑪克塔普	色依特爾
賽哩木	三-1	四-1	五-1		七-1							六-1	七-1												
賽哩木合計 6-6 三-1	三 1																								
四-1		四-1																							
五-1			五-1																						
六-1												六-1													
七-2					七-1								七-1												

資料來源：（清）賽尚阿等修，《欽定回疆則例》，卷 1，頁 15。

表 5-14 拜城設阿奇木伯克等官表

城＼伯克	阿奇木	伊什罕	噶雜那齊	商	密喇布	密圖瓦里	克哷克雅拉克呼提沙布	帕提沙布	拉雅哈資	斯帕哈資	哈資	明	阿爾巴布	鄂爾沁	喀喇都管	都管	什琥勒	哲博	訥克布	密爾雜爾巴雜爾	塔噶喇木	默提色布	巴克瑪塔爾	雜布提瑪克塔普	色依特爾
拜城	四-1	五-1	六-1		七-1							七-1	七-1												
拜城合計 6-6 四-1	四 1																								
五-1		五-1																							
六-1			六-1																						
七-3					七-1							七-1	七-1												

資料來源：（清）賽尚阿等修，《欽定回疆則例》，卷 1，頁 16。

表 5-15 庫車設阿奇木伯克等官表

城\伯克	阿奇木	伊什罕	噶雜那齊	商	密喇布	密圖瓦里	克呼克雅拉克	帕提沙布	拉雅哈資	斯帕哈資	哈資	明	阿爾巴布	鄂爾沁	喀喇都管	都管	什琥勒	哲博	訥克布	密爾巴雜爾	塔噶喇木	默提色布	巴克瑪塔爾	雜布提瑪克塔普	色依特爾	採銅
庫車	三-1	四-1	五-1	五-1	七-2	七-1		七-1			六-1	七-3	七-1			七-3			七-1			七-1				*七-1*
庫車合計 14-19 三-1	三-1																									
四-1		四-1																								
五-2			五-1	五-1																						
六-1											六-1															
七-14					七-2	七-1		七-1				七-3	七-1			七-3			七-1			七-1				*七-1*

資料來源：（清）賽尚阿等修，《欽定回疆則例》，卷1，頁17。

表 5-16 沙雅爾設阿奇木伯克等官表

城\伯克	阿奇木	伊什罕	噶雜那齊	商	密喇布	密圖瓦里	克呼克雅拉克	帕提沙布	拉雅哈資	斯帕哈資	哈資	明	阿爾巴布	鄂爾沁	喀喇都管	都管	什琥勒	哲博	訥克布	密爾巴雜爾	塔噶喇木	默提色布	巴克瑪塔爾	雜布提瑪克塔普	色依特爾	採銅
沙雅爾	三-1	四-1	五-1	五-1	七-1						六-1	七-2				七-2										*七-1*
沙雅爾合計 9-11 三-1	三-1																									
四-1		四-1																								
五-2			五-1	五-1																						
六-1											六-1															
七-6					七-1							七-2				七-2										*七-1*

資料來源：（清）賽尚阿等修，《欽定回疆則例》，卷1，頁18。

表 5-17 庫爾勒設阿奇木伯克等官表

城＼伯克	阿奇木	伊什罕	噶雜那齊	商	密喇布	密圖瓦里	克呼克雅拉克	帕提沙布	拉雅哈資	斯帕哈資	哈資	明	阿爾巴布	鄂爾沁	喀喇都管	都管	什琥勒	哲博	訥克布	密爾巴雜爾	塔噶喇木	默提色布	巴克瑪塔普	雜布提瑪克塔普	色依特爾	採銅	五資
庫爾勒	三-1	四-1	五-1	五-1	七-1						六-1															七-1	七-4
庫爾勒合計 7-10　三-1　四-1　五-1　六-1　七-6	三-1	三-1 四-1		五-1	五-1		七-1				六-1															七-1	七-4

資料來源：（清）賽尚阿等修，《欽定回疆則例》，卷 1，頁 19。

表 5-18 布古爾設阿奇木伯克等官表

城＼伯克	阿奇木	伊什罕	噶雜那齊	商	密喇布	密圖瓦里	克呼克雅拉克	帕提沙布	拉雅哈資	斯帕哈資	哈資	明	阿爾巴布	鄂爾沁	喀喇都管	都管	什琥勒	哲博	訥克布	密爾巴雜爾	塔噶喇木	默提色布	巴克瑪塔普	雜布提瑪克塔普	色依特爾	採銅	五資
布古爾	三-1	四-1		五-1	七-1						六-1	七-1							七-1							七-1	七-2
布古爾合計 9-10　三-1　四-1　五-1　六-1　七-6	三-1	三-1 四-1		五-1	七-1						六-1	七-1							七-1							七-1	七-2

資料來源：（清）賽尚阿等修，《欽定回疆則例》，卷 1，頁 19。

表 5-19 吐魯番設伯克等官表

伯克＼城莊	阿奇木	伊什罕	噶雜那齊	商	密喇布	密圖瓦里	克呼克雅拉克	帕提沙布	拉雅哈資	斯帕哈資	哈資	明	阿爾巴布	鄂爾沁	喀喇都管	都管	什琥勒	哲博	訥克布	密爾巴雜爾	塔噶喇木	默色布	巴克瑪克塔普	雜布提色布	色依特爾
吐魯番 六-1																									
吐-哈喇庫勒 五-1 六-1																									
吐-哈喇霍碩 五-2 六-5																									
吐魯番合計 ?-10 五-3 六-7																									

資料來源：（清）賽尚阿等修，《欽定回疆則例》，卷1，頁21。

表 5-20 伊犁設阿奇木伯克等官表

伯克＼城	阿奇木	伊什罕	噶雜那齊	商	密喇布	密圖瓦里	克呼克雅拉克	帕提沙布	拉雅哈資	斯帕哈資	哈資	明	阿爾巴布	鄂爾沁	喀喇都管	都管	什琥勒	哲博	訥克布	密爾巴雜爾	塔噶喇木	默色布	巴克瑪克塔普	雜布提色布	色依特爾	色特爾	巴濟格爾
伊犁	三-1	四-1	五-2	五-2	六-7			七-1			六-1	七-7			六-1	七-1								六-1			七-7
伊犁合計 12-26-30 三-1 四-1 五-4 六-10 七-10	三-1	四-1	五-2	五-2	六-7			七-1			六-1	七-7			六-1	七-1								六-1			七-7

資料來源：（清）賽尚阿等修，《欽定回疆則例》，卷1，頁22。

第六章　伯克補放與黜陟管理

　　清高宗治理回疆，採行一般回眾已習慣的伯克制統治，減少因新政權變化所帶來的不安及反彈，藉由依俗而治，加速新闢國土的安定。而各城伯克設置及任命後，產生伯克升補、調放、病退、休致及革職之事，是隨著伯克制施行後，回疆參贊大臣及各城辦事大臣等駐箚大臣，遇事未有先例可循時，上奏、建議、請旨，或經由軍機處等各相關機構議定諭准執行，逐步形成制度。換言之，伯克的補放，是清朝一邊治理回疆，一邊摸索而來，畢竟回疆治理不同於蒙藏的經驗，歷經乾隆朝至咸豐朝，依實際需求，逐步制定與調整，並刊刻於嘉慶朝及道光朝修定之《欽定回疆則例》，提供各城大臣依例而行。由於伯克補放各朝各有偏重與差異，本章先說明清代各朝皇帝補放的不同演變，再探討補放的程序、伯克缺出之因，以及伯克來源、任期、革黜、休致、侍親、撫卹等各相關規範，並以清朝檔案列舉實例，以期豐富伯克制補放部分的面貌。

第一節　清代各朝伯克補放的更迭

一、乾隆朝伯克的補放原則

　　高宗派兆惠將回疆收歸版圖後，於乾隆二十五年（1760）藉回疆伯克首次入覲時，任命各城阿奇木伯克，令各伯克感受其職

權的賦予，是直接來自於皇權，建立了彼此的親近感，也提升伯克在回疆民族社會及政治的地位。高宗為表達對回疆伯克的優惠與重視邊疆之意，初期以協助清軍將回疆收歸版圖有功封爵的回部王公及其家族成員，出任各城阿奇木伯克等伯克職位，大多為黑山派。高宗是伯克補放制度的主要建立者，在伯克制度的設置之初，即確立給予伯克不同於各省官員的禮遇，包括較高的品秩、需參與年班入覲、給予公署、圖記、養廉銀、土地及供役者。至於伯克的各項任免、升遷、退休及撫卹等，則是伯克制施行後，依實際之需，諭示制定執行。

高宗首先遇到的是伯克升遷異動的處理，乾隆二十七年（1762），已有伯克因建立功績等事，於入京朝覲之際，奉旨陞補，高宗諭示交由喀什噶爾大臣永貴安排，遇有伯克應升之缺出即補。但礙於同城不同品級伯克皆要晉升，一時間要找到伯克缺出，是相當困難的。永貴上奏其難為之處，述及伊什罕伯克古爾班和卓、商伯克墨墨氏敏、哈子（資）伯克阿卜都拉、五品伯克伊斯邁勒、密喇布伯克巴巴和卓等，皆為具名應陞之人，若都等待本城缺出陞遷補用，恐將造成壅滯。高宗因而諭令處理原則，阿奇木伯克及伊什罕伯克，皆是承辦各城要務者，若照各省迴避調補的原則，應無掣肘之虞，奉調之時，尚不覺煩苦，六品小伯克則無庸迴避，將來遷移之際，要動用的費用，恐將影響其生計。永貴依諭原則，按伯克品級分為迴避或坐補本處缺額，加以辦理具奏。[1]此舉開啟了高階伯克跨城調職之始，使各城伯克補放轉陞產生流動，以及小伯克不迴避本處的升補原則。同時因調升至回城大小之別及富庶的差異，也為各城間高階層伯克的轉任調升帶

---

[1] （清）傅恒等，《平定準噶爾方略續編》，卷 18，頁 13-14，乾隆二十七年八月戊午，諭軍機大臣，收入張羽新、趙曙青主編，《清朝治理新疆方略匯編》，冊 7，頁 11。

來了競爭。不過，伯克跨城補放，舉家遷徙所費不貲，於是高宗在乾隆四十一年（1776）及四十二年（1777）分別定立借給阿奇木伯克陞官遷移他城的糧石，以及依跨城路程遠近，加賞銀一百至三百兩不等，以利其攜眷遠途遷移之用，請詳見伯克俸給一章。[2]

　　乾隆朝對於伯克的大小，並非僅以品級高低做為唯一的區分，尚有許多細節的考量，以乾隆二十八年（1763）對於各城不同品秩、職稱伯克出缺時，定立大小伯克補放原則的條文為例，[3]可分為三個部分作觀察：

1、阿奇木伯克、伊什罕伯克、噶雜那齊伯克、商伯克，以職稱為重，品級次之：

　　各回城及其所屬城村，阿奇木伯克不管是三、四、五、六品，即使品秩不高，卻因屬大城而顯重要。四、五、六品的伊什罕伯克、噶雜那齊、商伯克也是為清廷所重，因此出缺時，皆與阿奇木伯克相同方式，由各城開列應陞之伯克名單，一同揀選放補。喀什噶爾、葉爾羌、阿克蘇、和闐、庫車、沙雅爾、庫爾勒、布古爾、賽哩木之本城三品阿奇木伯克，烏什、英吉沙爾、拜城本城，以及和闐所屬之城有哈喇哈什城、克哩雅城（道光年版改為克里雅勒城）、塔克城（道光年版改為塔克努拉城）、玉隴哈什城、徹呼城（道光年版改為策呼城）的四品阿奇木伯克、四品伊什罕伯克有缺出時，要由各城開列應陞之伯克名單

[2] 中國第一歷史檔案館編，《乾隆朝滿文寄信檔譯編》，冊 12，2093 條，頁 558，乾隆四十二年八月初九日，奉上諭；（清）托津等編纂，《欽定回疆則例》，卷 3，頁 20-24，收入天龍長城文化藝術公司編，《新疆史志》，第二部，冊 11，頁 235-244。

[3] （清）托津等編纂，《欽定回疆則例》，卷 1，頁 24-26，收入天龍長城文化藝術公司編，《新疆史志》，第二部，冊 11，頁 99-103。

簡放。喀什噶爾所屬派蘇巴特（四品）、塔什密里克（五品）、
阿斯圖阿爾圖什（五品）、伯什克呀木（五品）、阿爾琥（六
品）、烏帕勒（六品）、玉斯圖阿爾圖什（六品），葉爾羌所
屬巴爾楚克（六品），阿克蘇所屬柯勒品（六品），烏什所屬[4]魯
克沁（魯克察克、六品）、托克遜（托克三、六品）、哈喇和
卓（六品）、闢展（六品）、洋海（洋赫、六品）等城村之阿
奇木伯克，雖是四、五品、六品[5]，但俱屬大城，與三、四品的
阿奇木伯克及四、五品的伊什罕伯克、噶雜那齊、商伯克等所
管轄之事務，在體制上就與小伯克頭目般相等，遇有出缺，應
將該管地方應陞伯克奏補，四、五、六品的伊什罕伯克、噶雜
那齊伯克、商伯克，也比照辦理。不過，乾隆三十年（1765）烏
什事件後，烏什所屬已刪除魯克沁、托克遜、哈喇和卓、闢展、
洋海等村伯克的設置，但由此條文仍可一窺烏什在乾隆二十四
年（1759）之規模。

2、伯克五品以上要上奏補放，六、七品伯克由駐箚大臣決定：

除了阿奇木伯克、伊什罕伯克、噶雜那齊伯克、商伯克外，其
餘各城村五、六、七品伯克，屬微職伯克，但各城五品伯克以
上及部分六品阿奇木伯克仍要擬正、陪上奏，由皇帝決定，其
餘六、七品伯克缺出，由各該城大臣揀選補放，年終彙奏即可。

3、從俗從宜的原則：

該條文對於地理位置、新遷、風俗特殊者，有較細緻而體貼的

---

[4]此列烏什所屬各地之名，為乾隆三十年之前，烏什事件平定皆已廢除重定伯克數
額，（）之名為《欽定皇輿西域圖志》原有所列地名，如魯克沁（魯克察克）。
（清）傅恒等奉敕撰，《欽定皇輿西域圖志》，冊4，卷30，頁8-10。

[5]在原條文寫四、五品，但查嘉慶年版《欽定回疆則例》及《欽定皇輿西域圖志》
其所言之阿奇木伯克也有六品，如各地（）內所示。（清）托津等編纂，《欽
定回疆則例》，卷1，頁1-13，收入天龍長城文化藝術公司編，《新疆史志》，
第二部，冊11，頁53-76。

考量，以期治理較易，減少爭端。首先是地理位置的考量，葉爾羌色呼庫勒、奇攀兩地位處深山，阿奇木伯克僅以該處應陞伯克奏請補放。再者是考量新遷者的管理，如庫爾勒回人才自羅布諾爾移來，布古爾回人也由葉爾羌遷來，他們不但與西邊各城距離較遠，民情風俗亦有差別，因此這兩地僅有阿奇木伯克出缺開列奏請簡放外，其餘如伊什罕伯克、噶雜那齊伯克、商伯克及六品以下之伯克，概由本城伯克陞補，以利尊重及了解當地習慣者管理，體現高宗因俗而治的政策，並成為日後伯克補放原則的發端。

理藩院於乾隆四十三年（1778）依上述原則議定，喀什噶爾所屬阿爾琥、烏帕勒、玉斯圖阿爾圖什三處的六品阿奇木伯克出缺，不可逕由七品伯克內調補及年終呈報方式辦理，必須從喀什噶爾該管的六品哈資伯克及密喇布伯克挑補出任，將其履歷及辦事能力等開單上呈，奏請補放。[6]這是接續乾隆二十八年（1763）的原則而來，因其俱屬大城，阿奇木伯克就如當地的小頭目般，因此要有同等六品歷練過的伯克。嘉慶年首次修撰的《欽定回疆則例》即收錄此奏，成為伯克補放的規範之一。道光朝以下，也依循此原則，執行伯克的補放。如道光十六年（1836）九月至道光二十年（1840）七月，任職喀什噶爾辦事領隊大臣富興阿咨呈回疆參贊大臣，喀什噶爾所屬玉斯圖阿爾圖什莊六品阿奇木伯克捏底爾因病缺出，回疆參贊大臣即查引例載，揀選喀什噶爾六品巴克瑪塔爾伯克素皮呢雅斯，以其明白幹練，辦事認真，予以調補，所遺之六品巴克瑪塔爾伯克，回疆參贊大臣另行揀選。[7]

---

[6]（清）托津等編纂，《欽定回疆則例》，卷 2，頁 8，收入天龍長城文化藝術公司編，《新疆史志》，第二部，冊 11，頁 119-120。

[7]該件檔案未有年月日及奏者，但以富興阿任該職時間，推估回疆參贊大臣為興德或是恩特亨額。魏秀梅，《清季職官表》，頁 780、782；《宮中檔道光朝奏

　　道光二十三年（1843）刊刻的《欽定回疆則例》也僅對該條嘉慶年版內容句意欠顯之處稍加修改，揀選伯克原則依然未變。[8]如道光二十五年（1845）十月，喀什噶爾辦事領隊大臣開明阿咨呈，城屬玉斯圖阿爾圖什莊六品阿奇木伯克圖依密爾出任兩年，因病辭退，[9]葉爾羌參贊大臣麟魁奏各城遇有六品伯克缺出，均由回疆參贊大臣揀選咨補，惟例載喀什噶爾所屬「**玉斯圖阿爾圖什、阿爾琥、烏帕勒等三地方之六品阿奇木伯克缺出，揀選六品伯克奏調補放**」，於是查有喀什噶爾六品阿爾巴普伯克密爾為人明白辦事謹慎，實堪調補勝任，並將伯克的履歷清單恭呈宣宗御覽。[10]咸豐朝也遵循此原則辦理，咸豐元年（1851），玉斯圖阿爾圖什莊六品阿奇木伯克缺出，回疆參贊大臣德齡奏請調補，亦先引例載，再說明以喀什噶爾所屬察拉根莊六品哈資伯克邁瑪第敏人品等，堪以調補之由。[11]咸豐五年（1855）六月，英吉沙爾五品伊什罕伯克病故缺出，由胡達巴爾底擬正，得諭新陞，其在原有烏帕勒莊六品阿奇木伯克之位，已任職四年半的時間。[12]烏帕勒莊六品阿奇木伯克之遺缺，因不可遽由七品伯克陞補，於是回疆參贊大臣由喀什噶爾辦事大臣倭什琿布等所保之六品巴濟格爾伯克沙雅

摺》，文獻編號第 405012559 號，2726 箱，補遺，未有年月日及奏者。

[8]《理藩院修改回疆則例》，卷 2，頁 30-31，收入姜亞沙、經莉、陳湛綺主編，《理藩院公牘則例三種》（二），頁 166-168。

[9]圖依克爾於道光二十二年十二奉上諭調任玉斯圖阿爾圖什莊六品阿奇木伯克之職，中國第一歷史檔案館編，《嘉慶道光兩朝上諭檔》，冊 48，頁 627，1921條，道光二十三年十二月十七日，內閣奉上諭。

[10]《軍機處・月摺包》，文獻編號第 076371 號，2752 箱，道光二十五年十月二十八日，麟魁奏；《宮中檔道光朝奏摺》，文獻編號第 405008418 號，2731 箱，道光二十五年十月二十八日，麟魁奏。

[11]《宮中檔咸豐朝奏摺》，文獻編號第 406000696 號，2709 箱，咸豐元年六月初四日，德齡奏。

[12]《宮中檔咸豐朝奏摺》，文獻編號第 406001001 號，2709 箱，咸豐元年八月初六日，德齡奏；《宮中檔咸豐朝奏摺》，文獻編號第 406006214 號，2779 箱，咸豐五年六月十三日，常清奏。

爾,奏請調補,文宗亦予同意。[13]喀什噶爾所屬阿爾琥六品阿奇木伯克帕爾吐,新陞喀什噶爾和色勒布依莊五品阿奇木伯克,阿爾琥六品阿奇木伯克缺不可由七品伯克內陞,喀什噶爾辦事大臣奎英即提名霍爾罕莊六品明伯克庫爾班給回疆參贊大臣調補。[14]

依特殊地理環境需求,調整伯克調派方式的精神,在道光時期也被承襲下來。道光年間回疆經歷多場戰亂,善後檢討採行的措施,也編入《欽定回疆則例》續纂卷七、卷八中,葉爾羌所屬的色呼庫勒回莊,再次因處卡外的特殊地理位置被提出,其內容為:

> 葉爾羌所屬之色呼庫勒回莊遠處卡外,且與巴達克山等處地方連界,所設大小伯克非熟悉情形者,難期勝任,此後遇有伯克缺出,准該大臣以本莊之人秉公揀補,仍咨明參贊大臣,分別奏咨辦理。[15]

此成為揚威將軍大學士長齡在道光十二年(1832)奏定,伯克補放原則,大伯克需迴避本處,小伯克需迴避本莊,而由本莊之人出任伯克,以免外來者擔任,造成情勢誤判,危及本莊及邊防的例外規定,保留了因地制宜的考量。[16]

儘管有關六品以下伯克,多由各城駐劄大臣決定,但乾隆四十四年(1779)理藩院對於五品以上伯克,與六品以下伯克的揀

---

[13] 《宮中檔咸豐朝奏摺》,文獻編號第 40607549 號附件一,2779 箱,咸豐六年正月二十四日,常清奏。

[14] (清)托津等編纂,《欽定回疆則例》,卷 1,頁 24-26,收入天龍長城文化藝術公司編,《新疆史志》,第二部,冊 11,頁 99-103;《宮中檔咸豐朝奏摺》,文獻編號第 406014531 號,2714 箱,咸豐十一年五月二十日,英蘊奏。

[15] (清)賽尚阿等修,《欽定回疆則例》,卷 8,頁 3。

[16] (清)賽尚阿等修,《欽定回疆則例》,卷 2,頁 3。

選責任，又多了一層把關，將該城大臣、回疆參贊大臣權責，規定的更為清楚：

> 乾隆四十四年（1779），理藩院議定，嗣後回子各城之六品以下伯克缺出，將應放人員咨送參贊大臣，由參贊大臣處秉公分別揀放，設若人品平庸不堪陞任，即行駁回，令其另行揀選，其已放之伯克，並賞戴金頂之回子等，著該參贊大臣，按四季造冊報院註檔，仍於年終彙題一次；再五品以上伯克缺出，除由該參贊大臣處一體揀選奏放者，仍照舊辦理外，其由各城大臣官員處，徑行奏放者，亦將應放之人，咨保該參贊大臣處擬定正、陪，一併開列奏放。[17]

　　自此回疆各駐箚大臣對於六品以下伯克缺出時，要陞調的人員必須前往回疆參贊大臣處，由回疆參贊大臣驗看當事者，若人品平庸即可駁回，各城再選其他人前來。這等於是六品以下伯克，以及有功的金頂回子，是由該城大臣及回疆參贊大臣雙重驗看通過，回疆參贊大臣需負責按四季造冊，理藩院於年終彙題即可。若是五品以上伯克，駐箚大臣依應補人員及當地適合人選，提交回疆參贊大臣，再擬出二人為一正一陪，經皇帝審查挑選，等於要通過三關審核，但高宗仍保留幾處特別地方的六品伯克，以其屬於大城及從直從俗等考量下，需開列名單上奏定奪。

二、嘉慶朝伯克補放添加的原則

---

[17]（清）托津等編纂，《欽定回疆則例》，卷2，頁9，收入天龍長城文化藝術公司編，《新疆史志》，第二部，冊11，頁121-122。

　　伯克的補放，在嘉慶朝基本上仍是依循乾隆朝，僅增加伯克子弟晉升伯克的路徑，伯克晉升加列祖輩等考語，以及增強回疆參贊大臣職責三項。清廷為增進伯克向心及獎勵伯克經驗的傳承，早在乾隆朝即有年班伯克隨帶子弟來京，授予六品虛銜的情形，但仍以七品伯克開始任用，即使是回部王公的後裔，也要由六或七品伯克開始磨練。嘉慶元年（1796）及四年（1799），仁宗准許伯克不分品級大小，均可隨帶子弟二或三人進京入覲，子弟們皆可得賞戴六品虛銜，返至本城，在該管大臣處當差歷練五年，考核通過者，可成為最低品級的七品伯克。[18]為現任伯克的家族子弟開設了一條晉升伯克的大道，現任伯克家族及回部王公家族得以持續保有社會階級及政治地位的優勢，也為清朝治理回疆培養後繼人才。

　　對於葉爾羌、喀什噶爾、阿克蘇三城三品阿奇木伯克的遴選，嘉慶朝則增加祖輩勞勳的條件。嘉慶九年（1804）九月，喀什噶爾參贊大臣和寧奏請，葉爾羌、喀什噶爾、阿克蘇三城的阿奇木伯克出缺之時，駐劄大臣要為合於應調資格之伯克出具考語，內容包括祖輩及父親之勞績及世職。由於三城阿奇木伯克缺，向來多以回部王公補授，此奏等於更鞏固了回部王公家族出任三大城的競爭優勢，奏摺內容也收錄於《欽定回疆則例》，做為各城提擬伯克的準則。[19]嘉慶十五年（1810），喀什噶爾參贊大臣鐵保也提出陞補阿奇木伯克請劃一辦理，認為三城不同於回疆其他各城之由，三城所屬鄉村遼闊，回戶亦多，而葉爾羌、喀什噶爾接連布魯特、浩罕、博多羅爾等部落，阿克蘇為烏什、葉爾羌各路匯集之區，且東達庫車，北達伊犁，不論在人口、軍事、地理位置

---

[18]（清）托津等編纂，《欽定回疆則例》，卷2，頁18-19，收入天龍長城文化藝術公司編，《新疆史志》，第二部，冊11，頁139-142。

[19]（清）托津等編纂，《欽定回疆則例》，卷2，頁20，收入天龍長城文化藝術公司編，《新疆史志》，第二部，冊11，頁143-144。

皆屬緊要，需要名聲、地位、能力兼備，才足勝任，因此向來缺多以回部王公家族補授。儘管這三城阿奇木伯克品級與庫車、和闐、賽里木、沙雅爾、庫爾勒、布古爾等六城相同，但工作內容實與三城之繁簡差異甚大。若與其他六城阿奇木伯克一體辦理，不足以區別，因此六城阿奇木伯克仍由回疆參贊大臣，在各城應升伯克內定擬名單，而三城阿奇木伯克缺出時，各城駐箚大臣更要將堪以調補的阿奇木伯克出具考語，載明該伯克的祖、父之輩等勞績，由回疆參贊大臣按其世職爵位品級，彙開名單上奏。[20]然而這已與和寧提出相同主張相隔六年再次重提，應是六年間換了六任回疆參贊大臣，[21]對於阿奇木伯克補放作為未見統一所致。

　　而回疆駐箚大臣對於三城補放的阿奇木伯克考語及伯克祖、父之輩勞績內容，以阿克蘇郡王阿布都爾滿任職葉爾羌阿奇木伯克，因病出缺，葉爾羌參贊大臣長清上奏提擬伊斯瑪依爾的奏摺為例。長清認為葉爾羌所轄區域遼闊，回戶人口眾多，與周邊安集延、布魯特、克什米爾、巴達克山等外藩貿易往來頻繁，需負責督催糧賦，管理回人，同時要鎮撫外藩，也要調處商民等事務，出任阿奇木伯克一缺，必須是精明幹練，名聲卓著者，否則難以勝任。長清認為和闐阿奇木伯克伊斯瑪依爾是吐魯番頭等台吉，為人明白體面，辦事又很勤奮，道光十年（1830）浩罕進卡滋事，他捐備白麵、草料，接濟官兵，彈壓回眾，並列載祖輩勞績，祖父是額敏和卓，其父為郡王伊斯堪達爾，都曾任喀什噶爾阿奇木伯克，在外藩也享有名聲，是最為合適出任者，在其繕具伊斯瑪依爾履歷清單內容，述及年齡、入覲恩賞、資歷、捐款等事蹟：

---

[20] 中國第一歷史檔案館編，《嘉慶道光兩朝上諭檔》，冊 15，頁 604-606，1594條，嘉慶十五年十二月，慶桂等議奏，嘉慶十五年十一月十二日鐵保奏，陞補阿奇木伯克請劃一辦理。

[21] 魏秀梅編，《清季職官表》，頁 779。

伊斯瑪依爾年五十三歲，係吐魯番回子，嘉慶四年
（1824），跟隨伊父郡王伊斯堪達爾進京，蒙恩賞戴藍翎。
歷陞喀什噶爾四品商伯克，於嘉慶十九年（1839）奉旨賞
換花翎，嗣由四品商伯克任內告請辭退，隨侍伊母，旋回
吐魯番。道光元年（1821）蒙恩賞給二等台吉，補放吐魯
番圖薩拉克奇，辦理扎薩克事務。道光八年（1828）經欽
差大臣那彥成、參贊大臣武隆阿奏署和闐三品阿奇木伯克
事務，嗣奉旨賞給頭等台吉，十年（1830）經參贊大臣扎
隆阿奏補和闐阿奇木伯克，是年逆匪滋事，伊斯瑪依爾捐
辦草料接濟官兵，頗為出力，蒙恩賞給散秩大臣，以示鼓
勵。[22]

　　宣宗諭准伊斯瑪依爾調補，並賞賜因病辭職的阿布都爾滿（阿
克蘇郡王）銀五百兩，也承諾未來將伊子邁瑪特愛孜斯，以三品
伯克陞用，表達對回部王公後裔的惠愛之意。[23]

　　嘉慶朝對於伯克缺出要由各城內揀選，或由各城公同揀選，
也有明確化的規定。嘉慶十五年（1810）十一月以後，各回城有
九位阿奇木伯克缺，四品阿奇木伯克有七缺，伊什罕伯克有五缺，
五品阿奇木伯克有一缺，是為公缺，也就是缺出要由各城提名具
有升補的資格者，彙報於回疆參贊大臣處驗看，再擬定正陪奏請
簡放，其餘四至七品伯克，可由各城所屬之內揀選。同時，為了
確保伯克任用的才能及賢愚，明定阿奇木伯克及伊什罕伯克缺，
皆需送回疆參贊大臣驗看，因為以乾隆四十四年（1779）諭令六

---

[22] 《軍機處・月摺包》，文獻編號第 065992 號，2743 箱，道光十二年十二月初五
日，長清奏；《軍機處・月摺包》，文獻編號第 065992 號附件，2743 箱，伯
克履歷清單。
[23] 《軍機處・月摺包》，文獻編號第 067259 號，2743 箱，道光十四年二月初四日，
長清奏。

品以下伯克及金頂虛銜回人需送回疆參贊大臣驗看,相對於實缺的阿奇木伯克及伊什罕伯克,權責更大,豈有不親眼驗看之理,只是後來時日一久,回疆參贊大臣做法不一,於是在嘉慶十五年(1810)又再次明定,以重申其必要性。伊犁將軍松筠也曾在嘉慶十九年(1814)條奏回疆事宜時,提議各城阿奇木伯克應會伊犁將軍驗看,但經兵部尚書明亮等人會議商討後奏呈,認為調赴阿奇木伯克前往伊犁驗看,需長途跋涉,殊非體恤之道,伊犁將軍事權也不免過重,自應仍照舊章辦理,由管轄回疆各城之喀什噶爾參贊大臣驗看,再分別上奏調放較為合適。[24]直到道光十二年(1832)因揚威將軍長齡奏准,三品至五品阿奇木伯克及伊什罕伯克,皆由回疆參贊大臣擬定正陪人選,奏請補放,簡化了程序,才將公缺驗看的規定刪除。[25]

三、道光朝伯克補放的變革

1、四柱清冊明忠貞

　　道光年間回疆亂事紛起,尤其是自嘉慶末年延續至道光七年(1827)的張格爾事件,促使宣宗對於伯克的制度,重新檢討整飭,主要的改革有各城大臣調整、大小伯克補放迴避原則、烏什伯克升設及四柱清冊等。

　　由於嘉慶末年至道光七年(1827)回疆歷經張格爾事件,是

---

[24] 《宮中檔嘉慶朝奏摺》,文獻編號第 404014149 號,2724 箱,嘉慶十九年六月二十日,松筠奏。

[25] 《理藩院修改回疆則例》,卷 2,頁 29,收入姜亞沙、經莉、陳湛綺主編,《理藩院公牘則例三種》(二),頁 163-164。

乾隆朝統治該地區以來，首次遭受長時期及大規模的戰亂，宣宗
甚為重視，於是派那彥成實地考察。道光八年（1828）十月，那
彥成等提出回疆補放大小伯克章程，針對回疆歷年補放伯克積弊
擬定改善的建議。有鑒於大小伯克由本城大臣擬定正陪，又咨送
喀什噶爾參贊大臣驗看，常有賄囑營謀之弊，積習相沿，回人因
而受累，宣宗准其建議加上四柱清冊及重視陣亡遺孤的拔擢，作
為選拔伯克的條件：

> 嗣後各城三品至五品伯克缺出，由本城大臣查明先儘出力
> 受傷，或家口被害之人，次儘死事人之子孫，次儘出力世
> 家，並視其人才能否辦事，逐細聲明照內地體制，造具四
> 柱清冊，一勞績，二資格，三人才，四家世，填註事實出
> 具切實考語，將應補之人開列四、五員，咨送參贊大臣驗
> 看，其應陞之員亦請定為歷俸三年之例，俸滿者方准保
> 送，如有矇混不清，即行駁查，如覆核無異，即照各城大
> 臣原送考語開單，奏請補放。[26]

　　《大清實錄》對於矇混不清的部分，修撰更明確，凡是矇混
錯誤補放者，理藩院查出照例請旨交部議處，回疆參贊大臣也要
隨時密訪，如果有發現弊端，即行參奏，從重辦理，以示杜絕弊
端的決心。[27]宣宗諭准那彥成改革伯克補放各項，可分為幾個重
點：[28]

---

[26]（清）容慕安輯，《那文毅公籌畫回疆善後事宜奏議》，卷78，頁9-11，道光
　　八年七月初三日，奉上諭，收入張羽新、趙曙青主編，《清朝治理新疆方略匯
　　編》，冊10，頁332。
[27]《大清宣宗成（道光）皇帝實錄》，卷138，頁1113，道光八年七月辛丑，又諭。
[28]《外紀檔》，文獻編號第303000066號，頁131-132，道光九年九月二十四日，
　　扎隆阿奏；《奏摺檔》，文獻編號第305000120號，頁153-155，道光九年七

(1)重視一般回人的戰功：各城遇三至五品伯克缺出，由本城大臣
查明，以戰爭出力受傷或家人被害者為優先，其次是陣亡或死
亡者的子孫，再次者為出力的世家，依其是否有辦事才能作為
揀選伯克的考量。宣宗在歷經回疆首次大規模的長期戰亂後，
特別重視勇敢奮戰，忠貞於清廷的一般回人及其遺族，給予優
先出任伯克之權，以利維繫邊陲國土及人民的安全。而宣宗改
以戰功作為伯克選擇的優先考量，打破長久以來，回疆八大王
公家族子弟、姻親等，優先出任伯克的情形，獨占統治階級優
勢的慣例，為一般回人開啟藉戰功晉升伯克之列，甚至成為總
管一城的三品阿奇木伯克，對於伯克的生態有長遠的影響。

(2)為應選伯克列明家世四柱清冊及考語：大臣為具有應升應選伯
克資格者，列載家世四柱清冊，包括勞績、資格、人才、家世
等四項資料，以事實填寫，出具切實考評之語，且開列四至五
人具有應升應補之人，以利回疆參贊大臣有較多的選擇，應選
者的各項資格更加透明化，以減少弊端。有關增加伯克補放名
單的考語部分，是延續嘉慶九年（1804）由喀什噶爾參贊大臣
和寧奏定的精神而來。道光年版《欽定回疆則例》的修纂，也
針對喀什噶爾、葉爾羌、阿克蘇三城阿奇木伯克考語部分，做
出修改，除了祖、父曾有的勞績外，要將「**世襲爵秩，一併註
明，移咨參贊大臣處彙總，按其所兼世襲品秩，開列名銜請旨
調放**」。[29]

以檔案奏請補放伯克的奏摺及受揀選各伯克之履歷清單為
例，內容大多要列出：一是基本資料為伯克名字、年齡、出生

月，扎隆阿奏；《大清宣宗成（道光）皇帝實錄》，卷 138，頁 9-10，道光八
年七月辛丑，又諭；（清）容慕安輯，《那文毅公籌畫回疆善後事宜奏議》，
卷 78，頁 9-10，道光八年七月初三日，奉上諭，收入見張羽新、趙曙青主編，
《清朝治理新疆方略彙編》，冊 10，頁 332。

[29] （清）賽尚阿等修，《欽定回疆則例》，卷 2，頁 11。

地（如葉爾羌）、民族（如回人）；二是家世，祖輩曾為清廷
効命功績；三是資格經歷，何年給予換賞頂戴、品級、伯克職
稱等；四是勞績即軍功、忠貞度。例如道光二十八年（1848）初，
回疆剛經歷七和卓之亂，喀什噶爾阿斯圖阿爾圖什莊五品阿奇
木伯克因堵禦賊匪陣亡出缺，葉爾羌參贊大臣提名阿克蘇二等
台吉巴克依，列出他曾在張格爾事件遭入侵者監禁，又在道光
二十七年（1847）七和卓滋事時，隨營打仗出力的事蹟，說明他
雖被監禁，卻未參與滋擾的忠貞，並有膽識可隨營出戰，且無
懼於再次被監禁的可能性，而諭准補授；[30]五是人品能力，即大
臣給伯克的評語，例如其人小心，辦事奮勉；六是保奏大臣名
及另一保人名，如回疆參贊大臣慶英保奏、托克托布保等。[31]

(3) 需咨送應升應補者，交由回疆參贊大臣驗看：增加伯克遴選的
把關機制，回疆參贊大臣核對無誤，即照各城大臣原送考語，
開立清單奏請欽定一員補放。

(4) 歷俸三年為原則：應升者亦需經定為歷俸三年之例，俸滿者方
准保送，避免與大臣關係好者，一路晉升，以增加伯克出任的
公平性及地方事務執行的穩定。但由實務而觀，候選伯克歷俸
三年，仍只是原則而已，並非晉升的必要條件。

(5) 凡是為伯克保奏的大臣需負連帶責任：回疆參贊大臣奏報伯克
補放，在開列伯克各員清單內，伯克皆需各有官員為其作保。
伯克上任後，若在公務上犯錯，與原有奏保大臣無關，若是涉
及擾累回眾，或將已明令革除的陋規，改換名目，斂錢肥己，
原有保薦之大臣也與伯克一起嚴懲。

---

[30] 中國第一歷史檔案館編，《嘉慶道光兩朝上諭檔》，冊 53，頁 75，228 條，道光二十八年二月二十六日，內閣奉上諭。

[31] 《軍機處‧月摺包》，文獻編號第 081233 號，2749 箱，道光二十八年正月二十二日，吉明奏；《軍機處‧月摺包》，文獻編號第 081232 號，2749 箱，伯克履歷清單。

　　於此同時，對於伯克的迴避原則，以及通事出任伯克之事，也作了限制：[32]

(1)伯克的迴避原則：各城阿奇木伯克、伊什罕伯克、都管伯克因涉管理回人糧賦及差役，一切苛派之弊，極易由此而出，應迴避本城，五、六、七品伯克迴避本莊。過去本城大臣提名，回疆參贊大臣奏放，卻常發生伯克需要賄賂所屬大臣，以謀取伯克之位。伯克迴避的制度在乾隆朝原是被執行的，但日漸廢弛後，阿奇木伯克多用本城回人，小伯克多用本莊者辦事，以致伯克因熟悉該地情形，因循舞弊，對回眾剝削甚重，損及回眾利益，影響向心。

(2)六至七品的小伯克等的遴選方式：六至七品的小伯克及金頂回子之缺，由各大臣遴選，查明已俸滿具有應升應補放資格者，也要造四柱清冊，遴選三或四位，送回疆參贊大臣驗放，但無須上奏，只要咨明理藩院即可。

(3)通事資格的排除原則：不准回人工匠及阿奇木伯克家人，以及在京為奴遇赦釋放之回人，出任伯克，其因環境之利通曉漢語，各城大臣以其當差相熟又相識之便，成為翻譯漢回語的通事，進而違例成為伯克，卻常出入衙門，內外串通，遇事滋擾。

　　此外，乾隆朝統治回疆之前，白山派及黑山派相爭已久，白山派大小和卓起釁，以致黑山（帽）派支持清朝政權，形成了回部王公及伯克多由黑山派出任的潛規則，那彥成於戰後，為壓制

---

[32]《外紀檔》，文獻編號第 303000076 號，頁 77-78，道光十一年十月初六日，璧昌奏；《大清宣宗成（道光）皇帝實錄》，卷 138，頁 9-12，道光八年七月辛丑，又諭；（清）容慕安輯，《那文毅公籌畫回疆善後事宜奏議》，卷 78，頁 9-10，道光八年七月初三日，奉上諭，收入張羽新、趙曙青主編，《清朝治理新疆方略匯編》，冊 10，頁 332。

白山派的勢力，也曾上奏以黑山派回人出任伯克之事。不過，就宣宗的觀點而言，宣宗認為撫卹回眾應不分其派別，於是在道光八年（1828）十二月，諭示若只挑黑山派出任伯克，惟恐白山派回人未能悅服，多生猜忌及別生釁端，要那彥成再多加觀察。[33]兩個月後，那彥成再次上奏，以伯克向來挑用黑山派居多，白山派也歷久習慣相安無事，阿渾（訇）向來不當差，宣宗於是諭令阿渾只准念習經典，不准干預公事，阿渾子弟可以當差及出任伯克，但不得兼任阿渾。[34]

這些補放方式的調整，皆是那彥成考察歷來回疆補放伯克的弊端，再加上長久以來回疆白山派與黑山派潛在之爭而來。張格爾事件也證明白山派後裔的號召，仍深具影響力，對國家安全造成極大的衝擊，也引發長久以來黑山派出任伯克的潛規則，成為明確化。但宣宗真正在意及要掌握的原則，只是宗教及阿渾不得干政及引起戰亂。至於白山派既已習慣黑山派為伯克，也就不否定黑山派出任伯克之事。但白山派之眾自此更被邊緣化，道光朝至同治初年，白山派後裔一次次的侵擾，白山派的回莊總是被列為優先警戒，因而受到不當管理，權益不彰，持續壓抑積累，加上清朝國勢衰微，西北回民事變及回疆吏治敗壞，終於導致同治朝至光緒初年，清朝有十多年不再擁有新疆絕大部分地方的統治權。

由於張格爾事件的影響，伯克補放方式，是繼烏什事件後較為重大的改革，朝廷對於伯克的遴選，不再只重回部王公般的貴族背景，而是特別考量及重視伯克在戰爭是否仍保忠貞、勇敢與奮戰不懈的精神，因此凡是作戰出力、被害，及戰死之人的子孫，

---

[33] 《大清宣宗成（道光）皇帝實錄》，卷146，頁16-17，道光八月十一月癸卯，諭軍機大臣等。

[34] 《大清宣宗成（道光）皇帝實錄》，卷151，頁2，道光九年二月乙丑，又諭。

有能力者，皆可以被儘先選任為伯克。[35]例如英吉沙爾回人蘇皮蓋其父阿普都瓦依特為喀什噶爾罕愛里克莊五品阿奇木伯克，在道光十年（1830）安集延入侵被害，道光十一年（1831），其子蘇皮蓋賞給五品頂花翎世襲罔替，並在道光十七年（1837）咨補為英吉沙爾七品明伯克，於道光二十五年（1845）布魯特入侵英吉沙爾拏敵出力，在道光二十八年（1848）咨補為六品密喇普伯克，咸豐四年（1854）再補為和闐所屬哈喇哈什城五品商伯克，於咸豐八年（1858）喀什噶爾四品伊什罕伯克缺出，被回疆參贊大臣擬為正陪之提名人選。[36]這是因父親的守衛回疆之功，及其子本身才能，在二十一年間由七品漸升為四品伯克之例。

再以表 6-1 咸豐元年（1851）葉爾羌五品柯呼克雅喇克伯克一缺擬正陪二人履歷清單表內，托胡達、托胡塔二人被擬為正陪候選伯克為例，[37]其歷練即是自道光年間，逐次累積戰功，得到品級的賞戴，成為日後伯克陞遷品級的重要資歷。因此，上述的伯克補放改革，確為是為清朝對守護回疆的回人及其子弟，開闢一條參與政治和晉升伯克，成為管理階層之路。

---

[35]（清）曹振鏞，《欽定平定回疆剿捕逆裔方略》，卷 67，頁 5-6，道光八年七月辛丑，那彥成等奏，收入張羽新、趙曙青主編，《清朝治理新疆方略匯編》，冊 10，頁 32-34。

[36]《奏摺檔》，文獻編號第 305000460 號，頁 72-73，咸豐八年二月，履歷清單。

[37]《軍機處・月摺包》，文獻編號第 082710 號，2780 箱，咸豐元年十一月二十二日，德齡奏；《軍機處・月摺包》，文獻編號第 082711 號，2780 箱，履歷清單。

表 6-1 咸豐元年（1851）葉爾羌五品柯呼克雅喇克伯克一缺擬正陪二人履歷清單表

名字	回人出生地	立功年	事蹟	保奏者	賞、咨補
托胡達	喀什噶爾	道光六年(1826)	賊匪滋事當差出力	烏什辦事大臣多貴	賞七品頂戴
		道光十年(1830)	安集延在喀什噶爾滋擾派為信探出力	烏什辦事大臣常德	賞換六品頂戴
		道光十年(1830)	軍營當差出力		
		道光十二年(1832)		揚威將軍長齡	賞戴藍翎
				回疆參贊大臣璧昌	咨補烏什額設金頂
		道光十五年(1835)		回疆參贊大臣興德	咨補烏什七品巴吉格爾伯克
		道光二十年(1840)		回疆參贊大臣思特亨額	咨補六品噶雜納齊伯克
		道光二十七年(1847)	七和卓事件隨阿奇木伯克備辦烏拉馬匹及防堵要隘	烏什辦事大臣鍾翔	賞換五品頂戴
托胡塔	阿克蘇	道光十年(1830)	安集延滋擾跟隨官兵在科科熱瓦特地方打仗	葉爾羌辦事大臣璧昌	咨部給七品軍功頂戴
		道光十八年(1838)		回疆參贊大臣思特亨額	咨補葉爾羌額設金頂
		道光二十一年(1841)		回疆參贊大臣圖明額	咨補塔塔爾莫克里特莊六品色依特爾伯克
		道光二十六年(1846)	布魯特入侵色呼庫勒地方挈敵出力	回疆參贊大臣賽什雅勒泰	賞戴五品頂戴

資料來源：《軍機處・月摺包》，文獻編號第 082710 號，2780 箱，咸豐元年十一月二十二日，德齡奏；《軍機處・月摺包》，文獻編號第 082711 號，2780 箱，履歷清單。

2、道光時期伯克補放的簡化

道光十年（1830），安集延不滿清廷因張格爾事件，採行貿易禁令，致其經濟、民生受到很大的牽制，進而發動戰爭。以致尚未復原的回疆各城，再次陷入戰火之中，伯克陣亡、避逃或是被脅迫帶走的情形甚多，各城大臣設置重新檢討，戰後一時間伯克大量補放需求，需要彈性及簡化補放流程，亦受到重視。

道光十一年（1831）十月，宣宗對回疆進行幾項重要改革，包括回疆參贊大臣由喀什噶爾移駐葉爾羌，重新設置及調整回疆各城大臣職位，改變伯克補放原則及烏什伯克的重置。十月十一日，諭令回疆參贊大臣移駐葉爾羌，總理八城，統轄兩鎮，並兼提督銜，其幫辦大臣一員仍照舊制，專管葉爾羌，兼轄和闐，裁和闐領隊大臣一員，移駐葉爾羌為領隊大臣；各城調整為喀什噶爾幫辦大臣改為領隊大臣，和闐改設辦事大臣一員，英吉沙爾設領隊大臣一員。[38]接著在道光十一年（1831）十月二十四日諭令現行大伯克迴避本城，小伯克迴避本莊於回情，殊有未便，嗣後三品阿奇木伯克九缺及各大城阿奇木伯克及伊什罕伯克，作令迴避本處，三至五品伯克缺出，均由回疆參贊大臣擬正陪，奏請補放，各城莊六品以下伯克缺出，均無庸迴避本處，由該大臣擬定正陪，咨請回疆參贊大臣咨部補放，無庸送驗，如有賄囑瞻徇等弊端，嚴行參辦，成為道光年版《欽定回疆則例》伯克補放主要原則。[39]同時也諭令因應烏什近年回人事務日增，阿奇木伯克任務繁重，重新調整烏什伯克的配置，將烏什五品阿奇木伯克一缺改升為四

---

[38] 《大清宣宗成（道光）皇帝實錄》，卷 198，頁 17-20，道光十一年十月己丑，揚威將軍大學士長齡等奏。

[39] 聯合報文化基金會國學文獻館，《清代起居注冊-道光朝》（臺北：聯合報文化基金會國學文獻館，1985 年），冊 22，頁 013275-013283，道光十一年十月二十四日壬寅，內閣奉諭旨軍機大臣會同禮部都察院議奏。

品，添五品伊什罕伯克一員，六品噶雜納齊伯克一員，七品都管伯克及七品明伯克各一員，及現有六品以下伯克七員，共十一名。[40]九個月後，道光十二年（1832）六月初七日，新添之烏什五品伊什罕伯克，正式諭由伊布拉依木補授，[41]此為烏什事件後，烏什睽違六十七年，再次設置及任命伊什罕伯克。

有關伯克補放的迴避部分，是為避免伯克在熟悉之城，加重苛派情勢，雖曾在道光八年（1828）諭准，但實際執行，確有不便之處。於是道光十一年（1831）及道光十二年（1832）揚威將軍大學士長齡奏定相關事項，提出嗣後三品阿奇木伯克九缺，及各城伊什罕伯克，仍令迴避本處，三至五品伯克缺出，均由回疆參贊大臣擬定正陪，奏請補放的簡化方式。[42]道光十一年（1831）以後，大臣揀補伯克，若未依揚威將軍長齡等曾奏定，各城三品阿奇木伯克九缺及各城伊什罕伯克仍令迴避本處之規定，未特別加以說明者，將遭受處罰。例如庫車四品伊什罕伯克托胡塔為庫車回人，庫車大臣多歡奏查前任葉爾羌參贊大臣恩特亨額擬陪者為伊薩克，也未迴避，宣宗諭令現任葉爾羌參贊大臣圖明額查明具奏。[43]經理藩院調查後，恩特亨額遭到交部議處，並由葉爾羌參

---

[40] 聯合報文化基金會國學文獻館，《清代起居注冊-道光朝》，冊 22，頁 013275-013284，道光十一年十月二十四日壬寅，內閣奉諭旨軍機大臣會同禮部都察院議奏；《大清宣宗成（道光）皇帝實錄》，卷 199，頁 14-18，道光十一年十月壬寅，又諭。

[41] 聯合報文化基金會國學文獻館，《清代起居注冊-道光朝》，冊 25，頁 014889-014890，道光十二年六月初七日壬午，又奉諭旨。

[42] 聯合報文化基金會國學文獻館，《清代起居注冊-道光朝》，冊 22，頁 013275-013283，道光十一年十月二十四日壬寅，內閣奉諭旨軍機大臣會同禮部都察院議奏；《軍機處‧月摺包》，文獻編號第 073121 號，2752 箱，道光二十五年二月初一日，奕經奏；《軍機處‧月摺包》，文獻編號第 065992 號，2743 箱，伯克履歷清單。

[43] 《廷寄檔》，文獻編號第 604000238 號，頁 19，道光二十一年三月十八日，字寄葉爾羌參贊大臣圖明額奏。

贊大臣圖明額另行揀員，[44]庫車四品伊什罕伯克宣宗諭示由阿渾升補。[45]其後托胡塔調至葉爾羌由回疆參贊大臣驗看，被評其為人明白，精力尚健，因而請補為喀什噶爾商伯克。[46]此例顯示迴避的原則，被嚴格執行，應陞者的權益也受到保障。道光年版《欽定回疆則例》依此修改回疆各城補放大小伯克，分別奏咨迴避，其條文如下：

> 回疆三至五品伯克出缺，由參贊大臣擬定正、陪，奏請補放；凡本城阿奇木伯克及各城莊阿奇木伯克、伊什罕伯克均令迴避本處，六品以下伯克出缺，由各該城大臣呈報參贊咨部，補放人員免其送驗，照例毋庸迴避本處。[47]

承上述之原則，六至七品伯克的選擇權由各城辦事大臣等掌控，回疆參贊大臣對此僅負責將各城呈報之六品以下伯克及金頂回子的名單與數目，按四季造冊報理藩院，年終由理藩院彙題即可，不必進行驗看伯克的雙重把關；[48]五品以上伯克名單提交回疆參贊大臣，再負責選擇正陪上奏，其職責較為簡化，權責也劃分

---

[44] 《奏摺檔》，文獻編號第 305000254 號，頁 105-108，道光二十一年三月，理藩院奏；中國第一歷史檔案館編，《嘉慶道光兩朝上諭檔》，冊 46，頁 70，289 條，道光二十一年二月十一日，奉旨理藩院奏。

[45] 中國第一歷史檔案館編，《嘉慶道光兩朝上諭檔》，冊 46，頁 223，961 條，道光二十一年七月二十三日，內閣奉上諭。

[46] 《宮中檔道光朝奏摺》，文獻編號第 405005385 號，2719 箱，道光二十二年三月初五日，圖明額奏。

[47] （清）賽尚阿等修，《欽定回疆則例》，卷 2，頁 3；《理藩院修改回疆則例》，卷 2，頁 8-9、29，收入姜亞沙、經莉、陳湛綺主編，《理藩院公牘則例三種》（二），頁 122-123、164。

[48] （清）賽尚阿等修，《欽定回疆則例》，卷 2，頁 13；《理藩院修改回疆則例》，卷 2，頁 32-33，收入姜亞沙、經莉、陳湛綺主編，《理藩院公牘則例三種》（二），頁 169-171。

明晰。

　　乾隆朝原有規定是各城阿奇木伯克及伊什罕伯克迴避本城，本城五至七品伯克迴避本莊是特別被強調的，包括英吉沙爾屬喀什噶爾，和闐屬於葉爾羌，屬城于本城，一律要迴避，如西四城和闐塔克努拉莊四品阿奇木伯克缺出時，需由阿克蘇、喀喇沙爾、庫車、烏什、英吉沙爾、喀什噶爾等挑補人員，儘量迴避葉爾羌，也逐漸被忽略。[49]而各城應升伯克需要回疆參贊大臣當堂驗看，再秉公揀選，三至五品伯克由回疆參贊大臣擬定正、陪，再奏請簡放，由皇帝決定硃圈，曾於嘉慶朝再次強調。[50]但後來依回疆參贊大臣習慣，不一定需要驗看，道光八年（1828）雖重申各城需要提名四至五位由回疆參贊大臣驗看及揀選，此時也不再強調。

　　有關伯克迴避部分，那彥成認為由本城、本莊者出任伯克，因其熟悉以致剝削甚重，實是回疆弊端之源。然而不過了三年時間，又回到原點，僅阿奇木伯克及伊什罕伯克要迴避本籍之城，其他伯克不需迴避本莊。六品以下伯克，刪除乾隆朝規定需要回疆參贊大臣驗看規定，各城屬間需要迴避及雙重驗看的機制皆被簡省。此後伯克補放簡化為六、七品伯克由各城辦事、領隊大臣等決定，只需將名單呈報回疆參贊大臣，回疆參贊大臣於年終報理藩院備查即可。五品以上伯克名單，由各城呈報，回疆參贊大臣選正陪二名上奏，其中阿奇木伯克及伊什罕伯克需迴避本城，由皇帝圈擇。然而，是否一律迴避，也未必如此，例如拜城四品阿奇木伯克缺出，阿克蘇辦事大臣上奏該城伊什罕伯克阿布都拉任職五年以來，推估應是道光十二年（1832）就任，為人明白練達，辦事認真，受輿情愛戴好評，但該伯克是拜城所屬塔拉奇回

---

[49]《奏摺檔》，文獻編號第 305000118 號，頁 271-272，道光九年七月，扎隆阿奏。
[50]《外紀檔》，文獻編號第 303000181 號，頁 118-119，道光二十六年八月二十四日，賽什雅勒奏。

人，雖然非拜城本城卻是屬城之人，與例稍有不符，但因人地相宜，且補授伊什罕伯克時，即未迴避本城，而將其擬為正。[51]阿布都拉自此出任拜城四品阿奇木伯克，長達十七年，直至咸豐四年（1854）病故，[52]其缺才由六年未曾調任之庫車所屬沙雅爾四品伊什罕伯克阿比提調任。[53]

至於道光八年（1828）七月宣宗諭准那彥成所奏，定立補放人員需在原有職位上歷俸滿三年，[54]但道光九年（1829）戰後需補授人員甚多，也作了彈性處理，不必拘定任滿三年。[55]回疆參贊大臣驗看部分，也因甫經平定差務甚多，需伯克處理，不及送往驗看。[56]這些都顯示清朝因應回疆情勢轉變的回應及彈性作為，但也形成伯克選拔機制更為簡化，權力更加集中於極少數大臣之手，大臣藉機貪瀆，轉嫁伯克，回眾受苛待情況更為嚴重。

道光朝連續遭遇白山派後裔及浩罕等外國勢力的入侵，伯克在戰時及戰後負責守衛、協防、戰鬥、反間、後勤支援及善後工作，若要跨城揀選，則無法發揮即時之效。就實務層面而觀，回疆遭遇入侵，伯克為執行守城等各項任務，往往是死傷慘重，且伯克多成為入侵者搜捕的指標人物，伯克有時迫於情勢，遭入侵者殺害、脅走出卡數年，或為保命而逃亡躲藏，以致遭到革職及

---

[51] 《外紀檔》，文獻編號第 303000125 號，頁 241-243，道光十七年十一月二十六日，廉敬奏。
[52] 《外紀檔》，文獻編號第 303000254 號，頁 63，咸豐四年十月十六日，常清奏。
[53] 《軍機處·月摺包》，文獻編號第 082330 號，2749 箱，道光二十八年四月十九日，奕山、吉明奏；魏秀梅，《清季職官表》，頁 782。
[54] 《大清宣宗成（道光）皇帝實錄》，卷 138，頁 9-12，道光八年七月辛丑，又諭。
[55] 《奏摺檔》，文獻編號第 305000118 號，頁 271-272，道光九年七月，扎隆阿奏。
[56] 《奏摺檔》，文獻編號第 305000137 號，頁 273-275，道光十一年三月，哈朗阿、楊芳奏。

缺出甚多。各城大臣於戰時或停戰善後，急需較多新任伯克及時投入，處理各項事務，因此定立一時間乏人接替，准於本城回人內揀選伯克，確有其必要。道光年版《欽定回疆則例》續纂卷七，納入戰亂狀況的特殊考量，需要迴避的三、四品阿奇木伯克及伊什罕伯克，也有可以不必迴避的狀況，准以人地相需，出具考語請旨：

> 新疆各城三品阿奇木伯克及四品伊什罕伯克，均統轄眾伯克回子地方，職任較重，缺出均迴避本處，其餘別項四、五品伯克出缺，由參贊大臣先行咨取各該城合例人員，公同揀選，如各該城無人可保，一時實在乏人，准遵人地相需之例，於本城回子內揀選，出具切實考語，擬定正陪於摺內聲明，請旨定奪。[57]

《欽定回疆則例》內所言的一時實在乏人，不僅用於戰時，平日也可行，甚至不受就任滿三年的限制，各城大臣只要在奏摺內聲明事實或是直接表達是為人地相需的理由即可，這無疑是對迴避原則的再次退讓。例如喀什噶爾領隊大臣錫喇布咨呈所屬克勒木莊五品阿奇木伯克缺出，因該莊過於靠近巴爾昌伊蘭瓦斯等處卡倫，是為外國人出入境必經之路，需要時常偵探稽查，必須有熟悉該地者才可勝任，六品密喇普伯克庫吐魯克補授阿爾瓦特莊六品密喇普伯克，資歷雖未達三年，與請升之例稍有不合，但因為人誠實當差熟悉地方，符合要缺需人的條件，因此將其擬為正奏請簡放。[58]回疆參贊大臣德齡奏報，伯克同品轉調及伯克補

---

[57]（清）賽尚阿等修，《欽定回疆則例》，卷7，頁1。
[58]《外紀檔》，文獻編號第303000203號，頁167-169，道光二十八年十月二十六日，吉明奏。

放，認為已擔任四年葉爾羌五品帕提沙普伯克薩木薩克，[59]堪以調補葉爾羌五品喇雅哈資伯克；葉爾羌所屬舒克莊五品阿奇木伯克病故缺出，以葉爾羌所屬鄂通楚魯克莊六品密喇普伯克素皮擬正，但因二人皆為本城之人，與例應迴避原則未符合，於是在奏摺最後說明，經過調查薩木薩克、素皮均係葉爾羌回人，核與定例稍有不符，而各該城一時實屬乏人，謹遵人地相需之例，將他們擬正，合併聲明等，而得諭准。[60]不過，素皮雖成為舒克莊五品阿奇木伯克，但上任未達三年，於咸豐三年（1853）即因案遭到革退。[61]由此而觀，迴避對一些人確有其必要。

　　咸豐朝也持續依循原則，如葉爾羌所屬和罕爾莊五品阿奇木伯克因病缺出，回疆參贊大臣德齡將葉爾羌所屬和爾罕莊六品明伯克蘇皮呢雅斯擬為正，但其為葉爾羌回人理應迴避，而引此例載說明奏請定奪，[62]文宗亦准升任。[63]這是需迴避而未迴避的揀選，未必是一時乏人，人地相宜就可以成為不必迴避的好理由。

　　時至道光年版《欽定回疆則例》刊刻完成，清朝已統治回疆八十多年，對於乾隆二十八年（1763）補放各城大小伯克的條文，仍保留喀什噶爾所屬玉斯圖阿爾圖什莊、阿爾琥莊及烏帕勒三莊

---

[59] 中國第一歷史檔案館編，《嘉慶道光兩朝上諭檔》，冊 51，頁 116，417 條，道光二十六年四月二十三日，內閣奉上諭。

[60] 《外紀檔》，文獻編號第 303000218 號，頁 19-21，道光三十年十月初三日，德齡奏；中國第一歷史檔案館編，《嘉慶道光兩朝上諭檔》，冊 55，頁 447，1302 條，道光三十年十月初三日，內閣奉上諭；《宮中檔咸豐朝奏摺》，文獻編號第 406008573 號，2779 箱，咸豐六年七月二十七日，常清奏。

[61] 《宮中檔咸豐朝奏摺》，文獻編號第 406005335 號，2709 箱，咸豐三年十一月初一日，德齡奏。

[62] 《宮中檔咸豐朝奏摺》，文獻編號第 406000142 號，2709 箱，咸豐元年二月初八日，德齡奏。

[63] 《宮中檔咸豐朝奏摺》，文獻編號第 406008573 號，2779 箱，咸豐六年七月二十七日，常清奏。

之六品阿奇木伯克，不可由七品伯克陞補，照例以六品哈資伯克及密喇布伯克內開單。[64]因條例明確，缺出補放依此較無疑義。[65]回疆各地除了葉爾羌所屬色呼庫勒等較特殊之地，其餘地方有鑑於遷徙者已久居當地，因而刪略乾隆朝因個別考量而行從俗從宜的方式。各駐箚大臣若於刪去的部分地方或有特殊需求時，仍保留彈性，可依調補之需上奏請旨。例如高宗以庫爾勒之回人由羅布諾爾遷來，布古爾回人由葉爾羌移來，習俗各異，決定除阿奇木伯克外，伊什罕伯克、噶雜納齊伯克及商伯克，皆儘量由當地應升伯克奏放，而大臣亦曾以該處回人撫治非易形容，若以各城伯克升補恐難期治理，即便是道光年間，喀喇沙爾所屬庫爾勒五品商伯克缺出，仍在這兩處內揀選二人，以布古爾六品哈資伯克愛比擬正，庫爾勒六品哈資伯克愛達爾擬陪，以符人地相宜之需。從該城辦事大臣聯順的揀選觀點，是以強治強與一時實在乏人，遵人地相需之例提擬。[66]

3、伯克額設的改變

回疆在張格爾事件及安集延入侵等戰事平定後，經歷前所未有的大量伯克補放及調整品級額數。道光八年（1828）九月，伯克請補之缺多，但可補人少，不足以擬正陪，決定各城大臣隨時察看，若伯克行事實在，潔身自愛地辦理公務，各城大臣在伯克任滿一年出具考語，由回疆參贊大臣另行奏請實授，若不稱職，

---

[64]（清）賽尚阿等修，《欽定回疆則例》，卷 2，頁 12。

[65]《外紀檔》，文獻編號第 303000161 號，頁 151-152，道光二十三年十二月十七日，聯順奏。

[66]《外紀檔》，文獻編號第 303000154 號，頁 161-163，道光二十三年四月二十七日，圖明額奏。

則立刻撤職，另行揀選。[67]直到道光十年（1830）二月二十八日，宣宗才又諭以調整，即嗣後五品以上伯克缺出，仍照例揀員請旨補放，毋庸試署另請實授。[68]並自此展開為期三個月左右的人事大調補及新設。[69]當時道光年版的《欽定回疆則例》尚未進行修改，但比對伯克更換的名額，已與嘉慶年版額設已相差甚遠，反而較符合後來編纂的道光年版《欽定回疆則例》，這也是道光年十三年（1833）三月初五日，理藩院奏請為《回疆則例》補纂的原因之一。[70]

綜觀道光朝伯克的補放首重迴避原則，是為了改善大臣與伯克間的賄屬關係，以及避免伯克藉熟悉本地之利，苛虐回眾。該管大臣要多提名數位應升人選，並提出四柱清單及奏保者，以減少弊端。伯克補放化繁為簡，三至五品由回疆參贊大臣負責由各城應選名單挑補二人，擬為正陪上奏定奪。六品以下由各城大臣負責挑補，伯克品級任命及補放權責區分更清楚。伯克需任滿三年才可調陞，重視家世的四柱清冊，以及表現忠貞守護衛新疆等條件，成為補放伯克的各項重要參考指標，也為一般回眾開創以戰功進入伯克管理階層的機會。部分地方地理位置特殊仍保留舊例，若處戰後補多人少，又急需人手善後，或平日一時乏人，也

[67]《大清宣宗成（道光）皇帝實錄》，卷143，頁19，道光八年九月己未，欽差大臣那彥成等奏。

[68]中國第一歷史檔案館編，《嘉慶道光兩朝上諭檔》，冊35，頁53-54，184條，道光十年二月二十八日，內閣奉上諭。

[69]中國第一歷史檔案館編，《嘉慶道光兩朝上諭檔》，冊35，頁53-54，184-186條，道光十年二月二十八日，內閣奉上諭；中國第一歷史檔案館編，《嘉慶道光兩朝上諭檔》，冊35，頁148，520、522條，道光十年閏四月初八日，內閣奉上諭；中國第一歷史檔案館編，《嘉慶道光兩朝上諭檔》，冊35，頁185，674條，道光十年五月十二日，內閣奉上諭。

[70]（清）賽尚阿等修，《欽定回疆則例》，原奏，頁13-20。

可以採行彈性處理，同時也為清朝統治回疆七十多年後，因應各地人口增長及新墾之地，調整伯克品級與額設。咸豐朝以下，亦持續依循這些原則。這都是實際考察弊端所提的防弊措施，但在戰亂善後時期，伯克補多而可選人少，以致有一時乏人的彈性處理，也延用於日常，意味著迴避原則的一再退讓，也同時見到駐箚大臣舊習難改及實務執行的阻礙。

道光朝回疆伯克的挑選，六品以下伯克已由乾隆朝規定駐箚大臣及回疆參贊大臣驗看兩個層次，簡化為各城駐箚大臣一人決定。五品以上雖是要奏請，但名單也由各城駐箚大臣提出，回疆參贊大臣從中挑選提擬正、陪二位上奏。伯克補放權的簡化，反而使伯克補放的把關機制更鬆，權力更加集中於各城駐箚大臣及回疆參贊大臣等極少數大臣之手，有利於大臣向伯克需索，伯克轉向回眾加重苛擾，再行支付大臣，形成大臣與伯克的共犯結構，因此回疆弊端的始作俑者實為駐箚各城大臣與回疆參贊大臣。

四、咸豐、同治朝伯克捐輸得補放

咸豐、同治兩朝補放伯克，奏摺仍引用道光十一年（1831）及道光十二年（1832）揚威將軍大學士長齡奏定相關事項，修改回疆各城補放大小伯克分別奏咨迴避條文，及道光年版《欽定回疆則例》修改後的各相關條文，作為依循。然而咸同兩朝內憂外患紛起，清朝財政難於因應，捐輸就成了伯克升遷的首要條件，凡是升遷提報前捐輸者或是捐款較多者，多被列為正選。同治朝更增列曾有行政誤失遭降級或革職的伯克，可以靠捐輸，謀回頂戴，伯克職位缺出時，再與其他在任伯克競爭補放的機會。朝廷為加強伯克能力的把關，對補授伯克採取事後監督考核，卻也造成大臣藉國家制度之名，向伯克進行多重苛索的狀況。

　　儘管高宗在平定西陲，曾有部分大臣質疑，新疆廣闊，又長
駕遠馭，所有移駐大臣、官兵歲需的養廉銀，不無多耗各省的物
力，國庫負擔將大幅增加，高宗為此曾特命舒赫德等調查，經軍
機大臣的核覈，得出葉爾羌及喀什噶爾等城駐防應需各項，加上
陝甘兩省節省的各項費用，與未用兵以前相比，不但沒有增加，
實際上還可減少用度達三分之二，也預估未來屯墾自給之糧，既
可免去輓運費用，種地之田日增，回疆收益倍當充裕。[71]高宗執政
之時，積極與哈薩克進行貿易，增加地方的財政，當時清朝聲威
達中亞各國，外國貿易商人及各省往來頻繁，新疆貿易稅收持續
增加，再加上鼓勵移民，開發新疆，努力移民屯田，作物豐收，
足供官兵食用。[72]然而仁宗對中亞各國情勢掌握度下降，浩罕在中
亞勢力增強，嘉慶二十五年（1820）至道光七年（1827）十二月，
長達七年的張格爾事件，戰亂才告終未久，道光十年（1830），
浩罕因禁通商入侵回疆，事件平定後，宣宗同意給予外國商民免
稅通商的優惠，新疆貿易稅收來源大失。道光二十五年（1845）
至二十七年（1847）有七和卓之亂，咸豐朝又有鐵完庫里、倭里
罕等入侵。朝廷在道咸年間同時在面對鴉片戰爭、太平天國、雲
南回民事變及苗亂等各地亂事，軍用耗費甚多，國內外商民也因
新疆及各省不靖，降低貿易往來的意願，影響回疆各項營生、租
稅等收入。新疆各地礦產雖豐，但朝廷多以管理不易及考量當地
民族等因素，除了咸豐朝外，多採消極的開發態度，加重新疆倚
賴各省協餉，恐怕是高宗所料未及，咸豐朝國庫空虛，各省又為

---

[71] 《大清高宗純（乾隆）皇帝實錄》，卷 649，頁 34，乾隆二十六年十一月甲子，
　　諭。
[72] James A. Millward（米華健），賈建飛譯，《嘉峪關外——1759-1864 年新疆的經
　　濟、民族及清帝國》（香港：中文大學出版社，2017 年）。該書在第二章至
　　第五章，對清朝內外商民在新疆經貿、茶、玉石、大黃貿易及清朝貨幣政策著
　　墨甚深。

了因應戰事，以致新疆協餉經常不繼，官兵軍餉及財政支應更形惡化。

　　從檔案的整理中，發現伯克的捐輸多集中在以下三個時期：一是道光二十六年（1846）、二十七年（1847）七和卓之亂，二是咸豐五年（1855）至七年（1857）新疆鐵完庫里事件、倭里罕事件之際，清廷同時面臨太平天國、雲南回民事變紛起，軍需費用大增，三是同治二年（1863）至同治三年（1864）甘肅、新疆動亂。此時回疆當地商民以及伯克的捐輸，常成為新疆經費的及時雨。請見附錄表二伯克道光至同治年間捐輸表。葉爾羌參贊大臣景廉也曾感嘆，新疆依靠陝甘撥款至同治二年（1863）已積欠十四萬餘兩，去年同治元年（1862）十月以來解到三千兩，喀什噶爾得一千兩銀，邊防重地的經費，就全賴捐輸，而回人平日多不願捐，一旦各城有伯克出缺時，才肯竭力捐輸，「**雖係情殷報效，實與指捐無異**」，且此情況不只在回疆，在伊犂的伯克也是如此。[73]

　　不過，以伯克實際捐輸而觀，大多是為開銅廠、開渠及修城而捐，尤其戰時捐補軍火、器械、口糧、馬匹，或是戰後為修整各城設施、卡倫而捐，這些捐輸的事實，在咸豐七年（1857）捐輸章程制定前，早已行之有年，即便是章程施行後，也未必是為官位升遷而捐。例如咸豐八年（1858）歷經倭里罕入侵，阿渾、玉敏巴什及商回等四百三十一人，報捐普爾一萬五千串伯克作為修城，但喀什噶爾三品阿奇木伯克庫圖魯克認為可由一己之力認捐完竣，遂而將此款項轉為兵餉鹽菜之用。[74]同治初年，回疆各城

---

[73] 《月摺檔》，文獻編號第 603000309 號，同治二年正月二十五日，景廉奏。

[74] 《奏摺檔》，文獻編號第 305000462 號，頁 123-126，咸豐八年四月，法福禮、裕瑞奏。

經費萬分短絀，商民及伯克捐款，多轉為支應日常軍餉之用，以解兵丁鹽菜積欠過多的燃眉之急，如葉爾羌三品阿奇木伯克如斯塔木捐普爾一萬串，折銀為一萬兩，及阿克蘇三品阿奇木伯克薩依提捐銀一萬兩。[75]回疆參贊大臣再把這些捐銀集中，找來商民定約生息，由商民先以一萬五百兩為本金，照舊章每月每兩按三分生息，每月得銀二百一十五兩，以補軍餉，可見新疆經費短絀狀況嚴重。[76]由此可知，伯克的捐輸舉措，並非皆是為了求官，實為家鄉建設及增強防衛而捐，再者兩位三品阿奇木伯克已無可加之賞，實為新疆捉襟見肘的經費，注入活泉而已。但是否真是奏摺所言是伯克樂捐，或為大臣的募款捐輸績效之故等，也只有當事人知曉。

　　清廷為補國家財政艱難及軍餉等經費的不足，將捐輸制度化，官員、伯克與富戶都要捐，伯克因捐輸得職，上任後地方有所需求時，也要再捐。咸同兩朝伯克挑選資格除了考量家世及才能外，捐輸也成了另一個現實又功利的條件。咸同年間，伯克的補放，回疆參贊大臣在奏摺內照例先引用道光十一年（1831）揚威將軍長齡三至五品伯克缺出由回疆參贊大臣擬定正陪，及新疆例載三品阿奇木伯克及四品伊什罕伯克皆為統治回人地方職任較重之缺，均迴避本處，其餘四、五品伯克缺出，由回疆參贊大臣咨取各城合例者秉公揀選，如各城一時乏人，准遵人地相需之例於本城回人內揀選，出具切實考語，擬定正陪等條例，再說明伯克缺出之因與列載正陪名單的理由。例如英吉沙爾五品伊什罕伯

---

[75] 《軍機處・月摺包》，文獻編號第 0909414 號，2740 箱，同治二年五月二十七日，景廉奏。

[76] 《大清宣宗成（道光）皇帝實錄》，卷 25，頁 45-46，同治元年四月辛未，又諭；《軍機處・月摺包》，文獻編號第 095284 號，2742 箱，同治三年二月二十七日，景廉奏。

克缺出，原因是原任伯克那滿人地未宜，因而提擬正選者為六品
伯克愛散，係為英吉沙爾所屬玉梅莊回人，本是需要迴避者，但
因英吉沙爾四大阿渾及回眾懇請其明白公正，辦事認真，又捐輸
軍餉銀一千兩，是為急公好義。[77]這樣的奏摺內容，幾乎是咸豐七
年（1857）後，伯克陞補奏摺典型，捐輸成為伯克爭取陞遷必備
的優勢條件，捐輸者通常皆被擬為正選者，未捐輸或相對捐得少
的伯克候選人，則被列為擬陪者，而皇帝硃圈歷來多選擬正者。

　　咸豐七年（1857），清廷因軍需鼓勵捐輸，奏准回部王公及
伯克捐輸銀兩獎敘章程，請見表 6-2 咸豐七年（1857）奏定回部
捐輸銀兩獎敘章程表，以其內容而言，主要可分兩部分：一是扎
薩克回部郡王、貝勒、貝子、公等，捐款以一百五十兩為單位給
記錄一次，六百兩加一級，至三千兩加五級，三千六百兩以上請
旨賞翎枝。二是伯克部分，細分為阿奇木伯克及一般伯克兩種獎
敘等級，各城阿奇木伯克捐銀以一百兩為單位給記錄一次，四百
兩一級，至二千兩加五級，二千四百兩以上，請旨賞翎枝，若是
各城最高品級的三品伯克要升銜至二品，則需捐款至三千六百
兩，方得加級；一般伯克以五十兩為單位記錄一次，最高至一千
兩為五級，一千二百兩請旨賞翎枝；至於虛銜的金頂回子或是閑
散的回人，也可以捐銀換得虛銜，作為獎勵。[78]而捐輸的制度也在
各地展開，蒙古捐輸較回部早一年施行，咸豐六年（1856），已
奏定蒙古王公台吉等捐輸銀兩議敘，及捐輸駝馬議敘，咸豐七年
（1857），捐輸也含括了科爾沁巴克什喇嘛敏珠爾多爾濟等。[79]

---

[77] 《宮中檔咸豐朝奏摺》，文獻編號第 406011658 號，2714 箱，咸豐九年十二月
二十六日，裕瑞奏；《宮中檔咸豐朝奏摺》，文獻編號第 40613283 號，2714
箱，咸豐十年十月十一日，英蘊奏。
[78] 陳炳光/蒙藏委員會編譯室校訂，《清代邊政通考》，頁 276-277。
[79] 陳炳光/蒙藏委員會編譯室校訂，《清代邊政通考》，頁 274-277；（清）崑岡等
修、劉啟端等纂，《欽定大清會典事例》，卷 989，收入《續修四庫全書・史
部，政書類》（上海：上海古籍出版社，1999 年），冊 811，據清光緒石印本

　　該章程以增加翎頂方式，鼓勵之意較重，主要以現職扎薩克回部王公，阿奇木伯克、伯克為主，至於金頂回子，是錦上添花，若是未有官職的閒散回人捐輸，僅止限於金頂回子虛銜獎勵，不得僭越。扎薩克回部王公，阿奇木伯克、伯克三者捐輸，依階層等級以三：二：一比例為原則，三者增加一次紀錄的捐輸，則分別以一百五十、一百、五十為倍數，並各以六百、四百、二百作為增加一級的級距，階層越高，需捐款越多；若捐款超過數額以上，可以請旨加銜，咸豐十年（1860）哈密扎薩克郡王伯錫爾捐銀一萬兩，清文宗諭賞紫韁及在御前行走，以示鼓勵。[80]

表 6-2 咸豐七年（1857）奏定回部捐輸銀兩獎敘章程表

捐輸者 ＼ 捐銀	扎薩克回部郡王、貝勒、貝子、公	各城阿奇木伯克	各城伯克	虛銜金頂回子	閒散回子
紀錄一次	150	100	50		
紀錄二次	300	200	100		
紀錄三次	450	300	150		
加一級	600	400	200		
加二級	1200	800	400		
加三級	1800	1200	600		
加四級	2400	1600	800		
加五級	3000	2000	1000		
請旨賞翎枝	3600 以上	2400 以上	1200 以上		
已有翎枝者	按蒙古捐輸章程，聲明請旨	請旨賞加升銜	請旨賞加升銜		
六品捐輸得翎枝		將來升五品換帶花翎	將來升五品換帶花翎		
六品虛銜				300	
金頂虛銜					100

　　資料來源：陳炳光/蒙藏委員會編譯室校訂，《清代邊政通考》，頁 276-277。

　　影印，頁 793-797。
[80]陳炳光/蒙藏委員會編譯室校訂，《清代邊政通考》，頁 276。

　　同治元年（1862），朝廷為示體恤及肅清政體，曾諭回疆各城應補人員，均不得令其捐輸，當時正有葉爾羌參贊大臣英蘊奏補喀喇沙爾庫爾勒三品阿奇木伯克缺，將阿布拉什擬正，其理由是捐助軍餉銀五百兩，奏請以邁瑪特阿普都拉調補阿克蘇四品伊什罕伯克之缺，理由是其志願捐軍餉銀一千，議政王及軍機大臣有鑑於以捐輸補缺，是近年來的錮習，也恐有官員藉此勒捐肥己，令景廉調查，英蘊也因而遭到革職處分。[81]

　　經檢討後，清廷於同治二年（1863）調整捐輸標準，制定了伯克捐輸的續定章程，請見表 6-3 同治二年（1863）伯克捐輸續定章程表。其內容卻更為廣開捐輸之道，各品伯克除了隨入侵者離疆再回本城或是贓貪各罪之外，凡曾因犯罪被革職的三品阿奇木伯克捐銀一千二百兩，即准予開復原品頂戴，只是暫不食俸與辦事，待有缺再與其他具應選資格的伯克一同競爭補放，四至七品伯克亦如此辦理，各品捐輸差額為二百兩，即四品是一千兩，至七品為四百兩。在職伯克三、四、五品為較高階者，捐一千二百兩可賞戴花翎，若要提高一品秩的虛銜，可用二至三倍於現職捐銀換得，但限制三品伯克才可升至二品代價是捐輸三千六百兩；四、五品、六伯克至多只升至三品虛銜，以維護體制；六品捐六百兩，賞藍翎，若要賞戴花翎及加五品虛銜，要捐二千四百兩，等於要四倍的捐款，若只要提高品秩虛銜，每加一品增加一倍銀兩；七品小伯克依金頂回子捐輸虛銜章程辦理，等於清廷視七品伯克地位與有功的金頂回子是相同的；金頂回子也不再局限於六品虛銜，加一倍銀兩可升為五品虛銜，三品、四品兩品價差

---

[81]阿克蘇是回疆三大城之一，四品伊什罕伯克是僅次於三品阿奇木伯克的副手之位，捐輸價碼較高。《廷寄檔》，文獻編號第 604000321 號，同治元年八月十六日，議政王軍機大臣字寄。

一倍；閒散回子維持晉升金頂虛銜外，嗣後也可晉升至五品伯克虛銜加賞戴花翎，但代價較高需要二千二百兩。[82]

表 6-3 同治二年（1863）伯克捐輸續定章程表

品　級	伯克捐復	伯　　克	金頂回子	閒散回子
三品	1200	1200 賞戴花翎	2000 虛銜	
		3600 加二品虛銜		
四品	1000	1200 賞戴花翎	1000 虛銜	
		2400 加三品虛銜		
五品	800	1200 賞戴花翎	600 虛銜	2200 虛銜， 加賞戴花翎
		1200 加四品虛銜		
		3000 加三品虛銜		
六品	600	600 賞戴藍翎	300 虛銜	
		2400 加五品虛銜 賞戴花翎		
		500 加五品虛銜		
		1000 加四品虛銜		
		2000 加三品虛銜		
七品	400	依金頂回子捐輸虛 銜章程辦理		
		300 加六品虛銜		
		600 加五品虛銜		
		1000 加四品虛銜		
		2000 加三品虛銜		
金頂虛銜				100

　　資料來源： 陳炳光/蒙藏委員會編譯室校訂，《清代邊政通考》，
　　　　　　頁 276-277。

---

[82]陳炳光/蒙藏委員會編譯室校訂，《清代邊政通考》，頁 276-277。

　　這樣的捐輸制度，實是清朝軍餉支絀之下，伊犁將軍常清等為提高勸捐力度，讓伯克透過捐輸可以贖罪、加級、陞遷制度，規定內容更為透明化。[83]捐輸章程如同價格表，是回人晉升回疆統治階級，及壯大自己家族在民族社會地位的一個重要依據，也成為革職者藉金錢補過，重返伯克政治管理階層之路，卻也是朝廷自踐伯克頂戴之舉。若遇伯克缺出，依檔案的實例而觀，晉升者尚且要衡量品級，各城大小繁榮富庶及職位重要程度，捐輸價碼還需要機動調升。

　　回疆參贊大臣景廉曾奏報，統計同治二年（1863）三月至九月間，回疆各城來自官員及伯克捐輸，葉爾羌共獲捐輸兵餉銀三萬九千二百六十八兩，喀什噶爾收到捐輸兵餉銀二千六百三十六兩及普爾錢一千五百串，烏什收得捐輸兵餉普爾錢二百五十串，皆留備於各城，搭放兵餉之用。其中來自於伯克們的捐助有銀三萬九千一百兩，佔捐輸近百分之九十，葉爾羌的伯克們捐輸最多，有二萬五千六百五十兩，佔捐輸總數的百分之六十五；其餘是來自阿克蘇、和闐、拜城、布古爾等各城伯克的捐輸。捐輸之因，大多為奏補升遷的伯克所捐款項，也有已革喀什噶爾三品阿奇木伯克庫車郡王愛瑪特捐輸普爾二千串准其免罪，及已革葉爾羌三品阿奇木伯克吐魯番郡王阿克拉依都捐一萬二千兩，也為他們奏請獎敘。由此而觀，伯克升補行情，依各城規模大小、職位的重要性及品級而有差異，葉爾羌及阿克蘇兩大城的三品伯克者要捐銀一萬兩，四品伊什罕伯克需八百兩，若是小城如拜城之五品伊什罕伯克則為三百兩，葉爾羌本城重要的伯克四品噶雜納齊伯克較伊什罕伯克少一半為四百兩，五品帕提沙普伯克則為三百兩，

---

[83]《軍機處‧月摺包》，文獻編號第 094794 號，2742 箱，同治二年九月二十五日，常清奏。

若為葉爾羌所屬各城總管的五品阿奇木伯克,則為依各莊大小及
重要性分為三百五十兩、三百兩及一百五十兩等三個不同等級價
差,而和闐所屬的採玉重鎮之哈拉哈什莊四品阿奇木伯克則需一
千兩,至於閒散回人要躍升為葉爾羌的六品伯克需捐輸二百,比
一般伯克行情高。[84]可見伯克們的捐輸行情,續定章程所定的銀兩
只是基本原則,尚且依各城的大小、品級、職位,及升遷的競爭
對手所累積的捐輸或當次二人捐輸高低而定。請見表 6-4 同治二
年(1863)三月至九月回疆各城伯克捐輸表。

表 6-4 同治二年(1863)三月至九月回疆各城伯克捐輸表

名　字	伯 克 職 稱	捐　　輸	獎　敘
如斯塔木	葉爾羌三品阿奇木伯克	普爾錢 10000 串 (合抵銀 10000 兩)	和闐所屬塔克努拉四品阿奇木伯克陞任,另請獎敘
薩依提	阿克蘇三品阿奇木伯克	銀 10000 兩	另請獎敘
愛瑪特	已革喀什噶爾三品阿奇木伯克庫車郡王	普爾 2000 串	准其免罪
阿克拉依都	已革葉爾羌三品阿奇木伯克	銀 12000 兩	奏請獎敘
庫楚克	葉爾羌四品伊什罕伯克	普爾 800 串 (合抵銀 800 兩)	已奉旨補現缺,照新章毋另請獎敘
愛散	葉爾羌四品噶雜納齊伯克	普爾 400 串 (合抵銀 400 兩)	已奉旨補現缺,照新章毋另請獎敘
塔依爾	奏補和闐所屬哈拉哈什莊四品阿奇木伯克	普爾 1000 串 (合抵銀 1000 兩)	奏請補缺,照新章毋另請獎敘
素皮呢雅斯	奏補葉爾羌五品帕沙普伯克	普爾 300 串 (合抵銀 300 兩)	奏請補缺,照新章毋另請獎敘
胡達巴爾底	奏補葉爾羌托果斯鉛莊五品阿奇木伯克	普爾 350 串 (合抵銀 350 兩)	奏請補缺,照新章毋另請獎敘

---

[84]《軍機處‧月摺包》,文獻編號第 095291 號,2742 箱,同治三年三月二十七日,
景廉奏;《軍機處‧月摺包》,文獻編號第 095292 號,2742 箱,葉爾羌、喀
什噶爾、烏什文武官員及回子伯克等捐輸過銀錢數目並已獎未獎各員清單。

名　字	伯克職稱	捐　輸	獎　敘
庫爾班	奏補葉爾羌所屬哈爾噶里克莊五品阿奇木伯克	普爾 350 串（合抵銀 350 兩）	奏請補缺，照新章毋另請獎敘
阿布都薩依特	奏補葉爾羌所屬伙什喇普莊五品阿奇木伯克	普爾 350 串（合抵銀 350 兩）	奏請補缺，照新章毋另請獎敘
阿布都希里普	奏補葉爾羌所屬舒克舒莊五品阿奇木伯克	普爾 300 串（合抵銀 300 兩）	奏請補缺，照新章毋另請獎敘
阿玉普	葉爾羌所屬桑株莊五品阿奇木伯克	普爾 300 串（合抵銀 300 兩）	尚未請獎
邁瑪底敏	奏補葉爾羌所屬和爾罕莊五品阿奇木伯克	普爾 150 串（合抵銀 150 兩）	奏請補缺，照新章毋另請獎敘
哈色木	奏補葉爾羌所屬奎里鐵列木莊五品柯呼克雅勒克伯克	普爾 150 串（合抵銀 150 兩）	奏請補缺，照新章毋另請獎敘
閭散回子剴里木	咨補葉爾羌六品伯克	普爾 200 串（合抵銀 200 兩）	奏請補缺，照新章毋另請獎敘
吐密爾	奏補阿克蘇所屬拜城五品伊什罕伯克	普爾 300 串（合抵銀 300 兩）	奏請補缺，照新章毋另請獎敘
愛木爾	奏補喀喇沙爾所屬布古爾五品商伯克	普爾 150 串（合抵銀 150 兩）	奏請補缺，照新章毋另請獎敘

資料來源：《軍機處‧月摺包》，文獻編號第 095291 號，2742 箱，同治三年三月二十七日，景廉奏；《軍機處‧月摺包》，文獻編號第 095292 號，2742 箱，葉爾羌、喀什噶爾、烏什文武官員及回子伯克等捐輸過銀錢數目並已獎未獎各員清單。

　　各城伯克的捐輸是可以跨城捐助，並不限於伯克任職的所在之城，也不限於捐給即將補放之城，如呢雅斯為阿克蘇回人，現任為和闐所屬策呼莊四品阿奇木伯克，為爭取升補和闐三品阿奇木伯克之位，他捐助銀一萬兩給葉爾羌城作為軍餉之用；阿布拉為和闐回人，現任和闐所屬克里雅勒莊五品採鉛伯克，為競爭和闐所屬塔克努拉莊四品阿奇木伯克之位，亦報捐葉爾羌軍餉銀八百兩。[85]這可能與有權奏報伯克升遷的回疆參贊大臣駐於葉爾羌，

---

[85]《軍機處‧月摺包》，文獻編號第 095302 號，2742 箱，同治三年三月二十七日，

報捐該城容易有實質受益之感有關。

　　咸豐七年（1857），定立了奏准回部王公及伯克捐輸銀兩獎敘章程，同治二年（1863），又有改修為續定章程後，回疆參贊大臣在伯克補放的奏摺裡，為此次晉升而有捐輸者，通常被列為正，對該伯克常有較大篇幅的敘說，未捐款者列為擬陪，篇幅較少。[86]上奏所附的履歷清單，皆列載過去捐輸賞給的記錄幾次（如賞給紀錄三次），以及列明為此次晉升捐輸銀兩數（如捐報葉爾羌軍餉一百五十兩），奏摺內晉升伯克職位列擬正及擬陪者各一名，以及對伯克的考評之語與作保的大臣名字。例如同治三年（1864）三月，現任葉爾羌四品噶雜納齊伯克，雖未在此次捐輸，因而參與和闐三品阿奇木伯克的遴選被擬為陪者，但他的捐輸也相當可觀，在咸豐八年（1858）曾因捐輸而奉旨賞加一級紀錄二次，等於曾捐銀六百兩，也因此在四年內連升三品，分別是咸豐九年（1859）咨補為英吉沙爾六品密喇普伯克，同年又奏補為英吉沙爾五品伊什罕伯克，同治元年（1862），奏補為現職，這代表捐得多，升得快，也不需要受限於任滿三年的規定。同一履歷清單內，巴海為爭取補放為喀什噶爾所屬塔斯渾莊五品密喇普伯克，由額設金頂做起，於咸豐九年（1859）咨補為喀什噶爾七品明伯克，是年捐輸軍餉奉旨賞給紀錄二次，咸豐十年（1860）又捐而賞加一級，同治元年（1862）再次捐輸，賞換五品頂戴，等於已捐銀一千一百兩，而他為此次五品密喇普伯克之位，又捐了四百五十兩，總計他由七品至五品伯克已花費一千五百五十兩，他不只是為爭取職位而捐，平日配合捐輸章程做捐輸，藉以累積

　　景廉奏；《軍機處・月摺包》，文獻編號第 095303 號，2742 箱，伯克履歷清單。

[86] 《宮中檔咸豐朝奏摺》，文獻編號第 406014799 號，2714 箱，咸豐十一年九月二十九日，英蘊奏。

晉升機會。[87]

　　再以喀喇沙爾所屬布古爾五品伯克缺出為例，原喀喇沙爾所屬布古爾五品伯克邁瑪希里普，因新升為喀喇沙爾所屬布古爾四品伊什罕伯克，所遺之缺秉公揀選後有二位人選，喀喇沙爾所屬布古爾六品哈資伯克愛木爾擬正，葉爾羌參贊大臣景廉上奏擬正陪履歷清單內容：

> 愛木爾年四十三歲，係喀喇沙爾回子，道光三十年（1850）經前參贊大臣德齡咨補額設金頂，咸豐七年（1857）經前參贊大臣常清咨補喀喇沙爾所屬布古爾七品訥柯普伯克，九年（1859）經前參贊大臣慶英咨補喀喇沙爾所屬布古爾六品哈資伯克，十年（1860）報捐銀五十兩，經前喀喇沙爾辦事大臣興泰保奏，奉旨著賞給紀錄一之，該伯克報捐葉爾羌兵餉銀一百五十兩。人明白，當差誠實，依奇哩保。[88]

　　另一位擬陪者為斯底克，履歷清單內容：

> 斯底克年四十歲，係阿克蘇回子，道光二十七年（1847）經前參贊大臣賽什雅勒咨補額設金頂，咸豐元年（1851）經前參贊大臣德齡咨補七品密喇普伯克，七年（1857）賊匪滋事，因在各卡防堵，奮勉出力，經前阿克蘇辦事大臣海樸奏奉旨，以六品伯克缺出儘先升用欽此，十年（1860）捐輸軍餉銀兩，經前阿克蘇辦事大臣綿性保奏，奉旨賞給

---

[87]《軍機處・月摺包》，文獻編號第 095303 號，2742 箱，伯克履歷清單。
[88]《軍機處・月摺包》，文獻編號第 095287 號，2742 箱，同治三年三月二十七日，景廉奏；《軍機處・月摺包》，文獻編號第 095301 號，2742 箱，同治三年三月二十七日，伯克履歷清單。

> 紀錄三次，同治元年（1862）經參贊大臣英蘊咨補阿克蘇
> 六品達坂伯克。人小心，當差熟悉。奎棟保。[89]

　　以上二人資歷相當，各有所屬駐箚大臣作保，即喀喇沙爾辦事大臣依奇哩及阿克蘇辦事大臣奎棟，擬陪者尚有守卡防堵之功，但依表 6-2 回部捐輸銀兩獎敘章程表，愛木爾共捐二百兩，正好可以加一級，被列為正，斯底克賞給紀錄三次，也就是捐了一百五十兩，少了銀五十兩，被列為陪，可見道光朝重視的軍功，在捐輸至上的咸豐及同治兩朝，也敗下陣來，錢財捐輸成為伯克升遷的至為重要之事。

　　儘管捐輸成了升遷重要條件，清廷為了把關伯克的能力，上任後阿奇木伯克仍受駐箚大臣監督，阿奇木伯克則負責監督所屬伯克，且增加伯克複審的機制。其因是經歷咸豐七年（1857）張格爾之子倭里罕侵據英吉沙爾等城之事，咸豐八年（1858），軍務參贊大臣法福禮在籌議變通各伯克章京一條具奏，奉上諭准予嗣後五品以上伯克及三品阿奇木伯克缺出，照常奏請補放，伯克補缺上任三月後，再由各大臣查看能否勝任，出具考語咨呈回疆參贊大臣。[90]其目的是把關伯克任事能力，防止伯克捐輸上任卻不能勝任的情況，雖使伯克考核更為完善，卻也造成駐箚大臣反覆苛索伯克之機。

　　至於道光朝為防止回疆弊端所設的伯克迴避原則，在咸豐朝又進一步放寬。咸豐七年（1857），經歷張格爾之子倭里罕入侵，

---

[89]《軍機處・月摺包》，文獻編號第 095287 號，2742 箱，同治三年三月二十七日，景廉奏；《軍機處・月摺包》，文獻編號第 095301 號，2742 箱，同治三年三月二十七日，伯克履歷清單。

[90]《軍機處・月摺包》，文獻編號第 095285 號，2742 箱，同治三年三月二十七日，景廉、托克托布奏。

喀什噶爾辦理善後案內，奏准四、五伯克如本城人員內有妥幹者仍當開用，以洽輿情。[91]等於在道光年伯克迴避本城、本莊的原則下，從一時實在乏人，由本城回人內挑選的彈性，又進一步用以洽輿情為由，無需迴避。[92]以咸豐十一年（1861）喀什噶爾所屬塔什密里克莊五品阿奇木伯克缺出為例，當時奏摺照例引用依道光十一年（1831）長齡將軍奏准嗣後三至五品伯克要由回疆參贊大臣擬正陪奏請補，而喀什噶爾辦事大臣等以塔什密里克莊地處極邊，毗連卡外，常有查緝事務，需有老成歷練者擔任，配合回部捐輸銀兩獎敘章程，和色勒布依莊六品密喇普伯克阿拉瑪斯於咸豐十年（1860），捐助本城官兵鹽菜二百四十串，已咨呈參贊應陞缺出，儘先補授的鼓勵，但因小伯克要迴避本莊，阿拉瑪斯與例不符，回疆參贊大臣英蘊引用咸豐七年（1857）喀什噶爾善後案內，四五品伯克如本城人員如有妥幹者仍當開用以洽輿情，阿拉瑪斯為此次升遷以軍餉短絀，再捐助銀二百兩，被擬為正，文宗也同意所擬。[93]此奏可知，伯克捐輸兩次成為補放最重要的條件，儘管有不符迴避之例，大臣可以為他找到因該莊人才需求特殊，以洽輿情等各種理由，順利得旨補放。

相反的，在任伯克，即使捐輸也不代表可以持續保有其位。「**以洽輿情**」可使不合例之伯克上任，大臣亦可用輿情認為人地未宜之由，將伯克撤職。這似乎意味著大臣的考核權依然在，而非全以捐款為重，但實是大臣藉機反覆苛索伯克。檔案中，大臣上奏往往僅是以「**人地未宜**」一語帶過，未提列事實，較難論斷，儘管維持與大臣、阿奇木伯克等伯克良好關係是必要的，所謂政

---

[91] 《宮中檔咸豐朝奏摺》，文獻編號第 406014219 號，2714 箱，咸豐十一年三月二十日，英蘊奏。

[92] （清）賽尚阿等修，《欽定回疆則例》，卷 7，頁 1。

[93] 《宮中檔咸豐朝奏摺》，文獻編號第 406014219 號，2714 箱，咸豐十一年三月二十日，英蘊奏。

通人和，但駐箚大臣可為其他伯克舖路，撤換現任伯克，藉此增加苛索次數。例如咸豐八年（1858）英吉沙爾四品阿奇木伯克伯巴克為軍餉捐輸五百五十兩，但一年後因人地不宜遭撤任。[94]咸豐十一年（1861），英吉沙爾四品阿奇木伯克邁瑪特阿普都拉因與眾伯克不合被撤職，由喀什噶爾四品伊什罕伯克暫署，所遺之缺再由伯巴克調補，近一年時，大臣要查核伯克考語，決定是否適任，伯巴克又在此時捐銀一千兩。喀什噶爾四品伊什罕伯克養廉銀一年不過三百兩[95]，而伯巴克至此已為不同職位伯克及考核，分次累計已捐輸了一千五百五十兩。[96]這已是其收入的三倍多，而這僅是檯面上的數目而已。回疆參贊大臣英蘊後來因藉不同伯克升遷，反覆勒捐肥己等事，遭到調查及革職。[97]

儘管清廷為了改革咸豐朝以捐輸補缺的錮習，及防範官員勒捐肥己，因而改定了同治二年（1863）續定章程。為了維護體制，續定章程內容改依伯克品級為準，各品以倍數做為區別與限制，相較於咸豐朝增加革職伯克、金頂回子及閒散回子等捐款來源，捐輸壓力不再限於扎薩克郡王及阿奇木伯克等身上，讓一般回眾可依此提高社會地位。[98]然而所定數額卻更高於咸豐朝，等於是花錢買伯克的官職。透過捐輸，原有革職伯克可捐款復職候補，在職伯克可得加賞翎頂，提升品秩，金頂回子可捐換虛銜，閒散回

---

[94] 《宮中檔咸豐朝奏摺》，文獻編號第 406009247 號，2779 箱，咸豐八年十月二十五日，慶英奏；《宮中檔咸豐朝奏摺》，文獻編號第 406011411 號，2714 箱，咸豐九年十一月十九日，裕瑞奏。

[95] 永貴、舒赫德，《新疆回部志》，卷 3，官制第 29、制祿第 30，養贍，收入張羽新、趙曙青主編，《清朝治理新疆方略匯編》，冊 21，頁 447-457。

[96] 《宮中檔咸豐朝奏摺》，文獻編號第 406009247 號，2779 箱，咸豐八年十月二十五日，慶英奏。

[97] 《宮中檔咸豐朝奏摺》，文獻編號第 406015001 號，2714 箱，咸豐十一年十二月二十六日，英蘊奏；《廷寄檔》，文獻編號第 604000321 號，同治元年八月十六日，議政王軍機大臣字寄。

[98] 陳炳光/蒙藏委員會編譯室校訂，《清代邊政通考》，頁 276-277。

人也能用高額捐款，得到五品伯克虛銜，伯克品秩捐輸價格明確化，伯克及一般回眾，皆成為清廷廣開財源的對象。因事遭革的伯克，除了忠貞受質疑以及贓貪罪責者外，其他各項事務被革職伯克，皆可透過捐輸，准以開復原品頂戴，等於用錢也可以恢復原有名位，但需暫停食俸，也不辦事，待有伯克缺出，也需與現任伯克競爭。

　　咸豐、同治兩朝所定有關回部捐輸銀兩獎敘章程，實與過去伯克以勞心、勞力、服務、屯墾、建設，戰時捐輸糧食、用具、建立軍功等，兢兢業業的表現或是主動奉獻，甚至犧牲生命蔭及子孫，而換得升遷的情況，已是大相逕庭。就正面而觀，重視捐輸，實是朝廷面對內憂外患，財政困窘，進而在全國推動各地官員捐輸，豐盈國庫，非僅有新疆如此，是不得已的作法，或可將檯面下的捐輸化暗為明，使行情透明化，將過去駐箚大臣全數收為私庫，可以有部分改歸於國庫，而伯克所捐也多用於支付新疆積欠的軍餉等事。[99]

　　然而，清廷制定捐輸章程，實是帶頭踐踏官銜名器，官兵供餉不濟，捐輸成為伯克晉升的必要的支付，官員貪瀆以補自家收支，或作為重返京師及各省官位的打理之用，回疆參贊大臣為回疆最高主管，尚且如此，更何況各城。伯克晉升要經多少層次的重重盤剝，不僅要應付大臣日常及關鍵時刻不得不應的檯面下需索，更要面對來自國家制度性的索求，對比清廷給予伯克的薪給及大臣的收入，升遷確為伯克帶來一筆新的龐大開銷。伯克面對沈重的負擔，又夾於朝廷、大臣與回眾之間，回眾遭到伯克轉嫁苛索，其來有致，長久以來，伯克因而背負著左宗棠所下的負面

---

[99]《宮中檔咸豐朝奏摺》，文獻編號第 406009247 號，2779 箱，咸豐八年十月二十五日，慶英奏；《宮中檔咸豐朝奏摺》，文獻編號第 406011411 號，2714箱，咸豐九年十一月十九日，裕瑞奏；《軍機處・月摺包》，文獻編號第 094770號，2742 箱，同治二年十一月初一日，常清奏。

評價。然而其源頭卻由國家、制度與大臣而起，實是諷刺。

　　道光朝張格爾事件後，為防止伯克因熟悉而致苛擾回人的弊端，日後所定的伯克補放迴避原則，卻可由一時乏人、人地不宜，以至以輿情決定等彈性處理，一語消抹殆盡。依此反思，如果伯克因熟悉較易苛擾回人，大臣面對換城新來乍到尚未熟悉的伯克，也同樣不利於苛索，不想迴避的不僅是伯克，大臣更是如此。儘管伯克制度及捐輸章程，制度周延，考核機制亦備，卻成了官員反覆貪瀆之機，可見人的因素，才是制度執行成功的關鍵。回眾面對苛索日增的情況，同治三年（1864）新疆陷落，各方勢力紛起的亂局，又豈是偶然。

第二節　伯克補放程序

一、伯克補放的變化與特殊考量

　　清朝回疆各城駐箚之辦事或領隊大臣在伯克缺出時，依伯克品級高低與特殊性，考量當時已存在的補放原則，決定伯克挑補的資格及進行奏報程序。乾隆朝治理回疆之初，多以高宗為主導，再逐步放權給各城辦事大臣或領隊大臣以及回疆參贊大臣等回疆駐箚大臣做決定。清朝統治回疆二十年，即乾隆四十四年（1779）才以五品伯克作為劃分中央與地方選拔權責的基準，乾嘉兩朝五品以上伯克先由各城辦事或領隊大臣提報缺出伯克職位與品級，並將符合補放資格者的名單，咨送回疆參贊大臣，由其提擬正陪二人名單，奏請皇帝定奪；六品以下伯克，則交由回疆參贊大臣驗看及決定。[100]嘉慶九年（1804），增加出任喀什噶爾、阿克蘇

---

[100]（清）托津等編纂，《欽定回疆則例》，卷2，頁9，收入天龍長城文化藝術公

及葉爾羌三城阿奇木伯克的特別條件，各城駐箚大臣需為應陞者
出具考語、祖父輩的勞績及世職資歷，道光朝更需列明世襲爵位，
為回部王公各家族後裔，創造出任三大城阿奇木伯克的優勢條
件。[101]

　　嘉慶十五年（1810）十一月以後，各回城有九位阿奇木伯克
缺，四品阿奇木伯克有七缺，伊什罕伯克有五缺，五品阿奇木伯
克有一缺，是為公缺，缺出時無論陞調，需由各駐箚大臣將具有
升補資格的應放人員備文，一併咨送喀什噶爾參贊大臣處驗看，
再擬定正陪奏請簡放，其餘四、五、六、七品伯克，可由各城所
屬之內揀選。[102]到了道光年張格爾事件等的善後檢討，決定簡化
伯克補放，三至五品由各城提出應陞名單咨呈，回疆參贊大臣依
此擬正、陪，奏請補放，因而取消了回疆參贊大臣公缺驗看的規
定。[103]六品以下伯克除具特殊性考量外，各城駐箚大臣具決定權，
再將名單咨呈回疆參贊大臣按季造冊，年終彙報於理藩院備查。

　　道光朝雖有伯克任滿三年才可再陞遷的原則，但主要重在伯
克迴避，以防弊端，即阿奇木伯克及伊什罕伯克要迴避本城，小
伯克要迴避本莊為原則。然若一時乏人，四五品伯克遵人地相需
之例，仍可由本城挑補。咸豐年間，增加四、五品伯克如本城有
妥幹者，仍可任用以洽輿情。等於道咸兩朝最初為了張格爾事件

司編，《新疆史志》，第二部，冊 11，頁 121-122。

[101] （清）托津等編纂，《欽定回疆則例》，卷 2，頁 20，收入天龍長城文化藝術
公司編，《新疆史志》，第二部，冊 11，頁 143-144。

[102] 中國第一歷史檔案館編，《嘉慶道光兩朝上諭檔》，冊 15，頁 604-606，1594
條，嘉慶十五年十二月，慶桂等議奏，嘉慶十五年十一月十二日鐵保奏，陞補
阿奇木伯克請劃一辦理；《理藩院修改回疆則例》，卷 2，頁 29，收入姜亞沙、
經莉、陳湛綺主編，《理藩院公牘則例三種》（二），頁 163-166。

[103] （清）托津等編纂，《欽定回疆則例》，卷 2，頁 24，收入天龍長城文化藝術
公司編，《新疆史志》，第二部，冊 11，頁 151-152；《理藩院修改回疆則例》，
卷 3，頁 29，收入姜亞沙、經莉、陳湛綺主編，《理藩院公牘則例三種》（二），
頁 163-166。

善後檢討，而有伯克迴避原則的設計，逐步以一時乏人，放寬至本城有人地相宜的妥幹之人，甚至回疆參贊大臣可用一句不洽輿情為由，就能決定伯克去留。伯克補放簡化，把關層次減化，形成決定權過度於集中於回疆各疆辦事大臣及回疆參贊大臣等極少數人之手的情況。

嘉慶朝現任伯克子弟，可藉參與年班到京及其後駐箚大臣的訓練，成為七品伯克。道光朝一般回人可以透過戰亂的守城，後勤支援建功，或以捐輸、戰功、開墾地畝、監修城功及父輩戰功等事蹟，再加上與駐箚大臣或阿奇木伯克等的關係良好，得到缺出補授的優先推薦的機會，既可晉升為六至七品較低階的伯克，也得以轉陞同城較高的品級，或跨城調陞，並打破回部王公出任阿奇木伯克的優勢及生態。

咸豐朝配合捐輸章程，為伯克任職能力把關，上任三個月後，該管大臣要查覈伯克是否勝任，若是名聲平常，則調職、對調，或是革職開缺。至於任滿三年再陞遷的限制，僅供參酌，捐輸條件凌駕於各項能力之上，決定權或提名權在握的極少數大臣，更可藉制度與捐輸，公私得利，伯克轉嫁回眾，伯克與大臣就形成回疆苛索回眾的共犯的結構。

再者，回疆參贊大臣補放伯克前，亦需考量該城村伯克品級職缺，是否具有其特殊性。凡是地理位置在卡外或是風俗特殊部分，有葉爾羌色呼庫勒、奇攀、庫爾勒、布古爾回人與回疆一般回人習俗不同，高宗採取因俗而治方式管理，以挑補當地回人為主，降低實際的治理的難度。伯克管理特別城莊的能力，其資歷是品級及城莊大小一併考量，乾隆朝定立喀什噶爾所屬阿爾琥、烏帕勒、玉斯圖阿爾圖什三處是為大城所屬，因此六品阿奇木伯克出缺，不可直接由七品伯克內調補，需具有同為六品哈子伯克

及密喇布伯克等的資歷者中挑補，時至咸豐朝，這些特殊之地的伯克挑選原則，皆被回疆駐箚大臣所遵循。[104]體現清朝多元統治，因地治宜，從俗從宜的一貫政策，以及高宗為回疆建立體制的主導性及遠見。

二、伯克正陪名單輪替力求公正

伯克缺出時，各城大臣提擬具有候選資格之伯克名單，亦需考量前次列名擬陪未陞者的倫理及公平性，再有缺出則被列擬為正。道光十六年（1836）十二月，葉爾羌四品商伯克缺出，當時葉爾羌五品拉雅哈資伯克圖連底擬正，葉爾羌所屬坡斯喀木莊五品訥克普伯克阿布都克里木擬陪，以圖連底升補。[105]將近一年後，道光十七年（1837）十一月，葉爾羌四品商伯克又有缺出，即以去年擬陪的阿布都克里木改為擬正奏請升補，上諭選阿布都克里木補授。[106]道光十八年（1838）九月，英吉沙爾五品伊什罕伯克新陞出缺，葉爾羌六品雜普提瑪塔爾伯克伊斯瑪依勒被回疆參贊大臣擬陪，未得宣宗補授，兩年後，道光二十年（1840）九月，和闐五品噶雜納齊伯克伊敏因病缺出，伊斯瑪依勒此次被提升排序被擬為正，而由烏什六品哈資伯克伊薩克擬陪。[107]咸豐元年（1851）三月，和闐所屬克里雅勒五品採鉛伯克因病缺出，庫車

---

[104] 《理藩院修改回疆則例》，卷 2，頁 30-31，收入姜亞沙、經莉、陳湛綺主編，《理藩院公牘則例三種》（二），頁 165-168。

[105] 《外紀檔》，文獻編號第 303000122 號，頁 277-278，道光十六年十二月二十一日，興德奏；中國第一歷史檔案館編，《嘉慶道光兩朝上諭檔》，冊 41，頁 558，1994 條，道光十六年十二月二十一日，內閣奉上諭。

[106] 中國第一歷史檔案館編，《嘉慶道光兩朝上諭檔》，冊 42，頁 454，1672 條，道光十七年十一月二十六日，內閣奉上諭。

[107] 《外紀檔》，文獻編號第 303000130 號，頁 204-205，道光十八年九月二十七日，金和奏；《外紀檔》，文獻編號第 303000140 號，頁 13-14，道光二十年九月初三日，恩特亨額奏。

所屬沙雅爾六品哈資伯克庫楚克擬正，葉爾羌六品阿爾巴普伯克邁瑪特熱依木擬陪；六個月後，庫車五品商伯克新陞為庫車伊什罕伯克，商伯克缺出，商伯克通常在各城地位僅次於阿奇木伯克、伊什罕伯克及噶雜納齊伯克，葉爾羌六品阿爾巴普伯克邁瑪特熱依木此次應選排序被擬正，而順利晉升。[108]

三、補放奏摺的內容

　　大臣奏請揀員請補伯克奏摺，多先引用伯克升補的相關條例作為依據。尤其是張格爾事件之後，定立的伯克章程等相關規定，奏摺皆先引道光十一年（1831）經揚威將軍長齡等奏明嗣後三品阿奇木伯克九缺暨各城伊什罕伯克，仍令迴避本處，自三品至五品伯克缺出，均由回疆參贊大臣擬定正陪，奏請補放等規定。[109]再言明缺出緣由，列載伯克資歷及需要為其說明事宜等奏請補放，並附呈伯克的履歷清單一份。就檔案所見，揀選伯克條件，乾嘉時期以人品、家世、才能為準；道光年經歷張格爾、浩罕等戰亂情況後，伯克作戰參與、拏獲入侵者、後勤支援的能力為先，人品多放在履歷最後段。[110]咸豐七年（1857）以後，則加列捐輸記錄及銀兩數。

　　回疆參贊大臣提出的正陪人選，若與定例相符，即簡單說明缺出原因，及揀選之伯克現職及品級與名字上奏，進行所需行政

---

[108]《宮中檔咸豐朝奏摺》，文獻編號第 406000282 號，2709 箱，咸豐元年三月初九日，德齡奏；《宮中檔咸豐朝奏摺》，文獻編號第 406001248 號，2709 箱，咸豐元年九月初八日，德齡奏；《宮中檔咸豐朝奏摺》，文獻編號第 406002313 號，2709 箱，咸豐二年七月二十一日，承芳奏。

[109]《外紀檔》，文獻編號第 303000206 號，頁 62-64，道光二十九年閏四月初八日，吉明奏。

[110]《軍機處・月摺包》，文獻編號第 077012 號，2752 箱，道光二十五年十二月二十四日，履歷清單。

流程。如阿克蘇所屬賽里木四品伊什罕伯克密爾布拉因病出缺，道光十八年（1838）閏四月，回疆參贊大臣恩特亨額即遵道光十一年（1831）經揚威將軍長齡等奏明嗣後三品至五品伯克缺出均由參贊擬定正陪奏請補放等，奉旨允准在案的方式，於各城咨送應陞人員內秉公揀選葉爾羌所屬密沙勒莊五品喀喇都管伯克巴克依擬為正，英吉沙爾五品伊什罕伯克皮達擬陪，並另外繕寫一份伯克履歷清單一起上奏簡放。[111]宣宗選定英吉沙爾五品伊什罕伯克皮達補授為阿克蘇所屬賽里木四品伊什罕伯克後，產生英吉沙爾五品伊什罕伯克新陞之缺，道光十八年（1838）九月，回疆參贊大臣金和再次依道光十一年（1831）經揚威將軍長齡等奏明，嗣後三品至五品伯克缺出均由參贊擬定正陪奏請補放的旨意，再由各城咨送應陞人員，秉公揀選喀什噶爾六品密拉普伯克阿渾擬為正，葉爾羌六品雜普提瑪塔（雜布提瑪克塔普）伯克伊斯瑪依勒擬陪。[112]

　　到了咸豐年間，回疆參贊大臣在伯克升遷簡放的奏摺內，仍先引用依道光十一年（1831）揚威將軍長齡等奏明，嗣後三品阿奇木伯克九缺，暨各城伊什罕伯克，仍令迴避本處，自三至五品伯克缺出需由回疆參贊大臣擬定正陪者奏請補放，以及依回疆條例載各城三品阿奇木伯克及四品伊什罕伯克均為統轄回人地方職任較重，缺出均需迴避本城，其餘別項四五品伯克缺出，由回疆參贊大臣自行咨取各該城合例人員，秉公揀選。

　　若是提擬之人，未符合迴避原則時，再引例載如各該城一時實在乏人，准遵人地相需之例，於本城的回人內揀選，需要出具切實的考語，擬定正陪於奏摺內聲明，奏請定奪等之條例，皆是

---

[111] 《宮中檔道光朝奏摺》，文獻編號第 405001504 號，2726 箱，道光十八年閏四月初八日，恩特亨額奏。

[112] 《外紀檔》，文獻編號第 303000130 號，頁 204-205，道光十八年九月二十七日，金和奏。

遵守道光朝之例載而來。[113]咸豐七年（1857）後，大臣遇伯克任用本城人選時，也引用倭里罕入侵回疆善後之喀什噶爾善後章程內，奏准四五品伯克如本城人員內，有妥幹者，仍當間用，以洽輿情。[114]再說明缺出之城、職位、品級，或前已調補情形，有新陞之缺，說明依例所挑選的伯克城莊、職位、品級、人品，及該缺在當地特殊需要的才能，若揀選之人與定例稍有不符。如庫車伊什罕伯克因事被革，擬陪之喀什噶爾所屬伯什克呼木莊五品伯克薩木薩克是庫車回人，則以再引其他條例如各城一時乏人，本城人員內有妥幹仍當開用，以洽輿情，該伯克熟悉地方，以遵人地相需之例。[115]

　　咸豐至同治年，內憂外患紛起，國庫在軍需耗費甚多，伯克的捐輸成了最重要參考指標，有捐輸或捐較多者常被列為正。伯克有應升資格及機會時，大多及時捐助，配合章程記錄，也有伯克於在任期間捐助，可被大臣記列為下一次升遷的貢獻之項。[116]如英吉沙爾四品阿奇木伯克阿布都哈里克於道光二十七年（1847）三月諭准出任，[117]在任職九年後因病出缺，回疆參贊大臣常清以英吉沙爾地處極邊，兵少力單，鄰近各卡倫，外藩出沒頻繁，一切卡倫偵察最關緊要，因此以熟悉該地之英吉沙爾伊什罕伯克胡

---

[113] （清）賽尚阿等修，《欽定回疆則例》，卷7，頁1；《宮中檔咸豐朝奏摺》，文獻編號第406000142號，2709箱，咸豐元年二月初八日，德齡奏。

[114] 《宮中檔咸豐朝奏摺》，文獻編號第406014799號，2714箱，咸豐十一年九月二十九日，英蘊奏；《宮中檔咸豐朝奏摺》，文獻編號第406012675號，2714箱，咸豐十年七月初四日，裕瑞、英蘊奏。

[115] 《宮中檔咸豐朝奏摺》，文獻編號第406011040號，2714箱，咸豐九年八月十六日，裕瑞奏；《宮中檔咸豐朝奏摺》，文獻編號第406010802號，2714箱，咸豐九年六月二十三日，裕瑞奏。

[116] 《軍機處‧月摺包》，文獻編號第080340號，2749箱，道光二十七年十一月二十日，奕山奏。

[117] 中國第一歷史檔案館編，《嘉慶道光兩朝上諭檔》，冊52，頁67，241條，道光二十七年三月初三日，內閣奉上諭。

達巴爾底為正，奏明其捐助普爾錢文以濟兵餉，但聲明他歷任未久，與請陞之例稍有未符，文宗亦准。[118]這也表示有適當的捐輸者，升任他職不受歷滿三年之限。咸豐十年（1860）七月，喀什噶爾所屬和色勒布依莊五品阿奇木伯克缺出，需具有彈壓緝捕之責，喀什噶爾阿爾琥莊六品阿奇木伯克帕爾吐為人勤慎，辦事妥靠，由於三月間，已捐一千二百串文，以濟兵糧，文宗准其補授。[119]若是該城當時有特殊需求，也不一定必須提擬正陪，有資格又已捐輸，回疆參贊大臣只要特別說明其適任之由即可，如阿克蘇所屬拜城雖是人口稀少，英蘊認為拜城回人個性較強悍，與其他城不同，需有老成諳熟地方情形者才可勝任，於是以阿克蘇本城四品伯克哈色木曾有督催拜城鼓鑄銅斤的經驗，再加上急功好義，為兵餉短絀捐銀五百兩等由奏呈，文宗硃批哈色木依議補用。[120]

四、因案降級伯克的補放

若為緣事降調之伯克，遇有缺出，依道光二十五年（1845）理藩院咨奉上諭所示，要先將該伯克降調原案詳晰聲敘，與應陞擬正陪人員，分別開單請旨簡放。[121]這意味伯克因案降級者，若遇伯克缺出，雖與其他應升伯克同樣具有升遷資格，卻屬正陪以

[118] 《宮中檔咸豐朝奏摺》，文獻編號第 406009033 號，2779 箱，咸豐六年十月十八日，常清奏；《軍機處・月摺包》，文獻編號第 089344 號，2742 箱，同治二年四月二十六日，景廉奏；《軍機處・月摺包》，文獻編號第 089345 號，2742 箱，履歷清單。

[119] 《宮中檔咸豐朝奏摺》，文獻編號第 406012675 號，2714 箱，咸豐十年七月初四日，裕瑞、英蘊奏。

[120] 《宮中檔咸豐朝奏摺》，文獻編號第 406013798-1 號，2714 箱，咸豐十年十二月二十四日，英蘊奏。

[121] 《宮中檔咸豐朝奏摺》，文獻編號第 406005110 號，2709 箱，咸豐十年七月初四日，裕瑞、英蘊奏。

外的增額競爭者。回疆參贊大臣在補放奏摺內，先列擬正陪候選
者，再說明具應選資格的降級伯克，清單的列載也先列正陪的候
選者，降級伯克資歷排於其後。[122]咸豐年間，喀喇沙爾所屬布古
爾三品阿奇木伯克玉努斯，前因失查五品商伯克素普侵占渠水
案，奉旨降為四品伯克，遇應補之缺，將其降調案因聲明，同列
候選者，且是為與現任伯克於提擬正陪之外，再成為第三位列名
的競爭者，放在最後。[123]諷刺的是玉努斯要競爭的和闐四品伊什
罕伯克遺缺，正是升補玉努斯原有之職布古爾三品阿奇木伯克阿
皮斯所遺之缺。[124]但其缺由擬正之庫車所屬沙雅爾五品商伯克斯
底克升補。[125]玉努斯升補未果，咸豐四年（1854）十一月，再以
同樣方式，繼續參與烏什四品阿奇木伯克補放的競爭。[126]

　　至於咸豐七年（1857）制定捐輸獎敘章程後，降級或遭革職
伯克，可透過捐輸，與其他應升應調者共同參加競爭，成為擬正
陪外的第三位候選人，但排序則可因捐款而有不同。例如胡達巴
爾底出任阿克蘇所屬賽里木三品阿奇木伯克，咸豐十一年
（1861），因私徵鹽課，遭降二級在葉爾羌候補當差，他報捐葉
爾羌軍餉普爾二百五十串，當葉爾羌所屬伙什喇普莊五品阿奇木

---

[122]阿克蘇所屬賽里木五品噶雜納齊伯克之職是在道光二十二年七月二十八日，因
邁瑪特薩賴新陞葉爾羌四品商伯克後所遺缺，九月初四日諭准補授。《宮中檔
道光朝奏摺》，文獻編號第 405006428 號，2719 箱，道光二十二年七月二十
八日，圖明額奏；中國第一歷史檔案館編，《嘉慶道光兩朝上諭檔》，冊 47，
頁 252，1129 條，道光二十二年九月初四日，內閣奉上諭。

[123]《宮中檔咸豐朝奏摺》，文獻編號第 406005110 號，2709 箱，咸豐三年十月初
一日，德齡奏。

[124]《外紀檔》，文獻編號第 303000247 號，頁 94，咸豐三年十一月初五日，德齡
奏。

[125]《外紀檔》，文獻編號第 303000255 號，頁 106，咸豐四年十一月二十五日，
常清奏。

[126]《外紀檔》，文獻編號第 303000255 號，頁 105-106，咸豐四年十一月二十五日，
常清奏。

伯克缺出時，胡達巴爾底與被列為正、陪的喀什噶爾所屬霍爾罕莊六品哈資伯克阿布都拉，以及英吉沙爾六品都管伯克吐底等二人，一起被請旨簡放，但胡達巴爾底為此次捐輸較多，因而被列在第一位。[127]此時，伯克的捐輸數額，已凌駕於各項條件及倫理之上。

五、三至五品伯克的補放與同品調放

三至五品伯克雖要上奏，但提名權卻在各城大臣之手，並由回疆參贊大臣決定提擬奏請正陪二位人選。各城辦事、領隊大臣及回疆參贊大臣，就成了最直接掌控伯克升補的極少數大權者。

通常六品升五品伯克缺出，回疆參贊大臣當堂驗看，僅挑擬正陪，而不作任何直接選擇，畢竟這是伯克品級跳升的大關，由皇帝定奪。如咸豐五年（1855）喀什噶爾所屬塔什密里克莊五品阿奇木伯克阿布都薩塔病故，回疆參贊大臣常清咨調各城應調應升人員，當堂揀選葉爾羌所屬哈爾噶里克莊六品哈資伯克托胡塔擬正，鄂普爾莊六品鄂爾沁伯克邁瑪特沙擬陪，奏請簡放，文宗批著擬正之托胡塔補授。[128]

五品以上伯克補放方式有二：一先由各城辦事大臣或是領隊大臣等，將具應陞資格者名單呈報回疆參贊大臣，回疆參贊大臣將人員齊集，當堂秉公揀選，提擬出正陪名單，請旨簡放，由皇帝決選；二是回疆參贊大臣直接選擇同品級適合者調補，調補後所遺之缺，再於應陞人員名單中，擬出正陪名單上奏。伯克新陞

---

[127]《軍機處・月摺包》，文獻編號第 089344 號，2742 箱，同治二年四月二十六日，景廉奏；《軍機處・月摺包》，文獻編號第 089345 號，2742 箱，履歷清單。

[128]《宮中檔咸豐朝奏摺》，文獻編號第 406006354 號，2779 箱，咸豐五年七月初七日，常清奏。

往往為各城帶來下一波不同品級伯克的人事調動，皇帝諭旨決定後，新陞者所遺之缺，各城駐箚大臣再另作下一品級伯克的挑選及奏報，回疆參贊大臣再續行彙報或提擬的程序。例如道光十六年（1836）十二月喀什噶爾四品商伯克阿布拉因病出缺，回疆參贊大臣興德由各城應陞人員咨請前來，秉公揀選喀什噶爾所屬察拉根莊五品阿奇木伯克邁瑪熱依木擬正，庫車五品噶雜納齊伯克邁瑪第敏擬陪。[129]邁瑪熱依木陞為四品商伯克後，喀什噶爾所屬察拉根莊五品阿奇木伯克成了新陞之缺，於是道光十七年（1837）二月二十七日興德再揀選喀什噶爾巴吉格爾伯克沙密斯頂擬正，和闐所屬玉隴哈什六品哈資伯克邁瑪特熱依木沙擬陪，上奏請補授，宣宗選擇沙密斯頂出任。[130]

有時回疆參贊大臣因缺出伯克職務繁雜相當，也就直接挑選出任者，尤其是同品級者的換城或職位的調動，再將出任者所遺之缺擬正陪上奏，即便是三品阿奇木伯克亦然，尤其是工作相對較為簡易的東四城，而四五品伯克東西各城轉陞調動亦可。道光十五年（1835），喀喇沙爾所屬布古爾三品伯克邁瑪第敏在入京年班途中病故，回疆參贊大臣興德由各城咨送應升應調名單，直接揀選多次在營出力，資歷完整之庫車所屬沙雅爾三品阿奇木伯克阿勒瑪出任，[131]阿勒瑪此時已任沙雅爾三品阿奇木伯克兩年，[132]

---

[129]《外紀檔》，文獻編號第 303000122 號，頁 51-52，道光十六年十二月初三日，興德奏。

[130]《宮中檔道光朝奏摺》，文獻編號第 405000617 號，2726 箱，道光十七年二月二十七日，興德奏；中國第一歷史檔案館編，《嘉慶道光兩朝上諭檔》，冊 42，頁 131，432 條，道光十七年四月初四日，內閣奉上諭；沙密斯頂其後曾升為賽里木四品伊什罕伯克，道光二十八年十月再出任阿克蘇四品伊什罕伯克，見中國第一歷史檔案館編，《嘉慶道光兩朝上諭檔》，冊 53，頁 336，1106 條，道光二十八年十月初四日，內閣奉上諭。

[131]阿勒瑪庫車回人，曾任五品商伯克，道光六年（1826），張格爾事件隨營在阿克蘇出力，長清奏賞四品頂戴，道光七年（1827），庫車辦事大臣那彥寶奏放四品伊什罕伯克，又在喀什噶爾軍營出力，揚威將軍奏賞花翎，十年（1830）

所遺沙雅爾三品阿奇木伯克缺，以沙雅爾四品伊什罕伯克邁瑪特擬正，庫爾勒四品伊什罕伯克阿克伯克擬陪，奏請補放。[133]事隔一年半，道光十六年（1836）十二月，布古爾三品阿奇木伯克又有異動，由葉爾羌四品噶雜納齊伯克多列素皮出任，所遺之缺，回疆參贊大臣興德以「查有」葉爾羌四品商伯克木阿老成練達，辦事實心而直接調補，所遺葉爾羌四品商伯克，由應陞人員內揀選將葉爾羌五品拉雅哈資伯克圖連底擬正，葉爾羌所屬坡斯喀木莊五品訥克普伯克阿布都克里木擬陪，圖連底順利升補為四品商伯克。[134]道光十七年（1837），葉爾羌所屬鄂普爾莊五品密拉普伯克邁瑪特呢雅斯因病缺出，其奏稱鄂普爾莊回戶眾多，事務殷繁，五品密拉普伯克有管理地方回戶事務之責，非精明幹練之人不能勝任，回疆參贊大臣亦以「查有」葉爾羌五品克勒克雅拉克伯克烏舒爾老成練達，辦事可靠，直接調補，葉爾羌五品克勒克雅拉克伯克所遺之缺，另揀選葉爾羌所屬喇普齊莊六品密拉普伯克阿雅斯擬正，和闐所屬塔克努拉莊六品哈資伯克邁瑪巴特沙擬陪。[135]宣宗依其所擬正者補授。[136]又如和闐所屬克里雅爾城四品阿

安集延入侵，又隨營在阿克蘇出力，賞換三品頂戴，於道光十三年（1833）被擬正與挐獲張格爾邁瑪特競爭，宣宗准其升補為庫車沙雅爾三品阿奇木伯克，見《軍機處‧月摺包》，文獻編號第 064299 號，2760 箱，道光十三年六月初四日，長清奏；《軍機處‧月摺包》，文獻編號第 064308 號，2760 箱，庫車和闐喀什噶爾等城應陞應調三品至五品伯克九員清單。

[132] 中國第一歷史檔案館編，《嘉慶道光兩朝上諭檔》，冊 38，頁 360，1005 條，道光十三年七月初十日，內閣奉上諭。

[133] 《外紀檔》，文獻編號第 303000114 號，頁 133，道光十五年八月二十七日，興德奏。

[134] 《外紀檔》，文獻編號第 303000122 號，頁 277-278，道光十六年十二月二十一日，興德奏；中國第一歷史檔案館編，《嘉慶道光兩朝上諭檔》，冊 41，頁 558，1994 條，道光十六年十二月二十一日，內閣奉上諭。

[135] 《宮中檔道光朝奏摺》，文獻編號第 405000617 號，2726 箱，道光十七年二月二十七日，興德奏。

[136] 中國第一歷史檔案館編，《嘉慶道光兩朝上諭檔》，冊 42，頁 131，432 條，道光十七年四月初四日，內閣奉上諭。

奇木伯克一缺，和闐辦事大臣舒興阿咨呈該城回戶眾多，事務殷
煩，非熟悉地方情形者難以勝任，回疆參贊大臣賽什雅勒以「查
有」和闐所屬塔克努拉莊四品阿奇木伯克阿拉胡里，為人明白，
辦事諳練，升任塔克努拉莊四品阿奇木伯克之職已逾二年，實心
任事，回疆參贊大臣覆查無異相，應請旨調放，塔克努拉莊四品
阿奇木伯克之缺，回疆參贊大臣在各城應升人員內，再選二人擬
為正陪。[137]道光二十七年（1847），葉爾羌所屬伊墊蘇阿拉斯莊
五品斯帕哈資伯克因病缺出，回疆參贊大臣賽什雅勒泰奏將應升
應調者齊集喀什噶爾，當堂揀選阿克蘇五品商伯克邁瑪特塔塔里
調補，所遺阿克蘇五品商伯克之缺，再以應升調名單選阿克蘇及
葉爾羌六品伯克分別擬為正陪，奏請宣宗選擇。[138]

　　就上述各例，回疆參贊大臣都以同品級伯克調補其缺，甚至
多以「查有」及該地的特殊考量，將其認為適合人選直接升補。
再由各城咨送的名單，挑選擬正陪名單以為所補遺缺擬正陪上奏
補放。可見伯克補缺回疆參贊大臣的決定權，有時是高於皇帝，
皇帝於大臣上奏之摺要選的缺出伯克品級，反而是低於回疆參贊
大臣。正向的說法，是為皇帝分憂，反向而觀，回疆參贊大臣及
各城大臣對於伯克人選，確實具有絕大多數的掌控權及決定權，
自然也影響了伯克與大臣位階的高低、從屬、賄賂與被賄賂等複
雜的關係。高宗期許駐劄大臣可與伯克共同治理回疆，以禮相待
的理想，也更難於體現，且道光朝後伯克年班斷續，皇帝直接當
面任命伯克之事，已是遙不可及的傳說，駐劄大臣的地位，即是
朝廷的具體代表，並擁有升遷的絕大部分的決定權。

---

[137]《外紀檔》，文獻編號第 303000182 號，頁 86-87，道光二十六年九月十四日，
賽什雅勒奏。
[138]原檔記為伊墊蘇阿拉斯莊，《欽定回疆則例》為伊"墾"蘇阿拉斯莊，《外紀
檔》，文獻編號第 303000191 號，頁 17，道光二十七年八月初三日，賽什雅
勒泰奏；（清）賽尚阿等修，《欽定回疆則例》，卷 1，頁 3。

三、四品之伯克，除了四品商伯克及噶離納齊伯克，尚可同城晉升外，若為三品阿奇木伯克及四品伊什罕伯克，依高宗之諭及嘉慶年版、道光年版《欽定回疆則例》條文，通常是需迴避本城，伯克為承辦要務者，需如各省官員迴避調補，若具回部王公爵位者，為避免地方勢力增長，多易城出任阿奇木伯克等高階伯克為原則。[139]當然也有例外，乾隆五十三年（1788），邁哈默特鄂三（庫車郡王家族鄂對之孫，鄂斯璊之子）已承襲庫車固山貝子，他在出任葉爾羌三品阿奇木伯克之前，早已出任過庫車之伊什罕伯克及阿奇木伯克等職，未予迴避。[140]

三品阿奇木伯克部分，朝廷特別注重葉爾羌、喀什噶爾、阿克蘇等三城阿奇木伯克缺出，其因是人口及所屬城村較多，又直接與多個外藩、部落相鄰，事務繁重複雜；阿奇木伯克需負責主管全城事務及監督各伯克，三城伯克種類及伯克職位額數也較高，葉爾羌有二十五種不同職稱，伯克數五十五人，伯克人數雖較喀什噶爾的六十位少，但職稱種類卻是喀什噶爾十二種的兩倍多。阿克蘇居交通樞紐之位，伯克數四十六位，雖較前二大城及和闐的四十九位少，但伯克種類卻排名回疆各城的第二名有十九種，所以出任阿克蘇阿奇木伯克就成了歷練出任喀什噶爾及葉爾羌的跳板之城。乾嘉時期常以回疆封爵家族為優先，道光朝以下，重視膽識與戰功，以利守城，功業彪炳的一般回眾，也可一路晉升，而出任這三城之阿奇木伯克，三城阿奇木伯克之位，象徵了阿奇木伯克權力競爭的最終目標。

---

[139] （清）傅恒等，《平定準噶爾方略續編》，卷 18，頁 13-14，乾隆二十七年八月戊午，諭軍機大臣，收入張羽新、趙曙青主編，《清朝治理新疆方略匯編》，冊 7，頁 11。
[140] 李晶，〈乾隆朝中亞政策研究〉，頁 210-211。

六、皇帝圈選伯克

　　五品以上伯克，由回疆參贊大臣提擬出正、陪的伯克人選，皇帝同意或選定後，由內閣奉上諭發佈，並通知理藩院。[141]皇帝大多由其中擇一硃圈，[142]或在奏摺末尾硃批寫上中選者之名，[143]或硃批另有旨。[144]但也有正陪二者都選，或者二者都不選的狀況。例如道光二十七年（1847）宣宗對奕山所奏喀什噶爾罕愛里克莊五品伯克缺，擬正、擬陪二員均硃圈，但伯什克勒莊五品伯克一缺，擬正、擬陪二員均未硃圈，改以上諭罕愛里克莊由邁斯瓦特升補，伯什克勒莊由捏孜爾升補，玉斯圖阿爾圖什莊六品伯克由入則調補。[145]在檔案中，道光朝宣宗較常於伯克履歷清單直接硃點或硃圈，且同一清單內有好幾處應補之缺，宣宗有時選正的，有的選陪者未拘。[146]而咸豐朝文宗則多批另有旨。

　　皇帝圈選伯克，對其資格也有多方考量。道光十三年（1833）六月，喀什噶爾罕愛里克莊五品阿奇木伯克缺出，擬正者帕拉特年二十九歲，擬陪者阿薩年五十八歲，兩人皆為喀什噶爾回人，皆曾出任七品明伯克，前者是因道光六年（1826）張格爾事隨營出力，奏署七品伯克，道光八年（1828），咨補為七品明伯克，

---

[141]中國第一歷史檔案館編，《嘉慶道光兩朝上諭檔》，冊 34，頁 160，544 條，道光九年四月二十六日，內閣奉上諭；中國第一歷史檔案館編，《嘉慶道光兩朝上諭檔》，冊 54，頁 159，550 條，道光二十九年五月十四日，內閣奉上諭。

[142]《軍機處‧月摺包》，文獻編號第 067646 號附件，2743 箱，伯克履歷清單。

[143]《宮中檔咸豐朝奏摺》，文獻編號第 406006491 號，2779 箱，咸豐五年八月初三日，常清奏。

[144]《宮中檔咸豐朝奏摺》，文獻編號第 406012981 號，2741 箱，咸豐十年八月二十九日，裕瑞、英蘊奏；《宮中檔咸豐朝奏摺》，文獻編號第 406014531 號，2714 箱，咸豐十一年五月二十日，英蘊奏。

[145]中國第一歷史檔案館編，《嘉慶道光兩朝上諭檔》，冊 52，頁 515，1469、1470 條，道光二十七年十二月二十日，內閣奉上諭。

[146]《軍機處‧月摺包》，文獻編號第 080354 號，2749 箱，各伯克缺擬正陪清單。

於道光十一年（1831）再咨補為托胡克莊六品克拉普伯克；而阿薩於明伯克任內，在道光七年（1827）隨營出力，經回疆參贊大臣武隆阿咨補為葉爾羌烏通楚魯克莊六品伯克，宣宗硃圈陪者阿薩，[147]七月初十日下諭補授。[148]宣宗可能考量資歷、晉升時間及年資、年齡，二人皆有戰功而升補，帕拉特已因戰功升補了三個職位，最後職位是兩年前才升，阿薩僅在其戰功上升職一次，且已六年未升，年齡又較長，因而選陪者阿薩升補。

　　歷經長時間戰亂，宣宗選擇伯克重是戰功。各城當五品伯克缺出時，由各城提報應陞者名單，回疆參贊大臣經考核後提擬奏請補放清單，通常列有正陪二人，皇帝多選擇擬正者，但擬陪者在道光年間，因戰功受到青睞，得以脫穎而出者也不乏其人。如喀什噶爾回人薩依特於道光七年（1827）沒有任何背景的他，跟隨大軍在和闐打仗，經回疆參贊大臣楊遇春給予空金頂，又隨大軍在阿賴打仗出力，經揚威將軍奏准賞五品藍翎，道光八年（1828），又經欽差大臣那彥成奏署葉爾羌所屬舒克舒莊五品阿奇木伯克，經考核於道光九年（1829）又得回疆參贊大臣扎隆阿奏請實授；道光十六年（1836），喀喇沙爾所屬庫爾勒四品伊什罕伯克缺出，薩依特被列為陪，當時被列為正者是為阿巴斯，他於乾隆五十七年（1792）隨出任伯克的父親木爾底年班入京，在嘉慶七年（1802）出任七品伯克，至道光七年（1827）奏補為布古爾五品伯克，是隨父輩伯克年班入覲，按部就班升遷者，雖有入覲高宗及家世的加持，但經歷回疆戰亂後，宣宗以有戰功者為首選，因而選擇薩依特成為喀喇沙爾所屬庫爾勒四品伊什罕伯

---

[147] 《軍機處・月摺包》，文獻編號第 064299 號，2760 箱，道光十三年六月初四日，長清奏；《軍機處・月摺包》，文獻編號第 064308 號，2760 箱，庫車和闐喀什噶爾等城應陞應調三品至五品伯克九員清單。

[148] 中國第一歷史檔案館編，《嘉慶道光兩朝上諭檔》，冊 38，頁 360，1005 條，道光十三年七月初十日，內閣奉上諭。

克。[149]

有時伯克在不同的升遷過程中，回疆參贊大臣奏摺雖皆列為陪者，卻都被選為補授者。例如邁瑪特薩賴兩次皆為擬陪，卻都成為宣宗諭旨的補授者。阿克蘇所屬賽里木五品噶雜納齊伯克阿布都熱依木因病缺出，回疆參贊大臣金和在各城應陞伯克名單挑選庫車五品頂花翎邁瑪底里為正，阿克蘇六品巴濟格爾伯克邁瑪特薩賴擬陪，宣宗選擇擬陪的邁瑪特薩賴補授。[150]三年多後，葉爾羌四品商伯克缺，宣宗未選擬正之葉爾羌五品喇雅哈資伯克，又再次選陪之賽里木五品噶雜納齊伯克邁瑪特薩賴。[151]宣宗應是欣賞其戰功，其後在七和卓事件時，他亦兩次親率回兵六百人次參與作戰。[152]

皇帝對於伯克的選擇，也不一定是被動地由大臣挑選而作決定。他可以主動下諭旨要大臣找適合伯克做缺補，或直接下諭升補。如乾隆二十五年（1760）高宗諭令布魯特人散秩大臣阿奇木補授阿奇木伯克之缺，要回疆參贊大臣舒赫德做安排，舒赫德上奏，以喀什噶爾所屬阿喇古阿奇木伯克缺補，既可外防布魯特，內可管照阿斯騰阿喇圖什等處。[153]仁宗曾於嘉慶二十一年（1816）

---

149 《軍機處・月摺包》，文獻編號第 071755 號，2768 箱，道光十六年六月初三日，興德奏；《軍機處・月摺包》，文獻編號第 071755 號附件，2768 箱，履歷清單。

150 《宮中檔道光朝奏摺》，文獻編號第 405001666 號，2726 箱，道光十八年六月初十日，金和奏；《奏摺檔》，文獻編號第 305000224 號，頁 93-95，道光十八年七月，金和奏；中國第一歷史檔案館編，《嘉慶道光兩朝上諭檔》，冊 43，頁 285，1065 條，道光十八年七月十四日，內閣奉上諭。

151 《宮中檔道光朝奏摺》，文獻編號第 405005522 號，2719 箱，道光二十二年三月二十八日，圖明額奏。

152 《奏摺檔》，文獻編號第 305000334 號，頁 91-93，道光二十七年九月，吉明奏；中國第一歷史檔案館編，《嘉慶道光兩朝上諭檔》，冊 52，頁 349-350，1045 條，道光二十七年九月十九日，內閣奉上諭。

153 《大清高宗純（乾隆）皇帝實錄》，卷 620，頁 11，乾隆二十五年九月壬子，參贊大臣舒赫德奏。

諭令伊犁將軍長齡遴選人員調補喀什噶爾阿奇木伯克之缺，長齡遵旨擬以阿克蘇阿奇木伯克額依木爾調補，仁宗即諭其遴選者調補。[154]宣宗也曾下旨要喀什噶爾參贊大臣推薦各城具有辦事能力的四、五品伯克名單。[155]皇帝亦可不經大臣奏補提名，直接諭示伯克人選。如乾隆五十三年（1788）正月初十日，庫車貝子喀什噶爾阿奇木伯克鄂斯璊年班入覲在京溘逝。[156]正月十二日，高宗記起之前年班入覲之吐魯番郡王伊斯堪達爾，以其才能尚堪造就，諭令補授為喀什噶爾阿奇木伯克缺。[157]

七、伯克補授所費時間

各城伯克由缺出，至諭令決定補授者時間，費時甚長。以奏摺日期而觀，若是病故等因素單純的缺出，上奏至皇帝諭准人選，大約一個月，如庫車三品阿奇木伯克因病缺出，回疆參贊大臣於道光十七年（1837）五月二十六日奏報人選，六月二十八日內閣即奉上諭確立人選。[158]但單就奏摺往返，尚得費時約兩個多月左右。再以皮達由英吉沙爾五品伊什罕伯克皮達補授為阿克蘇所屬賽里木四品伊什罕伯克之例，由皇帝諭准，再進行下一輪英吉沙爾五品伊什罕伯克新陞伯克行政程序，距離上一層晉升奏報及補

---

[154] 中國第一歷史檔案館編，《嘉慶道光兩朝上諭檔》，冊 21，頁 227，575 條，嘉慶二十一年五月十五日，內閣奉上諭。

[155] 《軍機處・月摺包》，文獻編號第 061525 號，2747 箱，道光六年二月初三日，慶祥奏。

[156] 《大清高宗純（乾隆）皇帝實錄》，卷 1296，頁 5-6，乾隆五十三年正月丁卯，又諭。

[157] 《大清高宗純（乾隆）皇帝實錄》，卷 1296，頁 9-10，乾隆五十三年正月己巳，又諭。

[158] 《宮中檔道光朝奏摺》，文獻編號第 405001001 號，2726 箱，道光十七年五月二十六日，興德奏；中國第一歷史檔案館編，《嘉慶道光兩朝上諭檔》，冊 42，頁 239-240，888 條，道光十七年六月二十八日，內閣奉上諭。

授諭旨至回疆，需要五個月的時間。[159]葉爾羌四品商伯克缺，道光二十二年（1842）三月底由賽里木五品噶雜納齊伯克邁瑪特薩賴補授。[160]賽里木五品噶雜納齊伯克缺經各城咨報及回疆參贊大臣齊集各城合例應選者當堂揀選，再上奏正陪人選，已是同年（1842）七月底，相隔四個月。[161]和闐所屬策勒四品阿奇木伯克邁瑪斯底克，因沙雅爾三品阿奇木伯克因病出缺，於道光二十二年（1842）六月二十二日奏報，升補後，所遺之缺於十月二十八日再上奏揀選正陪者，於十二月初四日諭准以喀什噶爾所屬察拉根莊五品阿奇木伯克伯巴克補授。[162]由三品出缺至確定四品遺缺補授諭旨，要五個多月時間。以葉爾羌四品伊什罕伯克病缺，由五品伯克升補，以及再完成五品伯克諭准之例，作成表 6-5 伯克升補奏報及諭示時間表。葉爾羌四品伊什罕伯克五月病故缺出奏報，至諭准烏舒爾補授，大約一個多月，烏舒爾新陞所遺之缺再上奏補放，已距諭准時間的三個月，這包括奏摺返回新疆的時間，各城咨呈適合人選，回疆參贊大臣集合各城人選當堂挑選及上奏等行政程序，葉爾羌所屬鄂普爾莊五品密拉普伯克遺缺准予庫爾班補授，又需一個多月。[163]

---

[159] 《宮中檔道光朝奏摺》，文獻編號第 405001504 號，2726 箱，道光十八年閏四月初八日，恩特亨額奏；《外紀檔》，文獻編號第 303000130 號，頁 204-205，道光十八年九月二十七日，金和奏。

[160] 《宮中檔道光朝奏摺》，文獻編號第 405005522 號，2719 箱，道光二十二年三月二十八日，圖明額奏。

[161] 《宮中檔道光朝奏摺》，文獻編號第 405006428 號，2719 箱，道光二十二年七月二十八日，圖明額奏。

[162] 《宮中檔道光朝奏摺》，文獻編號第 405006140 號，2719 箱，道光二十二年六月二十二日，圖明額奏；中國第一歷史檔案館編，《嘉慶道光兩朝上諭檔》，冊 47，頁 462，1758 條，道光二十二年十二月初四日，內閣奉上諭。

[163] 《宮中檔道光朝奏摺》，文獻編號第 405005908 號，2719 箱，道光二十二年五月二十六日，圖明額奏；中國第一歷史檔案館編，《嘉慶道光兩朝上諭檔》，冊 47，頁 184，833 條，道光二十二年七月初四日，內閣奉上諭；《宮中檔道光朝奏摺》，文獻編號第 405006854 號，2719 箱，道光二十二年十月初四日，

表 6-5 伯克升補奏報及諭示時間表

名　字	奏報日期	伯克原任職位	諭示日期	新　陞　職　位
斯底克	道光 22.5.26 病故缺	葉爾羌四品伊什罕伯克		
烏舒爾	道光 22.5.26 擬正	葉爾羌所屬鄂普爾莊五品密拉普伯克	道光 22.7.4	葉爾羌四品伊什罕伯克
	道光 22.10.4 新陞缺	葉爾羌所屬鄂普爾莊五品密拉普伯克		
庫爾班	道光 22.10.4 擬正	葉爾羌所屬坡斯喀木莊六品哈資伯克	道光 22.11.9	葉爾羌所屬鄂普爾莊五品密拉普伯克

資料來源：《宮中檔道光朝奏摺》，文獻編號第 405005908 號，2719 箱，道光二十二年五月二十六日，圖明額奏；中國第一歷史檔案館編，《嘉慶道光兩朝上諭檔》，冊 47，頁 184，833 條，道光二十二年七月初四日，內閣奉上諭；《宮中檔道光朝奏摺》，文獻編號第 405006854 號，2719 箱，道光二十二年十月初四日，圖明額奏；中國第一歷史檔案館編，《嘉慶道光兩朝上諭檔》，冊 47，頁 410，1607 條，道光二十二年十一月初九，內閣奉上諭。

　　綜合上述檔案的時間推算，奏換一位伯克，行政程序大約要三個月。由諭上諭決定至遺補下一品級伯克人選，再上奏中間行政及奏摺回返，需要三至五個月。若以此推估四品伯克缺出上奏，需各城咨送名單及挑選的前期作業，應該也需時一個月左右，因此由四品出缺至陞補五品遺缺完成諭批，需要六個多月，諭旨再回到回疆參贊大臣之手，確定人選的整個行政運作，又要一個月，等於一次升補缺遺，需耗費六至七個月的時間。但若是因案革職到補放，時間需要更久，如葉爾羌所屬密沙爾莊五品喀喇都管伯

圖明額奏；中國第一歷史檔案館編，《嘉慶道光兩朝上諭檔》，冊 47，頁 410，1607 條，道光二十二年十一月初九，內閣奉上諭。

克邁瑪第敏遇回人事件多置之不理，葉爾羌參贊大臣常清奏准革職後，照例進行缺補開擬正陪奏請簡放，從奏請革職到奏請補放即需半年時間。[164]若是同城三品阿奇木伯克及五品伯克等多位伯克涉案及調查，需待三品伯克補缺者確定，再進行三品伯克新陞後所遺之缺，及五品伯克之缺補程序，全案人事底定需耗時將近一年。[165]

伯克確定補授，若至他城赴任，尚需要跨城搬遷，時間則再拉長，因而有其他伯克先行署理是相當必要的。咸豐年間，回疆參贊大臣以避免公務延宕為由，有時於奏報升補名單的同時，即由捐款較多的擬正者先行前往署理。[166]

第三節　伯克缺出補授的原因

平日伯克缺出多以伯克久病、病故、死亡、新陞、革職，以及少數休致、新設，而產生了空缺，陞調後所遺原缺，常引發數個伯克缺及各城伯克的升遷。道光朝戰亂善後，多有伯克陣亡、被殺、脫逃、被脅俘走的情形，一時間造成缺多而可揀選的人少。尚有部分伯克遭參劾致革職開缺，如不恤民情、人地不宜、苦累

---

[164] 《宮中檔咸豐朝奏摺》，文獻編號第 406006216 號，2779 箱，咸豐五年六月十三日，常清、法福里奏；《宮中檔咸豐朝奏摺》，文獻編號第 406007550 號，2779 箱，咸豐六年正月二十四日，常清奏。

[165] 《軍機處·月摺包》，文獻編號第 087940 號，2780 箱，咸豐二年十一月初七日，舒精阿奏；《宮中檔咸豐朝奏摺》，文獻編號第 406004005 號，2709 箱，咸豐三年五月初四日，德齡奏；《宮中檔咸豐朝奏摺》，文獻編號第 406005110 號，2709 箱，咸豐三年十月初一日，德齡奏；《宮中檔咸豐朝奏摺》，文獻編號第 406005113 號，2709 箱，咸豐三年十月初一日，德齡奏。

[166] 《宮中檔咸豐朝奏摺》，文獻編號第 406009275 號，2779 箱，咸豐八年十月二十五日，慶英奏；《宮中檔咸豐朝奏摺》，文獻編號第 406012036 號，2714 箱，咸豐十年三月十六日，裕瑞、英蘊奏。

回人、貪污、為人軟弱、呈審、失城、私通外藩、被脅俘、久不赴任等。反之，伯克平日有特殊表現，在戰場上協助軍備支援、偵察、帶兵出戰有功，由駐箚大臣、欽差大臣或是平定亂事的將軍奏請獎賞，得諭令賞給頂翎、品級，成為升補的有利條件，或是直接補放新增職缺。

一、久病、病故、意外事故、新陞

在承平之時，伯克最常缺出之因素，多為因病辭退，[167]或是久病不癒而革退，[168]或是病故。部分是發生意外事故身亡，較常見的是落馬身死，如葉爾羌所屬哈爾噶里七莊五品阿奇木伯克阿哈莫即因此亡故缺出。[169]伯克補授後，原有職缺，即成為新陞之缺。

伯克若於任內生病，以致久病不利執行公務，亦將產生病缺，若因病或急症突然過世，則為病故缺。各城大臣依出缺之因，咨報回疆參贊大臣，並提出具應升資格者。因病請辭或退休伯克，准留原品頂戴。[170]道光十四年（1834），和闐克里雅爾四品阿奇木伯克邁瑪特病故，回疆參贊大臣秉公揀選和闐所屬塔克努拉莊四品伯克，同名之伯克邁瑪特同品調動，所遺塔克努拉莊四品伯克一缺，就成新陞之缺，回疆參贊大臣以道光十一年（1831）安

---

[167] 《外紀檔》，文獻編號第 303000218 號，頁 19-21，道光三十年十月初三日，德齡奏。

[168] 《外紀檔》，文獻編號第 303000112 號，頁 140-141，道光十五年正月二十七日，興德奏。

[169] 《外紀檔》，文獻編號第 303000161 號，頁 1-2，道光二十三年十二月初一日，聯順奏。

[170] （清）托津等編纂，《欽定回疆則例》，卷 2，頁 3-4，收入天龍長城文化藝術公司編，《新疆史志》，第二部，冊 11，頁 109-111；（清）賽尚阿等修，《欽定回疆則例》，卷 2，頁 14。

集延入侵事件，因平定事件有功升為葉爾羌所屬哈爾里克莊五品阿奇木伯克玉努斯擬正，喀什噶爾五品哈資伯克雅霍普擬陪上奏，[171]玉努斯順利獲准補授。[172]

伯克因病辭去伯克職，事後伯克病癒是否可以再出任伯克，較為明確通案考量，則是在嘉慶十九年（1814），經由伊犁將軍議定，病痊伯克可坐補原缺，若呈請情願在本城効力，亦准成為該城伯克的候補者，[173]實為體恤伯克及其家庭照顧需求之故。道光朝為了減少伯克弊端，增加大小伯克迴避的限制，也略做調整，病癒伯克雖仍可坐補原缺，但需等待職位缺出，或是被補放至與原缺相當的職位與品級。在未補缺之前，例應迴避本籍的三、四品阿奇木伯克及伊什罕等大伯克，需前往原任的本管大臣處効力當差；至於按例不用迴避的小伯克病痊，可再次復出擔任伯克，他若呈請情願在本城効力候補者，則准予在其本籍之大臣處當差，等待候補的機會。[174]例如道光二十八年（1848）喀什噶爾所屬和色勒布依莊五品伯克缺出，即揀選曾於道光二十二年（1842）七月，出任布古爾四品伊什罕伯克，因病請辭，今已病痊的庫車回人伊敏擔任。[175]品級雖降為五品任用，但已升為回疆大城喀什

---

[171] 聯合報文化基金會國學文獻館，《清代起居注冊-道光朝》，冊 22，頁 013151-013152，道光十一年十月初六日甲申，又奉諭旨璧昌等奏；《外紀檔》，文獻編號第 303000108 號，頁 93-94，道光十四年九月二十日，興德奏。

[172] 中國第一歷史檔案館編，《嘉慶道光兩朝上諭檔》，冊 39，頁 355，1116 條，道光十四年九月二十日，內閣奉上諭。

[173] （清）托津等編纂，《欽定回疆則例》，卷 2，頁 5，收入天龍長城文化藝術公司編，《新疆史志》，第二部，冊 11，頁 113。

[174] （清）賽尚阿等修，《欽定回疆則例》，卷 2，頁 15。

[175] 檔案內只列為五品伯克缺，與《欽定回疆則例》喀什噶爾城莊額設比對，應是五品阿奇木伯克。中國第一歷史檔案館編，《嘉慶道光兩朝上諭檔》，冊 47，頁 184，833 條，道光二十二年七月初四日，內閣奉上諭；《軍機處‧月摺包》，文獻編號第 081573 號，2749 箱，清單；（清）賽尚阿等修，《欽定回疆則例》，

噶爾所屬城莊，並成為總管一莊事務的阿奇木伯克，也符合阿奇木伯克的迴避原則。[176]畢竟要等到坐補原缺的機會較難，需要等待時間較長，不確定因素也較多。因此，通常有適合的伯克缺出，即先行坐補，伯克也可發揮能力及增加資歷，減少人事壅塞情況。

伯克新陞之缺，如葉爾羌四品噶雜納齊伯克缺出，由四品商伯克愛里木沙調補，所遺四品商伯克之缺，由回疆參贊大臣所擬正之圖連底諭示補授，所遺伊墾蘇阿拉斯莊五品斯帕哈資伯克，成為新陞之缺，由擬正之密爾托胡達獲准補授，所遺舒克舒莊五品阿奇木伯克由擬正之伊斯瑪依勒補授。[177]

一個伯克缺出，往往連帶牽動了四位伯克升遷，若加上擬陪者，在調動及升補過程，至少有七名伯克受到影響。如英吉沙爾五品伊什罕伯克阿渾新陞為庫車四品伊什罕伯克，英吉沙爾五品伊什罕伯克一缺，回疆參贊大臣以葉爾羌所屬哈爾哈里克莊六品伯克薩木薩克擬正，阿克蘇六品道蘭伯克呢雅斯擬陪。[178]宣宗准以薩木薩克補授。[179]或如道光二十五年（1845）四月新陞和闐四品伊什罕伯克阿皮斯，[180]原職缺葉爾羌牌斯鉛莊五品齊喇普伯克，成為新陞所遺缺。十一月間，回疆參贊大臣由各城咨送應升人員內，揀選喀什噶爾所屬伯什克呼木莊六品明伯克喇密愛拜都

卷1，頁6。

[176] 檔案內只列為五品伯克缺，與《欽定回疆則例》喀什噶爾城莊額設比對，應是五品阿奇木伯克。（清）賽尚阿等修，《欽定回疆則例》，卷1，頁6。

[177] 中國第一歷史檔案館編，《嘉慶道光兩朝上諭檔》，冊41，頁558，1994條，道光十六年二月二十一日，內閣奉上諭。

[178] 《宮中檔道光朝奏摺》，文獻編號第405005142號，2719箱，道光二十二年正月二十八日，圖明額奏。

[179] 中國第一歷史檔案館編，《嘉慶道光兩朝上諭檔》，冊47，頁76，266條，道光二十二年三月初一日，內閣奉上諭。

[180] 中國第一歷史檔案館編，《嘉慶道光兩朝上諭檔》，冊50，頁182，489條，道光二十五年四月初七日，內閣奉上諭。

拉擬正，和闐六品哈資伯克阿布拉什擬陪。[181]一個缺出至少牽動了三個人，缺出層級越高，後面人事波動越大，影響的時間也很長。二人升補諭示後，可以想見所遺之缺，在原城的六品或七品，又將影響一批伯克調動及升補的競爭。但低階伯克的調升，各城辦事大臣可以自行決定，或最高僅至回疆參贊大臣即可決定，不必再上奏，在檔案記錄上較少，除非該伯克日後升補至五品以上，大臣奏報伯克履歷清單才可窺見。

二、戰後伯克額設調整及具戰功者調陞

1、戰亂平定高階伯克的更換及各城伯克額數調整

回疆在張格爾事件及安集延入侵等戰事平定後，經歷前所未有的大量伯克補放及調整品級額數。以張格爾事件平定後，西四城伯克針對缺多人少、特殊地方、各地伯克設置裁改的建議及調動等情形為例。道光八年（1828）九月，當時西四城三至五品伯克除了喀什噶爾阿奇木伯克伊薩克及葉爾羌阿奇木伯克阿布都爾滿已實授外，尚有阿克蘇三品阿奇木伯克等四十六缺，需要揀選合格者出任伯克，然請補之缺多，但可補人少，人數不足以提擬正陪，因此採取彈性作法只要遵奏定章程列出勞績資格、人才、家世、分別迴避本城本莊的原則，即准以補授，各城大臣在伯克任滿一年出具考語，即可實授，若不稱職，則立刻撤職另行揀選。但葉爾羌所屬的色勒瑚爾（色呼庫勒）地方距卡倫尚需八、九日的路程，位處布魯特愛曼之中，什布南、巴達克山連界，非本莊

之人熟悉情形，難以勝任，因此不必依卡倫內其他各地方需迴避本莊的規定。

　　再者因應新墾地人口增加，裁改移設伯克，以符合管理需求，如將喀什噶爾額設五品訥可布伯克、克圖瓦利伯克、莫提色布伯克等三位五品伯克，移設到新墾的察拉根地方，阿斯圖阿爾圖什莊額設的七品明伯克裁撤兩名，一名移駐察拉根，一名移駐阿爾瑚（琥）莊，並增設英吉沙爾五品伊什罕伯克一位。[182]道光九年（1829）三月諭准，喀什噶爾參贊大臣武隆阿揀選東四城五品以上伯克，且遵照新定章程揀員開單呈覽，即有七名五品以上伯克補授，有喀喇沙爾庫爾勒三品阿奇木伯克由托胡塔補授，庫車四品伊什罕伯克由邁滿底敏補授，烏什五品阿奇木伯克之缺著阿哈莫特補授，沙雅爾五品噶雜納齊伯克由阿克伯克補授，阿克蘇五品商伯克由托胡達補授，賽里木五品噶雜納齊伯克由阿布都熱依木補授，庫車五品商伯克之缺由阿散補授。[183]

　　依上述之需，於道光十年（1830）二月二十八日至五月十二日，三個月間回疆西四城的高階伯克或是六品的阿奇木伯克，有一波大幅度的人事補授、調補、補放及新設，是為張格爾事件及安集延入侵平定後，對伯克功賞及行政管理區劃重新調整有關。道光十年（1830）二月二十八日，宣宗諭准予喀什噶爾參贊大臣札隆阿奏請三至五品伯克實授一摺，在諭令最後言明「**嗣後五品以上伯克缺出，仍照例揀員請旨補放，毋庸試署另請實授**」[184]，即不必依道光八年（1828）九月，需經過試署階段，任滿一年再

---

[182] 《外紀檔》，文獻編號第 30300059 號，頁 142-143，道光八年九月二十二日，武隆阿奏。

[183] 中國第一歷史檔案館編，《嘉慶道光兩朝上諭檔》，冊 34，頁 100，350 條，道光九年二月二十一日，內閣奉上諭。

[184] 中國第一歷史檔案館編，《嘉慶道光兩朝上諭檔》，冊 35，頁 53-54，184 條，道光十年二月二十八日，內閣奉上諭。

出考語實授，而是補放即實授上任。在其他部分補授的伯克奏摺也顯示，早在道光九年（1829）九月之前，部分伯克已直接實授上任，如九月札隆阿上奏葉爾羌阿奇木伯克散秩大臣阿布都爾滿帶領四品商伯克愛里木沙等，完成塔塔爾及沙瓦特兩處挖河渠，開墾出三百餘里荒地，安置九百餘戶，四品商伯克愛里木沙得賞花翎，表示愛里木沙早已實授參與各項工作。[185]愛里木沙在七年後，即道光十六年（1836）又再升調為葉爾羌四品噶雜納齊伯克，升遷並未到限制或影響。[186]

由張格爾事件後，三至五品伯克補授及六品伯克補放名單而觀，請見表 6-6 張格爾事件後西四城伯克及安集延事件喀什噶爾、英吉沙爾伯克補放表，再對比嘉慶年版的《欽定回疆則例》，伯克數額已相差甚多，反而與道光年版的《欽定回疆則例》額數較為接近，而人口的增加、伯克補放規則、伯克設置的裁改、撫卹及禁令的增添，也促成了理藩院在道光年十三年（1833）三月初五日奏請修改續纂《欽定回疆則例》之因。[187]

以道光年版《欽定回疆則例》作基準，其中喀什噶爾本城及所屬地方，總共設置六十名伯克，三至五品伯克有十四名。此次除了本城的三品阿奇木伯克、商伯克二名置換一名外，其餘在本城及所屬地方四至五品伯克全部更換，等於有十二名高階伯克被換新，占高階伯克的百分之八十六，其中喀什噶爾新設的罕愛里克莊、和色爾布依莊、察拉根莊等三莊各設五品阿奇木伯克一名。

---

[185] 《外紀檔》，文獻編號第 303000066 號，頁 135，道光九年九月二十四日，札隆阿奏；《外紀檔》，文獻編號第 303000067 號，頁 60，道光九年十一月初六日，長齡奏。

[186] 中國第一歷史檔案館編，《嘉慶道光兩朝上諭檔》，冊 41，頁 558，1994 條，道光十六年二月二十一日，內閣奉上諭。

[187] （清）賽尚阿等修，《欽定回疆則例》，原奏，頁 13-20。

回疆參贊大臣札隆阿也為新設伯克奏請新鑄圖記，於道光十年（1830）閏四月初八日奏准，由禮部鑄造圖記，禮部完成圖記後，以一匣放置三顆圖記交給軍機處，再行咨交喀什噶爾參贊大臣，轉行給阿奇木伯克祗領。[188]

　　道光十年（1830）五月十二日，又再調補伯克，將玉斯圖阿爾圖什六品阿奇木伯克缺由阿布拉愛孜斯調補，烏帕勒莊六品阿奇木伯克缺由毛拉愛比普調補，等於二月未調動的六品阿奇木伯克部分，也作調整。喀什噶爾所屬地方設有三個六品伯克缺就調動了二位。若單就喀什噶爾所屬地方而言，共有十七處，其中設阿奇木伯克有十處，四品一名，五品有六名，六品有三名，而塔斯渾未設阿奇木伯克，最高階的伯克為五品密喇布伯克一名。這表示張格爾事件結束的道光八年（1828）至道光十年（1830）兩年多之間，喀什噶爾本城及所屬地方，總計三至五品高階伯克及六品阿奇木伯克共十七職缺，有十四個缺被更換，更換率達百分之八十二，為喀什噶爾帶來伯克高層人事的大震動。[189]同樣在英吉沙爾掌管全城最高的兩位伯克，一是四品阿奇木伯克，一是五品的伊什罕伯克也都換新。[190]

---

[188] 中國第一歷史檔案館編，《嘉慶道光兩朝上諭檔》，冊 35，頁 148，522 條，道光十年閏四月初八日，內閣奉上諭；中國第一歷史檔案館編，《嘉慶道光兩朝上諭檔》，冊 35，頁 232，868 條，道光十年六月二十九日，辦理軍機處為咨行事。

[189] 中國第一歷史檔案館編，《嘉慶道光兩朝上諭檔》，冊 35，頁 53-54，184 條，道光十年二月二十八日，內閣奉上諭。

[190] 中國第一歷史檔案館編，《嘉慶道光兩朝上諭檔》，冊 35，頁 53，184 條，道光十年二月二十八日，內閣奉上諭。

表 6-6 張格爾事件後西四城伯克及安集延事件
喀什噶爾、英吉沙爾伯克補放表

城　　　　　　　名	品秩	伯 克 職 稱	封爵＼人名（張格爾事件）	封爵＼人名（安集延事件）
喀什噶爾	三	阿奇木伯克	伊薩克	作霍爾敦
喀什噶爾	四*	伊什罕伯克	托克托呢雜爾	阿里
喀什噶爾	四*	噶雜納齊伯克	二等台吉作霍爾鼎（敦）	烏布魯哈色木
喀什噶爾	四*	商伯克	三等台吉邁買特買哈蘇特	阿布都哈里克
喀什噶爾	五*	哈資伯克	密爾哈斯	雅霍普
喀什噶爾牌素巴特(派蘇巴特地方)	四*	阿奇木伯克	阿布拉	密爾哈色木
喀什噶爾伯什克勒(伯什克呼木地方)	五*	阿奇木伯克	阿里雅特	邁瑪特雅爾
喀什噶爾和色爾布(和色勒布依地方)	五*N	阿奇木伯克	庫圖魯克	阿布拉
喀什噶爾罕愛里克(罕愛里克地方)	五*N	阿奇木伯克	阿布都瓦依特	邁瑪底里[191]
喀什噶爾察拉根(察拉根地方)	五*N	阿奇木伯克	阿布都熱依特	邁瑪特熱依木
喀什噶爾塔斯渾(塔斯渾地方)	五*	克拉普（密喇布）伯克	阿布都哈里克	扎瑪里頂
喀什噶爾塔什密里克(塔什密哩克地方)	五*	阿奇木伯克	庫爾板	阿布都希特
喀什噶爾阿斯圖阿爾圖什莊(阿斯圖阿爾圖什地方)	五+	阿奇木伯克	伊敏	愛吉布拉
喀什噶爾玉斯圖阿爾圖什莊(玉斯圖阿爾圖什地方)	六&	阿奇木伯克	阿布拉愛孜斯[192]	聶底爾
喀什噶爾烏帕勒莊(烏帕勒	六&	阿奇木伯克	毛拉愛比普	邁瑪底散

[191] 喀什噶爾牌素巴特四品阿奇木伯克密爾哈色木升為喀什噶爾四品商伯克，邁瑪底里因而升補其缺，見中國第一歷史檔案館編，《嘉慶道光兩朝上諭檔》，冊37，頁753，2088條，道光十二年十二月十九日，內閣奉上諭。

[192] 道光十三年七月補授為喀什噶爾河色爾布依莊（和色爾布或稱和色勒布依地方）五品阿奇木伯克，見中國第一歷史檔案館編，《嘉慶道光兩朝上諭檔》，冊38，頁360，1005條，道光十三年七月初十日，內閣奉上諭。

城　　　　　名	品秩	伯克職稱	封爵＼人名（張格爾事件）	封爵＼人名（安集延事件）
什地方)				
英吉沙爾	四*	阿奇木伯克	斯底克	邁瑪特哈素特
英吉沙爾	五+	伊什罕伯克	阿布都爾褋克	皮達
葉爾羌	四*	伊什罕伯克	邁瑪特愛哈瑪特	X
葉爾羌	四*	噶雜納齊伯克	多拉素皮	X
葉爾羌	四*	商伯克	愛里木沙	X
葉爾羌	四*	商伯克	玉素普	X
葉爾羌	五*	訥克布伯克	阿布都克里木	X
葉爾羌	五*	柯勒雅拉克伯克（克呀克雅拉克）	愛里木	X
葉爾羌	五*	喇雅哈資伯克	圖連底	X
葉爾羌	五&	帕提沙普（布）伯克	愛里木	X
葉爾羌	五&	柯勒雅拉克伯克（克呀克雅拉克）	阿布拉	X
葉爾羌	五&	斯帕哈資伯克	皮魯斯	X
葉爾羌舒克舒(舒克舒地方)	五*	阿奇木伯克	薩伊特	X
葉爾羌和什拉普(霍什拉木地方)	五*	阿奇木伯克	邁瑪特呢雅斯	X
葉爾羌托果斯鉛(托果斯牽地方)	五*	阿奇木伯克	愛散	X
葉爾羌牌斯鉛(派斯牽地方)	五*	密拉普伯克	伊斯堪達爾	X
葉爾羌桑珠(桑珠地方)	五*	阿奇木伯克	莫洛和色木	X
葉爾羌色勒瑚爾(色呀庫勒地方)	五*	阿奇木伯克	邁瑪沙爾	X
葉爾羌哈哈里克莊（哈爾里克地方）	五	阿奇木伯克	X	玉努斯
葉爾羌密沙爾莊(密沙爾地方)	五+	喀喇都管伯克	捏底沙	X
葉爾羌鄂普爾莊	六@	明伯克	庫爾板	X
葉爾羌齊盤莊	六@	明伯克	阿布都瓦依特	X
和闐	三*	阿奇木伯克	頭等台吉依斯瑪依勒	X
和闐	四*	伊什罕伯克	喀喇雅哈底	X
和闐	五*	噶雜納齊伯克	邁買斯底克	X

城　　　　　名	品秩	伯 克 職 稱	封爵＼人名（張格爾事件）	封爵＼人名(安集延事件)
和闐	五*	商伯克	托胡達	X
和闐	五*	商伯克	胡達拜爾底	X
和闐	五*	商伯克	伊敏	X
和闐玉隴哈什	四*	阿奇木伯克	愛孜木沙	X
和闐策勒村(策呼城)	四*	阿奇木伯克	阿瓦斯[193]	X
和闐克里雅城(克里雅勒城)	四*	阿奇木伯克	邁瑪特	X
和闐克里雅城(克里雅勒城)	五*	採鉛伯克	邁瑪底敏	多拉
阿克蘇	四	伊什罕伯克		斯底克
布古爾	四	伊什罕伯克		托胡塔
庫車	五	噶雜納齊伯克		阿克伯克
沙雅爾	五	噶雜納齊伯克		汰徠巴海

*實授、＋補授、＠補放、閏四月及五月調整＆、N新設

資料來源：中國第一歷史檔案館編，《嘉慶道光兩朝上諭檔》，冊35，頁53-54，184-186條，道光十年二月二十八日，內閣奉上諭；中國第一歷史檔案館編，《嘉慶道光兩朝上諭檔》，冊35，頁148，520、522條，道光十年閏四月初八日，內閣奉上諭；中國第一歷史檔案館編，《嘉慶道光兩朝上諭檔》，冊35，頁185，674條，道光十年五月十二日，內閣奉上諭；聯合報文化基金會國學文獻館，《清代起居注冊-道光朝》，冊22，頁013103-013106，道光十一年九月二十九日戊寅，又奉諭旨長齡等奏；聯合報文化基金會國學文獻館，《清代起居注冊-道光朝》，冊22，頁013151-013152，道光十一年十月初六日甲申，又奉諭旨璧昌等奏。

　　道光十年（1830）八月，安集延入侵後，喀什噶爾阿奇木伯克庫車郡王伊薩克屬黑山派伯克，在白山派較多的喀什噶爾面對安集延入侵，卻因官官相護，及高連升因糾眾謀搶糧餉局被正法，驅逐流民，遭流民趁亂報復，和喀什噶爾參贊大臣扎隆阿誤殺，

---

[193] 和闐策勒村（策呼城）四品阿奇木伯克阿瓦斯，調補為和闐哈拉哈什莊四品阿奇木伯克，其缺由邁瑪斯底克升補，見中國第一歷史檔案館編，《嘉慶道光兩朝上諭檔》，冊37，頁753，2088條，道光十二年十二月十九日，內閣奉上諭。

造成回人二百多人被枉殺，其中包括四品伯克二人，六品伯克八名，七品伯克七名，已佔當時喀什噶爾六十二位伯克的百分之二十七，超過四分之一以上。[194]導致道光十年（1830）五月，因張格爾事件造成喀什噶爾各城莊伯克及英吉沙爾阿奇木伯克、伊什罕伯克等，才有過的大調動，在道光十一年（1831）九月，又得全部換新。奏報更換的伯克包括三品阿奇木伯克、四品伊什罕伯克各一位，本城的四品商伯克、噶雜納齊、五品哈資伯克各一位，各城莊的四至六品阿奇木伯克十位，共十五位皆是本城及城莊為首及重要職位之伯克。等於兩年間發生因外來入侵因素，導致兩次伯克人事大換血，其中作霍爾敦由喀什噶爾噶雜納齊伯克升任為喀什噶爾三品阿奇木伯克；阿里由葉爾羌五品密拉普伯克，奏補為喀什噶爾四品伊什罕伯克；阿布都哈里克由塔斯渾五品密拉普伯克晉升為喀什噶爾本城四品商伯克。[195]

　　葉爾羌部分，該城設置五十五名伯克，三至五品伯克有二十一名，在道光十年（1830）二月二十八日的諭令中，有十五位更換，占高階伯克的百分之七十一，六品明伯克在葉爾本城及所屬地方設四名，也有半數即兩位被換新；同年閏四月初八日，柯勒雅拉克伯克愛里木又被調補為帕提沙普伯克，所遺之缺由阿布拉補授，五品斯帕哈資伯克由皮魯斯補授。[196]這也使葉爾羌及所屬各城村更換的職位由十五位增加至十七位，有百分之八十一的高階伯克補授或調動。若單就葉爾羌本城而言，三至五品伯克共有

[194]苗普生，〈「伊薩克事件」始末〉，《中國邊疆史地研究》，1997 年第 3 期，頁 108-110。

[195]聯合報文化基金會國學文獻館，《清代起居注冊-道光朝》，冊 22，頁 013103-013106，道光十一年九月二十九日戊寅，又奉諭旨長齡等奏。

[196]中國第一歷史檔案館編，《嘉慶道光兩朝上諭檔》，冊 35，頁 148，520 條，道光十年閏四月初八日，內閣奉上諭

十項十一缺，在這波人事調動只有阿奇木伯克、密喇布伯克及密圖瓦里伯克三個職務未動，其他七項職務八缺人事皆被更動，本城內高階伯克的調整，亦有百分之七十三。

和闐及其所屬城村共設置四十九位伯克，三至五品伯克為十二位，有十位換新，占高階伯克百分之八十三。與其他西三城不同的是和闐的最高職位三品阿奇木伯克也換人，由吐魯番郡王額敏和卓孫，伊斯堪達爾的次子依斯瑪依勒出任。[197]本城伯克及採鉛伯克四至五品伯克有六位，更換了五位，僅哈資伯克未變動，城村設有五位四品阿奇木伯克，有三位更換，其中商伯克有三個職缺也都被更換，對比道光年版《欽定回疆則例》後來僅設為二名商伯克伯，是有所差異的，另外採鉛伯克後改為採金伯克，屬克里雅勒城亦有不同。道光十一年（1831）十月，平定安集延入侵事件後，又再更換阿克蘇及布古爾伊什罕伯克，葉爾羌哈爾里克莊五品阿奇木伯克，和闐克里雅克莊的五品採鉛伯克，以及庫車與沙雅爾五品噶雜納齊伯克。[198]

若以道光年版《欽定回疆則例》額設之伯克，總計西四城三至五品的高階伯克設置四十九位，即有四十一位伯克被換新，等於有百分之八十四的伯克職位作了調動，幾乎是主要職掌一城及所屬城村、莊的伯克大換新。[199]見表 6-7 張格爾事件後西四城伯克實授、補授、補放統計表。若以回疆各城三至五品伯克八十四名，六品阿奇木伯克五名，計八十九名，連同道光十一年（1831）九月及十月，再次更換的伯克數，共五十名，亦有百分之五十六的各城莊阿奇木伯克、伊什罕伯克及噶雜納齊伯克等重要伯克被撤

---

[197] （日）佐口透，〈清朝統治下的吐魯番〉，《世界民族》，1987 年第 4 期，頁54。

[198] 聯合報文化基金會國學文獻館，《清代起居注冊-道光朝》，冊 22，頁013151-013152，道光十一年十月初六日甲申，又奉諭旨璧昌等奏。

[199] （清）賽尚阿等修，《欽定回疆則例》，卷 1，頁 1-11。

換或晉升。

表 6-7 張格爾事件後西四城伯克實授、補授、補放統計表

城　　名	品　秩	伯 克 職 稱	新換數	原設數	3-5 品伯克總數
喀什噶爾本城	四*	伊什罕伯克	1	1	
喀什噶爾本城	四*	噶雜納齊伯克	1	1	
喀什噶爾本城	四*	商伯克	1	2	
喀什噶爾本城	五*	哈資伯克	1	1	
喀什噶爾地方	四	阿奇木伯克	1	1	
喀什噶爾地方	五	阿奇木伯克	6	6	
喀什噶爾塔斯渾(塔斯渾地方)	五*	密拉普(密喇布)伯克	1	1	
喀什噶爾玉斯圖阿爾圖什莊(玉斯圖阿爾圖什地方)	六&	阿奇木伯克	1	1	
喀什噶爾烏帕勒莊(烏帕勒什地方)	六&	阿奇木伯克	1	1	
合計		3-5 品— 3-6 品	12-14	15	14
英吉沙爾	四*	阿奇木伯克	1	1	
英吉沙爾	五+	伊什罕伯克	1	1	
合計			2	2	2
葉爾羌	四*	伊什罕伯克	1	1	
葉爾羌	四*	噶雜納齊伯克	1	1	
葉爾羌	四*	商伯克	2	2	
葉爾羌	五*	訥克布伯克	1	1	
葉爾羌	五*	柯勒雅拉克伯克(克呼克雅拉克)	2	1	
葉爾羌本城	五*	喇雅哈資伯克	1	1	
葉爾羌地方	五*	阿奇木伯克	5	6	
葉爾羌地方	五*	密拉普伯克	1	1	
葉爾羌地方	五+	喀喇都管伯克	1	1	
葉爾羌	五&	帕提沙普（布）伯克	1	1	
葉爾羌	五&	斯帕哈資伯克	1	1	
葉爾羌	六@	明伯克	2	4	
合計		3-5 品— 3-6 品	17- 18	17-21	21
和闐	三*	阿奇木伯克	1	1	
和闐	四*	伊什罕伯克	1	1	
和闐	五*	噶雜納齊伯克	1	1	

和闐	五*	商伯克	3	2	
和闐	五*	採鉛伯克	1	1	
和闐所屬城村	四*	阿奇木伯克	3	5	
合　　　　計			10	11	12
總　　　　計			41		49

*實授、＋補授、@補放、閏四月及五月調整&

資料來源：

1. （清）賽尚阿等修，《欽定回疆則例》，卷 1，頁 1-11。
2. 中國第一歷史檔案館編，《嘉慶道光兩朝上諭檔》，冊 35，頁 53-54，184-186 條，道光十年二月二十八日，內閣奉上諭。
3. 中國第一歷史檔案館編，《嘉慶道光兩朝上諭檔》，冊 35，頁 148，520、522 條，道光十年閏四月初八日，內閣奉上諭。
4. 中國第一歷史檔案館編，《嘉慶道光兩朝上諭檔》，冊 35，頁 185，674 條，道光十年五月十二日，內閣奉上諭。

2、建立戰功、送俘到京、開墾地畝

　　道光年張格爾事件後，回疆又歷經浩罕、大和卓後裔玉素普、七和卓、倭里罕等入侵，一般回人可以由參與守衛家園，而得到頂戴及升任伯克的機會，讓以往伯克多由回部王公世族出任的情形，也逐步改觀。以下由張格爾事件等相關功賞奏摺及檔案，相互參酌，比對名單，排除同名，尋找品級相近者為例，以推論其陞遷補授之因。

　　例如升任喀什噶爾牌素巴特四品阿奇木伯克之阿布拉，應是道光六年（1826）張格爾事件中，時任庫車四品伊什罕伯克，他跟隨當時出任庫車沙雅爾阿奇木伯克伊薩克一起前往阿克蘇，招募回兵，報效於軍營，得到阿克蘇辦事大臣長清肯定，上奏為他們加級，因戰功而得以出任於喀什噶爾伯克。[200]阿布都瓦依特原

---

[200] 《軍機處・月摺包》，文獻編號第 061791 號，2749 箱，長清奏；《軍機處・月摺包》，文獻編號第 058243 號，2747 箱，道光七年正月初九日，長清奏。

為英吉沙爾六品伯克，因張格爾事件中，隨營打仗、運糧、探查敵方信息，得賞五品頂戴花翎，被奏請升任新設喀什噶爾罕愛里克莊五阿奇木伯克。[201]伊敏在道光六年（1826）十二月，為和闐伯克曾糾集伯克押解拏獲的偽封和闐王子約霍普等七人，前往揚威將軍大學士長齡的大營，奏賞花翎，道光八年（1828）經欽差大臣補奏署和闐哈拉哈什莊五品商伯克。[202]道光十年（1830）實授後，於道光十三年（1834）七月由回疆參贊大臣長清奏准調補為和闐五品噶雜納齊伯克。[203]

而接任和闐哈拉哈什莊五品商伯克的和闐回人額斯滿，出任七品伯克時，即於道光六年（1826）拏獲張格爾事件為首入侵之一的玉努斯，揚威將軍長齡奏賞六品頂戴，道光八年（1828）經回疆參贊大臣武隆阿咨補為和闐策勒莊六品哈資伯克；道光九年（1829）又因戰後修理城工出力，回疆參贊大臣武隆阿咨部遇有五品伯克缺出儘先補用。[204]道光十三年（1833）七月，又被補授為和闐哈喇哈什莊五品商伯克，是身具戰功及參與善後的建設者。[205]

愛散曾為喀什噶爾六品伯克，在張格爾事件時，在營効力，屢次前往阿賴探信、運糧、遞送文報，得賞五品頂戴藍翎，奏請

---

[201] 《軍機處・月摺包》，文獻編號第 057098 號，2747 箱，隨營出力大小伯克清單。

[202] 《軍機處・月摺包》，文獻編號第 058359 號，2747 箱，道光七年閏五月二十三日，長清奏。

[203] 中國第一歷史檔案館編，《嘉慶道光兩朝上諭檔》，冊 38，頁 360，1005 條，道光十二年七月初十日，內格奉上諭。

[204] 《軍機處・月摺包》，文獻編號第 064299 號，2760 箱，道光十三年六月初四日，長清奏；《軍機處・月摺包》，文獻編號第 064308 號，2760 箱，庫車和闐喀什噶爾等城應陞應調三品至五品伯克九員清單。

[205] 中國第一歷史檔案館編，《嘉慶道光兩朝上諭檔》，冊 38，頁 360，1005 條，道光十三年七月初十日，內閣奉上諭。

補放為葉爾羌托果斯鉛五品阿奇木伯克。[206]托克托呢雜爾補授為喀什噶爾伊什罕伯克，他原是阿克蘇五品商伯克，在戰役中負責隨營打仗、採辦糧料、搜挐餘匪為主，同時署理和闐阿奇木伯克之職，其原有四品頂戴，又因功得賞花翎，而得以補授。[207]

　　一群比較特別的伯克晉升者，是負責將張格爾自喀什噶爾解京的伯克及回人，因而受到宣宗特別的賞識，給予晉升伯克的機會。張格爾事件的主要發動者，是為白山派大和卓後裔張格爾，被捕後由揚威將軍長齡派五品伯克斯底克及六品伯克邁瑪特二人，及回人庫圖魯克、呢雅斯、托哈素皮、賽里木、阿里雅爾、薩木、約霍達斯、鄂素滿、薩底克、買瑪素皮、依布拉伊木得等十一人，隨行送俘到京，宣宗賞給伯克等人，包括衣服、銀兩、緞疋及翎子等物。[208]道光八年（1828）五月十六日，宣宗諭令上年押解張格爾等戰俘至京的伯克，加恩分別賞加升銜頂戴，斯底克五品伯克四品頂戴，及邁瑪特六品伯克五品頂翎暫給四品頂戴，無頂帶的回人庫圖魯克分別加給頂戴，各城若遇到相當品級的伯克出缺時，量其才能酌予升補。[209]此後他們逐漸展露頭角，斯底克出任英吉沙爾的四品阿奇木伯克；[210]邁瑪特賞換四品頂戴，於道光九年（1829）經回疆參贊大臣札隆阿奏放為和闐塔克

---

[206] 《軍機處‧月摺包》，文獻編號第 057098 號，2747 箱，隨營出力大小伯克清單。

[207] 《軍機處‧月摺包》，文獻編號第 057098 號，2747 箱，隨營出力大小伯克清單。

[208] 《議覆檔》，文獻編號第 602000051 號，頁 34-35，道光八年五月初三日，大學士曹振鏞奏；《軍機處‧月摺包》，文獻編號第 059992 號，2747 箱，清單。

[209] 《軍機處‧月摺包》，文獻編號第 058574 號，2747 箱，道光八年五月十六日，內閣奉上諭；《軍機處‧月摺包》，文獻編號第 059992 號，2747 箱，解俘伯克等清單。

[210] 《議覆檔》，文獻編號第 602000051 號，頁 34-35，道光八年五月初三日，大學士曹振鏞奏；《軍機處‧月摺包》，文獻編號第 059992 號，2747 箱，清單。

努拉莊四品阿奇木伯克；[211]道光十四年（1834）同名之和闐克里雅爾四品阿奇木伯克邁瑪特病故，和闐協辦大臣興德以該地回戶眾多，事務殷繁，非熟諳之人不能勝任之由，揀選奏請由邁瑪特出任，[212]宣宗亦准其補授。[213]庫圖魯克為阿克蘇金頂回子，在張格爾事年負責搜拏餘匪、卡外運糧，賞六品頂戴，因將張格爾解京有功，升任喀什噶爾新設之和色爾布莊（和色勒布依地方）五品阿奇木伯克。[214]庫圖魯克更於咸豐九年（1859）九月由賽里木三品阿奇木伯克，調補為回疆最重要大城喀什噶爾三品阿奇木伯克。[215]他們是無頂帶回人，因戰功及送俘而晉升伯克之列的典型範例。

　　道光年間影響伯克補放，還包括了開墾地畝之功。道光朝是繼乾隆朝以來，回疆開墾地畝最繁盛的時期，伯克藉戰功兼及地畝開墾而得以升遷甚多，若具回疆王公家族背景者，在各家族角力下，時常以此優勢捷足先登。喀什噶爾二品台吉四品噶雜訥齊伯克作霍爾敦，是額敏和卓孫，邁瑪薩依特之侄，長齡等人在道光九年（1829）為獎勵二品台吉四品噶雜訥齊伯克作霍爾敦，辦理喀什噶爾七里河等處城堡工程有功，奏擬以三品伯克升用，得賞大緞二疋，並在阿奇木伯克伊薩克受誣告後，以其家世及所建

---

[211] 《軍機處·月摺包》，文獻編號第 064299 號，2760 箱，道光十三年六月初四日，長清奏；《軍機處·月摺包》，文獻編號第 064308 號，2760 箱，庫車和闐喀什噶爾等城應陞應調三品至五品伯克九員清單。

[212] 《外紀檔》，文獻編號第 303000108 號，頁 93-94，道光十四年九月二十日，興德奏；《奏摺檔》，文獻編號第 305000176 號，頁 177-178，道光十四年九月，和闐協辦大臣興德奏。

[213] 中國第一歷史檔案館編，《嘉慶道光兩朝上諭檔》，冊 39，頁 355，1116 條，道光十四年九月二十日，內閣奉上諭。

[214] 《軍機處·月摺包》，文獻編號第 057098 號，2747 箱，隨營出力大小伯克清單；《軍機處·月摺包》，文獻編號第 059992 號，2747 箱，清單。

[215] 《大清文宗顯（咸豐）皇帝實錄》，卷 295，頁 7，咸豐九年九月庚寅，諭內閣。

之功於接任喀什噶爾阿奇木伯克之職，於道光十年（1830）至道光二十九年（1849）宣宗諭令休致，在任長達十九，是為開墾地畝有功陞任的典型。[216]喀什噶爾回人邁瑪帕拉特曾在道光十年（1830）安集延入侵滋擾時，隨營當差，得到提督胡超給予六品頂戴，第二年由回疆參贊大臣璧昌咨補為阿爾瓦特莊六品密喇普伯克，道光十八年（1838），在愛連巴克地方開墾地畝，及監修喀什噶爾回城，得賞戴藍翎，於道光二十七年（1847）八月葉爾羌五品喇雅哈資伯克缺出被擬為正，亦被宣宗硃圈出任。[217]此為兼具戰功又有開墾經驗，在伯克升遷脫穎而出的例子。

二、戰亂被害、陣亡、脫逃所遺之缺

　　道光至同治年間，回疆多有大和卓後裔或是浩罕、布魯特等入侵，伯克帶領回兵保衛各城，也常成為入侵者殺伐、脅逼的對象，造成缺出，而戰亂及善後又需急伯克協助，以利各項公務的執行，因此需要及時補授。道光二十七年（1837），七和卓、安集延等入侵喀什噶爾及英吉沙爾等地，並將四至七品伯克阿布都邁里克等人強逼脅走。事後被脅走之伯克遭到斥革，而有伯克職位缺出。大臣奏報朝廷升補了四、五品伯克後，喀什噶爾又產生新陞所遺之缺，四至六品伯克多達四十二缺。有鑒於按例由各城合例人員揀選，再奏補放，需時日久。喀什噶爾辦事領隊大臣錫拉那以帶兵隨營作戰已半年，以其熟悉隨營當差的葉爾羌及喀什

---

[216] 《宮中檔道光朝奏摺》，文獻編號第405011374號，2726箱，道光十年七月十五日，內閣奉上諭；《外紀檔》，文獻編號第303000067號，頁64-65，道光九年十一月初六日，長齡奏。

[217] 《軍機處‧月摺包》，文獻編號第078482號，2749箱，道光二十七年八月二十日，吉明奏；《軍機處‧月摺包》，文獻編號第078486號，2749箱，履歷清單。

噶爾大小伯克表現，由錫拉那揀選加考語，並經回疆參贊大臣驗看後，請旨定奪，使得伯克及回人在營表現，有機會轉陞成為伯克。在清單中，被硃圈之庫車回人阿那雅特出任四品伊什罕伯克，庫車回人葉爾羌五品海孜（哈資）伯克塔塔克里，出任四品噶雜納齊伯克，葉爾羌回人葉爾羌五品頂翎六品密喇普伯克薩依木，升任察拉根莊五品阿奇木伯克，庫車回人托古素，原任庫車六品海孜伯克為喀什噶爾所屬烏帕爾莊六品伯克（阿奇木伯克）。[218]於道光二十八年（1848）三月二十二日，由內閣奉上諭正式調補。[219]而值得一提的是在清單內亦發現，戰亂中隨營伯克多是跨城支援，一同守衛回疆。

　　若是該處伯克升補有特殊限制，即使是戰亂出缺，也仍依循規定補放，如咸豐七年（1857）倭里罕入侵，喀什噶爾所屬阿爾琥莊六品阿奇木伯克阿普都卡哈爾被殺害，因阿爾琥莊六品阿奇木伯克有不可以七品伯克陞補限制，需由六品伯克調補的限制，於是由回疆參贊大臣慶英奏由喀什噶爾辦事大臣裕瑞所保六品密喇普伯克帕爾吐調補。[220]

　　若是伯克被諭准調任，即使因戰亂回返安撫回眾，仍需前往調任之城赴任。咸豐七年（1857），英吉沙爾四品阿奇木伯克胡達巴爾底，因人地未宜被前任回疆參贊大臣常清調補為阿克蘇所屬賽里木四品伊什罕伯克。前往赴任之際，英吉沙爾遭逢白山派後裔倭里罕等入侵，該城署（代理者）阿奇木伯克阿那雅特棄城

---

[218] 檔案內只列為六品伯克缺，與《欽定回疆則例》喀什噶爾城莊額設比對，應是六品阿奇木伯克。《軍機處・月摺包》，文獻編號第 081563 號，2749 箱，道光二十八年二月十九日，奕山奏；《軍機處・月摺包》，文獻編號第 081573 號，2749 箱，清單；（清）賽尚阿等修，《欽定回疆則例》，卷 1，頁 7。

[219] 中國第一歷史檔案館編，《嘉慶道光兩朝上諭檔》，冊 53，頁 105，318 條，道光二十八年三月二十二日，內閣奉上諭。

[220] 《宮中檔咸豐朝奏摺》，文獻編號第 406009979 號，2714 箱，咸豐八年十二月二十八日，慶英奏。

逃至科科熱瓦躲匿，胡達巴爾底因戰亂道路不通折返，反而又被派為撫綏英吉沙爾回人及剿捕入侵者。由於胡達巴爾底已繳回圖記，只得在軍臺肅清入侵者後，繼續前往賽里木赴任，英吉沙爾四品阿奇木伯克仍得重新揀人選。[221]戰逃與忠貞，孰適與不適，實難論定。

三、降級、革職、久不赴任之缺

1. 伯克因事降級或革職出缺：

和闐三品阿奇木伯克邁瑪特因事降用，成為四品伯克，所遺之缺由，回疆參贊大臣奕經將應升者調集於喀什噶爾，直接選擇阿克蘇所屬賽里木三品阿奇木伯克阿里調補，賽里木三品阿奇木伯克缺成了新陞之缺，上奏以跨城揀得和闐四品伊什罕伯克阿布都瓦特擬為正，喀什噶爾四品噶雜納齊伯克密爾哈色木擬陪。[222]

伯克若未勤奮任職，貪於逸樂，將受革職處分，如葉爾羌阿奇木伯克郡王阿克拉依都向回務章京反應，其城所屬密沙爾莊五品喀喇都管伯克邁瑪第敏「性躭安逸，不洽回情，遇有回子事件，置之不理，以致小回子冤抑難伸，漸有遷移他處躲避等情」，葉爾羌參贊大臣常清遂予參劾革職。[223]奏准革職後，照例進行缺補開擬正陪奏請簡放。[224]

[221]《外紀檔》，文獻編號第 303000275 號，頁 166-167，咸豐七年八月二十二日，法福禮奏。

[222]《外紀檔》，文獻編號第 303000167 號，頁 1-2，道光二十四年十月初一日，奕經奏。

[223]《宮中檔咸豐朝奏摺》，文獻編號第 406006216 號，2779 箱，咸豐五年六月十三日，常清、法福里奏。

[224]《宮中檔咸豐朝奏摺》，文獻編號第 406007550 號，2779 箱，咸豐六年正月二十四日，常清奏。

伯克即使已轉陞他城，但若因案在前任職務有過失，仍將究責革去現職。例如已調任烏什五品伊什罕伯克沙滿素爾，因之前在葉爾羌五品斯帕哈資伯克任內發生過失，因而緣案革職。[225]由於奏請革職到奏請補放，大約需半年時間。案情調查及奏摺往返費時較長，為避免公務執行不便，損及回眾權益，常需要其他伯克署理該職。若署理者任事表現受到欣賞，於案件審定，伯克確定革職缺出時，往往成為回疆參贊大臣及該城大臣奏請補缺之人，或是另有升職的機會。當時，署理烏什五品伊什罕伯克之職者，為六品噶雜納齊伯克雅吉木頂，沙滿素爾因案革職案確立，烏什五品伊什罕伯克缺出，雅吉木頂即因署理該職期間的表現，得到賞識，受該城所管大臣的提名，回疆參贊大臣即以人誠實，當差謹慎，及受眾人愛戴，與定例相符等，奏請補授。[226]

2.失城撤任：

庫車郡王愛瑪特任喀什噶爾阿奇木伯克因張格爾之子倭里罕入侵，以致失城，遭到撤任，由阿里接任喀什噶爾阿奇木伯克。[227]喀什噶爾、英吉沙爾、庫車也因倭里罕入侵，有多位伯克遭到參劾。五月間，各城計有三、四、五品伯克十六缺出，一時間各城送來人員，也幾乎不敷擬出正陪之選，但又正當善後工作乏人執行，回疆參贊大臣只得暫從權變，儘量挑選為人明白，辦事勤能

---

[225] 中國第一歷史檔案館編，《嘉慶道光兩朝上諭檔》，冊 55，頁 447，1302 條，道光二十年十月初三日，內閣奉上諭。

[226] 《軍機處‧月摺包》，文獻編號第 090416 號，2742 箱，同治二年五月二十七日，景廉奏；《外紀檔》，文獻編號第 303000311 號，頁 24-25，同治二年八月初七日，議政王軍機大臣奉旨。

[227] 《大清文宗顯（咸豐）皇帝實錄》，卷 265，頁 7，咸豐八年九月甲午，又諭；《大清文宗顯（咸豐）皇帝實錄》，卷 243，頁 2，咸豐八年正月己卯，又諭。

者，由每缺揀選正陪二員，改為只擬一員，奏論簡放；[228]若各城提供的清單中，與定例稍有未符，則以人地相需之例揀選。[229]

3.派任卻久不赴任：

同治二年（1864）二月二十一日，已諭准喀什噶爾所屬牌素巴特莊四品阿奇木伯克伊敏，接任阿克蘇所屬賽里木三品阿奇木伯克，但伊敏先藉生病為由，遷延一個月，病癒銷假，又延留兩個月不赴任。回疆參贊大臣以「膽大糊塗，疲玩已極」作評述，認為若不從嚴懲辦，恐相率效尤，於是在六月，奏請撤銷伊敏為賽里木三品阿奇木伯克之任命，並革去原有喀什噶爾所屬牌素巴特莊四品阿奇木伯克之職，而降補為五品伯克。[230]至於阿克蘇所屬賽里木三品阿奇木伯克之缺，直到同治三年（1865）三月二十七日，才又奏准由新升葉爾羌三品阿奇木伯克如斯塔木，因繁缺才能不相宜，而轉調為賽里木三品阿奇木伯克。[231]回疆伯克的任命及赴任，若不順利再行挑補，費時已逾一年，可見回疆行政處理程序及往復時間，相當漫長，也見到同治年間，大臣已無力指揮伯克，行政效率低落及渙散。

四、貪瀆或人地不宜之伯克缺

---

[228] 《宮中檔咸豐朝奏摺》，文獻編號第 406010383 號，2714 箱，咸豐九年三月二十八日，慶英奏。

[229] 《宮中檔咸豐朝奏摺》，文獻編號第 406009978 號，2714 箱，咸豐八年十二月二十八日，慶英奏。

[230] 《軍機處・月摺包》，文獻編號第 090753 號，2742 箱，同治二年六月二十八日，景廉奏。

[231] 《軍機處・月摺包》，文獻編號第 095285 號，2742 箱，同治三年三月二十七日，景廉、托克托布奏。

1.大臣及阿奇木伯克協助察考所屬伯克：

伯克上任後，仍將受駐箚大臣及回疆參贊大臣的觀察及考核，本城阿奇木伯克亦需對所屬伯克負監督之責，尤其是喀什噶爾、葉爾羌等相對於其他各城事務繁雜，若有才能不宜、太過年輕閱事未深、官聲平常或與其他伯克意見相左，恐有貽悞事務之伯克者，多採取對調方式處置，或留於當地再作觀察，有缺出再行調補，或是先行撤任，甚至降級調任。

邁瑪第敏於道光十八年（1838）九月，升任為和闐所屬玉隴哈什莊四品阿奇木伯克。[232]因其性情耽於安逸，遇有回人控告詞訟之事，置之不理，又令衙役串通訛詐，藉端勒索，顛倒是非，以致回眾冤抑難伸，和闐辦事大臣達明阿認為若不參辦，恐將引起其他伯克相繼效尤，滋生事端，因而奏請參革，以示懲儆。[233]

奕山因七和卓事件，擔任回疆參贊大臣，前往喀什噶爾平定亂事，藉兵燹之機，觀察各伯克能力。道光二十八年（1848），奕山上奏喀什噶爾四品商伯克阿比提，去年十二月諭准升任。[234]平日當差雖屬勤奮，然值戰亂糧務事宜的支援，卻未能周延妥當，而致滋生貽悞；反之，庫車所屬沙雅爾四品伊什罕伯克阿克伯克為人老成，辦事諳練，也曾在道光八年（1828）跟隨大軍在喀什噶爾出征具有功績，對當地情形頗為熟悉，因而奏請將同品級的二人對調，讓喀什噶爾回人阿比提前往庫車事務較簡，以期能力相符，如此一來，不僅糧務不致乖宜，也對地方回人輿情有所裨

---

[232]《宮中檔道光朝奏摺》，文獻編號第 405011693 號，2726 箱，道光十八年九月十一日，內閣奉上諭。

[233]《宮中檔道光朝奏摺》，文獻編號第 405006509 號，2717 箱，道光二十二年八月初七日，達明阿奏。

[234]中國第一歷史檔案館編，《嘉慶道光兩朝上諭檔》，冊 52，頁 515，1469 條，道光二十七年十二月二十日，內閣奉上諭。

益。[235]雖然在調任上，符合伊什罕伯克迴避本城之原則，也同為四品，伊什罕伯克重要性是高於商伯克，但就城之大小及事務繁簡而言，對阿比提實是明升暗降，畢竟喀什噶爾是回疆大城。接著奕山又上奏另外兩位伯克的對調之事，以喀什噶爾塔斯渾莊五品密喇普伯克額布列拉年僅二十八歲，年紀過輕，評其「**諸多未諳于瘡痍之地，不能望其得力**」，奏請以年四十一歲葉爾羌回人庫車五品商伯克熱邁圖拉出任，認為該伯克明白體面，通達事體，並熟悉喀什噶爾。[236]二人相互調補，以符合能力，有助地方回務，宣宗批依議。[237]額布列拉調為庫車五品商伯克三年後，庫車四品伊什罕伯克阿渾病故，才有機會再次被提擬為正選者，得到晉升。[238]然而他升補後的第二年即行病故。[239]可見官場上伯克的歷練及處事的圓融應對是重要的能力，而身體健康更是重要基石。

咸豐年間，回疆參贊大臣常清接獲庫車辦事大臣清阿文呈稱，該城所屬沙雅爾三品阿奇木伯克邁瑪塔里普，在其位已有八年，[240]雖是年力強壯，但官聲平常，顯示才能不足勝任，且當地

---

[235]《軍機處‧月摺包》，文獻編號第 082330 號，2749 箱，道光二十八年四月十九日，奕山、吉明奏；魏秀梅，《清季職官表》，頁 782。

[236]此職位奏請簡放為道光二十五年十二月二十四日，於道光二十六年二月初一日奉上諭補授。《宮中檔道光朝奏摺》，文獻編號第 405008770 號，2731 箱，道光二十五年十二月二十四日，麟魁奏；中國第一歷史檔案館編，《嘉慶道光兩朝上諭檔》，冊 51，頁 40，100 條，道光二十六年二月初一日，內閣奉上諭。

[237]《軍機處‧月摺包》，文獻編號第 081899 號，2749 箱，道光二十八年四月二十日，奕山、吉明、舒興阿奏。

[238]《宮中檔咸豐朝奏摺》，文獻編號第 406000697 號，2709 箱，咸豐元年六月初四日，德齡奏。

[239]《外紀檔》，文獻編號第 303000234 號，頁 89-90，咸豐二年七月二十三日，德齡奏。

[240]邁瑪塔里普是在道光二十八年底諭准出任，《外紀檔》，文獻編號第 303000204 號，頁 287-288，道光二十八年十一月三十日，吉明奏；其所遺之缺為烏什四阿奇木伯克，再作揀選程序，《外紀檔》，文獻編號第 303000206 號，頁 63-64，道光二十九年閏四月初八日，吉明奏。

民風素來強悍，撫綏回人需具寬嚴並施，應先行撤任及降調，待有四、五品相當缺出，再酌量補遺，並先行安排葉爾羌四品商伯克邁瑪特薩賴前往署理，文宗硃批依議。[241]由此可知，伯克任久也有可能被撤換，尤其是掌理全城事務的阿奇木伯克，其位是回疆伯克最高職位及品級，受到矚目及競爭者較多，也是回疆駐箚大臣權力展現所在。而此次署理人選是跨城派赴，由回疆參贊大臣直接挑選上奏，皇帝多准其所議，可見回疆參贊大臣的權力甚大，而此奏批准時間往返已是兩個月，若再加上挑選適任人選前置作業及上奏往返至少三個月以上，署理時間是相當的長。未料阿奇木伯克被撤任的一個月後，才上任一年多，協助阿奇木伯克執行各項工作的同城伊什罕伯克邁瑪特哈色木，也因病出缺。[242]回疆參贊大臣常清即行上奏正陪人選，並依循阿奇木伯克、伊什罕伯克缺，需要迴避本城的限制，由各城應陞選出葉爾羌五品柯呼雅喇克伯克托胡達擬正，和闐五品噶雜納齊伯克阿布拉什擬陪，先行選出伊什罕伯克。[243]奏摺往覆至少有三個多月的時間，則有賴跨城支援署理的邁瑪特薩賴，管理沙雅爾回眾。

　　阿奇木伯克對於所屬伯克若有未能勝任者，也有權呈報該管回務章京或是駐箚大臣處理。如葉爾羌阿奇木伯克伊斯瑪依爾向回疆參贊大臣及幫辦大臣呈稱，所屬托果斯鉛莊距本城較遠，回戶殷繁，該莊道光二十七年（1847）三月，諭准出任之五品阿奇

---

[241]《宮中檔咸豐朝奏摺》，文獻編號第 406008577 號，2779 箱，咸豐六年七月二十七日，常清奏；《奏摺檔》，文獻編號第 305000442 號，頁 115-117，咸豐六年九月，常清奏；《外紀檔》，文獻編號第 3035000265 號，頁 10，咸豐六年九月初四日，常清奏。

[242]邁瑪特哈色木出任才一年多，咸豐五年三月二十日雅爾沙伊什罕伯克因新陞缺出，才被提擬為正，得以晉升。《宮中檔咸豐朝奏摺》，文獻編號第 406005722 號，2709 箱，咸豐五年三月二十日，常清奏。

[243]《宮中檔咸豐朝奏摺》，文獻編號第 406008719 號，2779 箱，咸豐六年八月二十七日，常清奏。

木伯克愛莫特，[244]因未諳地方情形，辦理事務難期得力，而道光
二十八年（1848）六月新升阿克蘇所屬拜城五品伊什罕伯克邁買
底里，[245]正好是由葉爾羌六品伯克升補，為人老成練達，辦事勤
能，又曾協助平定七和卓事件，希望可將兩人對調，回疆參贊大
臣吉明等，覆查兩地事務繁簡，奏請二人相互轉移，得以人地相
宜。[246]愛莫特轉調為拜城五品伊什罕伯克後，與其境遇相似，也
被調換的庫車五品商伯克額布列拉，升補為庫車四品伊什罕伯克
第二年病故後，愛莫特亦得升補為庫車四品伊什罕伯克的機會，
他因此被回疆參贊大臣擬為正，而得升補。[247]拜城與庫車事務，
相對於葉爾羌較為簡易，伯克才能各異，各得其所，亦屬行政管
理上必要手段，至於身在其中的伯克冷暖自知，升遷機遇亦是難
料。

　　同樣是阿奇木伯克觀察及管理伯克，促成伯克調動之因。如
喀什噶爾三品阿奇木伯克邁瑪特向該城辦事領隊大臣呈稱，所屬
罕愛里克莊距本城較遠，戶眾事繁，該莊阿奇木伯克需具明練及
熟悉地方情況，否則不能勝任，該莊五品阿奇木伯克邁期瓦特為
人雖是安靜詳和，但未能熟悉該地情形。而伯什克呀木莊戶少事
簡，該莊五品阿奇木伯克庫吐魯年力富強，辦事可靠，對於罕愛
里克莊最為熟悉，經回疆參贊大臣德齡的考查，兩莊確有差異性，

---

[244] 中國第一歷史檔案館編，《嘉慶道光兩朝上諭檔》，冊 52，頁 67，240 條，道
光二十七年三月初三日，內閣奉上諭。

[245] 中國第一歷史檔案館編，《嘉慶道光兩朝上諭檔》，冊 53，頁 201，647 條，
道光二十八年六月十八日，內閣奉上諭。

[246] 《外紀檔》，文獻編號第 303000203 號，頁 172-174，道光二十八年十月二十六
日，吉明、德齡奏。

[247] 《外紀檔》，文獻編號第 303000234 號，頁 89-90，咸豐二年七月二十三日，德
齡奏；《宮中檔咸豐朝奏摺》，文獻編號第 406003143 號，2709 箱，咸豐二
年十二月二十二日，德齡奏。

伯克互調轉移，可謂人地均屬相宜。[248]葉爾羌三品阿奇木伯克胡達巴爾底呈稱，所屬牌斯鉛莊五品伯克密喇普伯克沙雅爾為喀什噶爾回人，為人雖是老成，辦事也無貽悞，但未能深悉牌斯鉛地方的情形，事務辦理較難周顧，回疆參贊大臣查有喀什噶爾五品哈資伯克愛比布拉為葉爾羌回人，且熟悉牌斯鉛莊回人情形，因而引用咸豐七年（1857）喀什噶爾善後章程奏准四五品伯克，如本城人員內有妥幹仍當間用，以洽輿情，奏請將二人職位互相轉移，以利邊地回情，文宗准以依議對調。[249]兩位伯克等於各歸回本城任職，是上任後依實務運作上的考量與調整，以不損伯克任職之權力，也尚未違反小伯克迴避本莊原則。

　　由此可知，本城的三品阿奇木伯克對所屬伯克具有監督之責，如因人地未宜或需異動，其程序為呈報給該管駐箚大臣，駐箚大臣可依其判斷咨呈回疆參贊大臣決定，若為五品以上伯克的人事異動，經回疆參贊大臣考查，再奏請皇帝聖裁，並咨理藩院查照。

2.捐輸補缺的把關

　　為考核回疆捐輸章程施行後，藉捐輸得以出任伯克者的才能，咸豐八年（1858）上諭嗣後五品伯克以上及三品阿奇木伯克缺出，照常奏請補放。補缺三個月後，再由各大臣查看能否勝任，出具考語咨呈回疆參贊大臣。[250]此後，大臣常於新升伯克在補授

---

[248] 《外紀檔》，文獻編號第 303000218 號，頁 16-17，道光三十年十月初三日，德齡奏。

[249] 此奏推斷是咸豐七年以後的伯克調動，《宮中檔咸豐朝奏摺》，文獻編號第 406016536 號，2714 箱，無年月日及奏者。

[250] 《軍機處‧月摺包》，文獻編號第 095285 號，2742 箱，同治三年三月二十七日，景廉、托克托布奏。

後的三個月至一年的時間，考核補授者任職狀況，若有名聲平平，或是能力不足，與人相處不融洽，不洽輿情，採取兩地伯克對調或先行撤任，待適合缺出，或是調往剛好缺出符合品級資格及能力相符之位。

然而配合捐輸章程的再次考核，竟成了駐箚大臣藉此重複勒索伯克的機會。例如調查英吉沙爾伯克不適任之事，卻意外發現回疆參贊大臣英蘊藉伯克制及捐輸章程之便，反覆需索伯克的情形。起因是英吉沙爾阿奇木伯克及伊什罕伯克就任後，經考核皆不適任，一起被解職。英吉沙爾四品阿奇木伯克伯巴克及五品伊什罕伯克那滿，因到任後，未能熟悉地方，以致撫卹失宜，不洽輿情，在任期間，又有三名回犯脫逃，已逾半年未能緝獲，由於英吉沙爾地處極邊，又與外藩毗連，二人缺少控馭之力，因而均遭到先行撤職察看的處分，另待適合之缺再行安排。[251]

咸豐十一年（1861），英吉沙爾領隊大臣據印房回務章京部缺筆帖式回報，英吉沙爾四品阿奇木伯克邁瑪特阿普都拉到任以來，辦理一切事務均與眾伯克意見不合，是屬未諳輿情，回疆參贊大臣英蘊奏准先將其撤任，留於葉爾羌察看，待有適合之缺再行調任。所遺之缺，由曾任英吉沙爾六品伯克熟悉該地之現任喀什噶爾四品伊什罕伯克蘇皮蓋暫署，喀什噶爾四品伊什罕伯克則由前任英吉沙爾四品阿奇木伯克伯巴克署理。[252]十個月後，回疆參贊大臣英蘊依咸豐八年（1858）之諭，考核蘇皮蓋接署已近一年，以其辦理事務妥當而奏請實授，但因其為本城之人又補本城之缺，與定例不符，英蘊因而在奏摺內引用咸豐七年（1857）喀什噶爾善後章程奏准四五品伯克，如本城人員內有妥幹仍當間

---

251 《宮中檔咸豐朝奏摺》，文獻編號第 406011305-1 號，2714 箱，咸豐九年十月二十四日，裕瑞奏。
252 《宮中檔咸豐朝奏摺》，文獻編號第 406014058 號，2714 箱，咸豐十一年二月二十日，英蘊奏。

用，以洽輿情，及咸豐十年（1860）葉爾羌四品伊什罕伯克，以葉爾羌回人庫車四品伊什罕伯克呢雅斯調補之事例來說明，並加列蘇皮蓋為此捐銀二千五百兩，伯巴克捐一千兩，支援葉爾羌已絀之兵餉等事項，以期順利准奏，但時值文宗逝世。[253]因伯巴克反覆捐輸，以及英蘊在同治元年（1862）以阿克蘇四品伊什罕伯克缺請以邁瑪特阿普都拉調補，理由是願捐軍餉銀一千，致使議政王及軍機大臣意識到以捐輸補缺是近年來官場錮習，官員藉是勒捐肥己，下令由景廉展開調查，英蘊因而遭革職處分。[254]

同治三年（1864），新任葉爾羌三品阿奇木伯克如斯塔木，就任三個多月後，經葉爾羌參贊大臣景廉考核，以其人尚謹慎，辦事勤奮，但其才能不足以應付葉爾羌阿奇木伯克事務繁重之缺，認為不能相宜，正好賽里木三品阿奇木伯克久未赴任，而賽里木事務相對較為簡易，因此奏請調任，其缺由較為老練的葉爾羌伊什罕伯克邁瑪特阿普都拉暫行署理。[255]邁瑪特阿普都拉也因回疆參贊大臣換人，而有了不同的躍升機遇。回疆參贊大臣是全疆最高行政之位，也是五品以上伯克升遷奏報具有最大權力的官員，藉不同伯克的升遷之利，反覆要求捐輸，究竟是伯克才能不相合、人地不宜，還是伯克無能滿足大臣的需索。

五、年邁伯克休致出缺與家族勢力長消

回疆各城三品阿奇木伯之缺為九缺，西部四城中，葉爾羌、

---

[253] 《宮中檔咸豐朝奏摺》，文獻編號第 406015001 號，2714 箱，咸豐十一年十二月二十六日，英蘊奏。

[254] 《廷寄檔》，文獻編號第 604000321 號，同治元年八月十六日，議政王軍機大臣字寄。

[255] 《軍機處・月摺包》，文獻編號第 095285 號，2742 箱，同治三年三月二十七日，景廉、托克托布奏。

喀什噶爾與阿克蘇是清廷首重的三城，阿奇木伯克也多由回部王公家族優先擔任，在其位之轉換中，可看到回部各家族勢力的變化，以及清廷對阿奇木伯克任命權的掌控。

道光三十年（1850），吐魯番郡王家族伊斯瑪依爾年老力衰以原品休致，所遺葉爾羌三品阿奇木伯克之缺，改由庫車郡王愛瑪特接任，其子阿密特接署阿克蘇三品阿奇木伯克，此時愛瑪特之弟邁瑪特則任喀什噶爾阿奇木伯克，等於回疆三大城的阿奇木伯克盡由庫車郡王家族勢力所囊括。三年後，葉爾羌三品阿奇木伯克庫車郡王愛瑪特因稟訐葉爾羌參贊大臣德齡及幫辦大臣倭仁，卻對所屬的護衛阿渾挾勢婪贓毫無覺察，被回疆參贊大臣及幫辦大臣逼認攤派路費畏罪，情急下又列款訐告大臣，文宗因而諭令愛瑪特退出乾清門，革去阿奇木伯克，交伊犁將軍差遣。[256]所遺之缺由布彥泰奏擬以吐魯番郡王阿克拉依都接任，奏摺內先述葉爾羌的重要性，並將提擬者的祖輩勞績與封爵等述明，言葉爾羌位居回疆八城領袖之位，地方遼闊，接攘外藩，該城阿奇木伯克有稽查及安邊之責，該缺須任用有能力識撫回人，得以悅服眾人者。清廷素重世家勳績，吐魯番郡王阿克拉依都為額敏和卓曾孫，祖父依斯堪達爾曾任喀什噶爾阿奇木伯克兼幫辦大臣，伊父邁瑪薩依特在喀什噶爾三品阿奇木伯克任內，在張格爾事件被殺殉職等世族勳勞，他也曾在輪值年班入覲之際，主動請纓願意前去平定鐵克庫里侵擾，文宗准諭阿克拉依都接任葉爾羌阿奇木伯克，於是吐魯番家族勢力又再次重返葉爾羌。[257]

---

[256] 《外紀檔》，文獻編號第 303000240 號，頁 52，咸豐三年正月二十二日，太子太保大學士管理兵部事務臣裕誠等奏。

[257] 《軍機處‧月摺包》，文獻編號第 088722 號，2780 箱，咸豐二年十二月十一日，布彥泰奏；《宮中檔咸豐朝奏摺》，文獻編號第 406003033 號，2709 箱，咸豐二年十二月十一日，布彥泰奏。

六、諭令或有功升補

　　伯克凡是補放之前已立有功績，如為撤退的官兵提供服務、平亂有功、修城、開墾及捐輸等事，由回疆參贊大臣等奏准功賞為遇有伯克缺出，儘先升用，或是諭賞品級，或是現任伯克得賞比現職更高一級的虛品頂戴者。當有適合缺出時，各城辦事大臣及回疆參贊大臣等對具有上述資格的應升應調者，多優先提擬，伯克相對地取得較強的競爭優勢。而現任伯克立有功績，除了可為自己累積未來晉升的競爭力，也可以請大臣上奏直接將功績轉賞給家族子弟，為子弟籌謀未來的升遷之機。

　　伯克平日表現優異者，經駐箚大臣奏報，皇帝大多賞緞、賞戴花翎或是升頂帶方式獎勵，如乾隆五十年（1785）九月喀什噶爾四品伊什罕伯克愛達爾，因辦理一切事務，勤勞可嘉，高宗賞給三品頂帶，以示獎勵。[258]這等於也預告未來有三品阿奇木伯克缺出，愛達爾已具有優先調陞的優勢。回人若由官員帶領追緝人犯有功，經大臣呈奏，無頂帶回人也可以因此得賞頂帶，如乾隆五十年（1786）回人邁瑪第敏因擊斃在逃之盜馬者，得高宗賞六品頂帶藍翎，他可因功晉升為伯克。[259]

　　乾隆四十一年（1776），軍機處議定，移駐各地回人於伊犁有六千戶，他們承種官地納糧，每年應繳官糧數較各回城多，然而伊犁與回疆各城有地理上的隔閡，伊犁伯克的升遷，不如回疆各城間具有流動之利。為了鼓勵伯克，特別訂立了獎勵措施，阿奇木伯克及伊什罕伯克表現勤勉者，不但有養廉銀及燕齊，更可

---

[258] 《大清高宗純（乾隆）皇帝實錄》，卷1239，頁22，乾隆五十年九月癸酉，諭旨。

[259] 《大清高宗純（乾隆）皇帝實錄》，卷1245，頁6，乾隆五十年十二月辛卯，又諭。

無庸另議地升調他城，其餘五品至七品伯克，可以陞其品級頂戴、增加燕齊外，還可依品級得賞緞疋，戴虛銜金頂玉資伯克，也可成為正式成為伯克，具有七品及加賞緞疋。[260]

在任的伯克，平日可依職位之便，額外再作服務，也可累積勞績或得獎賞。例如布古爾阿奇木伯克阿克博珂於烏什等撤退官兵必經之路，給予妥善的照料，所屬回人以平價出售用品，備以茶水及瓜果款待，高宗得知，即諭交軍機處記錄，在當次年班入覲時給予獎勵，對伯克具有直接正面的鼓舞作用。[261]

若伯克具有勇敢及謀略的表現，亦可得到獎賞。道光年間，和闐克里雅爾四品阿奇木伯克前已因功賞花翎，又不動聲色地設計將和闐糾人搶刧的塔瓦克等二十一名犯事者拏獲，宣宗以其能力賞給三品頂翎，實已具升任三品阿奇木伯克之優勢，只可惜他未及待有缺出，在兩年後病逝。[262]

伯克捐修所屬之城各項設施等，該管大臣亦可奏請嘉賞，如英吉沙爾四品阿奇伯克阿布都哈里因捐修英吉沙爾城濠溝、軍臺及卡倫等設施，帶領伯克們完成的各項工程，經駐箚大臣查無草率偷工減料情形，給予三品伯克酌量升用。其餘已升任他城的伯克亦賞換頂戴，已升補為和闐四品阿奇木伯克的前任英吉沙爾五品伊什罕伯克薩木薩克賞換三品頂戴，已升補為葉爾羌五品哈資伯克的前任英吉沙爾密喇普伯克愛孜斯賞換四品頂戴。[263]

---

[260] （清）托津等編纂，《欽定回疆則例》，卷3，頁18-19，收入天龍長城文化藝術公司編，《新疆史志》，第二部，冊11，頁231-234；（清）賽尚阿等修，《欽定回疆則例》，卷5，頁16-17。

[261] 中國第一歷史檔案館編，《乾隆朝滿文寄信檔譯編》，冊7，1073條，頁717，乾隆三十二年五月二十八日，奉上諭。

[262] 《嘉慶道光兩朝上諭檔》，冊37，頁357，941條，道光十二年七月十一日，內閣奉上諭；《外紀檔》，文獻編號第303000108號，頁93-94，道光十四年九月二十日，興德奏。

[263] 中國第一歷史檔案館編，《嘉慶道光兩朝上諭檔》，冊55，頁182，508條，

　　賞換升上一級的頂戴，可成為伯克下一次晉升機會的有利條件，如庫車五品商伯克因革缺出，回疆參贊大臣揀選諭准得以五品伯克即補之五品頂花翎的回人托胡塔擬為正，因為他已具有五品頂花翎，又已奉旨有五品伯克缺即補的資格，優於其他競爭者，因而與他競爭的葉爾羌所屬塔哈爾齊莊六品默提色普伯克邁瑪底里，只能被擬為陪。[264]

　　在任的伯克藉職務之便，帶領自己的子弟或親族晚輩一起參與事務而得賞頂戴，未來亦可坐補七品小伯克，也是常見之事，一來可訓練子弟任事能力，二來可累積功績，有益於未來升遷，維持家族傳承伯克管理階層的社會地位。例如乾隆六十年（1795）葉爾羌發生瘟疫，回人大多避居他處，河道淤塞，無人疏通，葉爾羌阿奇木伯克率領外甥托克托尼雜爾，招募了四百名回夫，挑挖清理渠道，且撥派六百頭驢，協助將伊犁所需的布匹棉花運解到伊犁，高宗賞給托克托尼雜爾七品頂戴，以嘉獎其功，並諭令待有小伯克缺出，即行坐補。[265]道光朝宣宗致力於屯田的推動，獎勵伯克開墾田地。道光二十九年（1849），和闐續墾阿提巴什地畝，成功地試種成熟，並順利生產納糧，增加了可耕地畝。宣宗諭旨鼓勵捐工出力的和闐三品阿奇木伯克阿里之子閒散回人土米，賞他六品頂帶及藍翎。[266]

　　若是回部王公家族者諭賞則更高，阿克蘇郡王家族未來的繼

道光三十年四月十九日，內閣奉上諭。

[264]《宮中檔咸豐朝奏摺》，文獻編號第 406010802 號，2714 箱，咸豐九年六月二十三日，裕瑞奏。

[265]《大清高宗純（乾隆）皇帝實錄》，卷 1496，頁 31-32，嘉慶二年閏六月丁巳，敕諭。

[266]中國第一歷史檔案館編，《嘉慶道光兩朝上諭檔》，冊 54，頁 564-565，1425 條，道光二十九年十二月初七日，內閣奉上諭。

承者頭等侍衛邁瑪特愛孜斯，隨其父阿布都爾滿辦差，在兩次軍
需供給及回務事件處理，其才能倍受宣宗賞識，諭示賞給三品阿
奇木伯克，留在葉爾羌就近當差，遇有相當缺出，即奏請補用。
正逢和闐三品阿奇木伯克伊斯瑪依爾（吐魯番郡王家族）新陞葉
爾羌三品阿奇木伯克，因和闐屬葉爾羌，所遺之缺，葉爾羌參贊
大臣長清認為符合宣宗就近當差的諭令，即奏請補授。[267]

　　道光年間，回疆遭逢前所未有的大規模入侵及長期的戰亂，
有白山派後裔、浩罕、布魯等的入侵事件，伯克在戰事中出力建
功，成為不同於乾嘉時期伯克晉升的有利條件。例如庫車三品阿
奇木伯克因病出缺，回疆參贊大臣德興以時任庫車四品伊什罕伯
克之邁瑪底敏，曾在張格爾事件中，隨營在阿克蘇出力，戰後又
監修喀什噶爾城與七里河等工程有功，而奉准遇有三品阿奇木伯
克儘先升用，其原籍是阿克蘇所屬拜城回人，也符合迴避本城原
則，於是德興為其奏請調補。[268]
　　喀什噶爾回人邁瑪第敏以空金頂資歷開始，於道光四年
（1824）補放為阿克蘇七品密喇布伯克。道光六年（1826），張
格爾入侵回疆，因在阿克蘇隨營出力，得賞戴六品頂戴。道光七
年（1827），隨大軍出卡，滾運糧食及緝捕侵擾者，揚威將軍長
齡保奏其賞戴五品頂藍翎。道光十年（1830），浩罕入侵時，又
隨伊父阿克蘇三品阿奇木伯克巴彥岱在阿克蘇維持回眾治安，奉
旨賞換花翎，有五品伯克缺儘先陞用，道光十三年（1833），又
因辦理英阿巴特等地開墾地畝出力，經庫車辦事大臣保奏，奉旨
賞五品頂翎。道光十四年（1834）五月初一日，庫車五品噶雜納

---

[267]《外紀檔》，文獻編號第 303000106 號，頁 51-52，道光十四年三月初六日，長
清奏。
[268]《外紀檔》，文獻編號第 303000113 號，頁 1-4，道光十五年七月初一日，興德
奏。

齊伯克缺出，即由回疆參贊大臣長清奏擬為正簡放。[269]一個月後宣宗即諭令其補授。[270]邁瑪第敏是因戰功，而具有五品頂翎及五品伯克缺陞用的資格，等於由七品伯克直接跳升為五品伯克。他雖有伯克父親巴彥岱帶領之利，卻也是許多道光朝因回疆戰亂建功及建設，由一般回人身份，轉陞成為回疆伯克統治階層的縮影。

　　道光十六年（1836），浩罕胡什伯克在卡外色呼庫勒地方滋事，葉爾羌三品阿奇木伯克伊斯瑪依爾隨即揀派回人偵探情報，安撫回人，嗣後又捐辦撫卹事宜，其子葉爾羌五品喇雅哈資伯克花翎阿布都瑪里克，賞為二等台吉，其他參與該處防守建功之伯克，亦得賞藍翎，或是賞換花翎，或賞給高於他現職伯克品級，成為他們未來升遷的優勢。[271]其中阿布都瑪里克後來被升補為喀什噶爾四品伊什罕伯克。[272]請見表 6-8 道光十六年（1836）浩罕入侵色呼庫勒伯克賞戴表。

表 6-8 道光十六年（1836）浩罕入侵色呼庫勒伯克賞戴表

職　稱　品　級	伯克品級	姓　名	賞　戴
葉爾羌喇雅哈資伯克	五	阿布都瑪里克	二等台吉
新升色呼庫勒阿奇木伯克藍翎	五	邁熱木	花翎
新升色呼庫勒伊什罕五品頂帶藍翎	六	阿瓦爾	花翎
新補商伯克五品軍功藍翎	六	吐爾阿沙	賞換四品頂帶
塔哈爾瑪莊伯克	七	卜巴什	賞戴五品頂花翎

[269]《軍機處・月摺包》，文獻編號第 068148 號及附件，2743 箱，道光十四年五月初一日，長清奏。

[270]中國第一歷史檔案館編，《嘉慶道光兩朝上諭檔》，冊 39，頁 204，637 條，道光十四年六月初二日，內閣奉上諭。

[271]中國第一歷史檔案館編，《嘉慶道光兩朝上諭檔》，冊 42，頁 238-239，885 條，道光十七年六月二十八日，軍機大臣字寄；中國第一歷史檔案館編，《嘉慶道光兩朝上諭檔》，冊 42，頁 454，1670 條，道光十七年十一月二十六日，內閣奉上諭。

[272]《宮中檔道光朝奏摺》，文獻編號第 405010648 號，2731 箱，道光二十七年七月二十二日，吉明奏。

色呀庫勒哈資伯克	七	圖拉普	賞戴六品頂藍翎
色呀庫勒密喇雜伯克	七	調連提邁買特	賞戴藍翎

資料來源：中國第一歷史檔案館編，《嘉慶道光兩朝上諭檔》，冊 42，頁 454，1670 條，道光十七年十一月二十六日，內閣奉上諭。

　　道光二十六年（1846）七月間，布魯特人入卡，喀什噶爾官兵及伯克合力作戰，宣宗諭令獎勵，其中包括參與作戰有功之伯克，曾因家族長輩在守護回疆作戰犧牲得賞世襲翎頂、額設金頂及閒散回人等，皆列名獎賞。喀什噶爾所屬塔什密里克莊阿奇木伯克世襲公爵花翎邁買特熱依木沙，原為五品，可依四品伯克儘先升用；世襲五品頂翎回人斯瑪依爾、六品頂翎回人胡達爾拜底，也可以依此品級有應升之缺時，儘先升用。[273]而各伯克或原無品級頂戴的閒散回人，也可以依此賞戴成為未來晉升伯克之途的資歷。其後於道光二十七年（1847）宣宗以捏孜爾升補伯什克勒莊五品阿奇木伯克一缺，玉斯圖阿爾圖什莊六品伯克由入則調補，皆與伯克於道光二十六年（1846）作戰有功相關。[274]額設金頂回子巴海於咸豐九年（1859）咨補為喀什噶爾七品明伯克，之後又以配合當時捐輸章程，爭取補放為喀什噶爾所屬塔斯渾莊五品密喇普伯克，皆是因功有在先，而得日後升補伯克的機會。[275]請見表 6-9 道光二十六年（1846）布魯特入侵喀什噶爾伯克及回眾賞戴表。

---

[273] 中國第一歷史檔案館編，《嘉慶道光兩朝上諭檔》，冊 51，頁 434-435，1398 條，道光二十六年十二月十四日，內閣奉上諭。

[274] 中國第一歷史檔案館編，《嘉慶道光兩朝上諭檔》，冊 52，頁 515，1469 條，道光二十七年十二月二十日，內閣奉上諭。

[275] 《軍機處・月摺包》，文獻編號第 095303 號，2742 箱，伯克履歷清單。

表 6-9 道光二十六年（1846）布魯特入侵喀什噶爾伯克及回眾賞戴表

職稱品級	伯克品級	姓名	賞戴
塔什密里克莊阿奇木伯克世襲公爵花翎	五	邁買特熱依木沙	依四品伯克儘先升用
藍翎巴吉格爾伯克	六	捏孜爾	花翎
察拉根莊明伯克	七	柰曼	藍翎
黑孜布依莊藍翎阿奇木伯克	五	阿比提	花翎
伯什克勒木莊藍翎密喇普伯克	六	孜爾	花翎
邁鐵爾伯克	六	入則	藍翎
額設金頂回子		巴海	藍翎
額設金頂回子		邁買底里	藍翎
額設金頂回子		愛里雅爾	藍翎
世襲頂翎回人	五	斯瑪依爾	以應升之缺儘先升用
頂翎回人	六	胡達爾拜底	以應升之缺儘先升用
吐魯番閒散回人		邁買特剴里木	六品頂翎
吐魯番閒散回人		柰曼	六品頂翎
吐魯番閒散回人		愛曼布魯特	六品頂翎
吐魯番閒散回人		波克托	六品頂翎
吐魯番閒散回人		拜庫瓦特	六品頂翎

資料來源：中國第一歷史檔案館編，《嘉慶道光兩朝上諭檔》，冊 51，頁 434-435，1398 條，道光二十六年十二月十四日，內閣奉上諭。

　　然而若是伯克所處之地較為特殊，或是虛銜空金頂回子建功者，有時也只升品級而暫不陞調。如道光二十七年（1847）布魯

特於上年入侵葉爾羌所屬色呼庫勒卡倫，該地五品阿奇木伯克卜巴什，立即會同本城派出的五品伯克伊斯瑪依勒等，帶兵緝捕多名人犯、牲畜和器械等，卜巴什之前已因軍功而獲賞花翎，回疆參贊大臣賽什雅泰勒考量色呼庫勒伯克缺，因其地理環境特殊，伯克陞補向來揀選該地之人，而五品阿奇木伯克又已是當地最高之位，因此請旨奏賞四品頂戴以示鼓勵。[276]道光二十七年（1847）七月間，白山派和卓後裔入侵喀什噶爾及英吉沙爾等地，戰火紛起，九月間葉爾羌大路不靖，相關軍需及議定辦理事務之奏摺，又不得稍有延誤，而空金頂回子入斯塔木、素皮二人在六天半內，由和闐及葉爾羌趕至阿克蘇送件，為表彰其功，宣宗降旨准賞給六品頂戴，並加賞戴藍翎。[277]同年（1847）十一月，亦有六品頂翎回人達烏塔、金頂回子烏普及閒散回人麥列克，在亂事未靖，道路梗塞時，變裝突圍傳送奏摺，烏塔賞奏五品頂翎，其餘二人賞戴藍翎，以示鼓勵。[278]

　　到了咸豐及同治年間，除了戰功外，捐輸成了必要之功，依累積次數及金額可得諭旨升補。例如阿克蘇所屬賽里木三品阿奇木伯克缺出，回疆參贊大臣擬奏所遺之缺，由累積勞績及數次捐輸較多，且已奉旨以三品阿奇木伯克儘先即補之烏什四品阿奇木伯克庫圖魯克陞補，文宗硃批依擬。[279]若是戰功與捐輸並濟者更佳，如喀什噶爾所屬罕愛里克莊五品阿奇木伯克缺出，奏請以庫

---

[276]《宮中檔道光朝奏摺》，文獻編號第 405010084 號，2731 箱，道光二十七年三月初三日，裕瑞奏。

[277]中國第一歷史檔案館編，《嘉慶道光兩朝上諭檔》，冊 52，頁 348，1043 條，道光二十七年九月十九日，奉上諭。

[278]中國第一歷史檔案館編，《嘉慶道光兩朝上諭檔》，冊 52，頁 471，1328 條，道光二十七年十一月二十五日，奉上諭；《嘉慶道光兩朝上諭檔》，冊 53，頁 60，205 條，道光二十八年二月二十一日，內閣奉上諭。

[279]《宮中檔咸豐朝奏摺》，文獻編號第 406010697 號，2714 箱，咸豐九年五月二十七日，賽什雅勒泰、吉明奏。

車回人那爾斯擬補，他在咸豐五年（1855）鐵完庫里入侵喀什噶爾時，曾打仗出力，得賞六品頂藍翎；咸豐八年（1858），監修喀什噶爾城工出力，經該城辦事大臣裕瑞保奏，奉旨得賞五品頂花翎，以七品伯克缺出即補；咸豐九年（1859），因捐軍餉，賞換四品頂，以五品伯克缺出儘先補用；咸豐十一年（1861）及同治元年（1862），因倭里罕入侵而打仗出力，分別賞換三品頂花翎，以四品伯克缺出即補，又再奉旨以三品伯克缺出儘先即補，同治三年（1864），他為爭取補放五品伯克之缺，報捐喀什噶爾軍餉一千兩。[280]那爾斯是典型沒有背景的回人，依靠戰功、捐輸及平日內政治理的表現，逐次爬升，在七年內得到三品頂戴者，而得以被提擬出任五品阿奇木伯克之缺。通常虛品頂戴高於實際出任的伯克品級，而虛品頂戴又成了伯克缺出時，有利的競爭條件，那爾斯既已奉旨以三品伯克儘先即補，此次卻僅有五品缺，回疆參贊大臣景廉為此也只奏擬一位，未如常例擬正陪二名，以符合儘先即補的諭令。

　　伯克捐輸有時是捐於缺出之際，有時捐於上任之後，以利於下一次晉升的條件。如喀什噶爾所屬西沙曼莊回人托胡塔，咸豐七年（1857），在張格爾之子倭里罕圍困喀什噶爾時，差委遞放奏摺有功，得賞藍翎，又因喀什噶爾軍營差委前往浩罕辦事奮勉出力，得軍務參贊大臣法福里保奏賞換五品頂花翎，以五品伯克儘先補用。托胡塔在咸豐八年（1858）成為喀什噶爾所屬塔什密里克莊五品阿奇木伯克，次年又捐輸軍餉，回疆參贊大臣保奏，奉旨賞加一級。咸豐十年（1860），即補為喀什噶爾所屬阿斯阿爾吐什莊四品阿奇木伯克，同年又捐輸了軍餉銀兩二次，由喀什

噶爾辦事大臣固慶保奏，奉旨賞換四品頂戴，同治元年（1862），又捐軍餉，奉旨賞換三品頂戴，於同治二年（1863）被單獨提擬為喀什噶爾四品伊什罕伯克。[281]

儘管咸同兩朝，曾有大臣感嘆伯克為升遷而捐輸，似乎暗示著伯克以現實利益為導向。但由檔案清單而觀，伯克未必是為了陞官而報捐，有的伯克甚至在升遷的競爭中，也未有任何捐輸。就現實面而言，大臣在上奏提擬正陪清單時，多將未捐者列為較不易脫穎而出的陪者，因此大臣的感嘆，倒不如說是大臣自己與制度推波助瀾的結果。換言之，施行捐輸章程的咸同兩朝，伯克的陞遷，捐輸成為必要且具決定性的條件，等於國家以體制賦予駐劄大臣有權名正言順地向伯克要錢，大臣更藉機多次、多層的剝削伯克，而這還不包括伯克在檯面下的付出，對伯克是個沈重的負擔，只得轉嫁於回人，國窮官貪，兵散民怨，實為咸同年間回疆弊端加劇之因。

第四節　伯克來源及升遷條件

一、封爵家族或伯克子弟

1.明文保障後繼子孫

凡具有回疆各城郡王、貝勒、貝子、公及高階伯克之家世者，通常較一般回人更有晉升伯克的優勢及機會，但仍多由品級較低

---

[281]《軍機處・月摺包》，文獻編號第 089342 號，2742 箱，同治二年四月二十六日，景廉奏；《軍機處・月摺包》，文獻編號第 089343 號，2742 箱，履歷清單。

的伯克職位開始歷練。在《欽定回疆則例》中規定，伯克年班可帶子弟二、三人，先得恩賞六品頂戴虛銜，若經該城駐箚大臣歷練五年，勤勉者可暫補為七品伯克，再經歷練，逐步晉升其他伯克之職。最初理藩院在嘉慶元年（1796）曾議定，各城年班朝覲之伯克等，郡王以下及四品以上伯克，可酌帶子弟二、三人隨行，但五品以下伯克就不得隨帶子弟。[282]理藩院直到嘉慶四年（1799）才議定全部放寬，自此參與年班入覲的伯克，不論品級，皆可隨帶子弟二、三人，返疆後經五年歷練及考核，凡是勤勉者，可依此補放為七品伯克，但重申賞戴六品虛銜的入覲子弟，不准越級直升為六品伯克。[283]道光年修撰的《欽定回疆則例》，配合當時已調整為五品伯克以上才可入覲的規定，修改為五品以上入覲者皆可隨帶子弟二、三位，其餘與嘉慶年所定相同。[284]在乾嘉時期除了國喪及萬壽聖節後一年暫停外，幾乎年年有伯克年班入覲，這樣的定例對伯克子弟深具獎勵與肯定之意。朝廷可藉機籠絡與培養政治管理階層的後繼者，讓原有可茲信賴的回部王公及現任伯克，持續為清廷固守疆土，家族既可延續其政治勢力及社會地位，也為家族後輩謀劃未來發展之路。而清廷堅持由最基層品級作起，並由該管大臣負責訓練，既可避免原有勢力，快速攀升擴展，又可增加辦事大臣等的幫手，作為未來拔擢的參考，也增進大臣與伯克的關係互動的機會，掌握了選才及任命權，可繼續施行以回治回的管理。不過，道光朝及咸豐朝伯克年班斷續，子弟倚賴入覲晉升為伯克的管道就不如往昔。

此外，嘉慶九年（1804），定立回疆西部重要三大城葉爾羌、

---

[282] （清）托津等編纂，《欽定回疆則例》，卷 2，頁 18，收入天龍長城文化藝術公司編，《新疆史志》，第二部，冊 11，頁 139-140。

[283] （清）托津等編纂，《欽定回疆則例》，卷 2，頁 19，收入天龍長城文化藝術公司編，《新疆史志》，第二部，冊 11，頁 141-142。

[284] （清）賽尚阿等修，《欽定回疆則例》，卷 4，頁 1-2。

喀什噶爾、阿克蘇三品阿奇木伯克缺出，駐箚大臣等需在應調者
清單載明伊等祖輩及父親勞績、世職及考語，道光年再加入封爵
資歷，移咨回疆參贊大臣彙總，請旨補放。[285]可被視為清廷對回
部王公出任三城阿奇木伯克的優先保障條例，祖輩世職及封爵是
一般伯克望塵莫及的先決條件，也顯示清廷對於回部王公家族的
倚重與信賴。

2.皇帝拔擢回部王公家族成員

　　高宗統治回疆初期，因功封賞了八位回部王公，分別為哈密
郡王玉素布（富）、吐魯番郡王額敏和卓、庫車貝子鄂對、烏什
輔國王公色提巴勒氏、拜城輔國公噶岱默特、烏什三等輕車都尉
薩里、阿克蘇郡王霍集斯、和闐輔國公和什克，後二者因不受信
任，直接藉兆惠凱旋及入覲名義帶回，封爵留京，其後裔在嘉慶
年以後，才被釋回，並出任伯克之職，除極少之例外，家族成員
出任的伯克品級多較其他各家族低。高宗為了分散各家勢力，採
易城封爵及易城出任伯克等方式，以保障清朝政權的穩固，也具
收籠絡各家之效。在乾隆朝統治初期，高宗曾提拔的回部各王公
親族，分散於各城擔任伯克，其中以吐魯番郡王家族最多，包括
回疆大城喀什噶爾、葉爾羌及北疆伊犁，橫跨南北兩疆及西部兩
大城，共十人次。其次是烏什輔國公阿克蘇阿奇木伯克色提巴勒
氏家族，包括色提巴勒氏四個兒子，其弟阿克伯克及三個兒子，
共計九個人次。[286]當時因英吉沙爾阿奇木伯克素勒坦伯克入覲，

[285]（清）托津等編纂，《欽定回疆則例》，卷2，頁20，收入天龍長城文化藝術
　　公司編，《新疆史志》，第二部，冊11，頁143-144；（清）賽尚阿等修，《欽
　　定回疆則例》，卷2，頁11。

[286]乾隆期回部各王公家族出任伯克情況及統計，是參考林恩顯及羅運治兩位學者
　　的研究成果，請見林恩顯，《清朝在新疆的漢回隔離政策》，頁90-94；羅運

色提巴勒氏前往署理英吉沙爾事務，接著又前往蘇牌租阿巴特辦
理阿奇木事務，阿克蘇阿奇木伯克之事務，則由其弟阿克伯克署
理，因辦事穩妥協調能力佳，高宗諭示回疆參贊大臣舒赫德若有
伊什罕伯克缺出，將阿克伯克酌量補用。[287]而家族成員在乾嘉時
期也陸續出任阿克蘇、葉爾羌、烏什、拜城等之伯克，有色提巴
勒氏長子邁瑪特阿卜都拉成為阿克蘇阿奇木伯克、三子岳廓卜為
烏什巴濟爾伯克、四子玉都什為阿克蘇巴濟爾伯克、五子邁瑪喇
衣木出任阿克蘇巴濟爾伯克；阿克伯克長子玉素卜為拜城阿奇木
伯克、次子玉努斯為葉爾羌四品伯克、三子厄則斯為葉爾羌五品
伯克。[288]庫車貝子鄂對家族子孫，也曾擔任喀什噶爾、葉爾羌、
阿克蘇及庫車等城三品阿奇木伯克之職，伊薩克因擒張格爾之
功，宣宗將其改封為郡王。家族子孫阿密特直至光緒朝伯克制度
廢止前，曾擔任喀什噶爾及和闐阿奇木伯克。[289]哈密及吐魯番郡
王初始雖受高宗信任，派駐西部兩大城，哈密郡王之弟阿布都拉
亦出任烏什三品阿奇木伯克，卻發生烏什事件，以至哈密家族未
再出任葉爾羌及喀什噶爾等重要大城的伯克。[290]

　　嘉慶朝仁宗開創了伊犁阿奇木伯克由吐魯番家族鄂羅木扎布
一系，成為父子相繼出任為阿奇木伯克的特例。高宗為了伊犁屯
田實邊之需，由回疆各城遷移回人至伊犁開墾，並設立伯克管理

治，《清高宗統治新疆政策的探討》，頁 184-188。

[287] （清）傅恒等，《平定準噶爾方略續編》，卷 8，頁 27，乾隆二十五年十二月
　　丁酉，諭軍機大臣，收入張羽新、趙曙青主編，《清朝治理新疆方略匯編》，
　　冊 6，頁 393。

[288] 林恩顯，《清朝在新疆的漢回隔離政策》，頁 90-94；羅運治，《清高宗統治新
　　疆政策的探討》，頁 184-188。

[289] 聶紅萍、王希隆，〈鄂對家族與清代新疆政治〉，《中國邊疆史研究》，第 13
　　卷第 2 期（2003 年 6 月），頁 44。

[290] 李晶，〈乾隆朝中亞政策研究〉，頁 210-211。

回人，首任阿奇木伯克是由額敏和卓之子木（茂）薩擔任，然他病故又無子嗣，高宗為了安慰額敏和卓，特將額敏和卓第三子鄂羅木扎布授為頭等台吉，補放為伊犁阿奇木伯克。[291]仁宗可能為因循乾隆朝對額敏家族的信賴，又不願讓鄂羅木咱布家系認為他們是伊犁阿奇木伯克的世襲家族，在鄂羅木咱布病故後，仁宗令伊犁將軍松筠另擬阿奇木伯克正陪名單，將受回人愛戴又熟稔屯田事務之密哩克咱特果素奏擬為正，仁宗再諭示擬陪密里克咱特補放，好讓該家族以為是仁宗格外加恩。[292]進而形成鄂羅木扎布的嫡長子接續成為阿奇木伯克父子傳承特殊之例，即密里克咱特、和什納扎特、哈里雅特、邁咱木雜特。而高宗曾諭阿奇木伯克及伊什罕伯克，皆是辦事之人，從無承襲之理；[293]也不願看到有如唐朝藩鎮割據的情況發生，仁宗雖是信任吐魯番額敏和卓家族，卻也成了打破高宗恐遭藩鎮割據顧忌的始作俑者。[294]吐魯番家族長期把持該地，造成恃權欺凌的情形，哈里雅特及其子邁咱木雜特皆因挾勢攤派各莊回人種官地、短發籽種、代納糧賦，將一百多名回人常年在家使喚，先後於咸豐四年（1854）及同治二年（1863）遭到革職。[295]顯見高宗的顧慮確有先見之明。而仁宗

---

[291]《大清高宗純（乾隆）皇帝實錄》，卷 768，頁 16，乾隆三十一年九月辛巳，諭。

[292]《大清仁宗睿（嘉慶）皇帝實錄》，卷 145，頁 6-7，嘉慶十年八月癸未，諭軍機大臣等；佐口透，〈清朝統治下的吐魯番〉，《世界民族》，1987 年第 4 期，頁 50-51、54。

[293]《大清高宗純（乾隆）皇帝實錄》，卷 1048，頁 15，乾隆五十七年十二月壬申，諭旨。

[294]此為葉爾羌阿奇木伯克鄂對病故，辦事大臣高樸建議以其子鄂斯璊接替，高宗的顧慮。中國第一歷史檔案館編，《乾隆朝滿文寄信檔譯編》，冊 9，1415 條，頁 547，乾隆三十五年八月初五日；苗普生，〈論清初維吾爾族地區伯克制度的改革〉，《清史研究通訊》，1988 年第 3 期，頁 30。

[295]《軍機處・月摺包》，文獻編號第 094771 號，2742 箱，同治二年十一月十五日，常清奏；《外紀檔》，文獻編號第 30300251 號，頁 131，咸豐四年七月二十八日，奕山、圖伽布奏。

諭令父子相繼的補放，對於其他城之吐魯番郡王伯克亦然，玉努斯在其父喀什噶爾阿奇木伯克吐魯番郡王伊斯堪達爾，於嘉慶十六年（1811）病故後，[296]仁宗將他從葉爾羌阿奇木伯克轉調於喀什噶爾阿奇木伯克。[297]形成父子死繼的另一實例，這也突顯清廷在八大家族中，對吐魯番家族獨有的深厚信任及負託。

3.回部王公豫保一子及轉賞

回部王公家族比照蒙古王公禮遇，可豫保一子，授職為台吉，成為未來承襲爵位者，為了訓練承繼者，他們通常在承襲前，已有出任伯克的機會。若其父具爵位又任職伯克，更可藉職務之便，將功賞轉給自己的兒子或是家族子弟，以利未來在伯克晉升路上平步青雲，既可傳承家族地位，也可擴展各方勢力的連結，當然未來發展的關鍵，終究在於該子弟本身的才能及機運。

道光八年（1828），噶岱默特家族拜城輔國公烏什阿奇木伯克木薩在張格爾事件中，搜拏入侵者有功，將功勞轉給其子邁瑪塔里普賞戴六品藍翎，同年木薩因差遣時身受重傷，與臨陣受傷無異，欽差大臣那彥成再次奏賞將功轉賞邁瑪塔里普為三等侍衛。道光十年（1830），安集延滋事，木薩因深悉布魯特情形，出兵得利，烏什辦事大臣常德奏准賞邁瑪塔里普為二等侍衛，遇有四或五品伯克缺出儘先補用，道光十二年（1832），由回疆參贊大臣璧昌奏准升補為庫車四品伊什罕伯克。[298]其後因庫車城工，於道光十六年（1836）由回疆參贊大臣奏調為烏什阿奇木伯

---

[296]《大清仁宗睿（嘉慶）皇帝實錄》，卷 241，頁 6，嘉慶十六年閏三月丁亥，遣乾清門行走回部郡王銜貝勒哈迪爾。

[297]李晶，〈乾隆朝中亞政策研究〉，頁 210-211。

[298]中國第一歷史檔案館編，《嘉慶道光兩朝上諭檔》，冊 37，頁 753，2088 條，道光十二年十二月十九日，內閣奉上諭。

克，並於道光十八年（1838）其父逝後，承襲公爵，後因修烏什渠道出力及捐麵，奏准賞戴花翎及遇三品阿奇木伯克缺出儘先補用，因而於道光二十八年（1848）由回疆參贊大臣吉明奏准升任庫車所屬沙雅爾三品阿奇木伯克。邁瑪塔里普一路藉由其父所建戰功，捐輸及王公家族之利，在十八年間位居三品阿奇木伯克。不過祖輩為其積功，本人亦需才能兼備，咸豐六年（1856），邁瑪塔里普終因人地不宜遭撤任，降調為四或五品伯克，於咸豐八年（1858）重新競爭烏什四品阿奇木伯克之位。[299]

道光年間，宣宗對於阿克蘇郡王家族曾任葉爾羌阿奇木伯克阿布都爾滿甚為欣賞，當其因病退休時，宣宗承諾照顧其子邁瑪愛孜斯，道光十四年（1834），因和闐三品阿奇木伯克新陞缺出，即以邁瑪愛孜斯補授。[300]而當道光二十二年（1842）邁瑪愛孜斯因病缺出，則由庫車郡王伊薩克子時任沙雅爾三品阿奇木伯克邁瑪特調補和闐三品阿奇木伯克。[301]由此可知，王公家族子弟確實較一般伯克更容易受到青睞，進而升任為各城三品阿奇木伯克之位。

4.非王公家族之現任伯克將功賞轉給子弟：

一般伯克也可以將自己所授的功賞，在回疆參贊大臣奏賞前，即呈請將功轉賞給兒子，以籌謀其子將來有較好的競爭之機。庫車三品阿奇木伯克胡達巴爾底在道光十三年（1833）因開墾蘇賴曼等處地畝中督辦出力，辦事大臣格保奏請胡達巴爾底之子玉

---

[299]《奏摺檔》，文獻編號第305000460號，頁77-78，咸豐八年二月，履歷清單。
[300]《外紀檔》，文獻編號第303000106號，頁51-52，道光十四年三月初六日，長清奏。
[301]《宮中檔道光朝奏摺》，文獻編號第405006140號，2710箱，道光二十二年六月二十二日，圖明額奏。

素普賞戴六品頂戴，次年又在捐銀督工修補城垣有功，玉素普又得到轉賞戴藍翎，於是在道光十五年（1835）被咨補為庫車七品都管伯克；道光二十一年（1841）咨調為庫車七品密圖瓦里伯克，此後玉素普憑藉自己之力，於開墾庫車托依伯爾底地畝有出色的表現，而得到伊犁將軍薩迎阿賞識，請旨賞換五品頂花翎，並以應陞六品伯克缺出，儘先陞用。[302]有的伯克在任期間，因守衛該莊戰死，其子承襲頂翎，也因而晉升為伯克。如喀什噶爾所屬罕愛里克莊五品阿奇木伯克阿普都瓦依特在道光十年（1830）安集延入侵被害，其子蘇皮益承襲五品頂花翎世襲罔替，道光十九年（1839），回疆參贊大臣恩特亨額咨補蘇皮益為英吉沙爾七品明伯克，道光二十五年（1845），因拏獲入侵的布魯特有功，奉旨以應陞缺出酌補，於道光二十八年（1848）成為英吉沙爾六品密喇普伯克。[303]皆是父子同心協力，為自己的未來及家族地位的傳承付出努力之例。

二、一般回人晉升伯克之道

1.受王公家族提攜或眾人推薦者

回部各王公家族成員是回疆社會的領導者，回人也跟隨他們做事展露頭角，發生亂事一起在營作戰及支援，建立戰功，受其提攜，增加晉升為伯克或是獲得升遷機會。如庫車回人阿布拉庫車四品伊什罕伯克，於道光六年（1826）張格爾事件中，跟隨沙爾雅阿奇木伯克伊薩克（固山貝子庫車鄂對家族）隨營在阿克蘇

302《軍機處‧月摺包》，文獻編號第 087092 號，2780 箱，咸豐二年十月二十日，德齡奏；《軍機處‧月摺包》，文獻編號第 087093 號，2780 箱，履歷清單。
303《軍機處‧月摺包》，文獻編號第 087093 號，2780 箱，履歷清單。

出力,經回疆參贊大臣長清奏准賞換三品頂戴;道光八年(1828),因辦理凱撤官兵的馬匹草料有功,賞換花翎,經回疆參贊大臣武隆阿奏調為喀什噶爾所屬牌租巴特莊四品阿奇木伯克;道光十一年(1831),又調為喀什噶爾四品商伯克。[304]伊薩克因擒獲張格爾有功,在道光七年(1827)至道光十年(1830)間,出任喀什噶爾阿奇木伯克,阿布拉一路的升遷及出任喀什噶爾伯克之職,應與伊薩克的影響力有關。

同樣的,庫車回人泰來巴哈依為沙雅爾七品密拉普伯克,於道光六年(1826)跟隨沙雅爾阿奇木伯克伊薩克在阿克蘇隨營出力,賞奏六品頂戴;道光八年(1828),辦理凱撤官兵馬匹草料,賞藍翎;次年咨補為庫車六品哈資伯克,道光十一年(1831),又奏補為庫車所屬沙雅爾五品噶雜納齊伯克;其後因監修庫車城工出力,奉旨以應陞之缺儘先升用,於道光十五年(1835)成為喀喇沙爾所屬庫爾勒四品伊什罕伯克。[305]

庫車回人伊斯瑪依勒由額設金頂,於道光六年(1826)跟隨沙雅爾阿奇木伯克伊薩克在阿克蘇軍營出力,賞六品頂戴,成為庫車七品都管伯克;道光十年(1830),又在軍營出力,以六品伯克升用;道光十三年(1833),因開墾蘇賴曼地畝監修渠道,以六品伯克儘先升用;於道光十七年(1837)咨補為沙雅爾六品哈資伯克,道光二十二年(1842),出任賽里木五品噶雜納齊伯克;[306]於咸豐八年(1858)阿克蘇四品伊什罕伯克缺出,再被提

---

[304]《軍機處‧月摺包》,文獻編號第 070529 號,2768 箱,道光十六年二月二十五日,興德奏;《軍機處‧月摺包》,文獻編號第 070529 號附件,2768 箱,履歷清單。

[305]《軍機處‧月摺包》,文獻編號第 069806 號,2768 箱,道光十五年十二月二十二日,興德奏;《軍機處‧月摺包》,文獻編號第 069806 號附件,2768 箱,履歷清單。

[306]中國第一歷史檔案館編,《嘉慶道光兩朝上諭檔》,冊 47,頁 252,1129 條,道光二十二年九月初四日,內閣奉上諭。

擬為正。[307]

　　還有庫車回人阿克伯克推估亦是跟隨時任沙雅爾阿奇木伯克的伊薩克，藉由戰功及伊薩克的影響，一路升遷。他本為沙雅爾六品哈資伯克，於道光七年（1827）因防守沙雅爾回城出力，道光八年（1828）又隨營在喀什噶爾出力，賞五品花翎，經回疆參贊大臣扎隆阿奏補為沙雅爾五品噶雜納齊伯克；道光十年（1830），軍興時覓僱車輛，奏准升為庫車五品噶雜納齊伯克。[308]道光十二年（1832），因開墾洋阿巴特出力，奉旨遇有四品伯克缺出儘先即補，道光十三年（1833），成為喀喇沙爾所屬庫爾勒四品伊什罕伯克；又於道光十五年（1835）被宣宗硃圈出任庫車所屬四品沙雅爾伊什罕伯克，其缺即由泰來巴喀依升補。[309]

　　阿布拉、泰來巴哈依、伊斯瑪依勒、阿克伯克四人皆是與伊薩克同為庫車回人，分別在伊薩克出任之不同城阿奇木伯克時，並肩作戰，或留下來出力，而得以受到提攜，並憑藉自己的努力，開展自己晉升之道，庫車郡王家族也透過同城異姓家族擴展實力。

　　同樣是與阿奇木伯克同鄉之同城伯克，也可能在升遷時受益。密爾哈色木為吐魯番回人，原為喀什噶爾五品噶雜納齊伯克，道光八年（1828），張格爾事件善後時，表現出色，由欽差大臣那彥成奏請賞戴花翎；道光十年（1830），安集延滋事，因守城有功，由揚威將軍奏補為喀什噶爾所屬牌素巴特莊四品阿奇木伯

[307] 《奏摺檔》，文獻編號第 305000460 號，頁 73-74，咸豐八年二月，履歷清單。
[308] 《外紀檔》，文獻編號第 303000076 號，頁 77-78，道光十一年十月初六日，璧昌奏；聯合報文化基金會國學文獻館，《清代起居注冊-道光朝》，冊 22，頁 013151-013152，道光十一年十月初六日甲申，又奉諭旨璧昌等奏。
[309] 《軍機處‧月摺包》，文獻編號第 069806 號，2768 箱，道光十五年十二月二十二日，興德奏；《軍機處‧月摺包》，文獻編號第 069806 號附件，2768 箱，履歷清單；中國第一歷史檔案館編，《嘉慶道光兩朝上諭檔》，冊 41，頁 29-30，105 條，道光十六年正月二十六日，內閣奉上諭。

克，道光十二年（1832），又由回疆參贊大臣璧昌奏調為喀什噶爾四品商伯克。[310]道光十六年（1836），喀什噶爾四品噶雜納齊伯克因病缺出，時任回疆參贊大臣興德以該缺是幫同阿奇木伯克辦理地方事務，徵收糧賦之責，非精明幹練者之人不能勝任，直接以查有喀什噶爾四品商伯克密爾哈色木老成練達，辦事實心之評語，獨列密爾哈色木履歷清單上奏，未如往例奏擬正陪名單，宣宗也在其清單上硃圈，以表同意，而奏請皇帝選擇正陪的名單，則是密爾哈色木所遺的商伯克之缺。[311]時任喀什噶爾阿奇木伯克正是密爾哈色木吐魯番同鄉額敏和卓孫作霍爾敦，阿奇木伯克管理該城伯克，因而具有人事的影響力。

同樣是受到吐魯番家族提攜的伯克伊布喇依木，咸豐九年（1859）五月間，因咸豐八年（1858）發生弊案，多位伯克遭到調查與革職，一時間合於資格調補者乏人，應補葉爾羌四品噶雜納齊伯克之五品伯克伊布喇依木為葉爾羌回人，與應迴避之定例稍有不符，葉爾羌參贊大臣即以時任葉爾羌三品阿奇木伯克吐魯番郡王家族的郡王阿克拉依都呈稱，該伯克熟悉地方情形之由，奏請以人地相需之例揀選補放。[312]

伯克升補亦有受到眾人愛戴，聯名推薦，再由回疆參贊大臣奏請補放者。咸豐十一年（1861），葉爾羌四品伊什罕伯克新陞缺出，庫車辦事大臣特克慎咨呈回務章京呈據庫車回眾、阿渾(訇)及依瑪木毛拉等聯名，懇稱庫車五品商伯克托胡塔辦理回人事

---

[310]中國第一歷史檔案館編，《嘉慶道光兩朝上諭檔》，冊 37，頁 753，2088 條，道光十二年十二月十九日，內閣奉上諭。

[311]《軍機處‧月摺包》，文獻編號第 071257 號，2768 箱，道光十六年四月二十八日，興德奏；《軍機處‧月摺包》，文獻編號第 071257 號附件，2768 箱，履歷清單。

[312]《外紀檔》，文獻編號第 303000285 號，頁 26-27，咸豐九年五月十一日，慶英奏。

件，均能服眾，對於回人土俗民情尤為熟悉，且在此前因籌措軍餉之需時，曾捐銀五十兩，無可獎敘，已報部註冊有四品伯克缺出即補在案，回疆參贊大臣因而為其奏報補授。[313]

可見伯克的提拔不一定是由上而下，畢竟駐箚大臣必須倚賴伯克系統管理各城，而各城的阿奇木伯克對於該管伯克最為熟悉，大臣除了自己的觀察，對於伯克人選，也多諮詢三品阿奇木伯克的建議，或以其之觀察作為背書，而伯克對回眾的服務口碑亦是最為直接，皆成為伯克升遷的影響因素。

2.建立勞績、戰功及配合政策

一般沒有封爵家族背景，父輩又非伯克之回人，可藉由監修城工、防衛回疆、打仗出力，或是配合開墾與採礦等政策，建立功蹟，駐箚大臣將其呈報成為金頂回子，或是他承襲了祖先金頂之缺再行立功，皆有機會成為最低階的七品伯克，得以逐步晉升。道光朝以下，回疆戰亂頻仍，守城出戰的勇氣至關重要，戰功成為伯克晉升的主要條件，一般回人可藉戰功逐步晉升，甚至可與回部王公家族一同競爭回疆最重要的阿克蘇、喀什噶爾及葉爾羌三城阿奇木伯克之位，開啟一般回人參與政治管理階層之道，也打破乾嘉時期以來，伯克多任用回部王公的情況，逐步轉向多元發展，影響深遠。

烏什回人烏舒爾在道光八年（1828）補送為額設金頂，次年即因辦理塔塔爾等處開墾地畝出力，由回疆參贊大臣扎隆阿奏請賞戴五品頂藍翎；道光十年（1830）安集延入侵，隨同官兵打仗出力，經回疆參贊大臣奏請賞換花翎，於道光十二年（1832）咨

---

[313] 《宮中檔咸豐朝奏摺》，文獻編號第 406014298 號，2714 箱，咸豐十一年四月初三日，英蘊奏。

補為哈爾哈里克莊六品明伯克，同年又因監修城工奏賞換四品頂
戴；道光十三年（1833），監修巴爾楚克城工出力，經葉爾羌參
贊大臣常清等保奏奉旨著以應陞之五品伯克陞用，宣宗即於履歷
清單上直接硃圈，由烏舒爾升補為葉爾羌五品克勒克雅拉克伯
克。[314]道光十七年（1837），事逢葉爾羌所屬鄂普爾莊五品密拉
普伯克邁瑪特呢雅斯因病缺出，烏舒爾被回疆參贊大臣以老成練
達，辦事可靠，直接調補。[315]道光二十二年（1842），葉爾羌四
品伊什罕伯克因病缺出，烏舒爾再度被晉升。[316]九年後，喀喇沙
爾所屬庫爾勒三品阿奇木伯克雅霍普病故，回疆參贊大臣提擬烏
舒爾為正，陪者是以三品伯克陞用之阿克蘇五品噶雜納齊伯克庫
車郡王家族的阿密特，兩人一同參與庫爾勒三品阿奇木伯克之
位，可見道光朝伯克升遷多元開放，回部王公家族已不再獨佔鰲
頭，一般回人亦有實力與回疆有功封爵的家族競爭。[317]

　　同樣是一般回疆平民的阿克蘇回人玉努斯，曾在道光八
（1828）年及十三年（1833）分別監修葉爾羌城工及巴爾楚克城
工；於道光十年（1830）至十一年（1831）安集延入侵新疆期間，
隨同官兵作戰及運送大營糧料，因而由額設金頂，升為具六品頂
戴，咨補為葉爾羌所屬哈爾哈里克莊六品密拉普伯克，後因戰功
賞戴藍翎，再得花翎，成為哈爾哈里克莊五品阿奇木伯克，於道
光十四年（1834）被宣宗硃圈調補，出任和闐所屬克里雅爾城四

[314]《軍機處‧月摺包》，文獻編號第 067646 號，2743 箱，道光十四年三月十三
　　日，長清奏；《軍機處‧月摺包》，文獻編號第 067464 號附件，2760 箱，履
　　歷清單。
[315]《宮中檔道光朝奏摺》，文獻編號第 405000617 號，2726 箱，道光十七年二月
　　二十七日，興德奏。
[316]中國第一歷史檔案館編，《嘉慶道光兩朝上諭檔》，冊 47，頁 184，833 條，
　　道光二十二年七月初四日，內閣奉上諭。
[317]《宮中檔咸豐朝奏摺》，文獻編號第 406000427 號，2709 箱，咸豐元年四月初
　　九日，德齡奏。

品阿奇木伯克之職。[318]這是一般回人由額設金頂之位，憑藉戰功及後勤支援等事，在六年間升任為和闐所屬之城的四品阿奇木伯克之例。

　　道光年以後，許多五至六品的伯克，皆因戰功而展露頭角。如喀什噶爾回人阿布拉在道光七年（1827）隨營出力，經揚威將軍長齡給予六品頂戴，道光八年（1828），咨補為葉爾羌六品莫提色普伯克；道光十年（1830），經回疆參贊大臣扎隆阿奏補葉爾羌五品克勒克雅拉克伯克，同年八月安集延入侵滋事，打仗出力，經回疆參贊大臣璧昌保奏藍翎；道光十三年（1833），喀什噶爾所屬牌素巴特莊四品阿奇木伯克缺出，阿布拉即以各次戰功升遷的資歷，被宣宗硃圈升補。[319]六年間，由六品小伯克，升為西部大城喀什噶爾所屬城莊的四品阿奇木伯克。

　　喀什噶爾回人邁瑪特也有相同的經歷，他於道光七年（1827）隨營在阿賴等處探信出力，經揚威將軍奏請賞換花翎，委署賽里木六品密拉普伯克事務，跟隨大軍出卡，拏獲張格爾又押送張格爾入京，奉旨賞換四品頂戴，出任喀什噶爾所屬阿斯阿爾圖什莊五品阿奇木伯克，道光九年（1829），又升補為和闐所屬塔克努拉莊四品阿奇木伯克；道光十年（1830），安集延入侵，邁瑪特守城有功，經揚威將軍長齡奏請加一級，於是在道光十四年（1834）被宣宗硃圈升補為和闐所屬克里雅爾四品阿奇木伯克。[320]七年間

---

[318] 《軍機處・月摺包》，文獻編號第 069251 號，2743 箱，道光十四年九月二十日，興德奏；《軍機處・月摺包》，文獻編號第 069251 號附件三，2743 箱，履歷清單。

[319] 《軍機處・月摺包》，文獻編號第 065069 號，2760 箱，道光十二年八月十二日，長清奏；《軍機處・月摺包》，文獻編號第 065078 號，2760 箱，履歷清單。

[320] 《軍機處・月摺包》，文獻編號第 069251 號，2743 箱，道光十四年九月二十日，興德奏；《軍機處・月摺包》，文獻編號第 069251 號附件三，2743 箱，

因戰事立功，及拏獲和卓後裔張格爾結束回疆多年侵擾等事，而
晉升為和闐所屬城村四品阿奇木伯克。

當然也有回人以戰功為主，一路晉升至三品阿奇木伯克。庫
車回人多列素皮原為沙雅爾五品噶雜納齊伯克，道光八年
（1828），受欽差大人那彥成賞識，奏准署理葉爾羌四品噶雜納
齊伯克，並於道光十年（1830）由回疆參贊大臣奏准實授，同年
八月安集延入侵滋擾，被派赴葉爾羌所屬奎里鐵里木莊防禦打
仗，帶傷落馬被俘至喀什噶爾監禁，逃回葉爾羌經辦事大臣璧昌
訊明確無跟從入侵者，准坐補原缺；道光十一年（1831），因辦
送喀什噶爾大營糧料出力，得賞花翎，其後升為庫車四品伊什罕
伯克，在道光十六年（1836）被宣宗挑選為喀喇沙爾所屬布古爾
三品阿奇木伯克。[321]多列素皮於六年時間，因戰功由五品升為三
品阿奇木伯克。

喀什噶爾回人胡達巴爾底也是倚靠戰功，由空金頂升為三品
阿奇木伯克的典型之例。道光七年（1827），張格爾事件在軍營
出力，由揚威將軍長齡給予空金頂，隨大軍拏獲張格爾賞戴六品
藍頂，道光二十六年（1846），七和卓事件時，他在喀什噶爾作
戰，拏獲入侵者；道光二十七年（1847），咨補為喀什噶爾七品
明伯克，道光二十八年（1846），再咨補為喀什噶爾罕愛里克莊
六品密喇布伯克；咸豐元年（1851），回疆參贊大臣德齡奏調烏
帕勒莊六品阿奇木伯克，咸豐二年（1852），鐵完庫里侵擾喀什
噶爾及烏什等地，胡達巴爾底打仗出力，由伊犁將軍奕山奏賞給

履歷清單。
[321] 《軍機處・月摺包》，文獻編號第 072317 號，2768 箱，道光十六年七月十九
日，興德奏；《軍機處・月摺包》，文獻編號第 072317 號附件，2768 箱，履
歷清單；中國第一歷史檔案館編，《嘉慶道光兩朝上諭檔》，冊 41，頁 360，
1259 條，道光道光十六年八月二十二日，內閣奉上諭。

軍功加一級；咸豐五年（1855），回疆參贊大臣常清奏補他為英吉沙爾五品伊什罕伯克，咸豐六年（1856），又再奏補為英吉沙爾四品阿奇木伯克，咸豐七年（1857），再由常清奏調為阿克蘇所屬賽里木四品伊什罕伯克，咸豐九年（1859）由回疆參贊大臣慶英奏調為葉爾羌四品伊什罕伯克，咸豐十年（1860），再經回疆參贊大臣裕瑞奏補為阿克蘇所屬賽里木三品阿奇木伯克。[322]三十三年間，以戰功受揚威將軍長齡、伊犁將軍奕山及歷任回疆參贊大臣德齡、常清、慶英及裕瑞四位的賞識，由空金頂至三品阿奇木伯克實屬不易，咸豐五年（1855）至十年（1860）間，年年升遷，一再打破需三年任滿之例。後來雖受前任回疆參贊大臣英蘊私徵鹽課案影響而降二級，但回疆參贊大臣景廉為他提出簡放葉爾羌五品伯克時，仍給予其為人敬謹，當差奮勉的考評，又得到下一任的回疆參贊大臣武隆額為他作保，應是位既有膽識又具人緣者。[323]

　　而在同件奏摺補放為葉爾羌及阿克蘇五品伯克擬定正陪的十七名伯克履歷清單內，也有多位是在道光及咸豐年間，未有任何回部王公家族背景的回人，倚靠戰功而成為伯克，包括素皮呢雅斯、伊斯堪達爾、瓦哈普、阿布都薩依特、吐底、庫爾班、阿布都希里普、哈底爾、托胡呢雅斯、蘇皮、霍加拉克等人；其中托胡呢雅斯承襲伊父邁瑪底敏所遺五品頂花翎世職，咸豐七年（1857），又隨兵打仗建立自己的軍功。[324]可見陣亡之伯克遺屬，無畏於戰爭，仍為守衛家園而努力。

---

[322]《軍機處‧月摺包》，文獻編號第 089344 號，2742 箱，同治二年四月二十六日，景廉奏；《軍機處‧月摺包》，文獻編號第 089345 號，2742 箱，履歷清單；翦伯贊主編，《中外歷史年表》（北京：中華書局，1985 年），頁 804。

[323]魏秀梅，《清季職官表》，頁 784；《軍機處‧月摺包》，文獻編號第 089345 號，2742 箱，履歷清單。

[324]《軍機處‧月摺包》，文獻編號第 089345 號，2742 箱，履歷清單。

3.遺族承襲世職頂翎

道光初年，張格爾事件發生，清朝經歷統治回疆以來，前所未有的長時間及大規模戰亂，一般回人凡是守城作戰，或後勤支援上具有出色的表現，多可得到賞識，諭令獎勵，晉升為伯克。至於因守衛回疆而殉難的回人及伯克，道光朝修撰之《欽定回疆則例》內，明定賞給回人遺族世職，承襲者可以免於賦稅外，遇伯克有缺出，該城辦事大臣等可擇其為人明白、可靠，具有才能者，與其他具有資格的伯克應陞，一體酌量補用。[325]殉難回人的子弟自此也擁有了出任伯克的權益，顯現宣宗重視伯克忠貞之心。回疆各城繼承品級翎頂的世職，是指原具有五、六、七品伯克陣亡，所遺子嗣可兼襲五品頂花翎世職。[326]若是未具伯克職之回人，因戰身死有功，則賞金頂，若承襲之子嗣太小，未便承襲，也可由其兄承襲，皆是清廷照顧遺孤，以期福澤子孫之意。

鄂斯滿沙之父土魯孫，因拏獲入侵之雅霍普而被玉努斯戕害，鄂斯滿沙押送雅霍普赴阿克蘇大營，又被派往喀什噶爾運送勒鞋出力，由揚威將軍長齡給予六品頂藍翎；道光八年（1828），由欽差大臣那彥成奉旨賞給金頂世襲，是回人因戰殉難，清廷賞給子嗣金頂世襲之例。[327]

若具有世職身份者，發生病故或身亡時，即啟動承襲奏報的程序。由該城三品阿奇木伯克負責呈報如該城辦事大臣或領隊大

---

[325]（清）賽尚阿等修，《欽定回疆則例》，卷7，頁8。

[326]《宮中檔咸豐朝奏摺》，文獻編號第 406012312 號，2714 箱，咸豐十年四月十二日，裕瑞、英蘊奏。

[327]《軍機處‧月摺包》，文獻編號第 096126 號，2742 箱，同治三年二月二十一日，奎棟奏；《軍機處‧月摺包》，文獻編號第 096127 號，2743 箱，清單。

臣，查明應襲子弟姓名造具印冊，咨送回疆參贊大臣驗明承襲者，再將其姓名等繕具清單奏報及咨呈理藩院查照。[328]毛拉呢雅斯原為喀什噶爾七品明伯克，在道光十年（1830）安集延入侵時遇害，由揚威將軍長齡具奏奉旨賞伊孫托胡達五品頂翎世襲罔替，托胡達因病身故，因無子嗣，由胞叔巴海承襲；同件奏摺尚有阿布都拉原為喀什噶爾金頂回子，道光六年（1826），被害身亡，由其子阿巴斯承襲，阿巴斯病故，其子僅三歲，改由其兄阿布拉滿承襲。[329]世職承襲也可由現任伯克繼承，如喀什噶爾被害之素皮尼雅孜，五品頂翎世職，由現任六品密拉普伯克阿渾承襲，阿瓦克孜五品頂翎世職，由六品哈資伯克依布拉依木承襲。[330]

這樣的承襲資格，也可以增加升遷伯克的機會。喀什噶爾回人密喇愛拜都拉其父生前為五品伊什罕伯克阿布都爾雜克，在道光十年（1830）因安集延滋事被害，經回疆參贊大臣札隆阿給予六品頂戴，道光十二年（1832），密喇愛拜都拉咨補為伯什克呼木莊六品明伯克，並以此資歷於道光二十五年（1845）葉爾羌牌斯鉛莊五品密喇普伯克被擬為正，得宣宗圈選出任，而相對於擬陪者，為隨兄年班入京得六品虛銜頂戴之阿布拉什，品級雖同，其功相差甚遠。[331]

---

[328] 《宮中檔道光朝奏摺》，文獻編號第 405003001 號，2726 箱，道光十九年六月十三日，恩特亨額奏；《宮中檔咸豐朝奏摺》，文獻編號第 406000830 號，2709 箱，咸豐元年七月初六日，德齡奏。

[329] 《軍機處・月摺包》，文獻編號第 067645 號，2743 箱，道光十四年四月十四日，長清奏；《軍機處・月摺包》，文獻編號第 067645 號附件，2743 箱，履歷清單。

[330] 中國第一歷史檔案館編，《嘉慶道光兩朝上諭檔》，冊 38，頁 51，123 條，道光十三年正月二十七日，內閣奉上諭。

[331] 《軍機處・月摺包》，文獻編號第 075968 號，2752 箱，道光二十五年十一月初二日，麟魁奏；《軍機處・月摺包》，文獻編號第 075972 號，2752 箱，履歷清單。

另一種則是多管齊下地努力，既承襲家人的世職，加上自己建立戰功、開墾、配合政策及捐款，貢獻良多，因而不斷地晉升伯克位階。如和闐回人愛孜木沙在道光二十二年（1842）以額設金頂，咨補為克里雅勒莊七品明伯克，此後四至五年間，先後調為哈喇哈什莊七品明伯克及七品帕提沙普伯克；道光二十八年（1848）配合宣宗開發農地的政策，在開墾達瓦克地畝之事上出力，又捐備籽種，而得賞藍翎，兩年後因而咨補為克里雅勒莊六品哈資伯克。咸豐元年（1851），伊兄伊薩克病故，他承襲了五品頂花翎世職；咸豐七年（1857），倭里罕入侵滋事時，他在阿哈雅爾等處打仗與探信出力，得和闐辦事大臣培成保奏，奉旨以五品伯克缺出儘先升用；愛孜木沙在咸豐八年（1858）配合文宗礦產開採政策，於金廠出力，又得培成保奏賞換四品頂戴，同年由回疆參贊大臣慶英奏補為和闐五品商伯克。同治三年（1864），因具有被提名為和闐四品伊什罕伯克的資格，配合咸同兩朝捐輸章程，報捐葉爾羌軍餉銀一千五百兩，被擬為正。由於其為和闐回人，與應迴避章程未符合，回疆參贊大臣景廉為此引據咸豐七年（1857）辦理善後案內，准許四五品伯克若本城人員有妥幹者仍當開用，以洽輿情，並查列過去本城者升任本城伯克辦理在案的記錄，列舉道光十五年（1835）喀什噶爾四品伊什罕伯克由喀什噶爾回人阿布都哈里克調補，以及咸豐十年（1860）葉爾羌四品伊什罕伯克由葉爾羌回人呢雅斯調補奉旨允准之案，為其奏請補放的適當性，提出可茲依循的前例。[332]這些經歷可以看到愛孜木沙為自己前途，承繼家族榮耀，及為地方開墾及守護家園而努力的付出。

---

[332] 《軍機處・月摺包》，文獻編號第 095298 號，2742 箱，同治三年三月二十七日，景廉奏；《軍機處・月摺包》，文獻編號第 095299 號，2742 箱，履歷清單。

三、咸同年間捐輸為先

咸豐年間，伯克升遷大多仍依循道光朝的規定。[333]咸豐七年
（1857）以後，大臣遇伯克任用本城人選時，也多引用倭里罕入
侵回疆善後案內，奏准四五品伯克如本城人員內，有妥幹者，仍
當間用，以洽輿情之例。[334]使得伯克補放迴避原則更有彈性，也
更為放寬。另一項重要的政策，則是咸豐七年（1857）捐輸章程
的施行，從此伯克遇缺，凡參與角逐補放者，需適時捐輸銀兩，
不但可以取得競爭優勢被擬為正，甚至在奏報期間，即可先行署
理該職位，而原有因事已署理之伯克，亦可捐輸，得到奏補的機
會，即使是本城需要迴避之伯克，回疆參贊大臣也將引用善後案
例免予迴避。由此而觀，咸豐朝伯克升遷捐輸成為重要的必備條
件，就連佔有優勢的回部王公家族子弟要晉升，也不例外。

咸豐六年（1856），事逢烏什五品伊什罕伯克魯則依因病辭
退，烏什貝子品級輔國公邁瑪特愛薩（色提巴勒氏後裔）即由葉
爾羌所屬和爾罕村六品明伯克順利晉升。[335]在任職伊什罕伯克期
間，曾因回疆經費支絀，捐輸接濟兵丁鹽菜，因而奉旨遇有南路
各城四品阿奇木伯克缺出，儘先即補；咸豐九年（1859），烏什
四品阿奇木伯克因新陞缺出，邁瑪特愛薩即以此捐輸記錄，再加
上咸豐七年（1857）倭里罕入侵時，署理烏什四品阿奇木伯克的
表現，受回疆參贊大臣裕瑞及烏什大臣保恆等人所保，以人地相

---

[333] （清）賽尚阿等修，《欽定回疆則例》，卷 7，頁 1；《宮中檔咸豐朝奏摺》，
文獻編號第 406000142 號，2709 箱，咸豐元年二月初八日，德齡奏。

[334] 《宮中檔咸豐朝奏摺》，文獻編號第 406014799 號，2714 箱，咸豐十一年九月
二十九日，英蘊奏。

[335] 《宮中檔咸豐朝奏摺》，文獻編號第 406008008 號，2779 箱，咸豐六年四月十
五日，常清奏。

宜等為由，奏請簡放。[336]這是回部王公在自己封爵之地，晉升為四品本城阿奇木伯克，而阿奇木伯克應迴避本城的原則，也以人地相宜之由豁免，這是回部王公家族身份，再加上捐輸後，彈性任職之例。

阿克蘇所屬賽里木三品阿奇木伯克因新陞為喀什噶爾阿奇木伯克出缺，回疆參贊大臣裕瑞咨調各城合例應陞者，葉爾羌四品伊什罕伯克胡達巴爾底為此捐輸銀二千五百兩，作為葉爾羌軍餉，因而被擬為正選，且裕瑞已先行奏請委由胡達巴爾底署理葉爾羌三品阿奇木伯克事務；合例應陞的對手之庫車四品伊什罕伯克呢雅斯，則未捐輸被擬為陪。同摺奏補另有喀喇沙爾所屬布古爾三品阿奇木伯克因病出缺，喀什噶爾四品商伯克岳霍普捐助喀什噶爾軍餉錢一千二百串，被提擬為正選，且裕瑞擔心委請其他伯克署理日久造成曠職情形，因而令其先行前往布古爾執行三品阿奇木伯克之職，而未捐輸的庫車所屬沙雅爾四品伊什罕伯克托胡達，則被擬為陪。其餘尚有喀什噶爾所屬阿斯圖阿爾吐什莊四品阿奇木伯克密克愛拜都拉因人地不宜撤任，回疆參贊大臣裕瑞以該地處極邊之位，毗連卡倫，貿易往來，不時需要彈壓緝捕，必是精明能幹之人才可勝任，而署理者塔什密里七莊五品阿奇木伯克托胡塔，為人精敏辦事委靠，又報捐普爾錢一千串文，但為當地之人與迴避原則相抵觸，因而引用咸豐七年（1857）善後案內，准喀什噶爾四五品伯克如本城人員，有妥幹者，仍當間用，以洽輿情之由，奏報陞補。[337]

上例中，岳霍普順利升任為布古爾三品阿奇木伯克後，其所

---

[336] 《宮中檔咸豐朝奏摺》，文獻編號第 406011038 號，2714 箱，咸豐九年八月十六日，裕瑞奏；《外紀檔》，文獻編號第 303000287 號，頁 145-146，咸豐九年九月二十四日，裕瑞奏。

[337] 《宮中檔咸豐朝奏摺》，文獻編號第 406012036 號，2714 箱，咸豐十年三月十六日，裕瑞、英蘊奏。

遺喀什噶爾四品商伯克之缺，需由下一品級伯克升補，捐輸情形自然繼續往下延伸。此缺由喀什噶爾所屬察拉根莊五品阿奇木伯克捏孜爾被擬為正，他捐輸喀什噶爾軍餉錢八百串文，但他是喀什噶爾回人與定例不符，需要迴避，喀什噶爾辦事大臣奎英則以其人誠實，辦事勤慎又捐助軍餉為由，仍將他擬為正選，奏請補放。[338]捏孜爾順利晉升後，所遺之喀什噶爾所屬察拉根莊五品阿奇木伯克，喀什噶爾辦事大臣奎英以該缺有徵收糧食，彈壓回眾之責，若非熟悉地方回情者，不足以鎮撫，而本城的六品都管伯克愛密爾係為喀什噶爾所屬霍爾罕莊回人，與定例稍不符合，但因要缺需人，而其為人小心辦事，熟悉該地，又捐報普爾錢八百串，以繼軍糈，於是奏報補放愛密爾，照例回疆參贊大臣英蘊在奏摺需提擬正陪二人，但該摺並未提擬陪者。[339]咸豐十一年（1861）九月，有阿克蘇五品商伯克新陞之缺，由葉爾羌坡斯坎木莊五品伯克邁瑪底敏調任；所遺之缺擬正者為葉爾羌所屬玉拉里克莊六品伯克素皮益，由於正陪二人皆為本城之人，與例稍有不符，但素皮益捐銀五百兩，另一位捐銀四百兩，故擬為陪。而阿克蘇五品噶雜納齊伯克因受參革缺出，由喀什噶爾所屬霍爾罕莊六品密喇普伯克阿克毛拉擬正，他也捐助軍餉五百兩。[340]

　　由檔案內容可知，凡是捐輸「相當」銀兩的伯克，回疆參贊大臣即可在奏請補放時，將其列為正選，甚至履歷清單僅列他一人，未有擬陪者；若有二人相競爭，捐輸較多的伯克被擬為正，較少或未捐輸者皆為列為陪。捐輸銀兩較多擬正者，回疆參贊大

[338]《宮中檔咸豐朝奏摺》，文獻編號第 406013801 號，2714 箱，咸豐十年十二月二十四日，英蘊奏。
[339]《宮中檔咸豐朝奏摺》，文獻編號第 406014635 號，2714 箱，咸豐十一年六月二十一日，英蘊奏。
[340]《宮中檔咸豐朝奏摺》，文獻編號第 406014799 號，2714 箱，咸豐十一年九月二十九日，英蘊奏。

臣為其上奏先行前往署理該職，形同在補放諭准前，已先就任。伯克若與迴避原則相抵觸，回疆參贊大臣也將為他找到不必迴避的理由。足見伯克在咸豐朝捐輸已是為自己爭取升遷的首要條件。

　　從上述各例就捐輸銀兩而言，可看見三個層面：一是伯克因城大小及職位，而有捐輸銀兩多寡的差別。同為東部本城三品阿奇木伯克，賽里木三品阿奇木伯克的行情價高於布古爾三品阿奇木伯克兩倍，就捐輸銀兩獎敘章程的標準，兩人所捐已是伯克最高價，並足以請旨賞翎枝。大城喀什噶爾所屬城村的四品阿奇木伯克是各城伯克捐輸加級最高的五級標準一千兩，喀什噶爾本城重要的四品商伯克及所屬之城莊五品伯克，則為加四級的八百兩。而葉爾羌四品伊什罕伯克胡達巴爾底直接以高於阿奇木伯克的標準（二千四百兩）之姿，報捐了二千五百兩。[341]

　　二是一個高階伯克的缺出遺補，清廷國庫即有源源的進帳，可解新疆協餉不足的窘困。單是布古爾三品伯克缺出，檔案中可看到牽動四至六品伯克的升遷，國庫因此陸續進帳二千八百兩，一個四品伯克缺有一千兩，若是正陪者都捐輸，五品兩位相競下，國庫也有九百兩入帳。這是尚且是需要奏補的五品以上伯克缺出，檯面上繳庫的銀兩，而奏摺中極盡適才適地之言，則可以想見伯克對各城辦事大臣至回疆參贊大臣檯面下打理的銀兩，恐怕已不可勝數，更何況六至七品伯克是各辦事大臣直接決定的，伯克捐輸銀兩是入庫於公或於私？而回疆參贊大臣為何對胡達巴爾底、岳霍普二人，回以署理上任之禮？因為回疆參贊大臣每歲的養廉銀為二千兩，在官兵協餉欠缺的時期，胡達巴爾底的捐輸，可讓回疆參贊大臣當歲的養廉銀立刻有了著落，八百兩也足以支付喀什噶爾領隊大臣一年的養廉銀。可是相對於駐箚大臣，胡達

---

[341] 陳炳光/蒙藏委員會編譯室校訂，《清代邊政通考》，頁 276-277。

扎爾底擔任葉爾羌伊什罕伯克每歲為養廉銀三百兩，與回疆參贊
大臣養廉銀相差近七倍，雖然他有帕特瑪地畝，尚可賣糧換銀，
但他得全家不吃不喝攢下近九年的養廉銀才可支付。[342]然而如果
朝廷當時連歲支官兵餉銀都已不繼，支付伯克養廉銀兩地方稅
收，是否能如前支付給伯克，而不被駐箚大臣以公務支出為名挪
為他用？那麼轉嫁於回眾，是伯克或者是大臣及國家制度一起共
謀所致，僅言伯克苛索回人，伯克承擔實在太沈重。

　　三是中央與地方的權力抗衡：回疆參贊大臣在伯克升遷補放
奏摺，有時因伯克捐輸之故，僅列捐輸者清單，而未依例提擬陪
者，等於大臣已為皇帝作了決定。表面上，皇帝對伯克補放雖最
後的決定權，但選擇卻很有限。這雖有制度上的權宜及彈性，奏
摺也皆言伯克是情願捐助軍餉。但大臣有勸捐之責，國庫既欠新
疆餉銀，各省協餉又缺如不繼，大臣在伯克制度設計上，有權決
定六七品伯克升遷，又掌控五品以上提名權。如今國庫的挹注及
新疆財政收入，也握於各城辦事大臣及回疆參贊大臣等極少數人
之手，皇帝的威權，恐怕也所剩無幾，而文宗已為各省內外紛沓
而來的亂事煩擾，對伯克升遷又能垂顧幾分，皇帝對伯克補放之
權，有時也由選擇權轉降為僅有同意權。各城財務不繼，駐箚大
臣挾權，以國家捐輸制度之名，對伯克檯面上下的多重需索，肆
無忌憚。迴避的立意原是避免伯克因熟悉該地而利於苛索，而大
臣不斷引用免於迴避之例，也正說明換了陌生的伯克，亦不利於
大臣的苛索嗎？然而伯克的錢又從那裡？伯克可以選擇不捐輸，
但事實就是等於放棄了再升遷之機。伯克要升遷，需捐輸，是國
家窮苦所致，又豈是伯克之過？就大臣而言，官兵、家人嗷嗷待

---

[342] （清）容慕安輯，《那文毅公籌畫回疆善後事宜奏議》，卷 74，頁 15-16，道
光八年正月二十五日，奉上諭。張羽新、趙曙青主編，《清朝治理新疆方略匯
編》，冊 10，頁 227；穆淵，《清代新疆貨幣史》（烏魯木齊：新疆大學出版
社，1994 年），頁 73-74。

哺，行政運作，建設防禦皆需用度，道德操守、責任、生存，孰重孰輕？

第五節　伯克任期

一、伯克任期原則

　　新疆的各城駐箚大臣的任期，在乾隆朝平定新疆初期，大臣常因路遙，遠離京師權力核心，再加上所有建設才剛起步，大臣派駐後常以請安摺等方式，意圖提醒高宗，希望可以調回京師，高宗因而立下需任滿三年，再行奏請更換的原則，有時甚至直言多駐個一兩年，也是情理之常，這是高宗對於大臣的訓練等第，先有邊疆經驗，回任中央更可議定適切政策，到了乾隆四十一年（1776）變得較為制度化，高宗諭令在外已滿三年者，吏部需以查奏。[343]

　　至於伯克應陞之人必須在該職俸滿三年，各城辦事大臣及回疆參贊大臣才可奏請升補的規定，則是那彥成等在張格爾事件善後檢討所提，道光八年（1828）七月宣宗諭准，定立補放人員需在原有職位上歷俸滿三年。[344]然道光八年（1828）九月因張格爾事件後，伯克陣亡、逃離及增移改駐情況甚多，伯克需求大增，回疆西四城三至五品伯克，一時間即有四十六缺需要升補，為防

---

[343] 《大清高宗純（乾隆）皇帝實錄》，卷 667，頁 1-2，乾隆二十七年七月丁丑，諭軍機大臣等，此卷因臺灣華文書局刊載有誤，參考《清實錄》（北京：中華書局，1986 年），冊 17，頁 454-455；《大清高宗純（乾隆）皇帝實錄》，卷 1018，頁 9-10，乾隆四十一年十月甲辰，諭旨。
[344] 《大清宣宗成（道光）皇帝實錄》，卷 138，頁 9-12，道光八年七月辛丑，又諭。

弊端，欽差大臣那彥成奏准伯克升補，先責成各城大臣隨時照看，辦公是否廉潔，俟一年後，出具考核評語，咨送回疆參贊大臣，再行奏請實授。[345]這是因應戰後一時間大量伯克缺出，現有伯克已不敷調派，無法執行俸滿三年的規定，而改採伯克上任後一年，由大臣查覈，出具考語上奏，以決定該伯克是否足以勝任，才進行實授，是為彈性的作法，不過三年歷滿的規定，也未必盡能符合回疆各城平日實際情形及戰爭需求。[346]於是道光九年（1829）七月為戰後需補授人員甚多之故，就不必拘定任滿三年，可以採行彈性處理。[347]至於平日一般情形下，任滿三年的原則，有時也被提及，尤其是不符此原則時，大臣在奏摺上會加以說明，資歷雖未達三年，與請升之例稍有不合，但因為熟悉地方，符合要缺之需的條件而奏請簡放。[348]就檔案上的伯克升遷實例而觀，決定升遷條件有家世背景、經歷、貢獻，道光朝較重戰功，咸豐朝重捐輸，及缺出職位品級。條件有利者，年年升遷，也有伯克一任十多年未調動，因此任滿三年只是聊備一格的原則，而非決定升遷的必要條件。

二、伯克的試署與實授

清朝在部分特殊時期，對於補授的伯克採取試署及實授兩階段。各城之駐箚大臣及總理回疆參贊大臣具有上奏適任人選之權，也有監督伯克之責。尤其是戰後大量增補伯克，或是咸豐朝

---

[345] 《大清宣宗成（道光）皇帝實錄》，卷143，頁19-20，道光八年九月己未，欽差大臣那彥成等奏。

[346] 《外紀檔》，文獻編號第30300059號，頁142-143，道光八年九月二十二日，武隆阿奏。

[347] 《奏摺檔》，文獻編號第305000118號，頁271-272，道光九年七月，扎隆阿奏。

[348] 《外紀檔》，文獻編號第303000203號，頁167-169，道光二十八年十月二十六日，吉明奏。

配合捐輸章程，駐劄大臣需為伯克任職能力把關，伯克上任後三個月至一年，可依其辦事能力及輿情狀況，加註考語奏請伯克的去留或調動。

試署是伯克上任後的試用期，主管該城之辦事大臣或領隊大臣依其能力加以考核，決定是否適任，再奏請實授。道光八年（1828）九月，因應戰後伯克缺出甚多，有大量新進及職位的調動，因而採行一年試署的彈性配套方式，加以考核。回疆局勢穩定後，道光十年（1830）二月二十八日，宣宗諭以嗣後五品以上伯克缺，仍照例揀員請旨補放，毋庸試署，另請實授。[349]到了咸豐七年（1857）配合捐輸章程的施行，現職伯克可以捐輸而升品為較高伯克官職，為了把關伯克行政執行及管理能力，咸豐八年（1858），上諭嗣後五品伯克以上及三品阿奇木伯克缺出，照常奏請補放，至補缺三個月後，再由各大臣查看能否勝任，出具考語咨呈回疆參贊大臣，以決定該伯克的去留、暫行停職，或是互調及轉調其他較適合的職位。[350]例如咸豐七年（1857）張格爾之子倭里罕入侵喀什噶爾，該城三品阿奇木伯克失城革職，咸豐八年（1858），慶英奏請由熟悉該城曾任喀什噶爾伊什罕伯克的阿里署理，半年多以後，經喀什噶爾辦事大臣裕瑞等，稱阿里辦事謹慎而得以實授。[351]檔案所見，大臣多在伯克在補授後三至十二個月之間，進行對伯克職掌能力的再次考核，以決定實授，或是需要改換職務或暫行停職，這是咸豐七年（1857）捐輸章程所設的配套措施，避免伯克因捐輸升任，卻無力任職，立意良善，但

---

[349] 中國第一歷史檔案館編，《嘉慶道光兩朝上諭檔》，冊 35，頁 53-54，184 條，道光十年二月二十八日，內閣奉上諭。

[350] 《軍機處・月摺包》，文獻編號第 095285 號，2742 箱，同治三年三月二十七日，景廉、托克托布奏。

[351] 《宮中檔咸豐朝奏摺》，文獻編號第 406009275 號，2779 箱，咸豐八年十月二十五日，慶英奏。

又給了大臣再次苛索伯克之機。

三、阿奇木伯克賞升遷速度

回疆三品阿奇木伯克有九缺，若要成為總管一城的阿奇木伯克，需由七品伯克做起，歷練各城不同職稱的伯克，累積勞績、建立戰功與捐輸等資歷，等待缺出。通常先出任東部工作較為簡易的各城伯克，再擔任葉爾羌、喀什噶爾、和闐等所屬城村等地方的阿奇木伯克，有機會則直接任本城阿奇木伯克，[352]有的升調為本城四或五品之商伯克、噶雜納齊伯克，或歷練阿奇木伯克副手伊什罕伯克之職，再等待本城三品阿奇木伯克缺出，或者是先至人口較少事簡之沙雅爾、庫車、賽里木等城出任三品阿奇木伯克，待喀什噶爾、葉爾羌、英吉沙爾、和闐等西四城缺出再調城。

葉爾羌及喀什噶爾的阿奇木伯克對內負責配合駐劄大臣及朝廷各項事務，城內民生、稅收、市場、邊境卡倫、建築、巡防、緝盜，對外需安排各國使臣照顧、外藩商民管理、經貿往來等，職務最為繁忙，是回疆深具挑戰的兩城，需要有經驗歷練，才足以勝任，為此清廷除了考量其經驗、膽識與才幹，家世背景也至為重視。由於回疆三品阿奇木伯克僅有九缺，除了因事調職或因過革職外，幾乎為終身職，大多以休致或病故告終。此時若有伯克因功待缺出補授三品阿奇木伯克者，只能保持健康及累積功賞等待。若要轉調至葉爾羌及喀什噶爾機運更不可少，即便具有回部王公後裔身份者亦然。

例如邁瑪斯底克出任十年的和闐所屬策勒四品阿奇木伯克後，在道光二十二年（1842）因和闐三品阿奇木伯克邁瑪特愛孜

---

[352]《大清高宗純（乾隆）皇帝實錄》，卷 1171，頁 21，乾隆四十七年十二月辛卯，諭。

斯病退缺出，其缺由沙雅爾三品阿奇木伯克邁瑪特調補，[353]他才升為沙雅爾三品阿奇木伯克，六年後再有機會調補為庫車阿奇木伯克。[354]這表示四品升至三品，等了十年，才由西部較富庶的城村調為東部總管一城的阿奇木伯克，各城三品又依東西部及大小城之別，在沙雅爾城又歷經六年，才調至東部較大之城庫車。

　　再以葉爾羌六品阿爾巴普伯克阿皮斯為例，因伊布拉依木新陞為葉爾羌四品商伯克，原有葉爾羌牌斯銘莊（派斯牽地方）五品密拉普（密喇布）伯克缺出，阿皮斯於道光二十年(1840)十一月升補。[355]四年多以後，道光二十五年（1845）四月，又晉升為和闐四品伊什罕伯克。[356]而咸豐二年(1852)布古爾三品阿奇木伯克玉努斯因失察所屬五品商伯克侵占渠水，而遭到革職降品處分，布古爾三品阿奇木伯克缺出。[357]阿皮斯於咸豐三年（1853）五月在奏補名單上被擬為正，文宗准以擬正之阿皮斯補授。[358]由五品升為三品伯克歷時十三年左右。

　　具有王公家族身分者，雖受大臣及清廷的重視，但升遷之途也未必一路順遂。以庫車郡王伊薩克的長子愛瑪特為例，他在道光六年（1826）出任六品阿克蘇伯克，七年後，道光十三年（1833），

---

[353] 中國第一歷史檔案館編，《嘉慶道光兩朝上諭檔》，冊 37，頁 753，2088 條，道光十二年十二月十九日，內閣奉上諭。

[354] 《宮中檔道光朝奏摺》，文獻編號第 405006140 號，2719 箱，道光二十二年六月二十二日，圖明額奏；中國第一歷史檔案館編，《嘉慶道光兩朝上諭檔》，冊 53，頁 434，1357 條，道光二十八年十一月三十日，內閣奉上諭。

[355] 《外紀檔》，文獻編號第 303000142 號，頁 120-121，道光二十年十一月十六日，恩特亨額奏。

[356] 中國第一歷史檔案館編，《嘉慶道光兩朝上諭檔》，冊 50，頁 182，489 條，道光二十五年四月十七日，內閣奉上諭。

[357] 《宮中檔咸豐朝奏摺》，文獻編號第 406003661 號，2709 箱，咸豐三年三月二十二日，舒精阿奏。

[358] 《宮中檔咸豐朝奏摺》，文獻編號第 406004005 號，2709 箱，咸豐三年五月初四日，德齡奏。

已升上三大城之一的阿克蘇三品阿奇木伯克，看似順利，接下來卻是十七年未曾調動。好不容易在道光三十年（1850）調至葉爾羌三品阿奇木伯克，才任職三年，即因案於咸豐三年（1853）下臺。[359]愛瑪特在這二十年間，曾於回疆三大城中的兩大城歷練過。咸豐五年（1855），再以家世、能力、捐款等資歷，取得候補葉爾羌三品阿奇木伯克資格，在回疆參贊大臣常清的巧妙安排及時運中，於短短的九個月內，陞任回疆最大城喀什噶爾阿奇木伯克之職。

　　咸豐五年（1855）六月，伊犁將軍奏准，將愛瑪特交由葉爾羌參贊大臣常清差遣，由於當時太平天國事起，各省用軍經費繁耗，愛瑪特捐了銀五千兩。[360]一個多月後，賽里木阿奇木伯克病故，常清先以庫車阿奇木伯克邁瑪底克調補，再配合文宗開採銅礦的政策之名，將熟悉礦苗及煎鍊的阿克蘇阿奇木伯克伊布拉依木調為庫車三品阿奇木伯克，其目的是要將愛瑪特調至阿克蘇三品阿奇木伯克之職，為其未來晉升喀什噶爾三品阿奇木伯克舖路。常清以愛瑪特曾任阿克蘇阿奇木伯克二十餘年，熟悉地方，得回人敬重之由，又評其為人明白得體，頗有辦事能力，因而奏准補授。[361]雖僅是回任阿克蘇阿奇木伯克，卻離目標更近，畢竟這是清廷以家世為重的三大城之一，有利於愛瑪特的發展。咸豐六年（1856）二月，愛瑪特之弟時任喀什噶爾三品阿奇木伯克邁瑪特，因傷寒病故，常清即藉喀什噶爾邊城情勢、能力、家世等

---

[359] 見「愛瑪特」條，清代權威人名檔案資料庫，臺北：國立故宮博物院圖書文獻館。

[360] 《宮中檔咸豐朝奏摺》，文獻編號第 406006215 號，2779 箱，咸豐五年六月十三日，常清、法福禮奏。

[361] 《宮中檔咸豐朝奏摺》，文獻編號第 406006492 號，2779 箱，咸豐五年八月初三日，常清、法福禮奏。

由，擬以愛瑪特接任。[362]就家世而言，其父庫車郡王伊薩克之功勳，主要是拏獲張格爾而封為郡王，宣宗仿傚高宗信賴吐魯番額敏和卓之子伊斯堪達爾之例[363]，於道光八年（1828）任命其為喀什噶爾阿奇木伯克及幫辦大臣之職，其爵位更是回疆各王公除了哈密及吐魯扎薩克郡王之外最高的，文宗依議補授。[364]

然而愛瑪特才上任一年，咸豐七年（1857），遭遇倭里罕入侵喀什噶爾，伊犁將軍扎拉芬泰責其失城之罪，奏准愛瑪特革職下臺。[365]這等於有郡王家族的背景的加持，又有回疆參贊大臣的協助，再加上伯克缺出的機會，尚且用了三十多年時間，才由六品的伯克晉升到回疆伯克最高目標之位，更遑論一般毫無家世的伯克。然而要坐穩內外事繁，深具挑戰的喀什噶爾阿奇木伯克之位，真正的考驗才要開始。

就如接任愛瑪特之位的阿里一樣，阿里因愛瑪特失城遭革職，臨危受命，署理喀什噶爾三品阿奇木伯克之職，他未如愛瑪特具有王公家族背景。阿里是阿克蘇回人，由阿克蘇六品巴吉格爾伯克開始，一路於道光八年（1828）調葉爾羌六品什胡勒伯克，道光九年（1829），因辦理塔塔爾和沙瓦特二處地畝出力，得賞藍翎，道光十一年（1831），奏補為葉爾羌五品密拉普伯克，又經揚威將軍長齡及伊犁將軍奏補為喀什噶爾四品伊什罕伯克，道

---

[362] 《宮中檔咸豐朝奏摺》，文獻編號第 406007821 號，2779 箱，咸豐六年三月初九日，常清奏。

[363] 《大清高宗純（乾隆）皇帝實錄》，卷 1438，頁 8-9，乾隆五十八年十月丙寅，諭；《大清高宗純（乾隆）皇帝實錄》，卷 1468，頁 5，乾隆六十年正月丁亥，諭旨。

[364] 《宮中檔咸豐朝奏摺》，文獻編號第 406007821 號，2779 箱，咸豐六年三月初九日，常清奏；《宮中檔咸豐朝奏摺》，文獻編號第 406007816 號，2779 箱，咸豐六年八月二十七日，常清奏。

[365] 《大清文宗顯（咸豐）皇帝實錄》，卷 235，頁 21-22，咸豐七年九月丙戌，又諭；《大清文宗顯（咸豐）皇帝實錄》，卷 265，頁 7，咸豐八年九月甲午，又諭。

光十二年（1832），以監修喀什噶爾城有功，由回疆參贊大臣璧昌奏請賞換三品頂戴，並被提擬為賽里木三品阿奇木伯克，回疆參贊大臣給予的評語是精明幹練，辦事勤奮，因而順利晉升。[366]阿里在道光二十四年（1844）以後，出任和闐三品阿奇木伯克，於道光二十七年（1847）輪值年班帶領伯克入覲，[367]但皆因亂事及宣宗逝世等事，於咸豐六年（1856）才得入京。[368]愛瑪特遭革職後，咸豐八年（1858），慶英奏請由熟悉該城曾任喀什噶爾伊什罕伯克的阿里署理，於三月初八日上任進行善後工作，半年多以後，經喀什噶爾辦事大臣裕瑞，以及幫辦領隊大臣銜換防總兵官伊綿阿，咨稱阿里辦事謹慎，而即以實授。

　　但不到一年，咸豐九年（1859）七月，葉爾羌三品阿奇木伯克吐魯番郡王阿克拉依都呈稱轉據希皮察克軍功二品頂花翎布魯特俾（或音譯為比，皆為頭目之意）斯底克，遣胞弟加爾來葉爾羌呈稱，有希皮察克布魯特回人四名，分別在三月初九日、初十日以及五月十五日，在前赴喀什噶爾街道被阿奇木伯克阿里捉拏，未經訊供呈堂，即行監禁。阿里直到七月初十日斯底克遞信請求放人，並要求呈詞咨詢時，才予錄供。回疆參贊大臣裕瑞令喀什噶爾大臣固慶等介入調查，發現布魯特人是因私錢及偷竊之案，而遭關押，但阿里未經審理，即行專擅濫押外藩數月。回疆參贊大臣以嫌犯年七十七歲，僅有嫌疑，且贓物不多，亦不發保聽候傳質，若無故在獄中病故，易開邊釁。時遇布古爾三品阿奇

---

[366] 《外紀檔》，文獻編號第 303000113 號，頁 1-4，道光十五年七月初一日，興德奏；中國第一歷史檔案館編，《嘉慶道光兩朝上諭檔》，冊 40，頁 288，905條，道光十五年七月初一日，內閣奉上諭。

[367] 《軍機處・月摺包》，文獻編號第 077342 號，2743 箱，道光二十七年五月初五日，賽什雅勒泰奏。

[368] 《宮中檔咸豐朝奏摺》，文獻編號第 406007823 號，2779 箱，咸豐六年三月初九日，常清、法福禮奏。

木伯克阿比提病故缺出，於是將阿里調任補缺，再以曾任喀什噶爾所屬之城莊伯克，並於咸豐七年（1857）授命委署喀什噶爾三品阿奇木伯克之賽里木三品阿奇木伯克庫圖魯克出任。[369]文宗於咸豐九年（1859）九月以阿里不呈堂審辦，輒自行監押，實屬顢頇，不能勝任喀什噶爾阿奇木伯克邊要之任，而改補授其事務較為簡易的布古爾阿奇木伯克之缺。[370]阿里在任布古爾三品阿奇木伯克之職九個月，即於咸豐十年（1860）三月因病出缺，結束三十多年的伯克生涯。[371]

其實在回疆的慣例，一般未涉人命的案件，是屬阿奇木伯克可直接裁奪關押的權責範疇，駐箚大臣也不過問，但此次事發於內外商民聚集所在的喀什噶爾，又事涉外藩，就不能與其他各城經驗而論。再加上當時白山派後裔入侵事件平息未久，各省內外事務紛擾甚多，朝廷深恐西北再添戰端，因而將阿里調任事務簡易的布古爾三品阿奇木伯克之位。阿里三十年間未倚靠家世，全以自己能力表現，由六品伯克爬升至回疆西部大城，臨危受命，出任多以王公家族為主，內外事務繁雜的喀什噶爾阿奇木伯克之位，實屬不易，但僅十九個月即因過被調任。阿里出任布古爾三品阿奇木伯克九個月後，因病辭職，恐是打擊甚大，抑鬱致病。至於繼任之庫圖魯克，也同樣是在戰場上立功，押解張格爾入京，再一路建功為自己掙得伯克之位，擔任賽里木阿奇木伯克未久，即因阿里調任才轉調為喀什噶爾阿奇木伯克。[372]

---

[369] 《宮中檔咸豐朝奏摺》，文獻編號第 406011039 號，2714 箱，咸豐九年八月十六日，裕瑞奏。

[370] 《大清文宗顯（咸豐）皇帝實錄》，卷 295，頁 7-8，咸豐九年九月庚寅，諭內閣。

[371] 《宮中檔咸豐朝奏摺》，文獻編號第 406012036 號，2714 箱，咸豐十年三月十六日，裕瑞、英蘊奏。

[372] 庫圖魯克由烏什四品阿奇木伯克升上賽里木三品阿奇木伯克，咸豐九年八月十六日參贊大臣裕瑞才上奏補烏什四品阿奇木伯克人選，依行政程推估應是在三

　　而由上例也可以看到，能否由小城轉陞至大城，或位居各城三品阿奇木伯克，競爭條件及面對的情勢是相當複雜的。再就前述愛瑪特晉升之途中，受其影響的阿克蘇三品阿奇木伯克伊布拉依木為例。道光十二年（1832）六月，他成烏什新添的首任五品伊什罕，道光二十年（1840），成為回疆重要大城葉爾羌四品商伯克，道光二十八年（1848），七和卓入侵，他率領帶領回兵在軍臺防堵，當四個軍臺陸續發生遭火焚燬，及人數傷亡之際，立刻果斷地進行兵丁的移駐，持續偵防，葉爾羌參贊大臣吉明在戰後以其領兵有方，勇於任事，奏請以三品伯克儘先陞用。[373]伊布拉依木由五品伯克至三品阿奇木伯克，花了十六年時間，並成為回疆最重要的三大城之一阿克蘇三品阿奇木伯克，這是最具機會可直接晉升為最大兩城葉爾羌或喀什噶爾三品阿奇伯克的職位，他資歷完整，兼具才能及膽識。然而咸豐五年（1855）八月，葉爾羌參贊大臣長清為了為庫車郡王伊薩克長子愛瑪特成為喀什噶爾阿奇木伯克舖路，以庫車需要熟悉礦務者為由，將伊布拉伊木調為庫車三品阿奇木伯克，伊布拉伊木自此與晉升回疆其他兩大城三品阿奇木伯克的機會擦身而過，調任一年多，於咸豐六年（1856）十月，因病辭去庫車三品阿奇木伯克之職。[374]伊布拉伊木、庫圖魯克與阿里皆是一般回人晉升三品阿奇木伯克的典型實例，而伯克晉升需要有實力、機運外，一般回人伯克則需面對較具競爭優勢的回部王公後裔，在官場起伏中，更要擁有照顧自己

個月至半年間，《宮中檔咸豐朝奏摺》，文獻編號第 406011038 號，2714 箱，咸豐九年八月十六日，裕瑞奏。

[373] 《軍機處·月摺包》，文獻編號第 080740 號，2749 箱，道光二十七年十二月十五日，吉明、舒興阿奏；《軍機處·月摺包》，文獻編號第 080739 號，2749 箱，伯克清單，此件是《軍機處·月摺包》，文獻編號第 080740 號之附件。

[374] 《宮中檔咸豐朝奏摺》，文獻編號第 406009032 號，2779 箱，咸豐六年十月十八日，常清奏。

心身健康的智慧。

四、四品以下伯克任期

　　各級伯克的升遷，雖有任滿三年的原則，但升遷實際是以缺出及實力為主，缺出時間則是不定。缺出原因多為原任者新升、病故、人地不宜互調，或不適任、因事降調、革職，或職務專長需要，有時一城缺出，可連動數人作調整，只是品級越高職缺少，就越難等待。六至七品在道光朝有 246 缺，五品 48 缺，四品 25 缺。[375]品級越低，伯克位缺數較多，雖較有機會，但毫無背景的回人，單是建立戰功要成為七或六品伯克，有時已需耗費九至十多年的時間，亦有回人在伯克任職生涯的某段時間，年年晉升，未受三年之限。

　　托胡達喀什噶爾回人，自道光六年（1826）因賊匪滋事當差出力，得賞七品頂戴，但正式成為七品伯克，已是九年後，於道光十五年（1835）才咨補烏什七品巴吉格爾伯克。道光二十七年（1847），因七和卓事件隨阿奇木伯克備辦烏拉馬匹及防堵要隘有功，賞換五品頂戴，四年後，因咸豐元年（1851）葉爾羌五品柯呼克雅喇克伯克出缺擬為正選，才有機會踏上五品伯克之列，由七品頂戴至成為五品伯克已過了十三年。而擬陪之托胡塔是阿克蘇回人，道光十年（1830），安集延滋擾跟隨官兵在科科熱瓦特地方打仗建功，七品軍功頂戴，十一年後，才咨補塔塔爾莫克里特莊六品色依特爾伯克。[376]

　　六品要成為五品伯克，常是個大的關口，因為決定權者、出

---

[375]（清）賽尚阿等修，《欽定回疆則例》，卷 1，頁 1-22。

[376]《軍機處・月摺包》，文獻編號第 082710 號，2780 箱，咸豐元年十一月二十二日，德齡奏；《軍機處・月摺包》，文獻編號第 082711 號，2780 箱，履歷清單。

任的方式及競爭者與六七品小伯克層次不同，一是必須要有缺出，具有被本城該管大臣提報的資格，二是與回疆各城具資格者競爭，先經回疆參贊大臣考核，再由其中挑二人選為正陪，上奏定奪。如喀什噶爾所屬阿爾瓦特莊六品密喇普伯克邁瑪特帕拉特道光十一年（1831）到任，直至道光二十七年（1847）葉爾羌五品喇雅哈資伯克缺出，擬正才被升任。[377]六品伯克位一任十六年才有機會升遷。然而上任不到一年，於道光二十八年（1848）六月，葉爾羌五品拉雅哈資伯克邁瑪特帕拉特即因事，遭大臣上奏而奉旨革職。[378]邁瑪特塔塔里克在道光二十一年（1841）三月准補阿克蘇五品商伯克之缺，直到道光二十七年（1847）葉爾羌所屬伊墾蘇阿拉斯莊五品哈資伯克愛瑪沙因病告退，由回疆參贊大臣賽什雅勒泰將應陞者齊集喀什噶爾，當堂揀選，邁瑪特塔塔里克被列入提擬的正陪名單內，經上奏諭准補放，此距上次升遷已時隔六年。[379]

　　有的伯克未及再升上更高的品級，即已故病，所遺之缺成為下一品伯克升遷之機，如道光十二年（1832）十二月邁瑪底里升補為牌素巴特莊四品阿奇木伯克，但兩年多後，於道光十五年（1835）九月病故。[380]咸豐四年（1854），和闐四品伊什罕伯克由

---

[377] 《軍機處・月摺包》，文獻編號第 078482 號，2749 箱，道光二十七年八月二十日，吉明奏；《軍機處・月摺包》，文獻編號第 078486 號，2749 箱，履歷清單。

[378] 其職位是於道光二十七年七月由吉明奏補，《宮中檔道光朝奏摺》，文獻編號第 405010648 號，2731 箱，道光二十七年七月二十二日，吉明奏；《外紀檔》，文獻編號 303000199 號，頁 116-117，道光二十八年六月十八日，吉明奏。

[379] 《宮中檔道光朝奏摺》，文獻編號 405011856 號，2726 箱，道光二十一年三月十八日，內閣奉上諭；《宮中檔道光朝奏摺》，文獻編號第 40510449 號，2731 箱，道光二十七年六月十八日，賽什雅勒泰奏；中國第一歷史檔案館編，《嘉慶道光兩朝上諭檔》，冊 52，頁 280，825 條，道光二十七年八月初三日，內閣奉上諭。

[380] 中國第一歷史檔案館編，《嘉慶道光兩朝上諭檔》，冊 37，頁 753，2088 條，

擬正之庫車所屬沙雅爾五品商伯克斯底克升補，但斯底克一年後即病故，又由阿克蘇五品商伯克邁瑪特阿普都拉補授。[381]另位同名之庫車五品噶雜納齊伯克邁瑪底里病故，遺缺出則由喀什噶爾所屬玉斯圖阿爾圖什莊六哈資伯克達烏特擬正，以及葉爾羌所屬舒克舒密喇普伯克胡達巴爾底擬陪，二人競爭五品伯克之位，由擬正之達烏特升補。[382]

伯克之中，也有前景原是一片看好，卻因案牽連，以致升遷停頓甚久。如庫車回人阿納雅特道光六年（1826）張格爾滋事時，曾在阿克蘇隨營出力，受阿克蘇辦事大臣長清保奏，賞戴六品頂戴，當時他二十四歲；次年（1827），又隨軍在喀什噶爾打仗出力，由揚威將軍保奏賞五品頂戴，道光八年（1828），由欽差大臣那彥成奏署為喀什噶爾所屬伯什克勒木莊五品阿奇木伯克，一年期滿實授；又因拏獲敓財及被清朝視為謀逆的回人呢雅斯有功，由回疆參贊大臣札隆阿保奏遇有四品伯克缺儘先陞用；然而道光十年（1830）庫車郡王喀什噶爾三品阿奇木伯克伊薩克被誣案內罣悞（伯克因過失而受譴責）開缺，阿納雅特受牽連只得回到阿克蘇効力當差長達八年之久，伯克轉陞因而停頓。其後由回疆參贊大臣恩特亨額於道光十八年（1838）奏補為阿克蘇所屬拜城五品伊什罕伯克，於道光二十三年（1843）由圖明額奏准升為

道光十二年十二月十九日，內閣奉上諭；《外紀檔》，文獻編號第 303000092 號，頁 201，道光十五年九月十五日，長清奏。

[381] 《外紀檔》，文獻編號第 303000247 號，頁 94，咸豐三年十一月初五日，德齡奏；《外紀檔》，文獻編號第 303000255 號，頁 106，咸豐四年十一月二十五日，常清奏；《宮中檔咸豐朝奏摺》，文獻編號第 4060005874 號，2709 箱，咸豐五年四月十三日，常清奏。

[382] 《宮中檔咸豐朝奏摺》，文獻編號第 406003580 號，2709 箱，咸豐三年三月十三日，德齡奏；《宮中檔咸豐朝奏摺》，文獻編號第 406008573 號，2779 箱，咸豐六年七月二十七日，常清奏。

和闐所屬玉瓏哈什四品阿奇木伯克，[383]兩年後於道光二十五年
（1845）由奕經奏調為阿克蘇四品伊什罕伯克。[384]

另一位庫車回人伊瑪莫特，也是在道光六年（1826）跟隨時
任沙雅爾阿奇木伯克伊薩克在阿克蘇隨營出力，因戰功及與伊薩
克一起出卡拏獲張格爾，因而賞換五品頂花翎，咨補為罕愛里克
莊密喇普伯克，道光十年（1830），也因伊薩克被牽連開缺，只
得回到庫車。四年後，因監修庫車城工有功，奉旨賞五品頂花翎，
於道光十六年（1836）才補為喀什噶爾所屬罕愛里克莊五品阿奇
木伯克，等於因案受牽連停頓升遷有六年時間。[385]再經過九年，
同為伊薩克之事受罪咎的阿納雅特調升為阿克蘇四品伊什罕伯
克，伊瑪莫特於道光二十五年（1845）才再晉升其遺缺，成為和
闐玉隴哈什四品阿奇木伯克。[386]他們受伊薩克的提攜及自己的努
力晉升，卻也受伊薩克郡王之案影響而致升遷受阻，但仍在沈潛
中前進與付出，終究為自己再爭前程。

當然也有人升遷速度較快的，在前述的例子，也有毫無背景
的回人，以一己之力建立戰功，在九年內由空金頂起，一路被升
到喀喇沙爾所屬庫爾勒四品伊什罕伯克之喀什噶爾回人薩依特。
[387]但至此一做二十年直至病故，未再升職。[388]庫車回人多列素皮原

---

[383] 《宮中檔道光朝奏摺》，文獻編號第 405012168 號，2726 箱，道光二十三年四
月初二日，內閣奉上諭。

[384] 《宮中檔道光朝奏摺》，文獻編號第 405007723 號，2731 箱，道光二十五年六
月十二日，奕經奏；《軍機處・月摺包》，文獻編號第 074842 號，2752 箱，
道光道光二十五年六月十二日，奕經奏；《軍機處・月摺包》，文獻編號第
074843 號，2768 箱，履歷清單。

[385] 《軍機處・月摺包》，文獻編號第 074842 號，2752 箱，道光道光二十五年六
月十二日，奕經奏；《軍機處・月摺包》，文獻編號第 074843 號，2768 箱，
履歷清單。

[386] 《宮中檔道光朝奏摺》，文獻編號第 405008770 號，2731 箱，道光二十五年十
二月二十四日，麟魁奏。

[387] 《軍機處・月摺包》，文獻編號第 071755 號，2768 箱，道光十六年六月初三

為沙雅爾五品噶雜納齊伯克，以六年時間，因戰功由五品升為三品阿奇木伯克。[389]喀什噶爾回人胡達巴爾底於道光七年（1827）因功得空金頂起，且於咸豐五年（1855）至十年（1860）間，年年升遷，一再打破需三年任滿之例，但由金頂至阿克蘇所屬賽里木三品阿奇木伯克，也耗費了三十三年。[390]可說機遇各有不同。

即便是最終升上三品阿奇木伯克者，升遷過程，也曾有過受挫的情形。阿克蘇回人呢雅斯未具王公及有功伯克遺族等背景，道光十年（1830），安集延入侵，打仗受傷，由葉爾羌辦事大臣璧昌保奏賞戴五品花翎，道光十一年（1831），由回疆參贊大臣哈朗阿補為葉爾羌所屬奇盤莊六品哈資伯克，道光十二年（1832），又為回疆參贊大臣璧昌奏准升補為葉爾羌所屬伙（霍）什喇（拉）普五品阿奇木伯克。[391]這等於三年連升，但就此停頓十四年，期間和闐玉隴哈什莊四品阿奇木伯克缺出，呢雅斯補擬為陪，由庫車五品噶雜納齊伯克邁瑪第敏升任；[392]而即便邁瑪第敏後因在任期間不理回情，被奏請革職，道光二十三年（1843），

日，興德奏；《軍機處・月摺包》，文獻編號第 071755 號附件，2768 箱，履歷清單。

388 《宮中檔咸豐朝奏摺》，文獻編號第 406008573 號，2779 箱，咸豐六年七月二十七日，常清奏。

389 《軍機處・月摺包》，文獻編號第 072317 號，2768 箱，道光十六年七月十九日，興德奏；《軍機處・月摺包》，文獻編號第 072317 號附件，2768 箱，履歷清單。

390 《軍機處・月摺包》，文獻編號第 089344 號，2742 箱，同治二年四月二十六日，景廉奏；《軍機處・月摺包》，文獻編號第 089345 號，2742 箱，履歷清單；翦伯贊主編，《中外歷史年表》，頁 804。

391 中國第一歷史檔案館編，《嘉慶道光兩朝上諭檔》，冊 37，頁 753，2088 條，道光十二年十二月十九日，內閣奉上諭。

392 《外紀檔》，文獻編號第 303000130 號，頁 119-120，道光十八年九月十一日，金和奏；中國第一歷史檔案館編，《嘉慶道光兩朝上諭檔》，冊 43，頁 355，1361 條，道光十八年九月十一日，內閣奉上諭。

呢雅斯再次被提名，也仍未晉升。[393]道光二十四年（1844），呢雅斯以監修葉爾羌城工出力，由回疆參贊大臣奕經保奏賞戴四品頂戴，道光二十六年（1846），再由回疆參贊大臣賽什雅勒泰奏補為和闐所屬塔克努拉莊四品阿奇木伯克，道光二十八年（1848），和闐所屬哈喇哈什城四品阿奇木伯克因病出缺，由策呼莊四品阿奇木伯克升任，再由回疆參贊大臣吉明奏調呢雅斯為和闐所屬策呼莊四品阿奇木伯克。[394]此後又再停頓十六年未調整職位，此期間咸豐六年（1856）十月也曾因庫車三品阿奇木伯克因病缺出，同為競爭者是道光二十八年（1846）十月升補，有十年未升之阿克蘇所屬賽里木四品伊什罕伯克庫爾班擬為正，[395]呢雅斯被擬為陪，未得晉升[396]。直到同治三年（1864）三月和闐三品阿奇木伯克邁瑪第敏病故缺出，呢雅斯為爭取此次晉升報捐葉爾羌軍餉銀一萬兩，回疆參贊大臣景廉以其資歷及捐輸將其擬為正，此時呢雅斯已六十二歲。[397]在升遷過程中，五品轉升四品停滯十四年，四品要升三品又停了十六年，可知越往高位，位數少，競爭多，越難升遷，同時也可看見回疆參贊大臣替換頻率甚高，真正留在回疆長久經營的，仍是以伯克為主力。

　　回疆是伯克們的家，當升遷停頓下來，也表示伯克們停留在該城及職位上的經營，大多以年為計，一年至十多年皆有，任職

<hr />

[393]《外紀檔》，文獻編號第 303000154 號，頁 7-8，道光二十三年四月初二日，圖明額奏。

[394]《外紀檔》，文獻編號第 303000201 號，頁 120-121，道光二十八年八月二十六日，吉明奏。

[395]中國第一歷史檔案館編，《嘉慶道光兩朝上諭檔》，冊 37，頁 336，1106 條，道光二十八年十月初四日，內閣奉上諭。

[396]《宮中檔咸豐朝奏摺》，文獻編號第 406009032 號，2779 箱，咸豐六年十月十八日，常清奏。

[397]《軍機處・月摺包》，文獻編號第 095302 號，2742 箱，同治三年三月二十七日，景廉奏；《軍機處・月摺包》，文獻編號第 0953003 號，2742 箱，履歷清單。

狀況較為穩定，為自己的民族社會裡服務及建立自己的地位。反觀新疆建省後，漢族成為新疆各地的知府、知縣及縣丞的主力，依日本學者片岡一忠研究新疆建省後的官員，其籍貫以湖南居多，大多與左宗棠及劉錦棠二人有關，或是受其舉薦或為其麾下，如曾任甘肅新疆布政使及甘肅新疆巡撫饒應祺、藩效蘇等皆是，片岡一忠甚至認為新疆是湖南的殖民地。[398]

　　以光緒三十一年（1905）二月至光緒三十三年（1907）十一月新疆各道府知縣為例，在新疆三十八缺中，有六十三人次到任及卸任，湖南籍的知府、知縣及縣丞有四十一位，佔了百分之六十五，原籍湖北也有四位，來自臨近的陝甘反而僅有八位。他們由准補至到任，鎮迪道、伊塔道約需費時七至八個月，阿克蘇道及喀什噶爾道需時一年至十六個月。然而由到任至卸職，鎮迪道大約十一個月至兩年，伊塔道在任期間最長為兩年多半，阿克蘇道大約十一個月至二十二個月，喀什噶爾道最長為三十三個月，也未達三年，且十一個缺，十八人次的人事更迭，有九個人次為調署、代理、護理，等於有一半的人次調動，而由他處者支援，但是實任他處，行政事務的處理與管理，恐怕未能周護，而六十三人次中，五十歲至六十多歲佔了四十六位。[399]請見表 6-10 新疆建省後各道府知縣原籍表。可見漢族官員在任時間普遍較短，不如伯克，而因事革職者、年齡、環境，以及語言、宗教、文化的適應等問題，對於新疆並非家鄉的漢族亦是考驗，以致喀什噶爾的人事呈現不穩狀態，對於地方事務的熟悉與經營多有不利。

---

[398] （日）片岡一忠，《清朝新疆統治研究》，頁 246-262。

[399] 《軍機處・月摺包》，文獻編號第 165000 號附件，2730 箱，光緒三十四年七月十二日，頭品頂戴甘肅新疆巡撫聯魁奏。

表 6-10 新疆建省後各道府知縣原籍表

道	府　縣	姓　名	年齡	原　籍	委署到任	准　補	卸　事
鎮迪道屬	迪化府迪化縣知縣	謝維興	51	浙江紹興府山陰縣	光緒32.2.25	光緒32.12.12	光緒33.1.25
鎮迪道屬	英吉沙爾同知	王炳堃	55	湖南長沙府長沙縣	光緒33.1.25		
鎮迪道屬	署昌吉縣知縣	龔先法	59	湖南長沙府湘鄉縣	光緒31.8.19		光緒33.3.9
鎮迪道屬	署昌吉縣知縣	譚師竹	57	湖南長沙府湘鄉縣	光緒33.3.9		
鎮迪道屬	昌吉縣呼圖壁縣丞	王廷襄	64	湖南長沙府湘陰縣	光緒32.8.10		
鎮迪道屬	署迪化府綏來縣知縣	楊存蔚	65	湖南岳州府平江縣	光緒32.2.28		光緒33.5.26
鎮迪道屬	署綏來縣知縣	鄧以清	55	湖南長沙府長沙縣	光緒33.5.26		
鎮迪道屬	迪化府阜康縣知縣	巨國桂	57	甘肅秦州直隸州秦安縣	光緒32.7.18到任	光緒31.12	光緒33.10.25
鎮迪道屬	署阜康縣知縣	徐鼎藩	60	湖南長沙府長沙縣	光緒33.10.25		
鎮迪道屬	署迪化府孚遠縣知縣	魏霖澍	43	湖南寶慶府邵陽縣	光緒32.12.7		
鎮迪道屬	署迪化府奇臺縣知縣	陳家培	54	陝西西安府富平縣	光緒31.11.21		

道	府　縣	姓　名	年齡	原　籍	委署到任	准　補	卸　事
鎮迪道屬	署吐魯番廳同知	錢宗彝	56	陝西興安府白河縣	光緒32.4.15		光緒33.1.2
鎮迪道屬	吐魯番廳代理同知	沈永清	46	湖南長沙府湘鄉縣	光緒33.1.2		光緒33.2.22
鎮迪道屬	吐魯番廳同知	曾炳熿	53	湖南長沙府湘鄉縣	光緒33.2.22		
鎮迪道屬	吐魯番廳鄯善縣知縣	陳光煒	43	湖南寶慶府新化縣	光緒32.12.10		
鎮迪道屬	署鎮西廳同知	萬　榮	37	廣東肇慶府高要縣	光緒32.3.1		光緒33.3.21
鎮迪道屬	哈密通判	陳天祿	60	湖南岳州府巴陵縣	光緒31.11.9到任	光緒31.4	光緒33.7.14
鎮迪道屬	哈密代理通判	周應枌	60	湖南長沙府甯鄉縣	光緒33.7.14到任		光緒33.10.9
鎮迪道屬	哈密通判	劉潤通	50	直隸天津府天津縣	光緒33.10.9		
鎮迪道屬	署庫爾喀喇烏蘇廳同知	向炳麟	50	湖南岳州府平江縣	光緒32.5.6		
伊塔道屬	伊犁府甯遠縣知縣	李方學	68	湖南永州府祁陽縣	光緒31.3.27到任	光緒29.6	
伊塔道屬	署伊犁府綏定縣知縣	段子麟	40	甘肅蘭州府皋蘭縣	光緒32.8.17		光緒33.7.13病故
伊塔道屬	伊犁府綏定縣代知縣	蕭然奎	56	湖南長沙府長沙縣	光緒33.7.19		

道	府　縣	姓　名	年齡	原　籍	委署到任	准　補	卸　事
伊塔道屬	塔城廳同知	劉文龍	38	湖南岳州府巴陵縣	光緒30.5.12	光緒31.7	光緒33.4.22
伊塔道屬	署精河廳同知	曹淩漢	50	湖南岳州府平江縣	光緒32.8.19		
阿克蘇道屬	署溫宿府知府	姚文林	62	山東濟南府歷城縣	光緒31.12.17		光緒33.4.2病故
阿克蘇道屬	兼護知府溫宿縣知縣	魯鼎緒	50	湖北宜昌府東湖縣	光緒33.4.6		光緒33.4.24
阿克蘇道屬	署溫宿府知府	方　鋆	44	安徽安慶府桐縣	光緒33.4.24		
阿克蘇道屬	溫宿府溫宿縣知縣	魯鼎緒	50	湖北宜昌府東湖縣	光緒31.9.5到任	光緒30.5	
阿克蘇道屬	溫宿府溫宿縣柯坪縣丞	潘宗岳	51	湖南長沙府甯鄉縣	光緒31.8.8到任	光緒30.3	
阿克蘇道屬	代理溫宿府拜城知縣	黃高霖	54	安徽安慶府桐縣	光緒32.8.17代理		光緒33.4.10
阿克蘇道屬	溫宿府拜城知縣	談鎮塈	56	湖南長沙府甯鄉縣	光緒33.4.10		
阿克蘇道屬	焉耆府知府	聞端蘭	70	浙江甯波府鄞縣	光緒31.12.17	光緒32.11	光緒33.10.27
阿克蘇道屬	署焉耆府知府	張　銑	33	甘肅涼州府武威縣	光緒33.10.27		
阿克蘇道屬	署焉耆府輪臺知縣實任昌吉縣知縣	蔭　錫	55	京城鑲白旂滿洲頭甲喇培福	光緒32.6.24		光緒33.10.9

道	府　縣	姓　名	年齡	原　籍	委署到任	准　補	卸　事
				歲佐領下博爾吉特氏人			
阿克蘇道屬	代理焉耆府輪臺知縣	蕭學城	55	湖南長沙府湘鄉縣	光緒33.10.9代理		
阿克蘇道屬	焉耆府新平縣知縣	周芳煦	67	湖南長沙府湘鄉縣	光緒32.10.8	光緒31.7	
阿克蘇道屬	署焉耆府婼羌縣知縣	劉　謨	52	湖南長沙府湘鄉縣	光緒31.12.17		光緒33.5.8
阿克蘇道屬	署焉耆府婼羌縣知縣	周　源	65	湖南長沙府長沙縣	光緒33.5.8	光緒32.7	
阿克蘇道屬	署庫車直隸州知州	袁彥薰	50	湖南長沙府甯鄉縣	光緒32.5.27		
阿克蘇道屬	署庫車州沙雅縣知縣	英　惠	50	京城正黃旗滿洲祥存佐領下人	光緒32.閏4.26		光緒33.3.21
阿克蘇道屬	署庫車州沙雅縣知縣實任綏來縣知縣	李微高	57	湖南長沙府湘陰縣	光緒33.3.21		光緒33.12.15奏參革職
阿克蘇道屬	署庫車州沙雅縣知縣	張紹伯	41	甘肅安西州	光緒33.12.15		
阿克蘇道屬	署烏什廳同知	胡賜福	29	湖北武昌江夏縣	光緒32.4.18		光緒33.9.18
阿克蘇道屬	署烏什廳同知實缺溫宿府知	彭緒瞻	59	湖南長沙府湘鄉縣	光緒33.9.18調署到		

道	府　縣	姓　名	年齡	原　籍	委署到任	准　補	卸　事
	府				任		
喀什噶爾道屬	署疏勒府知府實任庫南直隸州知府	蔣光陞	56	湖南長沙府湘陰縣	光緒32.7.8調署到任		
喀什噶爾道屬	疏勒府疏附縣知縣正任皮山縣	錢炳煥	66	湖北武昌府蒲圻縣	光緒33.10.15調署到任	光緒33.9由皮山縣調	
喀什噶爾道屬	代理疏勒府伽師縣知縣	易樹勳	51	湖南長沙府湘鄉縣	光緒32.9.25代理到任		光緒33.6.8
喀什噶爾道屬	署疏勒府伽師縣知縣實任孚遠縣知縣	王懋勳	60	湖南長沙府善化縣	光緒33.6.8調署到任		
喀什噶爾道屬	署莎車府知府	彭緒瞻	59	湖南長沙府湘鄉縣	光緒32.2.21		光緒33.7.14
喀什噶爾道屬	莎車府知府	甘曜湘	56	湖南長沙府湘陰縣	光緒33.7.14到任	光緒32.6	
喀什噶爾道屬	莎車府葉城知縣	易潤庠	47	湖南長沙府湘陰縣	光緒32.2.22	光緒31.5	
喀什噶爾道屬	護理莎車府皮山縣知縣實任莎車府經歷	鄒長祿	34	湖南長沙府湘鄉縣	光緒32.9.22護理到任		光緒33.2.22
喀什噶爾道屬	署莎車府皮山縣知縣實任于闐縣知縣	朱瑞墀	45	安徽潁州府霍邱縣	光緒33.2.22		
喀什噶爾道屬	莎車府巴楚州知州	張璪光	64	湖南長沙府湘	光緒31.2.8	光緒30.10	

道	府　縣	姓　名	年齡	原　籍	委署到任	准　補	卸　事
				潭縣			
喀什噶爾道屬	署和闐直隸州知州	車玉衡	36	甘肅蘭州府皋蘭縣	光緒32.閏4.10		光緒33.7.3
喀什噶爾道屬	署和闐直隸州知州實任迪化縣知縣	謝維興	51	浙江紹興府山陰縣	光緒33.7.3調署到任		
喀什噶爾道屬	署和闐直隸州于闐縣知縣	賀家棟	38	湖南長沙府善化縣	光緒32.4.18由洛浦縣調署到任		光緒33.11.21
喀什噶爾道屬	署和闐直隸州于闐縣知縣實任綏定縣知縣	安允升	65	甘肅涼州府武威縣	光緒33.11.21調署到任		
喀什噶爾道屬	署和闐直隸州洛浦縣知縣	顧廷奎	57	湖南長沙府甯鄉縣	光緒32.4.2		光緒33.7.14
喀什噶爾道屬	署和闐直隸州洛浦縣知縣	胡清源	58	湖南長沙府甯鄉縣	光緒33.7.14		
喀什噶爾道屬	署英吉沙爾廳同知	易榮鼎	47	湖南岳州府巴陵縣	光緒31.7.21		光緒33.3.11
喀什噶爾道屬	署英吉沙爾廳同知	黎丙元	50	湖南岳州府巴陵縣	光緒33.3.11		

資料來源：《軍機處・月摺包》，文獻編號第165000號及附件，2730箱，光緒三十四年七月十二日，頭品頂戴甘肅新疆巡撫聯魁奏，新疆光緒三十三年分考覈各府廳州縣縣丞事實善具簡明清單。

第六節　伯克黜革

　　清朝回疆施行的伯克制，各城辦事大臣或領隊大臣等駐劄大臣，對六至七品伯克多有任命權，五品以上伯克，回疆參贊大臣具有驗看及挑補上奏之權，相對地，也握有伯克監督或革職的決定權與上奏皇帝裁奪之權。伯克制雖是以回治回的間接管理，但中央及回疆各城駐劄大臣有任免權，具有直接管理之效。由於伯克人數甚多，為免去大小伯克之事一概具奏的繁瑣，高宗決定伯克若在應辦事務上有所疏失時，也採分層管理方式。乾隆二十七年（1762）三月，高宗諭示凡是伯克陞選降革之事，五品以上伯克由該駐劄大臣專摺具奏，若為六品以下，於年終彙報即可。[400]使得伯克的任命與革職之事，自此權責相符。伯克任命後，執行其職掌若有疏失，駐劄大臣需負責查明或上奏，皇帝見奏認為事有未明之處，則令由回疆參贊大臣等介入調查。乾隆朝高宗遇伯克違法之事，多以統治未久為由，寬容處置，或派駐劄大臣及吐魯番郡王額敏和卓予以勸說。若調查後，情節嚴重者，如恃勢強占、洩露情報給外藩、倡言惑眾謀逆等，則予罷黜斥革，事情更為重大者，則解京審問或是正法。如果是因功封爵的回部王公及其後裔，懲罰方式較為寬容。若是大臣知悉伯克貪瀆未報，或是大臣與伯克共同貪瀆，大臣也將一併受罰。凡緣事遭革職之伯克，係為獲咎罷斥，是不准留賞原品頂戴，未遵守諭令的駐劄大臣及回

---

[400]（清）傅恒等，《平定準噶爾方略續編》，卷 16，頁 8-9 及 11-12，乾隆二十七年三月辛亥、癸亥，諭軍機大臣，收入張羽新、趙曙青主編，《清朝治理新疆方略彙編》，冊 6，頁 450-451。

疆參贊大臣，也將受到申飭。[401]

一、留京處置

回疆在逐步底定各城過程中，為安定民心及行政運作，多逐城依其功勞賞授伯克，若有伯克違法被揭，為避免回眾及伯克的疑慮，多以解京方式處置，到京後視其情況再予以決定，尤其是乾隆朝統治之初，高宗多採保留其品級，留京安置方式處理。如乾隆二十四年（1759）七月舒赫德奏稱，阿克蘇伊什罕伯克頗拉特、商伯克呢雅斯揭報噶匝納齊伯克巴巴克，其運用職權專擅委用，又侵吞應交官的徵收糧石，私下結黨共援，互相唆調，恐致滋生事端，高宗以其尚未深悉清朝法度，只革去職位，免治其罪，將他與妻子押解入京，所缺之位待阿奇木伯克鄂對回任再與舒赫德相商決定。[402]由此可知，高宗對新附之伯克處置較為寬容，並尊重該城阿奇木伯克管轄所屬伯克的意見和參與，以建立伯克制度上的運作慣例。

高宗為確保回疆的統治權，初期對回疆原有各地勢力加以整飭，並將有疑慮的霍集斯及霍（和）什克，藉年班進京入覲的機會，封爵留京，也引發後續效應。高宗考量回疆的安定及駐箚大臣的安危，對於伯克的審訊及正法，儘量避免滋生擾累。乾隆二十五年（1760）七月，呢雅斯伯克等妄造阿睦爾撒納越庫庫訥克嶺，並已取阿克蘇，意圖搧惑回人之心。這起因於呢雅斯伯克聽聞霍（和）什克等被留京，適值議派邁喇木輪值年班入覲，也恐被留京，故意糾眾造亂，二人被回疆參贊大臣阿里袞所獲。當時

---

[401] 《宮中檔嘉慶朝奏摺》，文獻編號第 404016911 號，2723 箱，嘉慶十九年十一月十六日，恩常奏。

[402] 《大清高宗純（乾隆）皇帝實錄》，卷 593，頁 26，乾隆二十四年七月丙子，諭軍機大臣。

高宗原諭令就地正法，但又思伯克俱為當地頭目，若在當地正法，恐造言生事之人，又將轉說駐箚大臣的不是，而激起變亂，因此諭示嗣後回部伯克身犯重罪，除了持械拒捕，臨陣剿殺之外，四品以上伯克拿送來京，五品以下需審明具奏請旨定奪，作為伯克處置的原則。[403]由於喀什噶爾所屬阿喇古（阿爾琥）村亦有喀喇和卓聚眾搶掠，當時阿喇古阿奇木伯克察拉瑪正值年班入覲，正是呢雅斯之兄，高宗原是寬免其罪，不必緣坐，仍留本身品級，但也因此被留置於庫車看守，引發年班同行曾受小和卓霍集占委任等伯克們的恐慌，尤其是喀什噶爾伊什罕伯克阿布都喇伊木及噶匝納齊伯克托魁等，於是當時負責護送伯克入京的輔國公如松，依喀什噶爾阿奇木伯克噶岱默特的呈告上奏，高宗即申明天朝法度，只有在犯罪時，才行懲治，從不無故猜疑，以化解伯克們的疑慮。[404]這也看見伯克們在新舊統治政權交替下，彼此信任基礎薄弱的疑懼，與高宗的深謀遠慮。

二、伯克作弊及為商人帶貨

伯克有時為了官員交辦之事務，欲顯好的業績表現，以作弊方式充數，如烏什事件城中回人淨盡，需由各城遣赴屯墾，和闐伯克將八戶的父子兄弟拆報為十六戶，伯克資助牛隻及盤纏，因而不得列入獎賞名單，高宗亦諭該城駐箚大臣烏納璽、巴延弼未悉心辦理，皆予議處，以示懲戒。[405]

---

[403] 《大清高宗純（乾隆）皇帝實錄》，卷 617，頁 2，乾隆二十五年七月戊午，又諭。

[404] 《大清高宗純（乾隆）皇帝實錄》，卷 617，頁 13-14，乾隆二十五年七月丙寅，諭軍機大臣；《大清高宗純（乾隆）皇帝實錄》，卷 619，頁 3，乾隆二十五年八月壬辰，又諭。

[405] 中國第一歷史檔案館編，《乾隆朝滿文寄信檔譯編》，冊 7，1072 條，頁 716，乾隆三十二年五月二十七日，奉上諭。

　　阿奇木伯克總管該城各項事務之責，雖不必繳稅，卻仍有貪瀆回人納賦之事，甚至成為歷任者的慣例。如色梯巴勒氏在出任喀什噶爾阿奇木伯克不久，即查出喀什噶爾歷任阿奇木伯克私行侵吞回人閏月交納普爾。高宗得奏，以事屬既往，而決定姑且從寬不咎，但認為既然喀什噶爾有此弊端，即下諭駐箚大臣綽克托及前往接任烏什參贊大臣永貴等人，也一併調查葉爾羌、和闐、阿克蘇、烏什等各回城，有無此情弊。[406]

　　伯克貪瀆黜革的規定，尚有年班商人夾運貨物之項。由於伯克年班朝覲需自付費用甚多，為謀利及支付旅費，商人利用伯克年班入京往返，為其運載貨物，乾隆朝高宗體恤伯克往來的支應之需，未多阻撓，只對官方提供的車馬作限制。然而伯克為商人私帶貨物，致使行李數量越來越多，不但加重官方運送行李的負載，甚至延宕年班抵京之期，因而嘉慶二十一年（1816）二月由理藩院奏准，伯克為商人夾帶貨物的懲處規範，凡是伯克年班入京夾帶私貨，在百斤以內，停升一次，至百斤則降一等，每百斤加一等，最重可革去伯克職，而具爵位之伯克者，罪責僅至革去伯克職，爵位不受影響。[407]

三、伯克人地不宜調革

　　伯克出任後若和輿情不合，辦事不力者，皆有可能被調至他處，輕則互調，更差則降調或革職。檔案內常見之因多為伯克彼此關係不和、偷懶、訛詐、違法及曠職，或者因城事繁及外藩往

---

[406] 《大清高宗純(乾隆)皇帝實錄》，卷 1055，頁 11，乾隆四十三年四月己酉，又諭。

[407] 《大清仁宗顯（嘉慶）皇帝實錄》，卷 316，頁 4-5，嘉慶二十一年二月癸丑，大學士管理藩院事托津奏；中國第一歷史檔案館編，《嘉慶道光兩朝上諭檔》，冊 21，頁 44，114 條，嘉慶二十一年二月初二日，奉旨。

來等能力不足，而遭到處分。有的是伯克間的嫌隙，加上貪瀆，遭解京審理；或如原是協助阿奇木伯克處理事務的伊什罕伯克，卻與阿奇木伯克不和睦，甚在其他事務的表現也不佳者，而遭到革職處分。例如阿克蘇伊什罕伯克頗拉特被奏其賦性愚拗，素來與阿奇木伯克色提巴勒氏不和，遇事多有掣肘，所屬回人也呈告頗拉特隱匿巴林回人九十戶未辦差務，經喀什噶爾辦事大臣永貴調查屬實，其子為七品都管伯克梯尼，恃勢強占回人田地及馬匹，永貴齊集大小伯克一起摘取頂翎，革任解送京師，其缺由辦事勤勉的賽里木伊什罕伯克密爾頗拉特調署。[408]如道光二十二年（1842）和闐所屬玉隴哈什四品阿奇木伯克邁瑪第敏個性安逸，遇有回人控告詞訟，置之不理，任由丁役串通訛詐，顛倒是非，又因嗜酒曠職，和闐辦事大臣達明阿上奏，宣宗於十月諭准將伯克革職，以示懲戒，次年（1843）四月奉上諭准以阿納雅特補授。[409]

　　伯克被革職的理由，亦有所謂愚鈍或不洽回情，而處以革職及管束的狀況。如道光二十年（1840）色呼庫勒五品阿奇木伯克邁依木，被回疆參贊大臣恩特亨額奏參其個性愚懦罷軟無能，而諭准革職處分，並留在葉爾羌交給阿奇木伯克伊斯瑪依爾嚴加管束達八年，直到伊母年逾八十，才請旨飭回色呼庫勒。[410]

[408]（清）傅恒等，《平定準噶爾方略續編》，卷 21，頁 30-31，乾隆二十八年五月丙戌，諭軍機大臣，收入張羽新、趙曙青主編，《清朝治理新疆方略匯編》，冊 7，頁 41。
[409]邁瑪第敏在《外紀檔》記為蓮瑪第敏，應是抄錄的筆誤，《外紀檔》，文獻編號第 303000149 號，頁 82-83，道光二十二年十月初七日，達明阿奏；中國第一歷史檔案館編，《嘉慶道光兩朝上諭檔》，冊 47，頁 322，1382 條，道光二十二年十月初七日，內閣奉上諭；中國第一歷史檔案館編，《嘉慶道光兩朝上諭檔》，冊 48，頁 173，478 條，道光二十三年四月初二日，內閣奉上諭。
[410]中國第一歷史檔案館編，《嘉慶道光兩朝上諭檔》，冊 45，頁 197，644 條，道光二十年四月二十六日，內閣奉上諭；《軍機處‧月摺包》，文獻編號第 081904 號，2749 箱，道光二十八年四月二十日，奕山奏。

　　四、五品之伯克，職分較大，多以分管各莊為主，以為其他伯克之表率，要求他們需勤快謹慎，撫綏回眾。本城阿奇木伯克負有監督所屬伯克之責，若有違法或未盡職之伯克，也可逕向該城回務章京反應，再由該管大臣奏報懲處。如葉爾羌三品阿奇木伯克阿克拉依都稟稱，所屬密沙爾莊五品喀喇都管伯克邁瑪底敏性情安逸，遇回人事件置之不理，以致回人有冤壓抑難伸，只得逐漸遷移他處躲避，實是曠職未克盡伯克撫卹回人之責，為防其他伯克相率效尤，文宗批准邁瑪底敏革職之事。[411]

四、伯克與駐劄大臣需索苛虐回眾

　　高宗統治回疆初期，為防止伯克因習舊俗的需索之風，及防止伯克相互誣告，建立伯克在回疆的管理威望，採取了一些新的措施。為防伯克朘削回人，賞給各城阿奇木伯克錢幣、地畝及供役之人（燕齊），希望伯克可以奉公自愛，對表現優秀者，再增加養廉騰格或加賞緞疋等作為鼓勵。高宗就曾以葉爾羌阿奇木伯克鄂對、喀什噶爾阿奇木伯克噶岱默特等，未有苛擾回人，又効力有年，除了官給六百騰格，再加二百騰格，以示鼓勵。[412]然而高宗仍提醒駐劄大臣多加留意伯克行為，如額敏和卓曾奏請，葉爾羌及和闐所積穀石甚多，希望可以酌量將有剩餘之數，以二分折交錢文，採買牲隻，八分折交紬布，運至伊犁，易換哈薩克馬匹，於公事有益，高宗即認為折交穀石既屬公私兩便，是可採行，但要留心查辦伯克在回眾折交錢布時，是否多有巧取；同時為防

---

[411]《宮中檔咸豐朝奏摺》，文獻編號第 406006216 號，2779 箱，咸豐五年六月十三日，常清、法福禮奏。

[412]（清）傅恒等，《平定準噶爾方略續編》，卷 14，頁 24-25，乾隆二十六年十一月癸丑，諭軍機大臣，收入張羽新、趙曙青主編，《清朝治理新疆方略彙編》，冊 6，頁 439。

葉爾羌阿奇木伯克鄂對玩忽職守，高宗要額敏和卓從容地開導他說：「爾當勿改初心，我暫歸一二年，再來駐劄，仍可相見如故」，實是鼓勵與威嚇兼具的告誡，並要求額敏和卓轉知前來交接的哈密王玉素布（富），同時也希望各城駐劄大臣遇到該管伯克們，要詳悉訓戒，讓阿奇木伯克作為其他所屬伯克的表率，以挽頹風。[413]這也說明駐劄大臣有監控上奏伯克之責，高宗對協助清廷的有功者，大多採取寬容地勸導，但高宗用「以挽頹風」一語，可知伯克巧取的風氣，早在以準噶爾統治時期已經存在。

　　若有人因隙誣告阿奇木伯克，經大臣調查，回人將依情節輕重遭到懲罰。如拜城回人呢雅斯因阿奇木伯克阿布都里提布催繳其賦稅，產生嫌隙，控告阿奇木伯克恃強索其田畝。經調查為誣告，呢雅斯被判發往廣東烟瘴之地充軍，高宗念其初犯同意此判，但通諭各回城大臣及回眾，嗣後若有類似誣告案，經駐劄大臣審理擬判死罪，請旨即就地正法示眾，以樹立伯克作為清朝官員執行公務的權力及其社會地位。[414]

　　相反的，若是伯克苛索回人，經查屬實亦給懲罰。乾隆二十六年（1761）三月，發生伯克需索苛刻的事端，玉古爾及多倫回人列款控告阿奇木伯克阿布都賚，勒索他們緞匹及牲口等各項罪狀。哈喇沙爾辦事大臣納世通奏請，等阿布都賚自伊犁回來，由庫車大臣及吐魯番公素賚瑪審訊，並請素賚瑪暫署阿奇木伯克職。[415]高宗認為阿布都賚為庫車人，因久居吐魯番，令其管理多

----

[413] （清）傅恒等，《平定準噶爾方略續編》，卷 16，頁 14-15，乾隆二十七年四月庚午，諭軍機大臣，收入張羽新、趙曙青主編，《清朝治理新疆方略匯編》，冊 6，頁 452。

[414] 《大清高宗純（乾隆）皇帝實錄》，卷 1054，頁 15-16，乾隆四十三年四月己亥，又諭。

[415] 《大清高宗純（乾隆）皇帝實錄》，卷 633，頁 9-10，乾隆二十六年三月庚申，哈喇沙爾辦事大臣按察使銜納世通奏。

倫回眾，卻放縱親戚瑪穆爾侵漁回人，而瑪穆爾又是放走白山派大和卓布拉呢敦之人，諭令即行正法，阿布都賚則革職押解到京處置。[416]最後比照搶掠商人之沖噶巴什烏默爾比之例，賞馬甲錢糧，歸於回人佐領安插。[417]乾隆二十九年（1764）十二月，額敏和卓年班入覲時，為阿克蘇伊什罕伯克頗拉特，以及勒索屬人的玉古爾阿奇木伯克阿卜都賚求情，高宗同意額敏和卓之建議，將二位伯克交護送回人伯克入覲之侍衛，帶到伊犁，交額敏和卓之子木（茂）薩阿奇木伯克照管，為避免二人輒行肆志妄為，特請伊犁將軍明瑞留心管束，若不知悛改，即行具奏請旨正法。[418]然而乾隆三十年（1765）二月發生烏什事件，高宗以烏什既亂，二人素非安靜之人，或許在伊犁又將滋事，也未可定，因此諭令侍衛帶其回返，入京安置。[419]

乾隆三十年（1765），因烏什事件發生後，高宗對於各城阿奇木伯克苛虐回人之事也較為重視，和闐阿奇木伯克阿什默特所屬回人民雅斯及克伊葉斯，常唆慫阿什默特苛虐妄為一案，高宗將相關者等，除呢雅斯正法外，其餘革去伯克之職，並解京賞給王公大臣；而對於曾有軍功之阿什默特，將其夫婦解京後，仍保留其公爵，令其居住於京，與其他留京之回疆額色尹等一體賞給俸銀米石，賞給住房，並交內務府安排，可見高宗對高階有功伯

---

[416] 《大清高宗純（乾隆）皇帝實錄》，卷 636，頁 12，乾隆二十六年五月戊申，諭軍機大臣等；《大清高宗純（乾隆）皇帝實錄》，卷 639，頁 16，乾隆二十六年壬辰，又諭。

[417] 大清高宗純（乾隆）皇帝實錄》，卷 646，頁 17，乾隆二十六年十月丁丑，軍機大臣等奏。

[418] （清）傅恒等，《平定準噶爾方略續編》，卷 27，頁 24-25，乾隆二十九年十二月乙未，諭軍機大臣，收入張羽新、趙曙青主編，《清朝治理新疆方略匯編》，冊 7，頁 86-87。

[419] （清）傅恒等，《平定準噶爾方略續編》，卷 28，頁 17-18，乾隆三十年閏二月己未，諭軍機大臣，收入張羽新、趙曙青主編，《清朝治理新疆方略匯編》，冊 7，頁 93。

克干犯貪瀆苛虐之事的處置，較為寬容。[420]

　　回疆各城就其監督責任而言，伯克就任後，多由所屬阿奇木伯克及駐箚大臣需負責監督及考核，阿奇木伯克則由駐箚大臣負責，若再有爭議，則由伊犁將軍介入調查。反之，伯克亦可監督該城的辦事大臣等，若有苦累回人的駐箚大臣，阿奇木伯克可向回疆參贊大臣呈告，以阻止官員職權的濫用，造成民怨沸騰或激成事端，發揮伯克照管回人，及監督官員之責。如葉爾羌阿奇木伯克色提巴勒氏控告該城辦事大臣高樸，其為高宗慧賢皇貴妃之侄，也是曾任兩江總督高斌之孫，高樸與伊沙噶（伊什罕）伯克私行派撥三千多位回人入山採玉，夥同商民進行私玉買賣。高宗以高樸營私舞弊，擾累回人，日久恐又成烏什事件的翻版，下令將高樸正法，查抄家產，色提巴勒氏則得賞貝子品級，而前任已故阿奇木伯克鄂對因涉案，被革去貝勒銜，高宗也諭令嚴行查緝私玉，由回疆牽連至各省；[421]直至仁宗才有改變，但已間接影響民間玉石供應及玉器製作，也是導致清朝玉器由盛轉衰的因素之一。事後調查發現，高樸對補放的伯克也有索取銀兩的情況，如五品伯克阿布都拉、阿濟斯墨捫及和闐阿奇木伯克邁底雅爾等。高樸正法時，色提巴勒氏曾懊惱不知牽涉如此廣泛，擔心不知情者說他是構釁而深感愧懼，高宗傳諭安慰及嘉獎。[422]然而事發過

---

[420] 《大清高宗純（乾隆）皇帝實錄》，卷 749，頁 9-10，乾隆三十年十一月甲午，諭軍機大臣；《大清高宗純（乾隆）皇帝實錄》，卷 754，頁 27，乾隆三十一年二月辛亥，又諭。

[421] 《大清高宗純（乾隆）皇帝實錄》，卷 1067，頁 9-38、42-43，乾隆四十三年九月壬寅至甲寅、丙辰，諭軍機大臣等；《大清高宗純（乾隆）皇帝實錄》，卷 1068，頁 21-24，乾隆四十三年十月壬戌，又諭；《大清高宗純（乾隆）皇帝實錄》，卷 1069，頁 5，乾隆四十三年十月壬申，又諭。

[422] 《大清高宗純（乾隆）皇帝實錄》，卷 1069，頁 11，乾隆四十三年十月乙亥，諭軍機大臣等；《大清高宗純（乾隆）皇帝實錄》，卷 1069，頁 38，乾隆四十三年十月甲申，又諭。

程，未有官員檢舉，玉石運送沿途官員也未查緝，也顯現大臣與伯克，及大臣之間彼此官官相護的情形，也是存在的。

由於葉爾羌阿奇木伯克鄂對在任內與該城大臣私鬻玉石，在其過世後才查獲此事，高宗曾派永貴前去喀什噶爾，當著駐箚大臣及眾伯克面前曉諭伊子現任喀什噶爾三品阿奇木伯克鄂斯璊，說明高宗的寬容，畢竟鄂對若仍在世，需受正法，念其父之軍功只將貝勒爵位革去，查抄家產，以使眾人引以為戒。而之所以未將鄂斯璊一併抄家及緣坐，是因為相信他未與其父同城居住，未涉此事，除改他授為散秩大臣，拔去雙眼翎，換為單眼翎外，仍准其留任喀什噶爾阿奇木伯克之職，諭令鄂斯璊無須害怕，但當感激，且要他負責償還鄂對欠張鸞七千八百八十多兩銀，鄂斯璊在計算他任阿奇木伯克所得後，願以五年為限交納欠銀。[423]

通常高宗對回疆駐箚大臣奏報伯克需索的狀況，並不以一人奏報為判斷，而是考量該臣消息來源、關係聯結、到任時間及人情往來，並諭其他大臣暗地監督密報，再行定奪，深具治理之謀略，也了解各城大臣個性。如葉爾羌辦事大臣期成額奏喀什噶爾回人咒罵阿奇木伯克噶岱默特，高宗認為果真如此，喀什噶爾大臣福森布豈非不知，卻未上奏，且噶岱默特向與吐魯番額敏和卓不和，而期成額又與額敏和卓關係交好，恐是聽額敏和卓一面之辭，且若是年節向所屬回人索取一些物品，是為常事，若是眾回人皆咒罵，則有苦累眾人之事，不能寬宥。為此諭令烏什辦事參贊大臣綽克托詳查密奏，綽克托回奏也要交福森布及淑寶一同調查密奏，高宗即以福森布久駐喀什噶爾，既然先前未查奏，如今要查必然要掩飾過失，不會陳述實情，而淑寶又剛調任回疆未久，

---

[423] 《奏摺檔》，文獻編號第 305000009 號，頁 22-30，乾隆四十四年正月初八日，永貴奏。

更不知噶岱默特的狀況，且此事一旦張揚，必定引來噶岱默特的驚懼及懷疑，不如綽克托隔個半載或一年，再親自前往喀什噶爾親自查考。[424]再如庫爾勒三品阿奇木伯克尼雅孜妄行侵扣，苦累屬下回人，回疆參贊大臣綽克托原是以其征戰受傷的舊功，僅處以續留阿克蘇及降補為四或五伯克，高宗認為這樣的懲罰，豈不是讓各城伯克知道，苦累所屬回人，並非大過。諭令逐斥尼雅孜，帶往烏什效力贖罪，回疆參贊大臣可委以任何差事，等過個二三年後，高宗再降旨以五六品伯克之缺任用，如此伯克則感於此恩，再為回人熱心効力。[425]這些事情也體現高宗對回部王公及伯克權位管理，恩威並濟的手腕。

清朝統治日久，高宗對於苛待回人的伯克，不再只是勸說及獎勵，或至留置於京，而是給予實質的懲罰。乾隆四十四年（1779），庫車阿奇木伯克阿卜都哩蒂卜（阿布都里提普）苛派所屬回人，放縱回奴呢雅斯等赴各鄉村勒索回人牛馬錢，若稍不如意即行將人捆打，並向所屬明伯克額必里、伊木愛英爾、木拉特三人索借普爾錢二千五百文。經烏什參贊大臣申保審理屬實，判其發往伊犂當苦差，高宗原以其苛索物件不多，欲免除發伊犂，僅發較近烏什，後來見苛虐之事甚多，同意申保照例定擬。[426]

若是清廷派駐回城的大臣所為，致使回眾輕視或求告無門，

---

[424]中國第一歷史檔案館編，《乾隆朝滿文寄信檔譯編》，冊 11，1768 條，頁 653-654，乾隆三十九年六月二十三日，奉上諭；中國第一歷史檔案館編，《乾隆朝滿文寄信檔譯編》，冊 11，1793 條，頁 667-668，乾隆二十九年八月二十九日，奉上諭。

[425]中國第一歷史檔案館編，《乾隆朝滿文寄信檔譯編》，冊 12，2102 條，頁 564，乾隆四十二年九月十六日，奉上諭。

[426]《軍機處・月摺包》，文獻編號第 025384 號，2705 箱，乾隆四十四年十月二十二日，申保、常喜奏；《大清高宗純（乾隆）皇帝實錄》，卷 1096，頁 7-8，乾隆四十四年十二月乙卯，又諭。

未能信服，經由回疆參贊大臣調查審明，確有苛待回人或貪瀆，則更換大臣以正吏治。[427]由於各城大臣對伯克既有提名及監督上奏之權，回疆阿奇木伯克等伯克也多有故意奉迎大臣之事，高宗亦將伯克與貪瀆之大臣一同懲處，希望杜絕此風。如在乾隆五十三年（1789）十二月和闐領隊大臣格綳額到任，不但隨即收受阿奇木伯克邁瑪第敏等眾伯克之皮張、綢疋，並索取銀兩。當時葉爾羌辦事大臣塔琦雖知，卻以恐向阿奇木伯克調查，將妄生疑懼，或引發回眾揭告之風等由，而未予參奏，欲息貪婪事實。直到下任的和闐領隊大臣錦格參奏，才被交部議處。高宗要求喀什噶爾參贊大臣明亮，務須留心查察，回疆各城尤當潔己奉公，若向回眾需索，必將從重治罪，決不輕貸，格綳額獲判在和闐正法示眾，塔琦革職，而阿奇木伯克邁瑪第敏實屬諂媚迎合，但念其祖拜城輔國公噶岱默特有功，僅革去阿奇木伯克之職，保留其公爵之位，前往葉爾羌效力贖罪。[428]

但和闐伯克、官員並未因此受到教訓，在乾隆五十七年（1792）三月又查出前一年五月和闐克哩雅城阿奇木伯克邁瑪特尼雜爾為圖自己私利，授意所屬明巴什恐嚇塔木額吉里之民，又謊報伯克阿里木和卓占據回人田地之事，雖遭回人邁瑪沙控告，但當時駐劄大臣李侍政並未參奏嚴行辦理，而是姑息完結，以致邁瑪特尼雜爾又向所屬克哩雅回人，托故攢收布二千匹。李侍政雖曾至該城巡查，也未查出邁瑪特尼雜爾所作之事，即便是領隊大臣錦格

---

[427]《大清高宗純（乾隆）皇帝實錄》，卷 1101，頁 18，乾隆四十五年二月丁丑，諭軍機大臣曰。

[428]《大清高宗純（乾隆）皇帝實錄》，卷 1318，頁 4-5，乾隆五十三年十二月庚寅，又諭；《大清高宗純（乾隆）皇帝實錄》，卷 1319，頁 17-18，乾隆五十三年十二月己酉，諭軍機大臣等，又諭；《大清高宗純（乾隆）皇帝實錄》，卷 1322，頁 23-25，乾隆五十四年二月己亥，諭旨；中國第一歷史檔案館編，《乾隆朝上諭檔》(北京：檔案社，1991 年)，冊 14，頁 805，1910 條，乾隆五十四年三月十九日。

聽聞轉告，李侍政也因受邁瑪特尼雜爾之兄和闐本城三品阿奇木伯克穆喇特伯格懇請，未對回人控告之事，秉公辦理。穆喇特伯格曾在年班時，受高宗賞識令其為乾清門行走，也因此被革去乾清門侍衛之銜，拔去花翎。喀什噶爾參贊大臣明興審辦，認為這是駐箚大臣姑息，以致所屬伯克苛待回人之事在一年內日趨加重，高宗責李侍政怠玩職守，不以事為事，諭以嚴加議處，錦格雖在這兩件事中揭告，但此次未更積極處置，也交部議處。[429]

　　清廷對於協助將回疆收疆版圖有功者，封以爵位，然若遇家人等有藉勢侵占等情形，亦給予懲處，以平民怨。如道光四年（1824）阿克蘇郡王哈迪爾因聽信家人之語，以為阿克蘇所屬特尹之地牽混侵占鄰境洋海莊的古地，且未查明即差其侄三等侍衛阿布都爾雜克護衛，前去執問烏什阿奇木伯克木薩烏什回人侵占其田產之事，態度傲慢。阿布都爾雜克遭到議處原為革職，後來酌減降為三級調用，而鑲紅旗蒙古都統郡王哈迪爾，也因此在都統部分被降職，所兼貝勒世職雖免降調，但需照例每級折罰世職半俸三年，共折罰世職半俸九年。[430]

　　吐魯番郡王額敏和卓之子鄂羅木咱卜及其長子密里克雜特一系之子孫，和什納扎特、哈里羅（咱）特及邁咱木雜特皆任伊犁阿奇木伯克。哈里羅（咱）特及邁咱木雜特皆因私占官地等因，而革去阿奇木伯克之職。哈里雅（或稱羅、咱）特曾挾勢強占官地兩筆共二十五分，每歲應納補十六石，攤派給回人代納糧賦，又私役一百多名種地回人常年在家使喚，回人往年皆勉強順從，

[429]《大清高宗純（乾隆）皇帝實錄》，卷1398，頁8-9，乾隆五十七年三月丙子，又諭；《大清高宗純（乾隆）皇帝實錄》，卷1400，頁1-2，乾隆五十七年四月庚子，諭。
[430]《外紀檔》，文獻編號第303000035號，頁144-147，道光四年十一月二十八日，玉麟等奏。

但咸豐三年（1853）欠收，咸豐四年（1854），回人因官員催繳，不堪賠累，遂而憤恨告官，經調查屬實，哈里雅特被革去乾清門行走及散秩大臣之銜，因念其祖額敏和卓等功績，以及本身開墾塔什圖畢等地之功勞，保留台吉世職，遞回原籍，交吐魯番大臣管束。[431]哈里雅特之子邁咱木雜特繼任後，自咸豐九年（1859）起，又陸續攤派各莊回人錢文一萬五千多串，短發籽種小麥四千石，役使回眾代耕種地，苛派回人苦累難擔，因而與眾伯克聯名呈控，於同治二年（1863）十一月遭革職。[432]

　　為防止伯克科斂，即使伯克是因公攤派錢兩，亦將遭受處分。道光二十一年（1841），庫爾勒回人控告該管阿奇木伯克托胡塔等伯克，於二月間因開墾荒地科斂他們普爾錢二百五十千文，又向舖戶借銀一百兩五十千文，勒派燕齊差使等事，經調查阿奇木伯克及大小伯克，已為開墾哈拉渾荒地，開渠需用器具及工人口糧捐過普爾錢四百九十餘千文，因無力再捐，轉向回眾攤派，雖未分肥入己，依法擅自科斂坐贓論，按坐贓五百兩折半計贓二百兩以上，依律應杖七十，徒一年半，托胡塔因此畏罪發瘋投河自盡，大臣以人既已去世而免罰。至於懲懲攤派的回人頭目伊薩克，依擅自科斂坐贓論，按坐贓五百兩罪止杖一百徒三年，且其為首禍之人，應酌枷號三個月，以作為回部任意科斂者之戒，而當時受懲懲代理阿奇木伯克職的五品商伯克阿布都克勒木也交理藩院嚴加議處，其他小伯克也因未向阿奇木伯克稟告阻止，均應照不應重律杖八十折責發落，需歸還所有錢兩，希望可以杜絕阿奇木

---

[431] 《外紀檔》，文獻編號第 30300251 號，頁 131，咸豐四年七月二十八日，奕山、圖伽布奏。

[432] 《軍機處‧月摺包》，文獻編號第 094771 號，2742 箱，同治二年十一月十五日，常清奏。

伯克及衙門役使回人的弊端。[433]

　　咸豐二年（1852）七月，庫車五品商伯克邁瑪特熱依木帶領跟役，私行出城買賣，挾妓飲酒，夜不歸衙，酒醉鬧街，辱罵查街伯克，任意妄為，阿奇木伯克邁瑪斯底克向回務章京稟報，由庫車辦事大臣奏請革職，文宗批另有旨，而邁瑪特熱依木升任此職不過才約十個月左右，但事發後，咸豐二年（1852）十月，該伯克即病逝。[434]葉爾羌三品阿奇木伯克阿克拉依都雖為咸豐年間白山派侵擾回疆時，籌措軍餉，但因涉及以發商銀兩，私自還債，再令回眾攤派，濫行枷責，以致回人殘傷，遭罰革去御前行走、郡王、散秩大臣等銜，文宗念其祖額敏和卓等功蹟，免除發遣，只要求繳欠交官項本銀一萬兩，其中包括截至同治二年（1863）十月，應行交息銀四千六百五十九兩五錢，及認攤賠各回莊銀三百六十兩，勒限於一年內的繳清。阿克拉依都將自己吐魯番郡王未領的咸豐八至十年（1858-1860）三年郡王世俸銀四千八百兩，及湊措現銀七千二百兩，計成一萬二千兩，作為捐輸，同治三年（1864）二月，再將本銀一萬兩繳清，此銀也為葉爾羌、巴爾楚克兩城難以為濟的兵餉，解除了燃眉之急。[435]新疆軍餉的短絀可見一般。

　　相對於採取革職及罰苦差處置伯克，光緒年間改建行省之

---

[433] 《宮中檔道光朝奏摺》，文獻編號第 405003954 號，2719 箱，道光二十一年八月二十五日，聯順奏。

[434] 《宮中檔咸豐朝奏摺》，文獻編號第 406001248 號，2709 箱，咸豐元年九月初八日，德齡奏；《軍機處・月摺包》，文獻編號第 085977 號，2780 箱，咸豐二年七月二十一日，承芳奏；《宮中檔咸豐朝奏摺》，文獻編號第 406002313 號，2709 箱，咸豐二年七月二十一日，承芳奏；《軍機處・月摺包》，文獻編號第 087692 號，2780 箱，咸豐二年十月二十日，德齡奏。

[435] 《大清穆宗毅（同治）皇帝實錄》（臺北：臺灣華文書局，1964 年），卷 25，頁 45-46，同治元年四月辛未，又諭；《軍機處・月摺包》，文獻編號第 091968 號，2742 箱，同治二年十月十九日，景廉奏；《軍機處・月摺包》，文獻編號第 095284 號，2742 箱，同治三年二月二十七日，景廉奏。

際，沙雅爾阿奇木伯克阿卜都拉因阻納徵糧，希圖中飽勒索，纏民克拉普必儞力等百餘戶贓銀共一千餘兩，並在阿奇木伯克住處起獲私藏洋槍三十三桿及子彈，其手下納思爾等亦苛歛纏民，均遭控告供認不諱，於光緒十年（1884）正月分別被判斬立決梟示及斃杖。[436]這是同光戰後，恐因伯克貪瀆再失民心的做法，或者在當時改為行省勝於伯克制的政治氛圍下，再次以此極刑，突顯伯克制的弊端。

五、伯克干犯禁例

清廷為防伯克藉其職位侵犯回人的利益，在嘉慶十九年（1814）由理藩院議定五條禁例，即理藩院由玉努斯案的回疆事宜規則十則，制定成五項禁令，撰入《欽定回疆則例》，包括阿奇木伯克不得私交外藩、阿奇木伯克不得酷刑取供、巴雜爾市集禁止私設牙行、禁止侵占渠水、禁止莫洛回子習念黑經。[437]道光八年（1828），張格爾事件後，經那彥成調查回疆弊端，整理成禁例列入卷七及卷八，皆列入《回疆則例》，回人若依此提出控告，伯克將受革職等處分，阿奇木伯克亦因失察受連帶處分。[438]

其中有關伯克補放特別規定，不准通事陞用為伯克者的禁任限制，也是源於那彥成在道光八年（1828）張格爾事件後，調查回疆弊端，發現回子重視翎頂官職，以為榮寵，於是有伯克出缺時，即向司員及辦事大臣賄賂，而伯克即以大小衙門為名，向回

---

[436] 中國第一歷史檔案館，《光緒朝硃批奏摺》，第 115 輯，561 條，頁 583，光緒十年正月，准統領嵩武軍廣東陸路提督張曜咨呈。

[437] （清）托津等編纂，《欽定回疆則例》，卷 3，頁 33-35，收入天龍長城文化藝術公司編，《新疆史志》，第二部，冊 11，頁 261-269。

[438] （清）賽尚阿等修，《欽定回疆則例》，卷 6，頁 17-21，卷 7，頁 10-11、20-24，卷 8，頁 1。

眾苛歛，尤其是懂漢語的通事，在大臣面前當差，相互熟識，因
而瞻狗情面，以致違例晉升為伯克，這些人出入衙門內外串通，
無惡不作，因此奏請禁止。[439]道光年版《欽定回疆則例》亦將此
纂為條例：「**各城回子工匠及阿奇木家人，並在京為奴遇赦釋放
之回子等，如通曉漢語，只許充當通事，概不准陞用伯克。**」[440]

　　上述的禁令，成為嘉道以下各朝回疆伯克需遵循及查報懲處
之事。咸豐二年（1852）十一月，布古爾阿奇木伯克玉努斯接獲
回人買賣提玉努斯等八人，控告五品商伯克素普侵占渠水澆灌自
己的地畝，卻致回人耕地田苗缺水乾旱，經喀喇沙爾辦事大臣委
由印房及筆帖式等前往查勘，商伯克素普亦坦誠不諱，即照《回
疆則例》內載，倘有伯克倚勢侵占渠水，一經查獲，被控告伯克
需參革究辦，該管伯克等治以失察之咎，因此素普即照例參革，
阿奇木伯克玉努斯亦因失察交理藩院覈議，五品商伯克缺出需奏
請補放。[441]而理藩院於咸豐三年（1853）正月開議，決議革去在
任六年多的玉努斯布古爾三品阿奇木伯克職，[442]降為四品伯克。[443]

　　回疆戰亂善後工作，伯克對於被脅走或隨入侵者出卡未歸之
回人財產，需進行查抄，然而若是伯克濛混受賄，將依律以官員
受財者計贓科斷，若為需索者，以律載監臨官吏挾勢求索所部內

---

[439] （清）容慕安輯，《那文毅公籌畫回疆善後事宜奏議》，卷 78，頁 6-8，道光
　　八年六月初二日，那彥成、武隆阿、楊芳奏，收入張羽新、趙曙青主編，《清
　　朝治理新疆方略匯編》，冊 10，頁 330-331。
[440] （清）賽尚阿等修，《欽定回疆則例》，卷 7，頁 9。
[441] 《軍機處・月摺包》，文獻編號第 087940 號，2780 箱，咸豐二年十一月初七
　　日，舒精阿奏。
[442] 中國第一歷史檔案館編，《嘉慶道光兩朝上諭檔》，冊 51，頁 116，418 條，
　　道光二十六年四月二十三日，內閣奉上諭。
[443] 中國第一歷史檔案館編，《嘉慶道光兩朝上諭檔》，冊 53，頁 336，1106 條，
　　道光二十八年十月初四日，內閣奉上諭；《宮中檔咸豐朝奏摺》，文獻編號第
　　406003661 號，2709 箱，咸豐三年三月二十二日，舒精阿奏。

財物並計贓強者，准枉法論罪止杖一百流三千里，或以律載抄箚
入官家產，隱瞞財物房屋者，坐贓論罪止杖一百。咸豐七年
（1857），倭里罕入侵善後，葉爾羌抄產有多位官員及伯克發生
受賄索詐之弊案，是咸豐十年（1860）回疆參贊大臣英蘊，核對
前任回疆參贊大臣慶英抄產變價銀錢數目不符才被查獲，各伯克
懲罰為六品伯克計贓二十兩擬降一級，坐贓三十兩各答五十，已
故伯克贓款仍需追繳。[444]

　　咸豐十年（1860）五月，因阿克蘇鐵喚莊渠壩被水沖開，明
伯克伊薩克雖不是管理修補渠壩之事者，也盡力找到回夫一千一
十七人前來支援，堤霸修竣，未料天降大雨又將堤霸沖開，阿克
蘇三品阿奇木伯克頭等台吉阿密特（庫車郡王伊薩克之孫）前來
查看，因醉以伯克修理渠壩不經心力為由，用棍及馬鞭拷打濫刑，
責斃所屬雅爾巴什莊七品明伯克伊薩克，其因傷身死卻謊報病
故。同時阿密特亦將七品密喇普伯克木薩，責打一百零三棍，又
將其綁在樹上踢打，休養四十餘日才平復。《回疆則例》載如遇
刑訊重案，阿奇木伯克不得濫設夾棍杠子，擅自受理，要隨時稟
明本管大臣，聽候委員會同審辦，而阿奇木伯克阿密特已屬違例
擅刑，並將非專司修渠之責者，責至傷重身死，將其革職處分，
而回務衙門通事玉素勻伊布拉依木及哈資伯克哈色木均知責傷身
死，未如實告知，阿克蘇辦事大臣綿性亦有失察之咎。[445]此為有
功封爵家族子弟出任伯克，與所管伯克及大臣間，官官相護，而

444 《宮中檔咸豐朝奏摺》，文獻編號第 406012530 號，2714 箱，咸豐十年六月十
　　三日，英蘊奏；《宮中檔咸豐朝奏摺》，文獻編號第 406013281 號，2714 箱，
　　咸豐十年十月十一日，英蘊奏。
445 《宮中檔咸豐朝奏摺》，文獻編號第 406012722 號，2714 箱，咸豐十年七月十
　　三日，裕瑞、英蘊奏；《宮中檔咸豐朝奏摺》，文獻編號第 406013282 號，2714
　　箱，咸豐十年十月十一日，英蘊奏；《大清文宗顯（咸豐）皇帝實錄》，卷
　　342，頁 6-7，咸豐十一年二月辛酉，又諭。

致小伯克及回人受害之例。

　　時隔兩個月，咸豐十年（1860），阿克蘇辦事大臣綿性受章京國熿慫恿，以阿奇木伯克衙門向有徵收私賦，未與回疆參贊大臣及各城大臣商議，即以私立鹽課改為辦公之用，自三月起按人要錢，回人及安集延等外國商民每人每月收二錢，伯克三品至七品按品級每月交錢五十至三十文不等，收了三、四個月。隨後又以辦理清查回戶事件，咨請葉爾羌參贊大臣英蘊將因失城革職留於阿克蘇的庫車郡王喀什噶爾阿奇木伯克愛瑪特，以及遭革職之阿克蘇阿奇木伯克阿密特父子留在阿克蘇協助調查，因而被英蘊奏參。由於道光六年（1826）善後查裁禁陋規，各城大臣要按季出具印結並無干犯陋規人員，於年終呈報，早已行之有年，而辦事大臣綿性及阿奇木伯克阿密特皆已干犯陋規，綿性不但知其陋規未報，又以轉為公用之名私徵，綿性因此被押解入京，交宗人府及刑部定擬罪名。[446]而綿性同時也將賽里木及拜城例定採買銅斤，擅自變更，往昔阿克蘇採買銅斤，每斤領價八十文，現改為糧餉局發錢四十多文，剩下的概由回戶攤派，拜城阿奇木伯克哈色木亦曾向回戶攤派，措辦駝價。當時也發現駐箚大臣若至該地巡查，伯克需豫備羊麵，再向回戶攤派，而回人不堪官員及伯克需索，窮苦的回人只得將地畝私典於安集延商人，長此以往，不僅有礙回人生計，邊疆大局更受危害。[447]

---

[446] 《宮中檔咸豐朝奏摺》，文獻編號第 406013800 號，2714 箱，咸豐十年十二月二十四日，英蘊奏；《大清穆宗毅（同治）皇帝實錄》，卷 16，頁 16-18，同治元年正月丁酉，又諭。

[447] 《大清穆宗毅（同治）皇帝實錄》，卷 16，頁 26-27，同治元年正月丁酉，又諭。

六、內亂外患

1、乾嘉時期私通外藩

　　凡是伯克涉及與大小和卓有關聯絡，甚或為此與外藩往來等，清廷皆視為逆謀之罪，處罰較重。乾隆二十九年（1764）三月，喀什噶爾阿奇木伯克噶岱默特呈告伊什罕伯克阿卜（布）都喇伊木，前往浩罕貿易回人噶帕爾與當地買賣頭目拜默特表示，阿卜都喇伊木是大小和卓波羅尼都、霍集占信用之人，清兵臨城才投降；並密遣親信之人哈勒默特，私向浩罕額爾德尼洩露情報，說明此次清廷派人前來，是專為索還侵佔阿濟比游牧而來，並未帶軍隊，只要在家坐著等候，無需遠迎。若要索地不妨應允，將來給還與否，再為商酌即可。同時也透露喀什噶爾防軍不多，可領軍前來，將為其作內應，這等於是洩露情報給外藩。阿奇木伯克素勒坦和卓對他的評語是生性奸詐，其婿墨墨氏敏也涉及邁喇木、呢雅斯的叛案內，建議與阿克蘇伊什罕伯克薩里對調，或是調離回疆，前往伊犁，在阿奇木伯克木（茂）薩手下辦事。高宗諭以事關重大，若果真為事實，豈可調補，而是要從重量罪，依例凡將內地事務洩露與外藩，視同反叛，妻子也要從坐處罰，應一併正法。[448]但高宗念其新附未久，將其家口免死，正逢阿卜都喇伊木於是年入覲，正在返程途中，高宗即令侍郎五吉前往押解至阿克蘇與回疆參贊大臣納世通審訊，並向其他同行伯克說明他被參奏，與其他伯克並無關係，阿卜都喇伊木審供是因未授為阿奇木伯克，而心懷背叛。高宗諭以「**交通外藩，希圖叛逆**」，即

---

[448] 中國第一歷史檔案館編，《乾隆朝滿文寄信檔譯編》，冊 5，620 條，頁 552-554，乾隆二十九年三月二十二日，奉上諭。

凌遲梟示，其子處斬，其弟阿卜都克勒木非子嗣，雖可免死，但
需送京給大臣為奴，妻女及兄弟之妻俱送京，原有年班備賞之物
及所有財產皆予沒收，至於墨墨氏敏則在回疆參贊大臣納世通與
阿奇木伯克噶岱默特商議後，再行押解入京辦理。[449]

　　若於戰亂時，倡言惑眾，引回人恐慌不安，則予正法、凌遲
處置。乾隆三十年（1765），正當烏什事件之際，庫爾勒哈子（資）
伯克阿璊因去年無故被阿奇木伯克色提克毆打，趁色提克前往烏
什支援時，於閏二月初五日傍晚與伊兄噶雜納齊伯克和碩爾及弟
姪等十一人吃飯，阿璊和大家提到，聽說烏什各城俱叛，大家何
也不殺了阿奇木伯克，掠其所有分給眾人，並以克伊雅斯為首，
前往烏什，我可以成為大伯克，大家也可擔任大頭目。但噶雜納
齊伯克和碩爾勸大家勿妄言，並將此事告訴阿奇木伯克。經吐魯
番郡王額敏和卓審理後，以其挾嫌乘隙謀逆判罪，高宗同意以凌
遲處置阿璊，妻子賞給在京大臣為奴；而其兄和碩爾本應緣坐處
斬立決，高宗以其未聽從，又為新附之回人，不知清朝的法律，
予以釋回。[450]

　　至於私通外藩造成誤導及影響回疆治亂甚為深遠的事件，莫
過於發生在嘉慶十八年（1813）至十九年（1814）間，喀什噶爾

[449]（清）傅恒等，《平定準噶爾方略續編》，卷 24，頁 25-28，乾隆二十九年三
　　月癸酉，納世通奏、諭軍機大臣，收入張羽新、趙曙青主編，《清朝治理新疆
　　方略匯編》，冊 7，頁 63-64；（清）傅恒等，《平定準噶爾方略續編》，卷
　　26，頁 4-8，乾隆二十九年七月乙丑，納世通奏、諭軍機大臣，收入張羽新、
　　趙曙青主編，《平定準噶爾方略續編》，卷 26，頁 17，乾隆二十九年八月戊戌，諭軍機大
　　臣，收入張羽新、趙曙青主編，《清朝治理新疆方略匯編》，冊 7，頁 77。
[450]（清）傅恒等，《平定準噶爾方略續編》，卷 30，頁 15-17，乾隆三十年五月
　　丁丑，吐魯番郡王額敏和卓、諭軍機大臣，收入張羽新、趙曙青主編，《清朝
　　治理新疆方略匯編》，冊 7，頁 108-109。

阿奇木伯克玉努斯的冤案。[451]玉努斯在嘉慶十六年（1811）閏三月承襲郡王並出任喀什噶爾阿奇木伯克，伊犁將軍接獲恩常之信，言浩罕愛瑪爾欲遣使呈請在喀什噶爾添設哈子伯克，自行管理安集延商人的事務及貿易抽稅，松筠查訪後認為是喀什噶爾阿奇木伯克玉努斯為了訪查白山派大和卓子薩木薩克之子玉素普的下落，遣人送禮給愛瑪爾通好所致；[452]又以玉努斯營私取利苦累回人，妄殺四命等因上奏，仁宗念及伊祖額敏和卓等之功勳，裁定玉努斯革職免死，發往伊犁求遠監禁。[453]嘉慶十九年（1814），理藩院也因此議定嚴禁回疆阿奇木伯克假稱訪查事件，直接與浩罕伯克致書送禮，尤其是喀什噶爾及英吉沙爾所屬阿奇木伯克及大小伯克，回疆參贊大臣對此須盡監督之責，為避免忽略及懈怠，要在每年年終具奏一次，如果伯克遇事必須寄信，皆要稟明回疆參贊大臣。[454]然嘉慶末年起至道光朝，白山派大和卓後裔張格爾不斷地入侵回疆，證明了大和卓子嗣存在的事實，玉努斯時任喀什噶爾阿奇木伯克，接續乾隆朝及其父伊斯堪達爾，積極打探浩罕政局發展，及追查大和卓子嗣下落等事並非未捏造。然而松筠急於表現及誤判，不但造成玉努斯押送伊犁永行監禁的冤案，對

---

[451] 聶紅萍，〈嘉慶朝新疆「玉努斯案」〉，《中國邊疆史地研究》，第 17 卷第 1 期（2007 年 3 月），頁 52-54。

[452] 《廷寄檔》，文獻編號第 604000123 號，頁 169-170、209-210、235，嘉慶十九年二月初一、初六、十四日，奉上諭。

[453] 中國第一歷史檔案館編，《嘉慶道光兩朝上諭檔》，冊 18，頁 347，1042 條，嘉慶十八年十月二十三日，奉上諭；中國第一歷史檔案館編，《嘉慶道光兩朝上諭檔》，冊 19，頁 98，260 條，嘉慶十九年二月二十四日，內閣奉上諭；中國第一歷史檔案館編，《嘉慶道光兩朝上諭檔》，冊 19，頁 111-112，300 條，嘉慶十九年二月三十日，奉上諭；中國第一歷史檔案館編，《嘉慶道光兩朝上諭檔》，冊 19，頁 138-139，375 條，嘉慶十九年閏二月十二日，內閣奉上諭。

[454] 《宮中檔嘉慶朝奏摺》，文獻編號第 404017296 號，2723 箱，嘉慶十九年十二月十八日，恩常、永芹奏。

繼任的阿奇木伯克等伯克也發生了寒蟬效應，不再追查白山派後裔，怠忽周邊各國情勢變化的呈報，清朝因而疏於防範，導致新疆在道光朝以下，不斷地陷入和卓後裔及浩罕等外來的侵擾與戰亂之中。[455]

2、道咸兩朝伯克遭脅俘與革職

回疆在道光年起各城常遭到外來侵擾，包括白山派和卓後裔、布魯特、安集延等，而內部又如宣宗所言歷任回疆參贊大臣及辦事大臣等荒淫暴虐，回人忿恨忍受，伊犁將軍也漫無察覺，或是隱忍不言。[456]以致外力侵擾時，人心向背，回人及伯克又首當其衝，伯克因負責城務及其地位，往往成為入侵者，捉捕脅迫的指標對象，伯克有選擇棄城逃逸的，也有在戰事失守被俘的。歷經戰亂的回疆，伯克角色更形吃重，清廷對於回部王公及伯克在戰爭，是否能勇於守城戰鬥、保持忠貞，不但成為選擇伯克考量的新重點，也是戰時及戰後審判其留用、革職及判刑的主要判斷。回部王公後裔若有被脅，情節較重者，大多念其祖輩之功，不予刑罰或處決，僅革除承襲者的資格，將爵位轉承於同家族的其他嫡系子孫，伯克職位則被免職。

道光六年（1826）六月二十二日，張格爾攻破回城時，庫車鄂對曾孫貝子阿克蘇三品阿奇木伯克邁哈默特鄂對為了保全在阿克蘇的妻小及家業，考量若不順從必遭殺害，於是差了沙雅爾阿渾，先與張格爾的人說情，表達順隨之意。見到張格爾後，聽從

---

[455] 《起居注冊》，嘉慶十九年閏二月十四日甲戌，內閣奉諭旨；聶紅萍，〈嘉慶朝新疆「玉努斯案」〉，《中國邊疆史地研究》，第 17 卷第 1 期（2007 年 3 月），頁 54。

[456] 《大清宣宗成（道光）皇帝實錄》，卷 102，頁 19-20，道光六年八月丁巳，又諭。

指示，回到阿克蘇約同眾伯克及回人一起反抗清廷，並同意張格爾索求二十個元寶等條件，在措集十五個元寶及馬匹、鳥槍及腰刀後，才被釋回。途中打聽官兵虛實，寫信言明伊犁及烏魯木齊派兵八千人，將在一二日內可到，交給押送他而為張格爾辦事的阿渾。七月十九日，回到阿克蘇即被阿克蘇辦事大臣長清拏獲留置署中，八月二十日，長清派參將存桂押解邁哈默特鄂對，於九月初四日解交給揚威將軍長齡審理。[457]他向長齡自供遭張格爾俘虜逃出，畏死倖生，及為張格爾送信等事。宣宗以其祖輩之功免他一死，但革除爵位，轉由伊薩克[458]承襲貝子，調任伊薩克為阿克蘇阿奇木伯克。[459]其後伊薩克生擒張格爾有功，在道光八年（1828）由宣宗晉封為多羅郡王，成為當時回疆各王公中，可與哈密、吐魯番額敏和卓家族並駕齊驅的家族。[460]

被張格爾捕獲的伯克中，清廷於道光八年（1828）發現也包括了和闐輔國公和什克之孫和闐六品伯克公爵阿布都莫敏，及拜城輔國公噶岱默特曾孫葉爾羌五品伯克公爵邁瑪特伊布拉賴穆，他們都是乾隆朝平定回疆功臣後裔，卻拿元寶買命回籍。阿布都莫敏回到和闐，隨回眾拏獻入侵者首領約霍普到阿克蘇，邁瑪特

---

[457] 《軍機處・月摺包》，文獻編號第 061831 號，2747 箱，道光六年九月十九日，長齡奏。

[458] 《清史稿》寫伊薩克為邁哈默特鄂對之子，趙爾巽等撰，《清史稿》，冊 29，卷 210，頁 8773-8774，清代檔案人名權威資料查詢，〈愛瑪特〉條也依此，清代檔案人名權威資料庫，〈愛瑪特〉條。另有認為二人為叔侄，伊薩克為鄂對孫，鄂斯璊次子，高文德主編，〈伊薩克條〉《中國少數民族史大辭典》，頁 805-806；潘向明，《清代新疆和卓叛亂研究》，頁 121；聶紅萍、王希隆，〈鄂對家族與清代新疆政治〉，《中國邊疆史地研究》，第 13 卷第 2 期（2002年 6 月），頁 43。

[459] 《大清宣宗成（道光）皇帝實錄》，卷 103，頁 18-27，道光六年八月乙丑，又諭；《大清宣宗成（道光）皇帝實錄》，卷 106，頁 18-20，道光六年九月辛丑，又據另片奏；《軍機處檔月摺包》，文獻編號第 061756 號，2747 箱，道光六年九月十五日，長齡奏。

[460] 趙爾巽等撰，《清史稿》，冊 29，卷 210，頁 8773-8774、8740-8741。

伊布拉賴穆回葉爾羌後遁赴遠莊，並未理事，將軍長齡擬以從逆削革其承襲的爵位。[461]宣宗以其為忠良後裔，並非真的甘心跟隨張格爾，故而免於治罪，但從此不准錄用，只能作閒散回人。儘管清廷革去二人爵位的承襲資格，卻未將爵位取消，而是將爵位轉由家族其他嫡支子孫遴選承襲，可見清廷對於協助將回疆收歸版圖有功者的子孫，時至道光朝依然是寬容相待。

儘管有上述事例，但也有回部王公家族子孫在回疆各城出任伯克，或者非具封爵身份的伯克，在戰亂中因守疆受俘，甚至貢獻生命者。時任和闐三品阿奇木伯克之木巴拉克沙是霍（和）什克嫡曾孫，其長子阿布都拉伊時任和闐五品噶雜納齊伯克，兩人皆在負責堵禦張格爾亂事中殉職；至道光八年（1828）十二月清廷經調查決定由阿布都拉伊長子邁瑪特熱依木沙承襲五品世職外，也承襲輔國公爵位；而拜城輔國公之爵位，以噶岱默特之嫡次曾孫二等台吉木薩承襲，因其兄邁瑪特伊布拉賴穆無子嗣，而木薩在道光二年（1822）已出任烏什阿奇木伯克，因而奏准承襲公爵世職。[462]承襲和闐世襲公爵邁瑪特熱依木沙在道光二十七年（1847）擔任喀什噶爾塔什密里莊五品伯克[463]，在咸豐元年再被晉升為葉爾羌四品商伯克。[464]七和卓入侵回疆時，守城作戰，被布魯特人捉去割掉辮子，被圈禁勒索，其後以因病為由鬆綁逃回，

---

[461]《奏摺檔》，文獻編號第 305000101 號，頁 241-242，道光八年二月，長齡寄。

[462]《清史稿》，記木薩為邁瑪特伊布拉賴穆之孫，見趙爾巽等撰，《清史稿》，冊 29，卷 210，頁 8778-8779，但《外紀檔》此奏依烏什辦事大臣咨復木薩胞兄邁瑪特伊布拉賴穆未有子嗣，改以噶岱默特嫡次曾孫現年三十五歲木薩承襲，《外紀檔》，文獻編號第 303000062 號，頁 70-71，道光八年十二月初六日，那彥成、武隆阿奏。

[463]該職於道光二十六年四月二十三日補授。中國第一歷史檔案館編，《嘉慶道光兩朝上諭檔》，冊 51，頁 116，417 條，道光二十六年四月二十三日，內閣奉上諭。

[464]《宮中檔咸豐朝奏摺》，文獻編號第 406000426 號，2709 箱，咸豐元年四月初九日，德齡奏。

經葉爾羌參贊大臣奕山審理，雖被脅未入夥而不究，但仍上奏是否革去伯克職；另一位喀什噶爾回人出任塔斯渾莊七品明伯克伯巴克守回城，城破被入侵者搜出圈禁、拷打及勒索，並隨行前往葉爾羌押著同去塔斯渾地方，才趁機逃出，奕山以其被脅隨行，未便輕縱，先行撤任，並奏請雖是被脅入夥，一聞查拏，自行投首，依參軍例上量減一等，擬杖一百，寔徒三年，不准折枷。[465]文宗以邁瑪特熱依木沙未被脅入夥，也免除斥革，仍可任職伯克，而伯巴克雖被脅隨行，旋即歸來，革去伯克，但免其治罪。[466]

　　道光二十七年（1847），七和卓入侵，喀什噶爾四品伯克察爾哈斯木雖無拒敵之咎，但被入侵者脅走隨行，奕山先將他撤任，擬發極邊足四千里充軍為懲，而托胡達、呢雅斯、名布都爾三名伯克，雖曾被脅，也在收復回城之際，協助搜獲多名入侵者，責罰應稍減，但仍先行革去伯克之職，待諭示裁奪。[467]

　　咸豐八年（1858）三月，葉爾羌五品阿奇木伯克邁買底里、英吉沙爾四品阿奇木伯克阿那雅特，因棄城逃避，刑部奏准是革去伯克之職，發附近充軍，然而伊犁將軍扎拉芬泰奏該伯克之責在於回莊，未轄營汛，畢竟與守土者有別，文宗認為既無營汛之責，又一時難以抵禦而暫避，因而免去罪責，但仍革去伯克之職。[468]同年，喀什噶爾阿奇木伯克愛瑪特也因回城失守，文宗僅革去喀什噶爾阿奇木伯克之職，但仍保留庫車郡王的世職爵位。[469]

　　若伯克原有特殊功績以為表率，卻降於入侵者，事後遭受的

---

[465] 《外紀檔》，文獻編號第 303000194 號，頁 164-165，道光二十七年十一月十二日，奕山奏。

[466] 《奏摺檔》，文獻編號第 305000462 號，頁 5-10，咸豐八年四月，扎拉芬泰。

[467] 《外紀檔》，文獻編號第 303000194 號，頁 76-77，道光二十七年十一月十二日，奕山奏。

[468] 魏秀梅，《清季職官表》，頁 683；《大清文宗顯（咸豐）皇帝實錄》，卷 249，頁 21-22，咸豐八年二月乙巳，諭內閣。

[469] 《大清文宗顯（咸豐）皇帝實錄》，卷 265，頁 7，咸豐八年九月甲午，又諭。

議處也較重。道光十年（1830），浩罕因不滿清廷以其支持張格爾入侵回疆之由，禁止通商，入侵喀什噶爾及英吉沙爾等城，伯克多成為入侵者首要緝拿的對象。斯底克身任為英吉沙爾四品阿奇木伯克，原受命將五卡倫官兵調回守城，並於各回莊調數百頭羊作官兵口糧及備戰之用，但浩罕入侵者眾多，城內回眾多被脅從，斯底克因害怕而隨出迎入侵者入城，因其留有髮辮（張格爾事件後清廷為表彰伯克守疆之功，准四品以上伯克留髮辮）[470]，被抓押嚴行看管及剪去髮辮。十月，被押送出卡倫，至克爾麥地方，後來斯底克給押解者碎銀五十兩及衣物，才被放回，遭清軍拏獲。道光十一年（1831）十一月，受揚威將軍長齡等審訊，認為斯底克曾因協解張格爾入京有功，賞給三品頂戴，又任英吉沙爾四品阿奇木伯克，功績及地位非一般回眾可比，竟隨入侵之脅從及雉辮，因而請旨將已革職的阿奇木伯克斯底克在英吉沙爾枷號一個月示眾，滿月後再發往伊犁回城種地，其妻也一併會解發配，以昭炯戒。[471]

回疆採行換防兵制，至道光朝已是老弱充數，弊病叢生，平日防務也未能紮實。[472]回疆白山派後裔或結合浩罕、布魯特等入侵回疆，黑山派伯克多為各城莊守城的主力，儘管各城設有回兵，但最多不過是喀什噶爾一千百多人，入侵者眾多一時間也很難抵禦。[473]城破之際，伯克即成為被查緝的首要之人，多遭圈禁、勒索及裹脅隨行，而當他們趁機脫逃及躲藏，待大軍前來或逃回本城，卻又要被駐箚大臣等質疑其忠貞，追究失城等責。但除了特

---

[470] （清）賽尚阿等修，《欽定回疆則例》，卷8，頁2。
[471] 《外紀檔》，文獻編號第303000077號，頁146-148，道光十一年十一月十二日，長齡、玉麟、哈朗阿、璧昌奏。
[472] 羅運治，《清高宗統治新疆政策的探討》，頁101-108。
[473] 齊清順，〈清代新疆”回兵”述論〉，《喀什師範學院學報》，第17卷第3期（總期第64期，1996年第3期），頁22。

殊表率的功績者處罰較重外，大多以革職處分為主，較少再加刑
責。若具爵位者，輕者保留，較重也僅轉由家族其他人承襲，而
無其他罪責。有些經調查擬罪上奏，亦諭以無罪，繼續出任伯克。
畢竟宣宗及文宗了解伯克的處境，且考量伯克被殺或裹脅未歸，
伯克人力匱乏，善後復原及政務推動更形艱難，多採取較為寬容
方式處置。

第七節　伯克休致、病痛、侍親與禁任者

伯克制度施行日久，回疆有伯克因年老、病痛，需要退休及
休養者，乾隆朝依實務需要，也為此制定相關處理方式。就檔案
而觀，未見伯克缺出是因屆齡退休，多因年老、生病自請退休，
或者可以推論伯克是終生職，並無退休年齡的規定，但也有少數
是諭令強制退休的狀況。

有關伯克休致部分，目前所見最早案例是乾隆三十五年
（1770）回疆駐箚大臣常鈞奏報，噶雜瑪城阿奇木伯克尼雅斯因
病退休，而原品翎頂是否仍可保留，回疆參贊大臣舒赫德僅回覆
無定例，既未行文指示，又未上奏請旨，常鈞只得自行上奏。高
宗為此責舒赫德所行非是，高宗以為年老、患病休致的伯克，並
不能與因罪革退伯克比擬。於是下旨嗣後如有年老，或是因為患
病需要退休的伯克「其翎頂仍俱准留戴，將此永著為令」[474]，使
得曾對朝廷及回疆社會作出貢獻的伯克，即使非年老而生病難癒
的伯克，提出休致，也同樣可以保有原品退休及頂戴，擁有終身
的尊榮。乾隆四十年（1775）十月，庫爾勒之四品伊沙噶（伊什

---

[474]（清）托津等編纂，《欽定回疆則例》，卷 2，頁 3-4，收入天龍長城文化藝術
公司編，《新疆史志》，第二部，冊 11，頁 109-111。

罕）伯克阿爾租患病難以痊癒，高宗准以原品休致，仍令其戴用翎頂，遣回本城養病，所遺之缺准由回疆參贊大臣綽克托所奏請由哈資伯克額穆爾補授。[475]

高宗在乾隆三十五年（1770）的諭旨，被收錄於嘉慶年初次修撰的《欽定回疆則例》成為伯克休致原則。[476]道光年修改《欽定回疆則例》時，該條例在高宗的諭旨後面加上「**回部伯克凡因年老、患病休致者，准其戴用原品翎頂，獲罪革退者概不准留戴**」[477]，實為簡明扼要地保留高宗之原則，也說明因應戰後檢討伯克被俘，擅離職守，或因貪瀆獲罪革職者，皆不准保留頂戴的規定，使伯克休革禮遇，更為明確完備。

除自請退休外，伯克也有被諭令強制退休的狀況，最典型之例是在任十九年的散秩大臣二等台吉喀什噶爾三品阿奇木伯克作霍爾敦（吐魯番額敏家族）。回疆參贊大臣奕山以其在七和卓事件中，遇事張皇，輕重失宜，訪查回人輿情，亦不甚相協，且年已七十二歲，老邁昏庸，致使入侵者進卡滋事時，未能預防保障該城的安全，造成亂事漫延等由，請旨勒令休致。奕山奏擬改由前來大營支援，追查叛產及撫綏回戶出力，經奕山及舒興阿保奏以三品伯克儘先升用之邁瑪特，他是庫車郡王伊薩克之次子，曾任和闐三品阿奇木伯克，因聯順等揭參案被降調為布古爾四品伊什罕伯克。[478]宣宗在一個多月後，以作霍爾敦年逾七旬，不協回

[475] 《大清高宗純（乾隆）皇帝實錄》，卷 993，頁 26-27，乾隆四十年十月己亥，又諭。
[476] （清）托津等編纂，《欽定回疆則例》，卷 2，頁 3-4，收入天龍長城文化藝術公司編，《新疆史志》，第二部，冊 11，頁 109-111。
[477] （清）賽尚阿等修，《欽定回疆則例》，卷 2，頁 14-15。
[478] 《軍機處・月摺包》，文獻編號第 081566 號，2749 箱，道光二十八年二月十九日，奕山奏。

情,而批准作霍爾敦勒令休致,並准以邁瑪特補授。[479]

　　若是伯克因病休養,終獲痊癒者,願意再出任伯克者,嘉慶十九年(1814),由伊犁將軍松筠議定:「各回城伯克病痊起復時,令其坐補原缺,如呈請情願在本城効力候補者,准効力候補。」[480]但若要等待原職出缺,確實需要時間,而嘉慶年版《欽定回疆則例》中,言其本城効力候補,並未將本籍的本城,或原任的本城之意清楚的說明。[481]於是道光年版《欽定回疆則例》特別配合道光十一年(1831)揚威將軍大學士長齡奏迴避本籍、本莊等原則,再詳細說明:

> 凡回部伯克病痊起復,准其坐補原缺,其未補缺以前,係例應迴避本籍之大伯克,令其赴原任之本管大臣處効力當差,若係例不應迴避本莊之小伯克,病痊起復,呈請情願在本城効力候補者,准其在於本籍之大臣處効力當差候補。[482]

　　伯克依本身的意願,等待原缺,未補缺前,要避本籍的大伯克,則赴原任職所在的管轄大城當差,如果是不必迴避本莊的小伯克,又情願在自己原籍之城當差,則先向本籍的大臣報到當差,等待候補。如此一來駐箚大臣在伯克人力的應用更具靈活性,二

---

[479] 《中國第一歷史檔案館編,《嘉慶道光兩朝上諭檔》,冊 53,頁 105,320 條,道光二十八年三月二十二日,內閣奉上諭。

[480] (清)托津等編纂,《欽定回疆則例》,卷 2,頁 5,收入天龍長城文化藝術公司編,《新疆史志》,第二部,冊 11,頁 113。

[481] 《理藩院修改回疆則例》,卷 2,頁 39-40,收入姜亞沙、經莉、陳湛綺主編,《理藩院公牘則例三種》(二),頁 183-185。

[482] (清)賽尚阿等修,《欽定回疆則例》,卷 2,頁 16。

來可令久病生疏職務的伯克，有機會重新熟悉各項事務運作及培養體力。

　　若伯克有侍親的需求，因回疆各城距離甚遠，可依路程給假，或調整職務，就近於所侍親人之城，充補適合品級的伯克職。伯克制度設置初始，多由協助回疆收歸清朝版圖的封爵家族出任伯克，高宗為求治理的穩定，避免回疆各原有勢力在原地坐大，於是多令其離開原有勢力之城，至他城出任阿奇木伯克等伯克職務。儘管三、四品的伯克多易城出任，而小伯克則顧及其生計發展，及減少跨城搬遷費用，多以留在原城出任伯克職。但在此制度下，伯克各有補放的機運與發展，家人父子兄弟分散於回疆各城，而伯克跨城赴任，也未必所有親人皆能隨之搬遷。為此伯克若因父母親人病痛需探視照拂，伯克可以告假侍親，若因年老需要照顧，亦可另行安排適當品級調任，以全孝道。而高宗正是建立此一典範機制之人，侍親雖是伯克的個人需求，高宗也多予體察，並成為駐箚官員協助伯克的通融的慣例。

　　乾隆三十九年（1774），烏什參贊大臣奏，和闐阿奇木伯克邁達雅爾呈稱：現年五十八歲，最近一二年已感身體日漸衰老，體力大不如前，他有四子俱年幼，長子擔任葉爾羌之六品密喇布伯克西哩布，希望可以調補和闐七品伯克之缺，即可父子同居一處，免去私事勞心，而可以多為公事盡力，經查邁達雅是因軍功，由商伯克累陞至和闐阿奇木伯克，因此高宗准予邁達雅爾長子西哩布以六品密喇布伯克，「**暫授六品頂戴調放和闐七品伯克之缺，俟伊父屬城六品伯克之缺出酌量補放**」。[483]阿奇木伯克邁達雅爾原只期待以降調品秩方式，將兒子調回同城，以協助身體逐漸衰

[483] （清）托津等編纂，《欽定回疆則例》，卷 2，頁 6-7，收入天龍長城文化藝術公司編，《新疆史志》，第二部，冊 11，頁 115-117。

老的自己，高宗在乾隆三十九年（1774）已是六十三歲，可能較易體會邁達雅爾的心情及年老力衰的情況，同時感念阿奇木伯克一路由軍功累陞，父子又皆為回疆服務，因此先以七品暫調和闐，但仍以六品頂戴待六品缺出，為父可盡心於國，又有兒子可以協助，為人子者不必為盡孝而放棄工作或降品。嘉慶朝首次編纂《欽定回疆則例》亦將此例列入，成為各城大臣可以通用之例。[484]

　　若是生病距城探視，亦給予路程往返的考量。嘉慶十四年（1809）五月，葉爾羌阿奇木伯克頭等台吉玉努斯（吐魯番家族），因母親生病，需赴喀什噶爾省親，當時其父伊斯堪達爾攜眷出任喀什噶爾任阿奇木伯克，駐箚大臣良貴只准假一個月，仁宗因而諭斥駐箚大臣，認為以孝為本，此乃人子之情，應給假兩個月，同年又逢玉努斯輪值年班入京，仁宗諭示若伊母未痊，可另行派員來京年班。[485]

　　若是伯克來到侍親所在之城，大臣亦可在會商後，請其就近擔任伯克或署理。如二等侍衛阿布都爾滿（阿克蘇郡王家族）因告假養親，經伊犁將軍慶祥會同喀什噶爾參贊大臣秀堃奏准，由阿布都爾滿以二等侍衛原銜暫時充補喀什噶爾四品商伯克。道光二年（1822）十二月，秀堃再因葉爾羌伊什罕伯克缺出，該城事務繁忙緊要，未便久懸，且去歲英吉利使臣前來葉爾羌，即由阿布都爾滿自喀什噶爾護送前來，照料妥善，因而奏請阿布都爾滿前赴葉爾羌先行署理。[486]此是嘉慶朝及道光朝持續展現孝親及伯

[484]（清）托津等編纂，《欽定回疆則例》，卷2，頁6-7，收入天龍長城文化藝術公司編，《新疆史志》，第二部，冊11，頁115-117。

[485]《大清仁宗睿（嘉慶）皇帝實錄》，卷211，頁21，嘉慶十四年五月庚午，又諭。

[486]秀堃在《外紀檔》原文內所記為此名，但查魏秀梅，《清季職官表》，為秀堃。《外紀檔》，文獻編號第303000025號，頁774-776，道光二年十二月二十九日，季堃奏；魏秀梅，《清季職官表》，頁779。

克調任的彈性考量的精神。

　　然而乾隆三十九年（1774）葉爾羌六品密喇布伯克西哩布暫授六品頂戴的條文，在實施近七十年後，於道光二十三年（1843）補撰之道光年版《欽定回疆則例》中遭到刪除。當時葉爾羌參贊大臣咨覆理藩院雖仍舊登載，但理藩院編修者則奏請刪除，理由是此調補「係當年俯順回情權宜辦理，似未便久附為例，應請刪除」。[487]這或許與再次修撰回疆則例時，清朝統治日久，不必再由從俗從宜或盡孝等權宜的角度思考，而是改以如何與各省制度劃一為考量。

第八節　伯克殉職撫卹

　　清朝回疆伯克平日因追捕要犯殉職，或因戰亂成為入侵一方追索的對象，遭到戕害，清廷為了表彰伯克及回人為回疆奮戰不懈及犧牲，對其遺孤，多以卹銀養贍、賞頂戴給世襲之譽，或加上豁免稅賦方式，給予妥善的照顧。若有伯克缺出，各城辦事大臣等可由承繼世職者中，選擇具有才幹、可靠者，與應陞之人一體同列，酌量補用。

　　乾嘉時期若有伯克被殺，多以個案方式諭令處理，由其子或家族子弟中選擇一位，培養為伯克，並給予撫卹銀兩或免於差役方式作為補償。乾隆朝在大和卓後裔薩木薩克傳信案，因布魯特散秩大臣阿其睦為懼其弟留宿傳信，因而誣告喀什噶爾阿奇木伯克鄂斯璊，當諭令追捕阿其睦時，伊子燕起亦逃，隨同追剿的回部伯克呼圖魯克默特、遜都勒和卓等，皆被燕起殺害，高宗諭由

---

[487] 《理藩院修改回疆則例》，卷 3，頁 37-38，收入姜亞沙、經莉、陳湛綺主編，《理藩院公牘則例三種》（二），頁 179-182；（清）托津等編纂，《欽定回疆則例》，卷 2，頁 6-7，收入天龍長城文化藝術公司編，《新疆史志》，第二部，冊 11，頁 115-117。

其兄分子侄內，挑選具才能者，補放為伯克，並免去年貢及差役作為撫卹。[488]嘉慶二十五年（1820）八月，張格爾與布魯特攻喀什噶爾卡倫，阿斯圖阿爾圖什莊五品阿奇木伯克阿布都爾滿被布魯特帶走戕害，道光元年（1821）三月初五日，宣宗為阿布都爾滿被布魯特捉去，卻表現不屈地慷慨捐軀，其祖遜都拉霍和，從前也因追賊被戕，宣宗為褒卹其一門忠貞，對年幼的阿布都爾滿長子魯特普拉，恩賞給四品虛頂並賞戴花翎，世襲罔替，未來如可勝任伯克之職，酌量情形補為五品以下伯克，並諭在他年滿十六歲後，即交喀什噶爾參贊大臣，令他在署中學習當差，年齡稍長再觀察其才，酌量補用，且加賞其家屬銀三百兩以資養贍。[489]

道光年間經歷張格爾、浩罕入侵等大規模戰亂，則將賞卹奏摺整理成例，列入《欽定回疆則例》。[490]依身份分為回部王公出任伯克，及一般回人出任伯克，或無伯克職的回人三個部分。若是回部王公因戰亂陣亡，則依蒙古王公之例，給予喪禮哀榮及撫卹。例如道光六年（1826）吐魯番郡王額敏孫子的吐魯番郡王邁瑪薩依特，時任喀什噶爾阿奇木伯克因不從入侵者，在城被圍時帶領回人出兵對戰，遭白帽回人（白山派）用棍擊斃，宣宗在道光七年（1827）五月初六日下旨，由六歲阿克拉依都承襲吐魯番郡王之位；而當時嘉慶年版《欽定回疆則例》內，未有陣亡賜卹專條，理藩院即引用《蒙古則例》內載「**凡四等台吉塔布囊以上統兵陣亡者，照都統陣亡例給予優卹銀兩**」，以及依往昔慣例回部子王公身故，賜祭是文由該處辦事大臣就近派員前往致祭的方式，為邁瑪薩依特按照蒙古都統陣亡例給予賜卹，賞銀一千一百兩，並依向例回部郡王身故例賜祭，由該處就近覈給應用銀兩，

---

[488] 《大清高宗純（乾隆）皇帝實錄》，卷 1207，頁 50，乾隆四十九年五月癸未，諭軍機大臣等。

[489] 《奏摺檔》，文獻編號第 305000088 號，頁 57-60，道光六年十二月，管理理藩院事務大學士托津等奏。

[490] （清）賽尚阿等修，《欽定回疆則例》，卷 7，頁 8。

內閣撰發祭文給吐魯番領隊大臣賡音岱，待家屬八月二十六日由喀什噶爾回到吐魯番，大臣即派人致祭，皇帝賞給襲職、卹銀及賜祭文、祭品為牛犢一頭、羊六隻、酒七瓶，道光年版修纂《欽定回疆則例》也依此，成為回部王公撫卹及喪祭的慣例。[491]

　　至於伯克及一般回人，清廷為獎勵回人在新疆戰亂的貢獻與忠貞，由那彥成奏准新疆各城回人殉節者，給予世襲罔替，伯克因陣亡或被害的，均賞給五品頂花翎世襲罔替，豁免糧賦；被害的金頂回子及因公差遭打仗陣亡的回眾，遇有七品伯克及額設金頂回子缺出時，在承襲者內擇其有才、明白、可靠者晉升；其餘回人則免其烏拉馬及軍臺卡倫差役，及給卹賞銀兩。阿奇木伯克負責查明伯克及金頂回子的承襲者，查覆呈報大臣，再奏請賞給世職承襲罔替，以福蔭子孫，並豁免其應交種地糧賦及阿勒板等項錢文。[492]道光八年（1828），張格爾事件宣宗諭示儘先晉用曾在戰爭中出力或犧牲者的子孫，以慰其忠誠之心，經整理列於道光年版《欽定回疆則例》卷七續纂世職回子免納糧賦，明定「**新疆各城回子有殉節，蒙賞世職者，其應交種地糧賦及阿勒板等項錢文，概行豁免，遇有伯克缺出，擇其才具明白辦事可靠者與應陞之員，一體酌量補用**」。[493]一是為表達朝廷重視忠貞與照顧遺孤之意，二是為回疆未來培養伯克，三是提升遺孤的社會地位，這成為日後回疆為戰亂殉難之伯克、回人撫卹的依據，也開啟一般回人以戰功進入統治階層，出任伯克的管道。

---

[491]在回疆則例卷三載，回子王等病故照蒙古例致祭，並附載蒙古例致祭品物祭文，見（清）賽尚阿等修，《欽定回疆則例》，卷 3，頁 9、22；《軍機處・月摺包》，文獻編號第 058515 號，2747 箱，道光七年十月二十日，賡音岱奏；《軍機處・月摺包》，文獻編號第 058326 號，2747 箱，道光七年五月初六日，管理理藩院事務大學士托津等奏。

[492]（清）曹振鏞，《欽定平定回疆剿擒逆裔方略》，卷 65，頁 18-21、27，道光八年五月乙亥，那彥成等奏，收入張羽新、趙曙青主編，《清朝治理新疆方略匯編》，冊 10，頁 9-11、14。

[493]（清）賽尚阿等修，《欽定回疆則例》，卷 7，頁 8。

　　承襲世職時，若殉職伯克同時有多個兒子可承襲，則以無軍功者繼承，若無子嗣者，則令近支親屬承襲，以示清廷照顧遺孤之意。例如道光十年（1830）葉爾羌四品伯克玉素普及五品伯克愛散因浩罕等入侵，遇賊被捲而殉節，宣宗即諭以五品頂翎承襲，由葉爾羌辦事大臣璧昌負責查明該伯克有無子嗣或令近支承襲。[494]道光十年（1830）十一月，長齡等亦查出喀什噶爾被害之大小伯克及回人，該城伊什罕伯克托呢襪爾等十七人，及城外負責堵禦被害之伯克阿布都凡依等二人，共十九位，以喀什噶爾伯克數為六十名為計，等於有三分之一的伯克陣亡，皆依道光八年（1828）善後章程各陣亡被害伯克均賞五品花翎世襲罔替，可由其子姪兄弟等承襲；城內被殺之六七品頂戴回人及受公差遣戰陣亡，也公同酌議照例給予金頂世襲罔替；遇有七品伯克缺，儘先擇其具才能者出任，若是陣亡者無子嗣，而其父尚存者，由於未便父襲子職，應照例給予職分，准其頂未榮身例，應免其差；若是擔任回部王公等護衛之回人，於圍城時一起被殺害，應照卹賞郡王邁瑪薩依特護衛之例，其子嗣均請賞金頂，毋庸世襲例，請每名各賞銀二十五兩，其餘伯克及回人，應照陣亡跟役回人例，每名各賞十二兩五錢，分別請卹。[495]

　　伯克若因平日回人等糾眾而遭戕害者，也同樣給予撫卹。如道光十二年（1832）和闐塔瓦克糾眾二十一人搶刮，以至世襲五品頂翎採鉛伯克弘拉特，以及六品頂翎之七品明伯克依斯瑪伊勒，跟役回人烏舒爾及催鉛回人愛瑪特，皆遭搶刮者拘執詈罵及戕害，宣宗諭予廳卹，免其差徭。[496]道光十六年（1836）浩罕胡什伯克在卡外色呼庫勒地方滋事，陣亡的色呼庫勒五品阿奇木伯

---

[494]《剿捕廷寄檔》，文獻編號第 604000447 號，頁 35-39，道光十一年二月初九日，軍機大臣字寄。

[495]《外紀檔》，文獻編號第 303000077 號，頁 148-150，道光十一年十一月十二日，長齡、玉麟、哈朗阿、璧昌奏。

[496]《嘉慶道光兩朝上諭檔》，冊 37，頁 357，941 條，道光十二年七月十一日，內閣奉上諭。

克庫爾察、七品什琥勒伯克艾提巴哈沙，均無子嗣，由胞弟承襲五品頂花翎，陣亡的回人亦以跟役回人例給予撫卹。[497]即皆以道光八年（1828）及十年（1830）之例賞卹。請見表 6-11 道光十六年（1836）浩罕入侵色呼庫勒伯克及回眾撫卹表。

表 6-11 道光十六年（1836）浩罕入侵色呼庫勒伯克及回眾撫卹表

職稱品級	伯克品級	姓名	撫卹
色呼庫勒阿奇木伯克	五	庫爾察克	陣亡，無子嗣，胞弟現任色呼庫勒七品明伯克邁哈伯提沙，照陣亡例承襲五品頂戴花翎世襲，照例豁免糧賦
什琥勒伯克	七	英提巴哈沙	陣亡，無子嗣，胞弟閒散回人阿爾克烏通照陣亡例承襲五品頂戴花翎世襲，照例豁免糧賦
色呼庫勒閒散回人	X	卜拉特	陣亡，照陣亡跟役回人例每名各賞卹銀兩交家屬承領
	X	卡庫勒	
	X	木拉特	
	X	愛里伯哈沙	

資料來源：中國第一歷史檔案館編，《嘉慶道光兩朝上諭檔》，冊 42，頁 454，1670 條，道光十七年十一月二十六日，內閣奉上諭。

　　咸豐朝伯克遇難及承襲，也依道光二十三年（1843）《欽定回疆則例》續纂部分辦理。[498]如阿拉瑪原任和闐哈喇哈什四品阿奇木伯克，於道光六年（1826）協擊入侵之約霍普而被害，欽差大臣那彥成奏准以其嫡長子伊薩克以五品頂戴花翎世襲，咸豐元年（1851）四月，伊薩克病逝，和闐三品阿奇木伯克阿里呈咨該城辦事大臣法福禮應襲者，伊薩克未有子嗣，由伊薩克胞弟愛孜

---

[497]中國第一歷史檔案館編，《嘉慶道光兩朝上諭檔》，冊 42，頁 238-239，885 條，道光十七年六月二十八日，軍機大臣字寄；中國第一歷史檔案館編，《嘉慶道光兩朝上諭檔》，冊 42，頁 454，1670 條，道光十七年十一月二十六日，內閣奉上諭。

[498]（清）賽尚阿等修，《欽定回疆則例》，卷 7，頁 8。

木沙承繼五品頂戴花翎，他也是現任和闐克里雅爾莊哈資伯克。[499]

　　在卹銀銀部分，《欽定回疆則例》增纂條例，也依上述之精神，給予賞卹，伯克、回兵陣亡者賞給金頂，毋庸世襲，並賞給卹銀二十五兩，若為回部王公城陷被執遇害或力竭被執遇害，均給卹銀一千一百兩，力竭陣亡者除卹銀，仍照郡王例賜祭。[500]由此而觀，伯克卹銀雖較道光八年（1828）至十一年（1831）間有所提高，但伯克與回部王公同為守護新疆而犧牲生命，卹銀及身後哀榮，卻相差 44 倍之多。

　　然在實際執行上，給付的撫卹金額亦有彈性，與條例有所差異。如咸豐十年（1860）十一月和闐辦事大臣常亮接到葉爾羌解來的銀兩，將理藩院在咸豐八年（1858）正月初二日該院議奏和闐所屬塔克努拉四品阿奇木伯克薩木薩克與賊打仗陣亡，賞卹銀二百兩，當堂發給家屬，但此撥銀已事隔近兩年。[501]吐魯番郡王阿克拉依都於咸豐三年（1853）出任葉爾羌阿奇木伯克，在同治三年（1864）因回民亂事被俘，與其父一樣遭到殺害，而庫車郡王愛瑪特也在庫車城破被捉，受戕害。光緒四年（1878），回疆西四城肅清，遂步善後，各陣亡伯克的調查也展開，由理藩院查明照例撫恤，伯克密爾雜等殉難，暫給其弟招雜特三品阿奇木伯克銜，哈密親王福晉邁里巴鈕回哈密困苦，賞銀二萬兩。[502]光緒

<hr>

[499] 《外紀檔》，文獻編號第 303000224 號，頁 108-110，咸豐元年八月初十日，德齡奏及和闐承襲五品頂戴花翎及金頂回子姓名清單。

[500] （清）賽尚阿等修，《欽定回疆則例》，卷 3，頁 22-23。

[501] 《宮中檔咸豐朝奏摺》，文獻編號第 406013529 號附件三，2714 箱，咸豐十年十一月二十五日，常亮奏。

[502] 《大清德宗景（光緒）皇帝實錄》，卷 74，頁 7，光緒四年五月甲戌，哈密辦事大臣明春奏。

五年（1879），各給同治三年（1864）殉難的吐魯番郡王阿克拉依都、庫車郡王愛瑪特（《清實錄》為愛買提）恤銀一千一百兩。[503]

光緒九年（1883），哈密扎薩克親王沙木胡索特因兵燹之後，需要為回王等修墓，奏准借支十年俸銀二萬兩。[504]吐魯番郡王繼承者瑪木特，以及庫車郡王新襲爵位阿密特，也都因亂致衙署、墳墓均被毀待修，遺櫬待葬，光緒十年（1884）劉錦棠為他們奏准預支三年年俸，作為修築費用，都允准各回部王公分年攤還。[505]

至於伯克陣亡附祠祭祀部分，清朝對於伊犁將軍及駐箚大臣、官兵陣亡，向來多為其建祠祭祀，伯克部分直至張格爾事件善後，宣宗於道光九年（1829）六月二十七日准予喀什噶爾參贊大臣扎隆阿奏請將喀什噶爾、英吉沙爾、葉爾羌、和闐四城盡節伯克及回人，除給予卹賞外，也一體附祠，每逢春秋歲暮，遣令伯克致祭，以慰忠魂，喀什噶爾以原有參贊衙門改建為昭忠祠安設牌位，以旌盡節，而葉爾羌奏修顯忠祠於亦於此時工竣，四城大臣將士及滿漢官兵也依循舊章入祠祭祀，以敬哀榮。[506]

---

[503] 《大清德宗景（光緒）皇帝實錄》，卷 90，頁 2，光緒五年三月庚申，又奏；《大清德宗景（光緒）皇帝實錄》，卷 94，頁 2，光緒五年五月戊寅，理藩院奏。

[504] 《大清德宗景（光緒）皇帝實錄》，卷 164，頁 10，光緒九年六月辛酉，伯都訥副都統（哈密辦事大臣）明春奏。

[505] 《軍機處・月摺包》，文獻編號第 125889 號，2722 箱，光緒十年三月二十一日，劉錦棠奏；《大清德宗景（光緒）皇帝實錄》，卷 185，頁 3，光緒十年閏五月乙巳，諭內閣。

[506] 所謂伯克附祠祭祀，是於葉爾羌顯忠祠，用以祭祀喀什噶爾等四城大臣將士之祠，或是與商民漢回隨同官兵防禦捐軀者的昭忠祠，筆者未能由檔案中確定。中國第一歷史檔案館編，《嘉慶道光兩朝上諭檔》，冊 34，頁 254，835 條，道光九年六月二十七日，內閣奉上諭；《嘉慶道光兩朝上諭檔》，冊 34，頁 254，836 條，道光九年六月二十七日，內閣奉上諭；《嘉慶道光兩朝上諭檔》，冊 34，頁 275-276，890 條，道光九年七月初七日，內閣奉上諭；《奏摺檔》，文獻編號第 30500092 號，頁 95-97，道光七年五月，理藩院奏。

　　清朝統治回疆，施行伯克制，就其掌握伯克的任免之權而言，實質體現清朝以少數管理多數，以回治回雖是間接管理，卻又具有直接管理之效。清朝於任命各城伯克後，隨著伯克制施行，產生了伯克的升、調、喪、病、休退、撫卹等事項，各城大臣遇事若無前例可因循，即上奏請示或提出建議，經皇帝諭示或是交由軍機大臣及各相關機構議覆，而形成伯克制度的補放、跨城調動、補助、休致、黜革等慣例，顯現伯克制並非是一套預先制定的完整規則，反而是因地治宜，因俗而治所起，再遇事奏定成例，逐步調整發展而成。

　　伯克制的補放、休致多建立於乾隆朝，嘉慶朝多因循及補充更為完備，道光朝因應戰亂作出防弊的改革，重視伯克迴避原則，及喪禮撫卹禮遇，咸同兩朝則重捐輸。《欽定回疆則例》收錄伯克補放相關事務有二十項，乾隆朝占了十一項，包括各地伯克的補放定例，伯克年老、患病退休者翎頂保留原則；伊犁伯克因升遷較少，而有賞布等特殊福利；伯克因升補、調放貼補遷移費用、各城伯克品級的揀放權責劃分等各項。至於以孝為先之原則，准許伯克之子調放同城伯克之例，已在道光朝刪除。嘉慶朝占有五項，為鼓勵伯克子弟，持續為朝廷服務，隨同伯克年班入觀之子弟，明定授以六品虛銜，經駐箚大臣訓練合格可成為最低階之七品伯克；增加喀什噶爾、葉爾羌、阿克蘇三城阿奇木伯克家世背景的選擇標準，也間接保障回疆各王公在這三大城的地位；對於生病痊癒伯克任職權益的保障，也有具體及彈性的處理；至於有關公缺阿奇木伯克及伊什罕伯克之規定，則在道光朝刪除。道光朝新定伯克補放規定占了四項，刪修乾嘉時期各項伯克補放事

項，以因應回疆的戰事及弊端，包括大幅簡化各城伯克補放原則，以及因應戰亂及戰後合例伯克一時缺乏的彈性揀選，保留特殊地伯克的補放原則，及減少弊端不用通曉漢語曾任通事者出任伯克。此外陣亡伯克及回人遺族中，大臣亦可挑選出任伯克，對以回部王公為主的伯克生態，帶來長遠的質變，擴大回人參政的機會。請見表 6-12 伯克補放：《欽定回疆則例》兩版條目修定時間及管轄機構表。

就伯克的成員而言，乾隆朝以協助清朝將回疆收歸版圖有功而封以爵位的回部王公家族成員為主，且多為黑山派。嘉慶朝將伯克家族子弟以參與年班者，賞以六品虛銜，再由各城駐箚大臣訓練五年，由最底層的基礎作起，出任七品伯克，成為制度化；在回部王公部分，可以利用預保一子的禮遇，及皇帝的拔擢，及定立喀什噶爾、葉爾羌及阿克蘇三大城阿奇木伯克需列明祖輩勞績及世職，道光朝再加上爵位的特別優待條例，晉升伯克，是一般伯克資歷家世無法匹敵的背景，保障了回部王公可持續地進入政治管理階層，擴展在民族社會及政治的地位。現任之伯克及回部王公家族的後裔，也可運用年班或是現職伯克立功，將功賞轉給子弟，累積未來出任伯克的資歷。清朝既可收到籠絡之效，讓原有可信任的勢力，可以延續守疆之責，成為以少治多，以回治回政策的穩固基石。道光朝張格爾事件的過程及善後，一般回人藉著參與作戰的各項陣前及後勤工作，以及跟隨阿奇木伯克及平定亂事的將軍營下的表現，受到推薦與青睞而展露頭角，不幸陣亡的伯克子弟，也可受蔭於前人之功，有機會出任伯克及逐步晉升，甚至與回部王公後裔並駕齊驅，清朝伯克的來源也就更為多

元豐富。但這似乎形成白山派後裔每次欲意重返回疆之戰，反而造就更多黑山派回人的升途，尤其是張格爾事件後，伯克選派以黑山派為主的原則，更為確立。對於想要重返故土的白山派後裔及居住在回疆的白山派而言，是相當諷刺與不平的。

伯克補放權責的區別，三至五品伯克由各城辦事大臣及領隊大臣送交應陞名單給回疆參贊大臣，由其驗看，考量迴避及特殊地方，或同品調放後，選擬正陪二人上奏並附履歷清單，奏摺需說明應迴避而未迴避之因，及引用補放之例等，道光朝加列四柱清冊及三大城明列祖輩世襲爵位品秩。六至七品的伯克由各城辦事大臣及領隊大臣具決定權，經回疆參贊大臣驗看補放。道光朝回疆參贊大臣不必再作驗看，只要將六品以下伯克及金頂回子補放之數，按季造冊咨報理藩院，由院作年終彙整。換言之，回疆伯克總數大約四分之一是皇帝決定的，其中阿奇木伯克已佔回疆阿奇木伯克總數百分之八十六，表面上中央直接掌握了最關鍵的少數。然而伯克的人事權、上奏提名權卻掌控在各城辦事大臣、領隊大臣及回疆參贊大臣等極少數人手上，皇帝所見名單，也由他們決定，有時甚至僅奏請一位，皇帝行使的不是選擇權，而僅是同意權。至於伯克升補奏摺往來時間，大約要半年的時間，若因案懲處缺出，先奏處理品級較高者，人選確定後，至補放五品之缺，大約需時一年。

高宗善用年班，建立皇帝與伯克直接面對面封賞及任命，意味著伯克直屬於皇帝，伯克與回疆駐箚大臣的賦權同樣來自於皇帝，以期伯克與大臣相持，平等相待，守衛新疆。然而道、咸、同各朝，年班班漸疏或暫停，伯克升遷及獎勵，多是透過大臣上奏得旨，再轉知伯克的間接獎勵，形成伯克只知大臣是上司，各

城辦事或領隊大臣及回疆參贊大臣成為掌控回疆伯克升遷的極少數權力核心，管轄位階的層次區別更為顯著，回疆各城大臣地位遠高於伯克。伯克認為賦權及最高的掌權者已不再是皇帝，而是回疆各城該管大臣及回疆參贊大臣，伯克對於大臣的年節、迎送及日常要求等禮數與服務，很難不去應對，大臣權勢與貪瀆更盛，伯克無力支應，只得轉嫁回眾增加分攤。咸豐、同治兩朝國勢，面對內憂外患，各省協餉不繼，朝廷為增益國庫財源，各城大臣為各城官兵及自身考量，伯克在補放之際，及配合三個月後的再次考核，伯克承受朝廷捐輸章程及各城駐箚大臣公私多重需索，而回疆大臣引用彈性之例，從一時乏人至本城妥幹者仍當開用，以洽輿情等，伯克應有的迴避，皆可免除，畢竟大臣所熟悉的伯克，也更利於大臣的持續苛索，使得伯克為補放付出的代價更為沈重。

　　回疆有三百多位伯克，確有倚勢貪瀆的伯克，就如回疆駐箚大臣、各省或各國政權體制的為官者貪瀆一般。然而若將伯克與貪瀆者直接劃上等號，或是將伯克多視為貪瀆者，則是值得商榷。派駐回疆大臣不諳維吾爾等各民族語文，無法直接與回眾及各族連結，只能倚靠伯克系統間接管理，並非伯克故意阻隔於大臣與回眾之間。伯克攤派費用轉嫁給回眾之事，深究其因，實是駐箚大臣自恃官威，挾伯克制度補放權與提名權的掌控，咸同兩朝更可藉國家捐輸章程之名及考核機制，於公私之間多重需索，畢竟大臣被派至新疆，除了乾隆朝多以培養邊疆實務之歷練外，各朝回疆駐箚大臣多因有過而調於新疆，大臣著眼於如何打理再回中央或他省之位，且心中或有不平，認為國家虧欠於他，視為伯克所做及因應皆為理所當然。反之，伯克是在地任職，在同一城鄉

的服務時間大多長達數年,甚至數十年之久,若對當地回眾盡是
苛索,而無所作為,回眾亦可上告及遷移。大臣若能懂得當地語
言,何以受伯克所矇蔽,大臣不需索,伯克何需轉嫁於回眾,因
此,伯克制下掌控伯克補放升遷大權的極少數大臣的貪瀆,才是
回疆弊端之源,而捐輸章程的施行,更令伯克的負荷雪上加霜。

表 6-12 伯克補放:《欽定回疆則例》兩版條目 修定時間及管轄機構表

<table>
<tr><th colspan="3">道　光　年　修</th><th colspan="3">嘉　慶　年　修</th></tr>
<tr><th>目次</th><th>條　　文</th><th>頁次</th><th>目次</th><th>條　　文</th><th>頁次</th></tr>
<tr><td>2-2</td><td>◎回疆各城補放大小伯克分別奏迴避</td><td>2:3</td><td>1-3</td><td>乾 28 年奏定補放各城大小伯克等定例</td><td>1:24-26</td></tr>
<tr><td>2-9</td><td>◎伯克年老患病休致准留原品翎頂</td><td>2:14</td><td>2-2</td><td>乾隆 35 年奉旨據喀什噶爾辦事大臣常鈞奏請
各城回子內遇有伯克年老患病休致者仍准留原品翎頂</td><td>2:3-4</td></tr>
<tr><td></td><td>刪除</td><td></td><td>2-4</td><td>乾隆 39 年經駐箚烏什大臣等奏定葉爾羌之六品密喇布伯克西哩布,暫授六品頂戴調放和闐七品伯克之缺,俟伊父屬城六品伯克之缺出,再行補奏</td><td>2:6-7</td></tr>
<tr><td>5-12</td><td>◎伊犁奮勉回子小伯克等加賞緞匹</td><td>5:16-17</td><td>3-16</td><td>乾隆 41 年軍機處議定
伊犁額外奮勉之小伯克等陞途較少,加賞緞定</td><td>3:18-19</td></tr>
<tr><td>5-13</td><td>◎借給新陞阿奇木伯克等糧石</td><td>5:18-19</td><td>3-17</td><td>乾隆 41 年奉旨、據庫車辦事大臣常喜奏、據庫車阿奇木伯克鄂斯滿呈稱借給新陞移眷駐箚阿奇木伯克等糧石</td><td>3:20-21</td></tr>
</table>

道 光 年 修			嘉 慶 年 修		
目次	條　　文	頁次	目次	條　　文	頁次
5-14	◎各城調放回子伯克賞給銀兩	5:20-22	3-18	乾隆42年烏什參贊大臣等議定各城調放回子伯克等視其路途遠近職分大小賞給銀兩	3:22-24
2-7	◎喀什噶爾所屬各莊六品阿奇木伯克缺出揀員調補	2:12	2-5	乾隆43年理藩院議定喀什噶爾所屬三處地方之六品阿奇木伯克缺出仍將六品伯克等開列奏放	2:8
2-8	◎咨補六品以下伯克按季院報	2:13	2-6	乾隆44年理藩院議定各城六品以下伯克等由該參贊大臣處揀放五品以上伯克等擬員奏放	2:9
4-1	○年班各城伯克隨帶子弟	4:1	2-13	嘉慶1年理藩院議定年班朝覲之各城伯克等隨帶子弟按品級限定人數，伊等所得六品虛銜，不得逕放六品伯克	2:18
4-2	○年班伯克子弟等虛銜陞階	4:2	2-14	嘉慶1年理藩院議定各城年班伯克等輪班朝覲，其隨帶子弟照例戴六品虛銜回去後，歷役五年，如果奮勉補放七品伯克，不准越階補放六品伯克	2:19
2-6	○葉爾羌等三城簡調阿奇木伯克	2:11	2-15	嘉慶9年喀什噶爾參贊大臣和寧奏定喀什噶爾等三城遇有阿奇木伯克缺出均由參贊大臣處奏請	2:20
	刪除		2-18	嘉慶15年軍機處議定公缺之阿奇木伯克伊什罕伯克，遇有缺出均由參贊大臣處驗看，擬定正陪奏請	2:24
2-10	○病痊回子伯克坐補原缺	2:15	2-3	嘉慶19年伊犁將軍松筠議定病痊回子伯克坐補原缺	2:5

道　光　年　修			嘉　慶　年　修		
目次	條　　　　文	頁次	目次	條　　　　文	頁次
7-1	四五品伯克缺出合例人員乏人准於本城回子內揀選	7:1			
7-7	世職回子免納糧賦	7:8			
7-8	回子通事不准陞用伯克	7:9			
8-3	色呼庫勒伯克缺出秉公揀補	8:3			

資料來源：（清）賽尚阿等修，《欽定回疆則例》，卷 2、4、5、7、8；
（清）托津 等人編纂，《欽定回疆則例》，收入天龍長城文
化藝術公司編，《新疆史志》，第二部，冊 11，卷 1-3。